U0648196

吴官正

正道直行

党风廉政建设的实践与思考

人民出版社

出版说明

加强党风廉政建设，是党的建设新的伟大工程的重要组成部分，是党必须始终抓好的重大政治任务。党风廉政建设能否搞好，决定着人心向背，关系到党的生死存亡。吴官正同志在长期担任地方主要领导期间，十分重视党风和反腐倡廉建设工作。主持中央纪委工作后，坚持以邓小平理论、"三个代表"重要思想为指导，在以胡锦涛同志为总书记的党中央领导下，在过去的基础上，依靠全党同志，中央纪委在实践中积极探索坚持和完善反腐倡廉方针、建立健全惩治和预防腐败体系、拓宽从源头上防治腐败工作领域三者统一的中国特色反腐倡廉的新路子；强调加强制度建设，制定制度要坚持实事求是的原则，行得通、做得到；强调维护党的章程，遵守党的纪律，加强对领导干部特别是主要领导干部的监督；强调要深挖腐败分子，对违纪干部要注重惩前毖后、治病救人，进一步改进和规范党内审查措施；情系群众，强调要切实解决损害群众切身利益的突出问题；积极推进纪检监察体制改革，强调加强反腐败国际合作……。吴官正同志身体力行，严于律己，严格要求亲属和身边工作人员，始终考虑党和人民的利益，对党和人民的事业殚精竭虑、孜孜不倦地追求。

本书分两部分，分别选编了吴官正同志在湖北省武汉市、江西省、山东省主持工作期间和在中央纪委主持工作期间，关于党风廉政建设方面的部分讲话、谈话、文章、书信和批示。

所选内容鲜活生动，蕴涵深刻，脉络清晰，较好地反映了吴官正同志从事党风廉政建设工作的长期实践和创新性思考，对于进一步推动新时期党风廉政建设和反腐败斗争的深入开展与研究，具有较为重要的现实指导意义和理论参考价值。本书名为《正道直行》，取自宋代包拯《书端州郡斋壁》中"直道是身谋"的佳句，意为正道直行是立身的纲领，体现了无私奉献、公正廉洁、为民富民的思想，这是一个共产党员，特别是党的领导干部应有的境界和品格。

在本书编辑过程中，我们请中央党校党建部原主任、博士生导师卢先福教授，清华大学廉政与治理研究中心主任任建明博士、副主任过勇博士，中央办公厅调研室原副主任李文广，中央纪委研究室正局级纪律检查员、监察专员兼副主任余蚕烛，中央纪委研究室副局级纪律检查员、监察专员邵景均，武汉市政协主席叶金生博士，山东省新闻出版局副局长郭建磊等帮助审阅书稿；本书付梓前，还请中央纪委副书记干以胜进行了审阅，在此一并表示感谢。

人民出版社

二〇〇八年十月

目　录

在地方主持工作时期

在中央纪委主持工作时期

在地方主持工作时期

坚决纠正建房分房中的不正之风*

（1984 年 3 月 30 日）

纠正建房分房中的不正之风是贯彻中央整党决定的重要内容，是关系到党群关系和党风根本好转的大事，必须根据省委指示，把纠正这股歪风作为整党边整边改的突破口来抓。当前，贯彻《公开信》的工作，是形势逼人，非搞到底不可。省委领导同志说，中央纪委批评了湖北，要求湖北出一身汗，迎头赶上。这是对湖北的鞭策和爱护。中央纪委的批评，也完全适用于武汉。我们应当承认落后，接受批评，并借这个东风，迅速行动起来，出一身汗，迎头赶上。

一、提高认识，把纠正建房分房中的不正之风作为整党边整边改的突破口来抓

自去年 3 月中央纪委《公开信》发布后，市委和各级党委对这项工作是重视的，做了大量的工作，取得了一定的成效。我们一方面坚持教育为主的方针，启发帮助有这类不正之风的党员和干部主动检查、主动整改；另一方面抓住问题严重、影响大的典型案件，严肃查处，造成声势，推动《公开信》的深入贯彻。去年 5 月初，对某同志利用职权多占住房和贪占 1096 元的错误，

* 这是吴官正同志在武汉市贯彻中央纪委《公开信》工作会议上的讲话。

在报上公布，撤销其党内外职务。5 月 30 日，市委召开区、县、局和中央在汉大单位党委（组）书记会议，由市蔬菜局、市农会、市集体企业办公室的领导同志，就本单位建房分房中搞不正之风的错误，作了公开检查，介绍了他们主动整改的情况。上述三单位共退出多建住房 16 套，计 600 多平方米，并分给了困难户和无房户，受到群众的好评。11 月底，市委责成市房管局党组牵头，自上而下地组成专门班子，对全市房管系统存在的问题，认真地进行清查，收到较好效果。今年，我们根据中央整党决定和中央纪委六号通知精神，严肃查处了鄂城墩统建住宅在分配中存在的严重不正之风以及某些同志以权谋私索要住房的问题，进一步表明了市委维护党纪、贯彻边整边改方针，坚决纠正以权谋私歪风的决心，在群众中引起了很大的震动。据初步统计，截至今年 2 月底，全市查出有这类不正之风的县团级以上干部 125 人，其中已有 50 人退出多占住房 3000 多平方米；查出侵占国家和集体资财建私房的党员、干部 329 人，侵占国家和集体资财折币 101700 多元，已退赔 82000 多元。各级纪委共查处建房分房中的违法乱纪案件 26 起，其中开除党籍 2 人，留党察看 3 人，撤销职务 6 人。通过贯彻《公开信》，滥用职权，任意侵占耕地和国家集体资财建造私房的不正之风，已基本刹住；在分房中以权谋私、多要住房的歪风，也大为收敛；单位建房中违反财经纪律，兴建高标准、超面积住宅的情况，基本上得到制止，进一步密切了党群关系，促进了党风民风的好转。这次鄂城墩的住房问题，涉及区局以上领导干部 21 人，还发现领导干部插手鄂城墩住宅分配的批条达 148 张之多。这是一个以权谋私，影响很坏的典型事例，我们抓住这个典型作了严肃处理。应该收回的 46 套住房，已经收回 43 套，并陆续分给了一批住房确有困难的知识分子、殡葬工人、清洁工人、盲人和拆迁户。有的群众高兴地说："市委严肃查处鄂城墩住房问题，使我们看到了市委同不正之风作斗争的实际行动,增强了我们对整党和实现党风根本好转的信心。”江岸区永方食品厂工人郭华接到住房通知单后,心情无比激动。他说:“市委、市政府把少数领导干部为子女多要的住房收回后,马上就想到了我们普通群众的疾苦,使我亲身感受到我们党风确实在好转。我只有用为‘四化’多出力的实际行动,来报答党和政府的关怀。”市工农教育学院副院长崔星庚,全家六口人,住在仅有20多平方米的房子里,爱人又长期患病。他得到分房的喜讯后,高兴地赶到市房管局道谢。他说:“这次对我来说,不仅是分到了一套住房,而且体现了党的知识分子政策和干部政策的落实。”花楼街福利工厂盲人张友芳,全家三代六口人,长期住一间11.7平方米的住房。她拿到住房钥匙后,连声说:“感谢党、感谢政府对我们盲人的照顾和关怀。”这些生动的事实充分证明,狠刹以权谋私的歪风,不是小事,而是得党心、顺民意的大事,不是“芝麻”,而是“西瓜”,意义是十分重大的。

必须指出,我们前段贯彻《公开信》的工作虽取得了一些成绩,但是对照中央纪委和省委的要求,差距是很大的。主要是发展不平衡,还存在死角,遗留的任务比较重。据对138个市直单位的分析排队,抓得好的13个,一般的96个,较差的19个,还有一些单位基本上没有行动起来。贯彻《公开信》工作抓得不彻底的原因是多方面的,其中最重要的一个原因是我们的认识没有跟上去,确实存在着等待观望的问题。有些单位党委,特别是有些领导干部,对贯彻《公开信》的重要性和必要性认识不足,因此行动上不积极、不自觉。有的说:“纠正建房分房中的不正之风,只要抓点典型就行了,何必大动干戈?这不是住房的再分配!不要自己箍住自己的手脚。”我们认为用这样的观点来看待贯彻《公开信》的工作,显然是不正确的,是十分片面的。第一,我们要看到,我市建房分房中的不正之风是相当严重的。有的违反财经纪律,挪用、挤占资金盖宿舍;有的在盖私房中,违反政策和财经纪律，侵占地皮和国家资财，侵犯群众利益；有的违反规定，为少数领导干部修建高标准住房；有的采取不正当手段和途径，为自己或子女亲友多要房，要好房；有的在分房中擅自提高住房标准，扩大分房面积；有的单位、有的领导干部甚至利用掌管的计划、资金、物资等方面的权力，向下属单位或"关系单位"索要住房等等。通过前段贯彻《公开信》，这股歪风有所收敛，但并未从根本上解决问题。有的甚至不顾中央三令五申，边纠边犯。昨天，省委听取了关于某些同志索要住房问题的汇报，省委书记王全国同志要求市委一抓到底，必须作出严肃处理。我们坚决按省委的指示办理。建房分房中的不正之风，不仅造成了住房分配上的不合理现象，而且引起了群众的强烈不满，难道我们能容忍这股歪风继续蔓延吗？第二，我们还要看到，全市广大群众的住房仍然十分紧张。据 1983 年市房管部门对全市居民住房状况摸底调查，全市人平住房面积只有 4.89 平方米。人平两平方米以下的有 8607 户，人平二至三平方米的有 36573 户，人平三至四平方米的有 75433 户，也就是说，全市有 120613 户居民住房十分拥挤。在这种情况下，如果我们的领导机关和领导干部超出人民群众住房水平太远，必然脱离群众。特别是少数领导干部利用职权，通过不正当手段和途径，为子女或亲友多要住房，就更是脱离群众。现在，再不下决心解决这个问题是不行的。第三，我们必须看到，这股歪风的核心问题，是以权谋私。对这个问题，中央领导同志有过多次讲话，充分论证了以权谋私的严重性、危害性。我们有权，是拿权以权谋私呢，还是拿权为人民服务呢？这是检验政党好与坏的根本问题。不仅有房子问题，还有奖金问题，子女安排问题，凡是不正之风，都应纠正，不纠正就会脱离群众。共产党员不能以权谋私。陈云同志在二中全会上指出：对以权谋私不严加制止，或制止不力，就会败坏党风，就会丧失民心。要采取措施制止以权谋私的歪风。

胡耀邦同志今年元月17日在中央整党工作指导委员会第五次会议上的讲话中指出:这次整党抓学习文件,提高思想,并且抓住以权谋私和官僚主义作为突破口,这是对的。对搞以权谋私,群众意见大的,要抓住典型,登报,要防止绝对平均主义,防止抓了芝麻,丢了西瓜。中央领导同志的讲话表明,解决以权谋私是党和国家大政方针内的事情。中央纪委书记韩光同志在贯彻《公开信》验收工作会议上,代表中央纪委重申决心,要把贯彻《公开信》的工作抓到底,决不能不了了之。现在省委遵照中央整党决定和中央纪委批示精神,就坚决纠正党员、干部在建房分房中不正之风的问题作出决定,要求把纠正这股歪风,作为整党边整边改的突破口来抓,这是完全正确的。省委《决定》重申了处理原则和政策界限,明确了做法和要求,完全符合我市实际情况,我们必须认真贯彻执行。各级党组织,首先是市直部委办和区局党委(组),要联系本系统、本部门的实际,认真学习省委《决定》,重温《公开信》和《准则》,进一步提高认识,加强领导,下定决心,出一身汗,迎头赶上,把贯彻《公开信》的工作抓紧抓好抓到底。

二、领导机关和领导干部要以身作则

打铁先要自身硬。各级领导机关和领导干部作出表率,带头清理,带头整改,这是刹住建房分房不正之风的关键。中央整党决定明确指出:“在整党过程中,一切能够立即解决的问题,要坚决解决,不要拖延,使党内外群众随时看到整党的实际成效。”还指出:“党的各级领导干部在党和国家的政治生活中,在贯彻执行党的路线、方针和政策中,肩负着特别重要的责任”;“当前,特别重要的是,要提高马克思列宁主义、毛泽东思想的理论政策水平,增强革命事业心和政治责任感,勇于同一切破坏社会主义的敌对势力作斗争,同资产阶级腐朽思想作斗争,同滥用职权、谋取私利的行为作斗争，为广大党员作出榜样，引导人民群众努力做到有理想、有道德、有文化、守纪律。”因此，这次贯彻《公开信》的工作，要从市委、市政府做起，从市直机关做起，区、局和市直部委办以上的领导干部，包括我们市委常委，凡住房面积超过规定的，都要带头按规定进行处理。4月20日以前，各单位要召开一次党委（组）成员民主生活会，进一步学习整党决定和省委决定，在提高认识、统一思想的基础上，对照《准则》和中央纪委《公开信》进行检查，开展批评和自我批评。凡是有《公开信》指出的“五类问题”的同志，要自觉检查，主动改正。我们相信，大多数领导干部是有觉悟的。有了问题，只要说清楚，改了就好。我们一定要争取主动，不要把问题拖到整党时再去解决。凡是领导干部，如果利用手中的权力做了不符合党的原则、损害党的威信和群众利益的事情，都应该由自己来改正。我们要振作精神，不等、不推、不靠，树立起“早改早主动”的思想。

为了贯彻落实省委《关于贯彻边整边改方针，纠正党员、干部在建房分房中的不正之风的决定》，各级领导机关和领导干部必须认真抓好以下工作：

第一，要坚持实事求是的原则，准确掌握政策，保证这项工作积极稳妥地进行。正确处理建房分房中的问题，是一项政策性很强而又相当复杂的工作。既要维护《公开信》和省委《决定》的严肃性，又要具体情况具体分析，区别对待，合情合理，宽严得当。清理工作只限于《公开信》指出的“五类问题”。一是利用职权，违反政策，侵占国家、集体的资金、材料，以及无偿占用国家和集体运输力和劳力，建造私房的；二是违反财经纪律和其他有关规定，为少数领导干部兴建面积过大、标准过高的住房的；三是在住宅分配中违反规定，搞特殊化，通过不正当途径和手段为自己或子女、亲属、朋友等多要住房的；四是利用职权多占地、占耕地、占好地建私房的；五是在建房、分房过程中（包括征地、拆迁、建设、分配等环节中）行贿、受贿的。在时间界限上，着重检查1980年3月《准则》公布后发生的问题。要坚决贯彻《中央纪委贯彻〈公开信〉座谈会纪要》和省委《决定》所规定的各项具体政策，严格划清违法乱纪同一般不正之风的界限，划清不正之风同非个人过失造成的超标准住房的界限。对违法乱纪的要严肃处理；对一般不正之风，要以教育为主，改了就好；对非个人过失造成的超标准住房，不属不正之风，但超过部分要按规定进行处理。总之，一定要坚持实事求是的原则，准确掌握政策，特别是在处理超标准住房上，防止简单化和"一刀切"。

根据省委和省政府的规定，结合我市实际，党员、干部超面积住房检查处理标准是：市属局以上干部80平方米，县级干部60平方米，其他干部和职工40平方米，凡超过10平方米的部分，原则上应该退出。退出确有困难的，超过10平方米以外的部分，按省委、省政府的规定，累进加收房租。在住房分配中违反规定，为自己或子女、亲友等多要住房，原则上应限期清退，如清退确有困难，应将其住房面积计算在出面要房人的名下，对超面积部分，按省委、省政府规定，累进加收房租。今后建房分房，要严格按照有关文件规定执行。

第二，要把清理工作与学习整党文件紧密结合起来，充分运用正反两方面的典型，对广大党员、干部进行党性党风党纪的教育。在纠正建房分房不正之风的工作中，生动典型的事例很多。我们要透过现象看本质，对刹这股歪风中反映出的生动事例进行研究、总结，上升为理性的东西，用于进行增强党性、端正党风、维护党纪的教育，提高党员、干部的思想认识。纠正这股歪风的核心问题，是要认真分析、深刻认识以权谋私的成因和危害，做到这一点才能收到成效。对坚持原则，自觉抵制不正之风的好党员、好干部，要大力表彰，树立正气。要抓住情节恶劣、影响很坏的典型，进行严肃处理。有的在党内通报，有的登报公开处理，并撰写文章对以权谋私的思想行为进行剖析。长江日报社、武汉电视台、武汉广播电台等单位，要进一步在这方面发挥自己的积极作用。

第三，要针对建房分房中暴露出来的问题，进一步建立健全规章制度，堵塞漏洞，巩固已经取得的成果。在前段清理工作中，暴露出建房、分房、管房工作规章制度不健全，管理不严格，漏洞很多，给违法乱纪分子和搞不正之风的人以可乘之机。因此，各单位特别是计委、建委、房地、财政、建银、设计单位和施工部门，应针对自己存在的问题，继续建立健全规章制度，严格建房分房的管理，采取有效措施，堵塞已经发现的各种漏洞。凡是独立建房的单位，在分配住房时一定要加强领导，充分走群众路线，任何人都不得批条子插手住房分配，从制度上巩固这次清理工作的成果，坚决纠正不正之风。

第四，各级党委、纪委要敢抓敢管、敢于碰硬。应当看到，前一段清理工作遗留的任务还很重。一是已经揭露出来的违法乱纪案件查处工作进展缓慢，有的问题查而不处，或者大事化小，小事化了；二是有少数领导干部利用职权多占的住房，该清退的至今没有清退；三是一些单位建房中暴露出的一些问题，尚未认真进行检查处理。特别要看到，在查处工作中一定会遇到一些棘手的问题，会遇到阻力。因此，我们要以对党对人民高度负责的精神，坚持原则，排除阻力，敢于碰硬，敢于解决最棘手的问题。对于边整边犯或抵制省委《决定》的人，要抓住不放，核实查清，严肃处理。对于故意隐瞒，弄虚作假，欺骗组织的党员，或者帮助别人打掩护的党员，也要绳之以纪律。

三、加强领导，组织专班，狠抓落实

纠正建房分房不正之风，必须依靠全党力量，上下一起动手抓。各级党委必须用整党的精神，把这项工作纳入党委重要议事日程，本着未整先学、未整先改的精神，在四五月份内，把纠正建房分房不正之风作为边整边改的重点工作来抓。要一级抓一级，层层负责。市委整党办公室负责督促检查。市纪委要组织力量，查处重点案件。市房管局负责抓好全市房管系统的清理工作，负责贯彻落实省委、省政府关于干部职工住房超面积处理的若干规定，并对住房清退和重新分配等工作进行检查和落实。各区、县、局和市直部、委、办，主要领导同志都要亲自动手抓，并组织专班，认真开展清理工作。

为了按期完成这一任务，各单位要根据省委《决定》的要求，立即行动起来，抓紧落实。整个清理工作可分五步进行。第一步是层层进行动员。这是打开贯彻《公开信》工作局面的重要环节。各区、县、局和市直部、委、办，首先要召开领导干部会议，原原本本地传达中央纪委贯彻《公开信》验收工作会议精神，传达省市委文件，把领导层的认识问题解决好，再召开机关党员干部大会，进一步进行动员，把政策交给群众。第二步是调查摸底。要对照《公开信》和省委《决定》，把本单位存在的问题一个一个地弄清楚，有关问题应与本人见面，允许本人申辩，不清楚的问题可以再调查，把工作做深做细。第三步是研究提出处理意见。要对照政策，划清界限，对号入座。第四步是进行清退和处理。凡是利用职权多占的住房，该清退的要清退，该加收房租的，从5月1日开始加收房租。第五步是组织验收。中央纪委贯彻《公开信》验收工作会议，对搞好验收工作提出了具体意见，明确了验收工作的目的、标准、方法、步骤和要求，我们必须认真贯彻执行。要按照中央纪委提出的验收标准，即:《公开信》所列五类问题是否查清了;查清的问题是否按政策处理了;应当处理的问题是否落实了;查处的情况是否公布，群众是否基本满意;是否联系实际对党员干部进行了党性党风党纪的教育;是否建立健全了有关规定制度。坚持高标准、严要求，逐级负责，自上而下地进行抽查和验收。验收工作要与整党密切结合起来，贯彻边整边改的原则。验收中发现的问题要限期纠正，不合格的要及时补课，边纠边犯的要从严处理，做到善始善终，不走过场。

请大家对我多加监督*

（1988 年 3 月 31 日）

今天看到以《江西日报》两名记者的名义给我的一封信，我感谢他们的关照，现把这封信复印寄给你们阅。

请家乡的同志们继续对我给予支持，对我及所有亲戚严格要求，对我加强监督。为了减少误会，今后家乡来人（直系亲属除外）到我家恕不接待。如果县领导有事需要找我，可约请到我办公室见，请予谅解。

也请《江西日报》等舆论工具继续加强对我的监督。

---

* 这是吴官正同志致江西省余干县委、县政府及江西日报社的一封信。

强调党的纪律*

（1988 年 10 月 12 日）

党的十三届三中全会提出，治理经济环境、整顿经济秩序、全面深化改革，任务十分艰巨。全党要有铁的纪律，个人服从组织，少数服从多数，下级服从上级，全党服从中央。这就把加强党的纪律，提到了突出的重要位置。

当前，我省总的政治经济形势是好的，大多数党组织和党员是遵守纪律的，必须充分肯定。但是也必须看到，少数党员干部纪律比较松弛，行动不那么一致，是我们现在最主要的不利因素。有的单位对党和国家的政策规定采取实用主义的态度，合意的就执行，不合意的就不执行。有的搞“你有政策，我有对策”；有的盲目攀比工资、奖金、补贴，滥发钱物，社会集团购买力一再膨胀；有的党政干部不顾中央三令五申，经商办企业；有的党政干部利欲熏心，贪污、受贿、勒索，大捞不义之财；有的搞“发票大旅游，价格滚雪球”，违法乱纪活动相当严重。这些消极和腐败现象，严重削弱了党对改革的领导，干扰了改革和经济建设的顺利进行。不果断地解决这些问题，坚决地治理经济环境和整顿经济秩序，就不能取得人民对改革的支持，不但改革无法深入下去，而且会严重损害 10 年改革的成果。所以，在当前形势下强调党的纪律，加强党的纪律，具有特别重要的意义。

为了进一步提高对治理环境、整顿秩序中加强党的纪律的

---

* 这是吴官正同志在江西省纪委第五次全体会议上的讲话。

重要性的认识，还需要在党员中切实澄清这样一种模糊观念：有的人担心，强调和加强党的纪律，会影响放开搞活。这种担心是没有根据的。放开搞活是改革，加强纪律、搞好监督，也是为了推进改革。在目前新旧体制转换，社会主义商品经济新秩序尚未确立的情况下，法律上、政策上、制度上以及实际工作中，总会有这样那样的漏洞。同时，随着对外开放，资本主义腐朽思想的侵蚀也会有所增加。在这种情况下，党内确有少数人经不起考验，以权谋私，违法乱纪。不增强党的纪律，切实搞好监督，坚决清除党内腐败现象和腐败分子，怎么能够给放开搞活创造一个良好的环境呢？现在有些人，一讲改革开放，政治上的要求就放松了，组织纪律性就松懈了，做出一些违背组织原则的事。这决不是我们所要求的改革。我们搞改革，不能离开党中央和国务院的统一领导，不能没有纪律，否则改革就必然偏离正确的方向。那种“你有政策，我有对策”和“红灯”、“绿灯”之说，尽管先后都得到了制止和纠正，但还是在人们的思想上造成了一定的混乱，给改革带来了一些不良影响。因此，我们一定要在思想上搞清改革和加强纪律的关系，越是放开搞活，各级党组织越是要增强党的纪律观念，越是要加强党的纪律。只有这样，才能为改革提供必要的条件和保证。

纪律严明，是我们党的优良传统，也是我们的政治优势。加强党的纪律，目的是更好地发挥这一优势，而不是重复过去搞政治运动的办法，“无限上纲”，“无情打击”，或照搬“左”的一套来要求党员，束缚党员改革的积极性和创造性。执行党的纪律，是着眼于对绝大多数党员进行党纪教育，提高党员的纪律观念和素质。处分违犯党纪的党员，一方面是严肃党纪，维护党的纯洁性，保持党的凝聚力、战斗力；一方面也是教育和挽救犯错误的同志，“惩前毖后，治病救人”。当然，对党内腐败分子，必须坚决清除，这是党的纪律的应有之义。所有的党员干部都应该模范地遵守党的纪律，正确执行党的纪律，把加强党的纪律观念与创新精神统一起来。

加强纪律性，改革无不胜。在历史上，我们依靠党的坚强领导和铁的纪律，依靠和率领广大人民群众，取得了新民主主义革命的伟大胜利，渡过了 60 年代初的困难时期，结束了 10 年动乱，进行了成就辉煌的 10 年改革，开辟了历史发展的新时期。与过去相比，我们现在的困难要小得多，有利条件却多得多。可以肯定地说，只要我们能加强党的纪律，发挥我们党的政治优势，就一定能够战胜改革中的困难，渡过难关，把改革不断地推向前进。

在治理经济环境中要敢于监督，善于监督。近些年来，全省各级纪检机关在坚持改革、加强党内监督方面做了大量工作，并创造了一些好的经验。如各级纪检机关派员参加同级党委和下级党委的民主生活会；调查研究和解决在改革开放中出现的新情况、新问题；重视群众来信来访工作；发现违纪苗头及时“打招呼”，等等。这些工作对于加强党风建设，促进党政机关的廉洁，保证改革的顺利进行都起到了积极作用，今后还必须坚持下去。但是在监督方面还存在一些问题。有的监督部门对领导干部、领导机关不敢监督。之所以如此，从主观上讲，是监督部门没有充分发挥它应有的作用；从客观上讲，是有的领导机关、领导干部对自己要求不严，脱离了党组织和群众的监督。现在有这么一种现象：有的监督部门根据群众的反映，对有的单位出现的问题作一些调查了解，可是，这些被了解的单位很不欢迎，很有意见。这种不愿接受监督部门监督的思想和行为是非常错误的，它不仅阻碍了监督部门正常行使职权，而且也不利于被监督单位防微杜渐，及时纠正错误。各级纪检机关和监督部门一定要发扬彻底的唯物主义精神，敢于碰硬，敢于监督，敢于“得罪”那些严重违法乱纪的人。对于你们这种对党和人民的事业高度负责的精神，省委和省政府是支持的。在敢于监督的同时，还要善于监督。一是要把握监督的重点。从内容上讲，重点是监督那些置中央三令五申于不顾，上有政策，下有对策，我行我素，以权谋私的违纪行为；从对象上讲，是党员领导干部和党政领导机关。二是要充分发挥各监督部门的整体效能。治理经济环境，整顿经济秩序，是一项系统工程，需要综合治理，全党都要抓，也必须充分发挥各监督部门的整体效能。我们知道，党内有纪检机关，行政有监察机关，司法有检察机关，经济调控有工商、物价、审计、税务等部门。这些机构的设立，是社会主义现代化建设的需要，它们既有各自的分工和独立的职能，又有内在的联系，是一个有机的整体。各级纪检机关要在党委的统一领导下，既要注意与各监督部门互通情况，互相配合，互相协同动作，又要注意相互监督。只有这样，才能逐步形成完善的监督体系，才能更好地发挥纪检机关在全面深化改革中的重要作用。

要坚持在纪律面前人人平等。严肃查处违纪案件，尤其是党员领导干部的违纪案件，是深层次的纪律监督，是严肃党纪和治理环境、整顿秩序的重要一环。查处违纪案件，要切实做到党纪面前人人平等。这是坚持民主集中制，维护党的纪律，保证党内政治生活正常化的一条重要经验，也是在新的历史时期加强党的建设，端正党风，提高党的战斗力的一个重要原则。陈云同志在民主革命时期就指出："严格地遵守党的纪律为所有党员及各级党部之最高责任。无特殊人物，无特殊组织。"这次中央纪委全会报告指出："越是党的高中级干部，越应严守党的纪律，带头执行党中央、国务院的决定。"各级领导干部都是人民的公仆，只有勤勤恳恳为人民服务的义务，没有以权谋私、搞特殊化而不受查处的权力。所以，对于扰乱经济秩序、以权谋私的违纪者，不管是什么人，都要做到在党纪面前人人平等，决不允许有任何的例外和特殊。只有这样，才能取信于民，才能保持纪律的严肃性。

全体纪检干部要振奋精神，为完成党赋予的光荣任务而努力。改革不断深入，纪检工作的任务更加繁重，要求更严了。纪检机关的主要任务是，集中力量管好党纪，协助党委管好党风。这次党的十三届三中全会和中央纪委三次全会赋予了各级纪检机关艰巨而又紧迫的任务。要完成党赋予的光荣任务，必须克服在一些纪检干部中存在的“经济工作是硬指标，纪检工作是软任务”的模糊认识。当然，经济工作有产值、利税、财政收入等硬指标，但是这些硬指标的实现，除了反映从事经济工作同志的努力之外，也体现了监督部门的工作成果。因此，监督工作做得怎样，直接影响着经济工作的发展。那种认为“纪检工作是软任务”，“经济工作是经济部门和企业的事，与己关系不大”的思想是不对的。

全省领导干部都要做为政清廉的表率*

（1989年2月1日）

最近，党中央提出，要一手抓发展社会主义商品经济，一手抓思想政治领域的工作。在思想政治领域中，关键是加强党的建设。当前要紧紧抓好廉政建设，从思想上、组织上增强党的凝聚力，增强党在群众中的吸引力。

一、正确认识我省廉政建设的现状

改革10年来，我省和全国一样，各项事业都取得了很大的成就，社会生产力有了比较迅速的发展，经济实力有了较大的增强，人民生活有了明显的提高。这是与各级政府和政府工作人员的努力分不开的，是同政府的廉洁分不开的。在当前的伟大变革中，我们的党和政府是廉洁的，绝大多数工作人员经受住了改革开放的考验，奉公守法，廉洁自律，涌现出一大批模范和先进人物。1988年，在省直党员干部中，优秀党员就有1200余人。许多老同志，以身作则，两袖清风，做为政清廉的模范。许多领导干部，日以继夜地为改革和建设操劳，“俯首甘为孺子牛”，拒腐蚀，保清廉，赢得了人民的高度信赖。许多工作人员在改革开放和商品经济的洪流中，不为金钱、名利所诱惑和动摇，

---

* 这是吴官正同志在江西省政府全体会议上的讲话。

"常在河边走,就是不湿鞋",为人民忘我工作,无私奉献。应当实事求是、理直气壮地说,我们的干部队伍主流是好的,有了这个主流,我们的事业就大有希望。

同时,也必须清醒地看到存在的问题。主要是:群众对物价上涨过猛不满意;对分配不公有意见;对社会治安不放心;对党风不正和政府工作人员中的一些腐败现象很反感。我们切不可掉以轻心。在改革开放、搞活经济的条件下,政府机关确有少数人经不起考验,贪污受贿,弄权勒索,群众对此深恶痛绝。1988年,全省监察机关共立案489件,涉及县以上党员干部的占5.5%。在一些机关和工作人员中,请客送礼、挥霍浪费、讲排场、摆阔气,标准越来越高,范围越来越大,影响越来越坏。有的违反财经纪律,巧立名目、滥发钱物、私分公款;有的执法犯法,依仗权势,索、拿、卡、要;有的利用职权,套购国家紧俏物资,倒买倒卖,中间盘剥,中饱私囊。其他违法乱纪现象也比较严重,利用职权和各种关系侵占国家和集体利益。在一些地区,干部违反规定建私房相当普遍;有的在企业或公司兼职,领取额外报酬;有的假公济私,利用转干、招工、农转非或提拔干部等谋取私利;有的官僚主义严重,失职渎职,给党和国家造成重大损失。凡此种种,尽管发生在少数人身上,但玷污了党和政府在人民群众中的形象,败坏了改革开放的声誉,干扰、阻碍社会主义现代化建设的进行,损害了国家和人民的利益,已经到了非抓不可的时候了。

上述问题,不是由于社会主义制度和改革开放造成的。我们党和政府对腐败现象的斗争一天也没有放松过,对改革开放,繁荣经济,我们是坚定不移的;对保持廉洁,反对腐败,我们也是坚定不移的。只要坚持党的领导,发挥政治优势,发挥社会主义制度的优越性,弘扬党在长期革命斗争中形成的全心全意为人民服务、艰苦奋斗、廉洁奉公的优良传统,坚定地相信和依靠人民群众,我们就完全能够在繁荣经济的同时,保持政府的廉洁。

对此，我们应有充分的信心。

近几年来，省委、省政府采取了一系列措施，加强党政机关的廉政建设。特别是党的十三届三中全会以来，针对群众意见较多的几个问题，制定了若干规定，加强制度建设，强化监督机制，建立各种举报中心，提高办事透明度，增强党政活动的开放程度。去年10月，先后派出两个检查组，重点检查省直机关和南昌市的廉政工作，使某些腐败行为得到一定遏制。但保持政府机关的廉洁，仍然是我们面临的一项紧迫任务。

当前有些阻碍廉政建设的错误认识，亟待纠正。一是认为机关不廉洁现象在所难免；二是担心抓廉政建设会妨碍改革搞活；三是认为腐败现象极为普遍，积重难返；四是认为反腐败斗争与己无关。纠正上述错误认识，必须联系实际，进行一次廉政教育的再认识。当前遇到的困难和问题，是前进中的困难和问题。我们党和政府所做的一切，都是为了国家的富强，人民的幸福。对此，人民群众是有目共睹的。对于存在的问题，党和政府正在采取积极的措施，经过治理整顿是可以解决和克服的。在改革开放和发展商品经济的条件下，使党政机关工作人员有效地抵御和战胜各种腐蚀，经受住严峻的考验，是新时期党的建设必须解决的重大课题。如果我们不坚持改革开放，不较快地发展社会生产力，社会主义制度优越性就得不到发挥，也就不可能从根本上保持政府机关的廉洁。反之，生产发展了，不进行廉政建设，任凭腐败现象滋生蔓延，社会主义方向就难以保证，改革开放也就难以顺利进行。我们正处在新旧体制交替的时期，各种矛盾错综复杂，加上改革开放过程中出现的一些问题综合在一起，人民群众产生了一些埋怨和牢骚，而这种情绪还在发展。因而，保持政府的廉洁就显得尤为重要，必须引起我们的高度警觉。各级政府，每一个国家工作人员都要有紧迫感，要非常注意密切政府同群众的联系，注意政府的形象，那种损害政府同群众的联系、损害政府的威信、使政府脱离群众的事情，一件也不能再做了。要把搞好廉政建设同治理整顿结合起来，同实现四化、振兴中华的历史责任感结合起来，从我做起，把自己自觉置于党和群众的监督之下，从严治政，以廉为荣，以贪为耻，树立战胜腐败的信心和勇气，提高同腐败现象作斗争的自觉性。

二、采取严厉措施，保持政府机关廉洁

廉政建设的根本任务，就是要坚定不移地贯彻执行党的十一届三中全会以来的路线、方针、政策，贯彻十三届三中全会精神，坚持四项基本原则，坚持改革开放，促进社会生产力的发展，开展以反贪污受贿为重点的反腐败行为的斗争，增强各级政府和工作人员保持廉洁的自觉性，从根本上防止和克服腐败现象的发生，保证政令畅通，促使政府机关清正廉明、务实高效地为人民办事，为改革开放创造一个良好的社会环境。

（一）要把反对贪污受贿作为廉政建设的重点来抓

贪污受贿包括的范围很广，其实质就是金钱和权力的交换。行贿有多种多样，本质上是我给你钱，你给我方便。有些人就是利用新旧体制转换过程中改革不配套、法制不健全、制度不完善，能捞则捞，严重地败坏了社会风气。必须动员全社会的力量，形成一股强大的社会舆论，开展一场围堵腐败现象的专项斗争，做到查实一个，处理一个，有多少，清除多少，决不手软。各地、各部门要立即行动，作出具体部署，首先从本地区、本部门、本单位群众意见最大、反映最强烈的不正之风入手，公开处理一些有影响的案件。就全省而言，要在以下几方面抓出成效：1. 坚决制止机关干部利用职权牟取不正当收入；2. 坚决制止机关干部利用职权违反规定营建私房；3. 坚决制止政府机关违反规定

用公款请客送礼;4.坚决制止滥发钱物;5.坚决制止公费旅游;6.坚决制止机关干部利用职权在招工、招干、招生、农转非和提干等问题上为亲属谋求特殊照顾。

各级政府应当把解决上述实际问题列入目标管理,建立责任制,并定期检查。

这里,我再重申一次:今后各地市县一律不准给省里送东西。凡是来省政府办事,因未送礼,该办的事而未办成的,可以大胆揭发;对那些没有礼物就不给办事的,要严肃处理,坚决调出省政府机关;对于那些弄权勒索的贪官污吏,要用铁的手腕,使之身败名裂;对于敢于实事求是揭发问题的人,要给予鼓励,对他要求办的事要优先安排,能解决的,一定要帮助解决。

(二)大力开展廉政教育

要进一步组织学习党的十三届三中全会和最近中央书记处会议纪要的精神,结合正在开展的形势教育,提高政府工作人员对国家机关保持廉洁重要性的认识,树立执政为民、廉洁从政的良好风尚,增强抵制腐败现象的自觉性和免疫力。要联系本单位的实际,找准存在的问题和可能发生不廉洁现象的环节,采取多种形式,有针对性地进行遵纪守法、廉洁奉公、勤政爱民和职业道德的教育,牢记全心全意为人民服务的宗旨,树立良好的形象。要教育广大人民群众,坚信党和政府是完全有能力约束自己的党员和政府工作人员的,使他们奉公守法,为政清廉。注意运用正反两方面的典型,特别是对廉洁奉公的好典型,要大力表彰,弘扬正气;对违法乱纪的个人和单位,要及时进行通报,鞭挞邪恶,以正视听。

(三)抓紧案件的查处工作

要根据我省的实际情况和带倾向性的问题,集中力量查处一批危害严重的贪污受贿等经济案件，打击那些民愤大、数额高、影响坏的经济犯罪分子，鼓舞广大干部和群众同腐败现象作斗争的信心和勇气。要善于分析新形势下作案的特点，采取针对性强的对策。对群众检举揭发的案件，要做到件件有着落。凡属比较重大的案件，一定要抓住不放，追查到底，查清事实后，要依法严肃处理，该撤职的撤职，该降级的降级，触犯刑律的，坚决绳之以法，决不姑息养奸。

查处案件，一定要重证据，重调查研究，严格依法办事，做到事实清楚、定性准确、处理恰当、手续完备，使受处分者口服心服，经得起历史的检验。

（四）加强制度建设

现在少数机关有不廉洁现象，少数人有不廉洁行为，从主观上讲，是由于他们自身的素质不高，党性不强，个人主义膨胀造成的。但从客观上讲，同我们的制度不健全有关，不少案犯是钻了我们制度不完善、政策不配套的空子。因此，加强制度建设，是搞好廉政建设的一项根本性措施，我们要按照党中央和国务院关于廉政建设方面的规定，探索出一条不搞政治运动，而靠制度建设，肃贪举廉的新路子。

从现在起，各地要结合实际，着手把党政机关办事公开、群众举报等制度建立起来。当前，应从直接与居民和企业打交道的管钱、管物、管人和执法等部门开始，从群众最关心和最容易舞弊的环节抓起，从比较容易解决的问题着手，逐步延伸和完善。为群众办事的规章、程序、结果和期限应向群众公布。积极参与民主协商对话，重视民主党派和群众团体对政府工作的意见，倾听群众的意见和呼声。

建立和完善监控体系。既要充分发挥纪检、监察、检察等机关的作用，加强相互间的协调和配合，又要加强对这些监督机关的监督。要严肃财经纪律，支持财会人员的工作。

建立和健全民主生活会制度。政府各部门要把民主生活会制度，作为思想政治工作的一项内容，使之经常化，制度化。

制度建设不能流于形式，不要贪多，不要一哄而起，搞花架子，关键要切实可行。制度一旦建立，就要公之于众，坚决付诸实施，常抓不懈。从现在开始，各级政府和各个部门，都要建立正常的廉政检查制度，定期检查、汇报，定期公布。各地对于一些经过实践检验证明行之有效的制度，要认真总结，及时推广，使之在更大范围内发生作用。

（五）加强舆论监督

报刊、广播、电视等舆论工具，揭露政府部门及其工作人员违法违纪行为，是一种有效的舆论监督。新闻报道在揭露腐败现象时，必须注意事实准确，依据法律和政策，把握分寸。结案处理前，新闻报道不得随便给当事人定罪名。对所有公开揭露的重大问题，都必须公开处理结果。对严重违法违纪的工作人员，要择其典型，进行公开报道，警戒可能违纪的人。宣传报道，要以正面宣传为主，要特别重视宣传廉政建设中的好典型、好经验。总之，一切新闻报道，都要有利于十一届三中全会以来的路线、方针、政策的深入贯彻执行；有利于经济稳定、人心稳定、社会稳定；有利于维护党的领导，增强全局观念、纪律观念；有利于商品经济新秩序的建立和社会生产力的发展。

（六）领导机关和领导干部要做表率

廉政好不好，关键在领导。各级政府领导机关，要把廉政建设纳入重要议事日程，作为机关建设的一项重要工作抓紧抓好，主要领导要亲自过问。

一方面，领导机关、领导干部要起表率作用。古人说得好：

正人先正己，其身正，不令而行；其身不正，虽令而不从。领导干部要管好自己，管好班子，严格要求自己的亲属和身边的工作人员，做一般干部的表率；上级机关要做下级机关的表率，一级带动一级，一级影响一级。

另一方面，党政领导干部仅仅是洁身自好还很不够，还必须坚持原则，敢抓敢管，带头同腐败现象作坚决斗争。地市县的党政主要负责同志，对本地出现的重大案件要亲自过问，大力支持纪检、监察机关的工作，为他们撑腰说话。

在廉政建设中，应十分注重发扬艰苦奋斗、勤俭建国、勤俭办一切事业的优良传统，坚决反对奢侈浪费，勒紧裤带过几年苦日子。大家回去后，要立即查一查，看你们单位有没有用公款买东西发给大家过年的，有没有变相发钱发物的，有没有到下面采购廉价农副产品的。如果有，要立即纠正，没有发的决不能发，发了的要照价付款。先从省政府办公厅做起。廉政建设决不能光说不做，一定要说到做到，凡违犯者，由监察厅在查清核实的基础上进行通报。春节就要到了，希望大家既要关心群众生活，又要过一个廉正清明的春节。

在实践中探索决策科学化、民主化的路子*

（1989 年 7 月）

随着改革开放和四化建设的深入发展，新情况、新问题层出不穷，这对各级政府来说，不仅决策的事务大大增加了，而且决策的难度也大大增加了。由于决策的正确与否事关重大，所以，科学决策具有重要意义，同时，如何保证政府决策的科学性，亦成为摆在各级政府面前的一项重大课题。

近年来，江西省政府努力发挥由各行各业专家、学者组成的"智囊团"在政府决策过程中的作用，如通过专家、学者对错综复杂的经济社会现象进行系统的考察、分析和研究；规定凡进行重大决策之前，必须进行可行性分析，经过充分的论证，一般要有两个以上的方案作为比较，才能进行决策。在这方面，我省做了以下工作：

——组织由知名专家、学者兼职组成高层次决策咨询机构，在省政府领导下从事重大问题的决策咨询工作。省人民政府于 1986 年年底选聘有关方面的专家、实际工作者共 93 人兼职组成了江西省人民政府决策咨询委员会。委员会的委员既有自然科学方面的专家、学者，也有社会科学方面的专家、学者，还有政府机关的部分有实践经验的工作人员。根据委员们专业的不同，委员会分为若干个专业组，以分别就全省的体制改革、经济

* 这是吴官正同志发表在《瞭望》杂志 1989 年第 29 期上的文章。

技术社会发展战略、发展规划、重大项目、技术政策和智力开发等,向省政府提供咨询意见、建议方案。省政府还决定,今后在作出重大决策之前,一般应先交决策咨询委员会论证,省政府和有关部门领导要认真听取决策咨询委员会的意见。

——振兴江西,推进决策民主化,不仅要请知名专家、学者参与决策咨询,而且还应当动员全省人民献计献策。从去年开始,我们在全省范围内开展兴赣"隆中对"活动。去年,我代表省委、省政府向全省专家、学者和新老干部发出倡议,希望他们为振兴江西拿出新的"隆中对"来。一年多来,有580多名当今"诸葛亮"奉献出新"隆中对"527篇,提出了许多有重要价值的振兴江西的对策和建议。

——重视和继续发挥老同志、老干部的聪明才智。这是我们实行决策民主化、科学化而认真采取的又一个措施。老同志、老干部有丰富的工作经验和较强的决策能力,是我们国家宝贵的财富,我们一直坚持鼓励和动员他们在力所能及的范围内为政府决策提供有益的建议。凡研究重大问题或对重大问题进行决策,都要听取老同志、老干部的意见,请他们把关。

近年来,我省组织实施了一些重大的决策。这些决策基本上都是在专家、学者、老干部和实际工作者的参与下作出的。

其一,去年我国开始组织实施沿海发展战略,作为毗邻沿海的我省,面对新的压力、挑战和希望,该怎么办?应采取什么对策?经过对国内外和沿海、内地经济形势和产业结构的分析,不少专家、学者、老干部和实际工作者向省委、省政府提出了"主动支持,积极跟进,抓紧接替"的对策,省政府立即印发给参加全省经济工作会的代表们讨论。大家感到,只有抓住机遇,不失时机地把沿海经济发展所产生的强大冲击波变为推动江西经济振兴的强大动力才有出路,否则将一步落后,步步落后。经过广泛深入地讨论、研究和征求意见,我们采纳了"六字方针"的对策,即:

“支持、跟进、接替”。所谓支持，就是要坚决破除“肥水不流外人田”的封闭观念，主动支持沿海地区经济走向国际市场，甘当沿海地区搞外向型经济的配角。所谓跟进，就是我们预测，沿海地区经济转向外向型经济，只是全国经济走向世界的第一步，随之而来的必然有第二步、第三步，由于我省紧靠沿海，所以在对外开放上必须积极跟进。所谓接替，就是随着沿海地区经济转向外向型经济，必然要把一部分产业和市场转向内地，目前各省市的产业结构趋于同化，但一般来说，产业的转移需要一个稍长的过程，为此要在做好产业接替准备的同时，抓紧接替沿海地区让出的大市场。

其二，去年下半年，我国经济环境和经济秩序逐步趋于严峻和混乱，其中一个原因是由于我国农业连续几年徘徊不前。我省部分老同志和专家、学者及实际工作者对这一形势进行了分析，认为我省生产力的发展面临着两大矛盾：一个是新旧体制转换过程中的矛盾，一个是沿海与内地发展的矛盾。正确处理这两大矛盾，加快新旧体制转换过程，适应沿海发展战略实施的需要，实行“支持、跟进、接替”的六字方针，这在很大程度上都取决于我省农村经济发展的快慢。为此，集中各方面的力量，用五至七年时间在全省打一场农业开发总体战，以推进我省农业——工业化的进程，加快人民生活由温饱向小康的转化。省委、省政府对这一决策进行了认真充分的研究，认为，这一决策的依据是可靠的，既吸取和借鉴了国外的经验，又符合我国改革和市场的变化，也体现了江西的特色。于是，省委、省政府采纳了这一建议，并及时组织力量拟定实施农业开发总体战的具体步骤和目标，动员全省人民为农业开发总体战服务。

其三，创办赣州地区经济体制改革试验区。这一决策的作出也凝结了不少专家、学者、老同志和实际工作者的心血。赣州地区面对广东、福建，且又比较贫困落后，今后经济发展的路子怎么走？为此，我们广泛征求包括专家、学者在内的有关同志的意见，逐步形成这样的认识：赣南地理位置相对来说，比较特殊，其今后的发展，对内，要靠给以比较优惠、灵活的政策来启动；对外，要实行“以放对放，以活对活”的策略，打开窗口，开放门户，不能关闭边界，要积极面向特区的市场。这样，既能支持、促进沿海地区的发展，又可以反过来推动本区、本省的发展，否则，将进一步拉大与兄弟省之间的差距，被沿海地区远远地抛在后面。认识明确了，那么以一种什么方式来贯彻呢？省委、省政府又在听取各方面意见之后，在不违背中央精神的基础上，作出了创办赣州地区经济体制改革试验区的决定，扩大其经济管理等方面的权限。今年，我国开始进行治理整顿工作，我们又请专家、学者继续分析、论证得出结论，赣州地区经济体制改革试验区是与实施沿海地区经济发展战略共生的，必须坚持，不能收权。

其四，对有争议的工程项目，政府及其主管部门不匆忙作决策，而是组织专家进行充分的论证，并提出几个方案供优选。如去年我们省为解决老区开发所需的能源问题，拟在井冈山建一个水电站，方案出来后，争议很大，因为按此方案建造，将对生态环境产生不利影响，我们没有马上批准这个方案。是否还有一个更合适的方案呢？我们又组织了一些专家、学者按照自己的思路分别进行论证，几进井冈山进行现场观察，最后形成了三个方案，从中我们选择了一个可修建水电站，又对生态环境影响不大（保护了一大片原始森林）的方案。

此外，我们还经常请各方面的专家、学者介绍、提供有关沿海、海南、特区和国外的最新信息，以供决策参考；在制定我省中、长期发展规划时，就如何体现我省作为农业大省的特点问题，我们也组织专家、学者进行了深入的研究。

近年来，我省在决策民主化、科学化上作了些初步探索，但还很不够。下面是一些粗浅的体会：

——决策民主化是决策科学化的前提，又是民主政治的重要内容和特征。在决策领域中发扬民主，让人民群众和广大专家、学者参与决策是高层次民主的体现。决策不民主，就不能广开思路、广开言路，就不能提高人民群众的民主意识，开发集体的聪明才智。让人民群众特别是专家、学者参政议政，实行决策民主化，还有利于提高决策的透明度，消除人民群众对领导决策的神秘感；同时，也就相应提高了领导工作的开放度，促使作为国家主人的人民群众更全面、更深入地了解领导工作和政府工作，消除人民群众与政府之间的心理距离和现实距离，提高政府的威信。此外，由于人民群众和专家、学者亲身参与了决策，对作出的决策也就能认真地、自觉地贯彻执行，从而能比较好地实现政府工作的目标。

——决策民主化的实行减少了决策失误，提高了决策水平。缺乏科学的决策方法和意识曾是我们政府决策中长期存在的一个严重问题。近年来，我们开始转变旧的决策方式，凡重大决策都要经过决策咨询机构进行技术经济论证和可行性分析；对那些经过严格科学论证，证明宏观与微观价值都不高的决策方案，在实施前就否定它、取消它，而不是在实施中“釜底抽薪”。由于重视和发挥了专家、学者在决策咨询中的作用，所以，一方面使我们更深刻地认识到了江西地理位置上的优势与劣势，资源上的优势与劣势，从而对省情的认识比以前深化了；另一方面，使我省作出的几项重大决策能切合江西的现实，更具有科学性，从而推动和促进我省经济由较封闭状态向开放状态转化，进一步明确了振兴江西经济、尽快使老区脱贫致富的思路。

——随着改革开放的逐步推进，各种各样复杂的经济社会问题不断出现，为了正确地作出决策，必须把领导的智慧和各方面专家、学者以及人民群众的智慧结合起来。由于领导者、专家、学者和人民群众所处的位置不同，职业不同，于是会导致看问题的角度和层次也不同,并且各自都包含有一定的科学性。因此,领导者凡遇重大问题,决策前一定要努力吸取和筛选出专家、学者建议中的有效成分,这样,既发挥了专家、学者的聪明才智,又提高了领导者本人的工作能力和水平,并达到了领导的效果。

——要逐步使决策民主化建立在制度化的基础之上。近几年的实践使我们感到,要完全确立决策咨询工作的地位,实行决策的民主化,还有很多工作要做。首先,我们要继续提高各级政府领导人对实行决策民主化的认识,提高大家的自觉性;其次,要逐步制定和完善一定的程序和规章,使其建立在制度的基础上,避免一些形式主义的做法;另外,我们还将在实践中继续为实现决策民主化、科学化而探索新的更科学、更规范的形式,使政府工作效率进一步提高。

一不受礼 二不请客*

（1989年9月20日）

少华同小何已结婚，这是他们生活长河中的一件大喜事。我严格按照中央要求，一不受任何人的礼，二不请客。他们说今年国庆节前夕可能要去看望小何的父母，我拜托你给我以帮助，做做小何父母的工作，也希望他们喜事简办，不受礼，不请客。对这点我曾同小何和她父亲都讲过，老何表示同意，我相信他们会支持我的工作。但又担心社会上的"压力"、闲人的多嘴、老何的心愿，使他忘了他答应的不受礼，不请客。但若老何的亲朋好友，不吃一餐饭，确实觉得心里过意不去的话，相信他会把握好。

这可能是多余的话，对老何的希望好像"有点不近人情"。但我的大儿子结婚就做到了不受礼，不请客，二儿子的亲戚家也应一样，这是事业的需要。

我相信你能帮好这个忙，如能如愿，对你及老何全家深表谢意。

---

* 这是吴官正同志为子女婚事简办给与老何家熟悉的领导写的一封信。

有错误改了就好*

（1990 年 9 月 29 日）

来信收阅。您心情沉重的信读后感人，有错误改了就好。您要相信党组织，相信干群，也要相信自己。将来的日子很长，过去的事已过去了，到新的工作岗位上，要埋头苦干，大胆开拓，我想您一定会做出新的成绩。但要紧的是振作精神，组织和干部群众会公正对待您的。听说您两次找我，因实在太忙，以后来昌欢迎您来办公室见面。

---

* 这是吴官正同志给一位犯过错误的领导同志的回信。

纪检工作要坚持为党的基本路线服务*

（1991 年 2 月 25 日）

一、要牢记纪检工作的根本指导思想是为党的基本路线服务

新时期党的一切工作，都必须保证党的基本路线的贯彻执行。纪检工作作为党的工作的一个重要组成部分，当然也必须保证党的基本路线的贯彻执行，服从和服务于党的基本路线。

党的基本路线是“一个中心、两个基本点”。以经济建设为中心，大力发展社会生产力，关系到我国社会主义制度的兴衰成败，关系到党和国家的命运前途。集中精力把经济搞上去，是人心所向，众望所归。我们的纪检工作，要围绕这个中心来开展，使之真正成为推动和促进经济建设的重要力量。

现在有的同志有一种误解，认为纪检机关只是专门查办违纪案件的机构，有的甚至把“搞正风气”同“搞活经济”对立起来。其实，纪检工作同经济建设有着内在的联系，“搞正风气”与“搞活经济”是辩证的统一。邓小平同志一再强调，要“一手抓改革开放，一手抓惩治腐败”。陈云同志也曾指出：“党的各级纪检工作部门不仅要对妨碍、破坏改革的人和事坚决反对和纠正，而且更要使纪检工作成为促进改革的重要力量。”这几年我们在加强

---

* 这是吴官正同志在江西省纪检工作会议上的讲话。

党风和廉政建设中，比较扎实地抓了农资供应公开、清理拖欠公款、狠刹吃喝风、清理建私房中的违纪现象、查处大案要案等9件事，取得了比较明显的成效，深受群众欢迎，密切了党群、干群关系，调动了群众的积极性，有力地促进了经济建设的发展。我们在改革开放中，发挥纪检部门的监督作用，支持和保护改革者，帮助失误者，惩处违纪者，保证了改革的社会主义方向，保障了改革的顺利进行。这些情况都说明，纪检工作在促进改革开放和经济建设方面可以而且必须发挥重要作用。

当前，我省经济正在继续向好的方向发展，但也确实存在不少困难。在困难面前，有的同志又产生了要求“纪律松绑”的情绪，似乎只有纪律宽松才能把经济搞活。有些搞纪检工作的同志也怕抓党风党纪会影响经济工作。这是个指导思想问题。党的原则和党的纪律是严肃的，不存在“松绑”问题。克服当前困难，一靠党的坚强有力的领导。党的纪律严明，就能增强党的战斗力，就能保证党的路线、方针、政策顺利地贯彻执行，就能形成抓经济建设的合力，就能克服面临的困难。二靠深化改革。各项改革措施的实施，需要纪检部门支持和监督，一方面保护和支持改革者，一方面查处妨碍和破坏改革的人和事，使改革沿着正确的方向发展。三靠动员群众发扬艰苦奋斗的精神。首先是党员特别是党员领导干部要带头坚持和发扬廉洁奉公、艰苦奋斗、全心全意为人民服务的光荣传统，凝聚党心民心，带领广大人民群众，共同实现党的奋斗目标。不论从哪方面看，只要我们的纪检工作坚持为党的基本路线服务的根本指导思想，就能在经济建设和改革开放中大有作为，为实现本世纪末的宏伟目标作出重要的贡献。

二、下大力气把为党的基本路线服务的指导思想落到实处

当前,应着力做好以下几项主要工作。

第一,进一步巩固和发展安定团结的政治局面。党的十三届四中全会以来,在以江泽民同志为核心的党中央领导下,国内经济稳定、政治稳定、社会稳定。我省同全国一样,安定团结的政治局面不断巩固和发展。这是我们90年代发展经济,继续坚定地走建设有中国特色社会主义道路的根本保证。但在社会生活中还存在一些不安定的因素。例如,资产阶级自由化思潮还有一定的影响;社会治安还不能令人满意;党内还存在一些不正之风和腐败现象,有的还比较严重,有些群众反映强烈的热点问题还没有得到很好解决;有的领导班子长期闹无原则的纠纷,影响团结,等等。这些不安定因素,不可能不干扰党的基本路线的贯彻落实。这就要求我们既要同一切否定四项基本原则的资产阶级自由化思潮作坚决斗争,以保证全党在政治上同党中央的高度一致,又要进一步搞好党风和廉政建设,坚决惩治腐败。当前尤其要注意加强各级领导班子的团结。江泽民同志最近指出:"党的团结,特别是各级领导核心的团结,是压倒一切的重要问题,是社会稳定、事业发展的决定性环节"。只要我们各级领导班子是团结的,作风是好的,政治、经济和社会的稳定就有了可靠的保证。

第二,继续做好支持和保护改革开放的工作。80年代,我省的改革开放取得了较大的进展,整个经济格局在由封闭型向开放型、由产品经济向有计划商品经济的转变中迈出了较大的步伐。但是,由于小生产和原有经济体制的弊端所形成的固有观念的影响根深蒂固;由于我省处于沿海和内地的过渡地带,在

和沿海地区的体制衔接上存在诸多的矛盾;由于经济生活中一些深层次的问题还没有得到很好解决,所以,我们要进一步加大改革的分量,加快开放的步伐,做到以改革促发展,以开放促开发。纪检工作必须适应形势的需要,同经济建设的要求结合起来,同改革开放的政策统一起来,尤其要满腔热情地支持和保护勇于改革、大胆探索的同志。改革是前无古人的开创事业,因为缺乏现成的模式和经验,产生这样那样的失误甚至错误是难以完全避免的。对于在改革中有失误的同志,要热情地帮助他们总结经验教训,鼓励他们继续前进。当然,也要泾渭分明地对打着改革旗号违法乱纪、中饱私囊的人坚决查处。这同样是支持和保护改革开放。过去,我省各级纪检机关在支持和保护改革开放方面做了很多工作,进行了许多有益的探索,积累了不少的经验。今后,要进一步学好党的十三届七中全会和省委九届二次全会精神,提高对改革开放重要性、必要性的认识,把支持和保护改革的工作做得更好。

第三,进一步加强新形势下的党性教育。我们搞的是坚持以公有制为主体的有计划商品经济。这在本质上要求我们在发展商品经济的同时,必须防止商品交换的原则侵蚀党的肌体。假如我们不加强党性教育,商品经济的激烈竞争,会刺激一些人的投机心理和利己主义膨胀;等价交换的原则会渗透到党内来,产生"谁给好处给谁干"、互相利用等肮脏政治交易或权钱交易;货币这个商品经济运行离不开的媒介,会导致金钱至上的拜金主义。这些年来,党内贪污受贿等违纪违法案件呈上升趋势,说明越是发展社会主义有计划商品经济越要加强党性教育。要充分估计和认识发展商品经济过程中党风建设的新情况、新问题,进行有针对性的党性教育,用党性来增强党内同志的免疫力、抵抗力,坚持全心全意为人民服务的宗旨,保持无产阶级先锋队的纯洁性和先进性,更好地带领群众发展有计划商品经济。

纪检工作为党的基本路线服务，集中到一点，就是要以优良的党风、严明的党纪保证党的基本路线的贯彻执行。对于我们纪检机关来说，也就是要集中力量管好党纪、协助党委管好党风。坚持从严治党和“两手抓”的方针，维护党的团结统一，支持和保护改革开放，加强党内监督和党性教育，以卓有成效的工作保证党的基本路线的贯彻执行。

三、进一步加强纪检机关的自身建设，增强为党的基本路线服务的能力

为了使纪检工作更好地促进经济建设和改革开放的顺利进行，必须进一步加强自身建设。

第一，认真学习马克思主义的理论，不断提高理论素养。马克思主义是我们认识世界、改造世界的强大思想武器。在改革开放的历史条件下，党风建设有其新的特点和内在规律，并且在发展过程中还会不断遇到一些新情况、新问题，只有提高马克思主义的理论素养，才能在复杂的形势下不迷失方向，提高执行党的基本路线的自觉性。各级纪检机关要有计划地组织纪检干部学好马克思主义的哲学、科学社会主义、政治经济学以及党的建设的理论，特别要学好毛泽东、邓小平同志的有关著作和十一届三中全会以来党中央的有关重要文件，进一步认识社会历史发展的客观规律，认识建设有中国特色社会主义的历史使命，认识党风建设的地位和作用。学习一定要联系实际，坚持运用马克思主义的立场、观点和方法，分析、解决党风建设中遇到的问题和矛盾。

第二，进一步深入改革开放的实践，从改革开放中汲取政治营养。改革是当代中国历史发展的主流。分析、研究党风中存在的问题，离不开改革开放的实践。这就要求我们必须积极地

参与改革，了解改革，熟悉改革，从改革中汲取政治营养。各级纪检机关要进一步转变作风，到基层去。既要深入到一些改革搞得好的地方和单位去进行调查研究，总结经验，也要深入到一些矛盾和问题较多的地方和单位去，帮助他们，一道推进改革。我们的同志在执纪办案的过程中，常常遇到一些政策界限难以区分的情况，但只要我们真正深入到改革的实践中去，问题就会迎刃而解，该支持什么，该反对什么，就会一目了然。要通过深入改革实践，了解改革的进程，熟悉改革的情况，增强改革的意识，体会经济建设和改革第一线同志的艰辛，以增进相互的了解和理解，提高纪检工作的水平。改革是不断发展的，深入改革实践，决不能浅尝辄止，而必须长期坚持下去，以使我们的纪检工作更加适应改革开放的需要。

第三，进一步大胆探索，不断总结和积累经验。发展有计划商品经济和进行改革开放，是一项创新事业，只能在探索中一步一步地前进。纪检工作为经济建设和改革开放服务，也只能在探索中一步一步地前进。过去，我省纪检机关在这方面做了不少有益的尝试，如与厂长经理交朋友，在工矿、农村建立联系点，正确对待改革中有争议的人和事，对一些容易出现或已发现的苗头性问题多打招呼、早打招呼，主动搞好政策咨询等，这些做法的效果都很好。今后，要继续大胆探索，进一步积累经验。特别要注意抓住一些难以掌握和处理的问题，寻找党风建设与经济建设、改革开放的结合点。如党风和廉政建设与经济建设、改革开放的关系怎么处理，怎样才能使“两手抓”的方针较好地统一起来；制订政策时怎样才能既有利于端正党风，又有利于改革开放和搞活经济；如何处理严格遵守党的纪律与改革创新的关系，等等。在进行探索时，既要有大胆果断的精神，又要有科学慎重的态度，以少走弯路，取得更好的效果。

为了更好地贯彻落实为党的基本路线服务的指导思想，各级党委必须十分重视党风建设，加强对纪检工作的领导。要及时、认真地研究党风建设的一些重大问题，动员全党抓党风。要支持纪检机关的工作，当他们工作遇到困难时，要及时给予帮助；当他们因工作受到非议时，要挺身而出，为他们撑腰壮胆。要创造条件，使纪检干部更多地了解经济建设，了解改革开放，了解党委工作的全局，并从政治、思想和业务上关心他们。纪检机关的办案经费、必需设备等实际问题，在财力允许的范围内，应尽量地给予解决。

丰富经验的理论总结
继续前进的科学指南*

（1993 年 12 月）

《邓小平文选》第三卷是邓小平建设有中国特色社会主义理论的重要集成，是邓小平同志领导我们推进改革开放和社会主义现代化建设丰富经验的理论总结，也是引导我们继续胜利前进的科学指南。

一、邓小平建设有中国特色社会主义理论的核心是发展生产力

党的十一届三中全会以来，邓小平同志一贯强调，要发展，大力发展，加快发展，持续发展。在《邓小平文选》第三卷中，他多次阐述这个带根本性的问题。

首先，社会主义的根本任务是发展生产力。

这是邓小平同志提出一系列基本观点和基本政策的基础。他反复要求大家搞清楚什么是社会主义，什么是社会主义的本质。他说："社会主义是什么，马克思主义是什么，过去我们并没有完全搞清楚。""社会主义的任务很多，但根本一条就是发展生产力"。"社会主义的本质，是解放生产力，发展生产力，消灭剥削，消除两极分化，最终达到共同富裕。"邓小平同志之所以这样

---

* 这是吴官正同志在中央党校学习《邓小平文选》第三卷时所写的体会文章，发表在《求是》杂志 1993 年第 23 期上。

重视生产力的发展，把它提到社会主义本质的高度，是因为贫穷不是社会主义，社会主义的优越性，归根到底要体现在它的生产力比资本主义生产力发展得更快一些。

邓小平同志明确指出，在社会主义初级阶段，解决中国所有问题的关键要靠自己的发展。这既包括解决国内的各种问题，也包括处理国际上碰到的各种矛盾。只有随着经济的发展，才有更多的财力增加国防装备，增加科技教育的投入。物质文明上去了，精神文明也就有了更雄厚的基础。综合国力增强了，我国在国际上维护和平的分量就会更重。生产力发展了，人民积极性调动起来了，社会主义制度就会更加巩固。总之，社会主义的前途和命运，取决于我们的经济能不能尽快搞上去。因此，归根到底，发展是硬道理，发展是根本，发展是大局。必须坚持以经济建设为中心，一心一意地干下去。只要不打世界大战，就要紧紧扭住发展这个根本任务不放。就是打完了世界大战，还要搞建设。

邓小平同志不仅强调发展才是硬道理，而且反复强调要抓住时机，力争隔几年上一个台阶。在他看来，不仅经济不发展不是社会主义，而且“发展太慢也不是社会主义”。如果经济发展老是停留在低速度，人民生活水平就很难提高。我们国家已经丧失了几次机遇，再不加快发展，就会处于被动地位，就会受制于人。因此，要正确处理发展、稳定和协调的关系，既尽力而为，又量力而行，努力使国民经济保持一个较高的发展速度。要坚持以经济建设为中心，就要从姓“社”姓“资”的困扰中走出来。判断各方面工作是非得失的标准，归根到底要看是否有利于发展社会主义社会的生产力，是否有利于增强社会主义国家的综合国力，是否有利于提高人民的生活水平。

在《邓小平文选》第三卷中，邓小平同志不仅阐述了要不要发展的问题，而且明确了如何发展的问题。他规划了“三步走”

的战略目标，提出了科学技术是第一生产力的观点和逐步实现共同富裕的构想。要求我们把经济的发展建立在依靠科技进步和提高劳动者素质的基础上，把经济发展与效益改善紧密地结合起来；鼓励一部分地区一部分人先富起来，提倡先富帮后富，通过社会生产力水平的大幅度提高，最终达到共同富裕。

第二，发展的强大动力是改革。

要发展必须找到发展的动力。邓小平同志明确指出："我们现在真正要做的就是通过改革加快发展生产力。""革命是解放生产力，改革也是解放生产力。""改革是中国的第二次革命。"

在生产力诸因素中，人的因素是最重要的。旧的经济管理体制，严重地束缚了人们积极性的发挥，只有从根本上改变束缚人的积极性的经济体制，建立起充满生机和活力的社会主义市场经济体制，才能解放和发展生产力。

改革是一个长期的政策。15 年的改革开放，已经使我国经济获得了巨大发展，人民得到了许多实惠。改革开放受到了人民群众的广泛拥护和支持。没有改革就没有今后的持续发展。改革成功，会为中国今后几十年的持续稳定发展奠定基础。所以邓小平同志强调："今后即使出现风波，甚至出现大的风波，改革也必须坚持。"

改革没有现成的经验，要不断探索。要改革，胆子就要大一些，看准了的，要大胆地试，大胆地闯。否则，走不出一条好路，走不出一条新路，干不出一番新事业来。回顾 15 年改革开放走过的历程，这确实是一条值得牢牢记取的重要经验。

坚持改革，必然要坚持开放。经验证明，关起门来搞建设是不能成功的。"没有改革开放就没有希望。""坚持改革开放是决定中国命运的一招。"改革、开放都是为了扫除发展社会生产力的障碍。开放同改革一样，也是新时期最鲜明的特征。

第三，发展没有一个稳定的政治局面不行。

为了一心一意搞经济建设，邓小平同志反复要求："我们搞四化，搞改革开放，关键是稳定。""中国的最高利益就是稳定。""稳定压倒一切。"我体会，这是因为，中国人口多，底子薄，没有安定团结的政治环境，没有稳定的社会秩序，就什么事也干不成。凡是妨碍稳定的，就不能让步，不能迁就，任何时候都不能干扰经济建设这个中心，不管"左"的干扰，还是右的干扰，都要坚决排除。

要稳定，要发展，就要坚持党的基本路线一百年不动摇。建设社会主义，没有共产党的领导不行。没有党的领导，建设就不可能有领导、有秩序地进行。不讲人民民主专政，我们的社会就会是一个混乱的社会，建设和改革开放都会落空。不坚持四项基本原则，我们独立自主、民主法制、对外开放、对内搞活等内外政策，就没有基础。因此，邓小平同志明确指出："反对资产阶级自由化，坚持四项基本原则，这不能动摇。"要加强思想政治工作，正确处理人民内部矛盾，化消极因素为积极因素。

要稳定，就要坚持两手抓，两手都要硬。一手抓改革开放，一手抓打击犯罪；一手抓经济建设，一手抓民主法制；一手抓物质文明，一手抓精神文明。不抓精神文明建设，如果风气坏下去，物质文明建设也要受破坏，走弯路。在整个改革开放过程中都要反对腐败。改革开放搞多久，端正党风，纠正不正之风，打击犯罪就得干多久。要努力发展社会主义民主，健全社会主义法制。

要稳定，就要教育人民和干部成为有理想、有道德、有文化、有纪律的人。"四有"当中，邓小平同志特别强调要有理想、有纪律，有了共同理想，团结才有稳定的根基。有了铁的纪律，才有强大的战斗力。这是坚持社会主义制度，发展社会主义经济的真正优势。

要稳定，中央就要有权威。党中央、国务院没有权威，局势就控制不住，党和国家的政策就维护不了，经济生活中深层次的矛盾和问题就解决不了。中央有权威，才能做大事。稳定，还要靠正确的组织路线来保证。从一定意义上说，关键在人，要启用在改革开放和发展中有政绩的人。

第四，发展还要有一个和平的国际环境。

争取一个和平的国际环境，必须正确估量发生战争的可能性。邓小平同志精辟地分析了当今世界的格局，指出在较长时间内不发生大规模的世界战争是可能的，和平和发展是当今世界的主题。这正是我们抓紧建设的时机。根据对国际形势的正确判断，邓小平同志确定了正确的对外政策。一句话是反对霸权主义，维护世界和平；另一句话是中国永远属于第三世界。我们努力维护世界和平，但在国家主权和"国格"上决不让步。当苏联、东欧形势急剧变化的时候，邓小平同志告诫全党，冷静观察，稳住阵脚，沉着应付，永远不当头。在处理香港、澳门、台湾的问题上，邓小平同志则运用他所发明的"一国两制"，推进祖国和平统一大业。我体会，邓小平同志的这些思想，目的是使我们能够争取到一个和平的国际环境和睦邻友好的周边关系，集中精力把自己的事情办好，聚精会神搞国内建设，大力发展社会生产力。

二、邓小平建设有中国特色社会主义理论的精髓是解放思想、实事求是

解放思想、实事求是，是邓小平建设有中国特色社会主义理论的精髓。在酝酿、形成和完善建设有中国特色社会主义理论的过程中，邓小平同志以他巨大的理论勇气和非凡的政治勇气，实事求是，突破了一个又一个理论"禁区"，带领全党和全国人民实现了四个根本性的转变。

第一，实现由“本本主义”到重新确立实事求是思想路线的转变。

邓小平同志指出：“实事求是是马克思主义的精髓。要提倡这个，不要提倡本本。”“我是实事求是派。”他指出，列宁之所以是一个真正的伟大的马克思主义者，就在于他不是从书本里，而是从实际、逻辑、哲学思想、共产主义理想上找到革命道路，在一个落后的国家干成了十月社会主义革命。中国伟大的马克思列宁主义者毛泽东，并不只是在马克思、列宁的书本里寻求在落后的中国夺取新民主主义革命胜利的途径。革命是这样，建设也是这样。在革命成功后，各国必须根据自己的条件建设社会主义。固定的模式是没有的，也不可能有。墨守成规，只能导致落后，甚至失败。这是因为，世界在变，人们的思想不能不变。要发展就要变。不变就发展不起来。我们绝不能要求马克思、列宁为解决他们去世之后上百年所产生的问题提供现成答案。真正的马克思主义者，必须根据现在的情况，认识、继承、发展马克思主义。

十一届三中全会以前，在近20年的时间内，“本本主义”束缚了人们的思想。粉碎“四人帮”后，“两个凡是”又禁锢着我们。是邓小平同志以大无畏的革命精神，提出要解放思想，开动脑筋，一切从实际出发，肯定了实践是检验真理的唯一标准，重新确立了实事求是的思想路线。可以说，如果不是邓小平同志倡导解放思想、实事求是，还是受“本本主义”的禁锢，就不会有思想路线的转变，不会有政治路线的转变，不会有历史是非的澄清，不会有工作中心的转移，不会有建设有中国特色社会主义的理论，也不会有十一届三中全会以来改革开放的伟大成就。

第二，实现由以阶级斗争为纲到以经济建设为中心的转变。

邓小平同志指出：“十一届三中全会以来，全党把工作重点转移到社会主义现代化建设上来，在坚持四项基本原则的基础上，集中力量发展社会生产力。这是最根本的拨乱反正。”恢复和重新确立马克思主义关于发展生产力的基本原则，是同恢复和重新确立实事求是的思想路线密切联系在一起的，两者具有同等重要的意义。邓小平同志从社会主义的本质和目的出发，来认识社会主义的根本任务。因而他一直与片面强调政治而忽视经济，频繁变革生产关系而忽视生产力，以防止资本主义复辟的名义阻碍甚至破坏生产力发展的“左”的思想作不懈的斗争。

邓小平同志极其深刻地阐述了集中精力把经济搞上去，是巩固社会主义、维护人民根本利益的需要。正是从这样一种根本利益出发，他果断地作出了党的工作中心转移到经济建设上来的战略决策，并反复强调，坚持党的基本路线不动摇，关键是坚持以经济建设为中心不动摇。邓小平同志坚持解放思想、实事求是，把社会主义与广大人民的根本利益、社会主义的生命力与经济建设紧密地结合在一起，创造性地丰富和发展了马克思主义。

第三，实现由闭关锁国到对外开放的转变。

我们国家有着长期闭关自守的经历。在很长一段时间，闭关锁国的观念在干部群众中根深蒂固。是邓小平同志，以解放思想的大无畏勇气，首先冲破这种封闭的沉闷空气，力主打开门窗，实行对外开放。他鼓励大家不要怕冒风险，果断地决定设立经济特区，并要求在内地再造几个香港。他反复告诫全党，独立自主不是闭关自守，自力更生不是盲目排外。要弄清楚什么是资本主义，一些发展生产力的方法、手段不能说成是资本主义的。社会主义要赢得与资本主义相比较的优势，就必须大胆吸收和借鉴人类社会创造的一切文明成果，吸收和借鉴当今世界各国包括资本主义发达国家的一切反映现代社会化生产和商品经济一般规律的先进经营方式和管理方法。当有人担心开放政策会导致资本主义时，他明确指出，我们的开放政策不会导致资本主义。实行对外开放政策会有一部分资本主义的东西进入，只要我们坚持两手抓的方针，这个问题可以解决。“三资”企业受到我国整个政治、经济条件的制约，是社会主义经济的有益补充，归根到底是有利于社会主义的。正是邓小平同志倡导和坚持了解放思想、实事求是，我们对外开放的领域才不断扩大，在短短十多年时间内，迅速摆脱了原来封闭半封闭的状态，与世界经济的联系日益密切，对外关系和经济技术合作迅速发展，给国民经济注入了巨大的活力。

第四，实现由高度集中的计划经济体制向社会主义市场经济体制的转变。

计划与市场的关系，是经济体制改革的核心问题，也是多年来困扰人们思想的重大问题。在这个问题上，邓小平同志总是倡导解放思想、实事求是，不固守某些过时的原则。他不但最早提出市场经济的问题，而且始终坚持社会主义也应当搞市场经济。从1979年到1992年，他先后多次就市场经济的问题作了讲话。他最早提出，说市场经济只限于资本主义社会，这肯定是不正确的。社会主义和市场经济之间不存在矛盾。计划和市场都是方法，只要对发展生产力有好处，就可以利用。不要以为，一说计划经济就是社会主义，一说市场经济就是资本主义，不是那么回事。计划多一点，还是市场多一点，不是社会主义与资本主义的本质区别。他打破传统经济理论中关于社会主义就是计划经济，资本主义就是市场经济的简单对应关系，从分析市场经济在封建社会就有了萌芽入手，指出市场经济并不是资本主义专有。他又从日本也有企划厅、美国也有计划这个事实出发，指出计划不受社会经济制度限制。他科学总结了我国市场取向改革的创造性探索，指出把计划和市场结合起来，就更能解放生产力。证券、股市这些东西要坚决地试。正是邓小平同志这些先导性的论述，不断解除了人们思想上的禁锢，推动了市场取向改革的深入，使市场经济逐渐为大多数人所理解和接受，党的十四大才正式确立了建立社会主义市场经济体制的改革目标。这对我国社会主义现代化建设和经济体制改革都具有划时代的意义。

探索建设有中国特色的社会主义，必须以马克思主义为指导。但是对马克思主义有一个怎样理解、怎样对待的问题。邓小平同志从实际出发，强调与中国实际相结合运用马克思主义，马克思主义要中国化、具体化。为了与各种否定马克思主义、否定社会主义的思潮划清界限，与墨守成规、脱离中国实际和时代发展的错误观点划清界限，邓小平同志一直号召解放思想、实事求是，并且身体力行。邓小平同志的伟大之处就在于他既坚持马克思主义，又发展马克思主义，不把书本当教条，不照搬外国模式，坚定不移地走自己的路。正如江泽民同志所指出的，“解放思想是一个法宝，是一个帮助我们在思想上和工作上永远保持蓬勃生机和活力的法宝”。这个法宝我们一刻也不能离开，任何时候都不能丢掉。

三、邓小平建设有中国特色社会主义理论是当代中国的马克思主义

《邓小平文选》第三卷，时间跨度是 1982 年到 1992 年。这 10 年，正是建设有中国特色社会主义理论形成、发展、丰富和完善的重要时期。邓小平同志作为我们党第二代中央领导集体的核心，在这个理论的形成过程中起着特别重要的作用，对这个理论的创立作出了历史性的重大贡献。而邓小平同志的这些重大贡献，很多就反映在《邓小平文选》第三卷中。我体会，讲《邓小平文选》第三卷的历史地位，实际上就是江泽民同志在十四大报告中高度概括的建设有中国特色社会主义理论的历史地位。它

标志着马克思主义普遍真理同中国具体实际相结合的第二次历史性飞跃，奠定了马克思主义关于社会主义建设理论的基石，在马克思主义发展史上占有很重要的地位，是社会主义与爱国主义相统一的伟大旗帜。

首先，是马克思主义普遍真理同中国具体实际相结合的第二次历史性飞跃。

回顾 70 多年我们党的历史，在马克思主义与中国实际相结合的过程中，有两次历史性的飞跃。第一次飞跃解决了新民主主义革命道路的问题，第二次飞跃解决了有中国特色社会主义建设道路的问题。领导中国人民实现第一次飞跃的是以毛泽东同志为核心的党中央第一代领导集体，领导中国人民实现第二次飞跃的是以邓小平同志为核心的党中央第二代领导集体。作为这两次历史性飞跃标志的分别是毛泽东思想和邓小平建设有中国特色社会主义理论。

邓小平建设有中国特色社会主义理论作为第二次历史性飞跃，不仅表现在这一理论已经找到了有中国特色的社会主义建设的道路，而且表现在对中国社会主义建设道路已经上升到规律性的认识；不仅表现在把马克思主义的基本原理同当代中国的具体实际相结合，而且表现在把马克思主义同我们的时代特征相结合，赋予马克思主义以鲜明的时代气息；不仅表现在已经有了成熟的理论概括，而且表现在已经具体化为中国社会主义建设的路线、方针和政策；不仅表现在它已经产生新思想、新理论，而且表现在它已经在中国大地深深扎根，成为亿万群众的伟大实践。

中国革命和国际共产主义运动的全部历史告诉我们，确立什么样的理论为指导，是直接和最终决定党和社会主义事业前途命运的头等大事。我们的党和人民由于邓小平同志找到了一条把马克思主义与本国实际相结合的社会主义建设路子，不仅顶住了社会主义在一些国家遭受巨大挫折的冲击，而且加快了发展步伐。建设有中国特色社会主义理论必将团结和激励全党和全国人民不断开创社会主义的更大胜利。

第二，奠定了马克思主义关于社会主义建设理论的基石。

以邓小平同志为核心的第二代中央领导集体，在认真总结前人成功经验和失败教训的基础上，对社会主义发展道路进行了伟大的探索和实践，终于找到了适合中国国情的建设社会主义的道路，第一次回答了在中国这样的经济文化比较落后的国家如何建设社会主义、如何巩固和发展社会主义的一系列基本问题，用新的思想、观点，继承和发展了马克思主义，开创了社会主义蓬勃发展的现实道路，展示了社会主义的光辉前景。

如果说，马克思、恩格斯的伟大功绩，在于发现了历史发展的规律，使社会主义从空想变为科学；列宁的伟大功绩，在于把科学社会主义的基本原理创造性地运用于帝国主义时代，建立了世界上第一个社会主义国家；毛泽东的伟大功绩，在于找到了农村包围城市的新民主主义革命道路，在中国这样一个半殖民地、半封建的东方大国取得了新民主主义革命的胜利；那么，邓小平同志的伟大功绩，就在于他成功地在中国找到了一条建设社会主义的道路，奠定了马克思主义关于社会主义建设理论的基石，在马克思主义发展史上占有很重要的地位。

第三，树起了一面社会主义与爱国主义相统一的伟大旗帜。

邓小平同志是一位杰出的马克思主义者，同时又是一位伟大的爱国主义者。他深深热爱我们的祖国，热爱我们的人民。他所做的一切都是为了国家的富强，人民的富裕，民族的振兴。他指出："中国人民有自己的民族自尊心和自豪感，以热爱祖国、贡献全部力量建设社会主义祖国为最大光荣，以损害社会主义祖国利益、尊严和荣誉为最大耻辱。"邓小平建设有中国特色社会主义理论，树立了一面社会主义与爱国主义相统一的伟大旗帜。在这面旗帜下，可以团结千千万万炎黄子孙，为振兴中华而努力奋斗，为赢得社会主义的胜利而努力奋斗。

在《邓小平文选》第三卷最后一篇的结束语中，邓小平同志语重心长地谆谆嘱咐我们："从现在起到下世纪中叶，将是很要紧的时期，我们要埋头苦干。我们肩膀上的担子重，责任大啊！"我们深感任重道远，一定要在今后的工作中，进一步学习和掌握邓小平建设有中国特色社会主义理论的基本观点和精神实质，加强工作中的原则性、系统性、预见性、创造性，在以江泽民同志为核心的党中央领导下，把我们可爱的祖国建设成为富强、民主、文明的社会主义现代化国家。

统计数字必须真实*

（1994 年 7 月 21 日）

我最近到一些县乡，听了个别干部汇报的数据，似感有不实之处。对此，我深感不安，认为有必要给同志们写这封信。

请你们一定要坚持实事求是的原则，高度重视统计数字的真实性。任何时候都要保持清醒头脑，既要注意防止下面为了捞实惠对不真实的数据睁一只眼，闭一只眼；更要注意防止虚报浮夸，沽名钓誉。省将在今年适当时候对一些县乡进行抽查，一旦发现弄虚作假、虚报浮夸、擅改统计数据的，一律取消目标管理评先资格，并通报批评；情节严重的，对责任人要给予党纪、政纪处分。

希望同志们对下面一定要严格要求，并教育各级干部支持统计部门的工作。虚报浮夸是一种极坏的作风，是党纪、政纪所不允许的。一旦发现，如不及时纠正，将后患无穷，带坏一代风气，这是对党对人民的犯罪。

---

* 这是吴官正同志致江西省各专员、市长的一封信。

要十分重视党的建设*

（1994 年 10 月 25 日）

今天，与同志们一道学习《中共中央关于加强党的建设几个重大问题的决定》。按照支部安排，我作个发言。

四中全会我参加了，重温《决定》，感触颇深。其中重要的一点，是学习贯彻《决定》必须在领会精神实质上下功夫。加强党的建设，事关国家的长治久安、民族的繁荣昌盛、改革开放和经济建设的顺利进行，是人民群众的根本利益所在。当前，应按照邓小平建设有中国特色社会主义理论，从思想上、组织上、作风上全面加强党的建设，尤其是在党的组织建设方面应努力把握好三个问题。

第一，必须坚持和健全民主集中制，自觉维护以江总书记为核心的党中央的权威。这一条非常重要。只有重视民主集中制建设，重视决策的民主化、科学化，才能减少工作失误，保证中央政令的畅通。作为我本人来讲，要注意民主作风，深入调查研究，有些问题多同省政府领导同志商量，重大问题坚持做到向省委请示报告。

第二，要加强和改进党的基层组织建设，包括搞好支部建设。要按照《决定》的要求，全面加强党在工矿企业、农村、机关、学校和街道的基层组织建设，特别是在农村，要建设一个好的村

---

* 这是吴官正同志在江西省政府办公厅调研处党支部生活会上发言的一部分。

支部，选好一个支部书记，使之能够带领群众发展生产，壮大集体经济，引导农民走共同富裕的道路。同时，维护好农村基层的社会治安，保证群众安居创业。

第三，要高度重视培养和选拔德才兼备的领导干部，尤其要重视培养和使用跨世纪的年轻干部。当前迫切需要把一批符合“四化”标准，热爱祖国、忠于社会主义事业、具有开拓进取精神、能得到群众拥护的年轻干部选拔到各级领导岗位上来。作为领导干部要认真学一学毛主席评价武则天的那三句话，即“容才有量，识才有智，用才有术”，从中吸取有益的启示。

培养青年干部，必须组织他们认真学习马列主义、毛泽东思想，中心内容是学习和掌握邓小平建设有中国特色社会主义理论。同时，努力学习社会主义市场经济理论和基础知识、现代科学技术知识和法律知识、世界历史、中国历史特别是近代史和中共党史。通过学习和实践，树立正确的世界观、人生观，更加自觉地坚持党的基本路线，增强工作中的原则性、系统性、预见性和创造性。

要弘扬爱国主义精神。爱国主义是中华民族的精髓，我们在任何时候都要高举这面旗帜，时刻准备为国家、为民族的利益作出自己的牺牲；在任何时候我们都要热爱自己的祖国，热爱自己的家乡。这是一种无形的力量，把全民族紧紧地团结在一起。不爱国的人在人民心目中永远不会有地位，卖国贼遗臭万年，古今中外概莫例外。热爱江西、建设江西是弘扬爱国主义精神的具体体现。江西发展了，富裕了，对全国也是一个支持。当然，我们江西与沿海地区比还有一定的差距，但我们不能由此而产生失落感。江西也在快速发展，未来充满希望。到2000年国家要求的许多目标我们都可以达到，农民人平纯收入可达到2000元。目前许多经济指标在全国的位置并不低。城镇居民人平住房面积已达到9.4平方米，农民更多，人平22.9平方米。大多数乡镇基本解决了校园"六配套"问题。江西发展环境也很优越,加上京九线开通,长江沿岸更快地开放开发,昌九工业走廊的建设,我们面临极好的机遇。可以肯定,一个崭新的江西在不远的将来将耸立于世人面前。

搞办公室工作的同志,既要当专家,又要当杂家。当领导的可以杂一点,你们处室的同志则要做到杂与专相结合。知识无止境,我深感知识的不足,因此,除了下去调查,在家时只要有可能我每天都要看上 2 小时的书,不学习怎么行?

我们应该善于研究问题,勇于探索实践。办公厅的同志,尤其是调研处的同志要多下去,深入基层研究一点问题,真正为省政府当好参谋。你们下去调查,可以弥补我们的不足,可以把一些问题搞得细些、真实些。你们处可否每半个月召开一次讨论会,一次一个专题,引发大家思考,把学习和研究问题紧密地结合起来,围绕省委、省政府的中心工作,结合调研成果进行讨论。例如,怎样围绕"四增"目标进一步加快县域经济发展?整个经济活动有什么样的周期性,江西目前处于波动周期的哪个位置,如何把握发展的趋势?当前通货膨胀走势如何,怎样既不牺牲经济增长,又能稳住物价?到底如何把国有企业搞好?在国家的大气候下,如何创造有利的小气候?明年省政府要抓几件什么大事?我国经济体制改革走到今天这一步非常不容易,但还有许多地方不完善,还有许多问题需要通过调查研究去认真地进行探索和总结,以形成规律性的东西用以指导改革实践。你们要做到完成领导布置的工作与主动为领导服务相结合。在坚持四项基本原则的前提下,研究问题要不拘形式,不抓辫子,不扣帽子,允许大家开展讨论,也允许讲不同的观点,讲得不对没有关系。可以采取轮训的办法,让同志们到基层去锻炼,担任副乡长、副县长、副书记,在市场经济的实践中逐步成长起来。

加强党的建设,就我们支部来讲,是要把支部建设成为团结、有战斗力的集体，互相支持、互相关心、互相谅解，既讲原则，也讲友谊、讲感情。俗话说，一个好汉三个帮，只有互相支持才能形成合力。原则和感情二者是统一的，没有对人民群众的深厚感情哪有什么原则可言。同志之间也要讲感情，我们常说，友谊和谅解比什么都重要。讲友谊不能光讲大道理。同志有困难，要互相帮助，对体弱多病的，还有对年轻的大学生，经济确有困难的，逢年过节时要给予适当的补助。讲友谊不是不要原则。不讲原则，不讲纪律，我们就不是一个无产阶级的政党，就没有战斗力。作为一个支部，要带领大家把党的各项方针政策落到实处，要完成好办公厅党组和机关党委交给的任务，搞好支部之间、处室之间的团结。只有这样，党才有生命力，支部才有活力。

凝聚力、号召力不是自封的，而是通过党员尤其是党员领导干部的一言一行体现出来的，是讲原则、讲感情、讲友谊、讲体谅、讲关心换来的。只有这样，群众才乐意支持你。

作为领导干部，要大胆地鼓励大家讲真话，不要乱戴帽子，对年轻同志由于经验不足而出现的问题，要多一份谅解，多一份爱护。允许在党内自由地发表意见是我们党成熟的标志。要为年轻人成长讲公道话，容人之短，用人所长，不能见风就是雨。对于那些搞自由主义、专门在背后无事生非的人，组织上要理直气壮地批评教育。要热情、主动地关心干部的成长和他们的家庭生活。包括党外的同志都要团结起来，形成一股劲，同心同德，朝着四个现代化的目标不断前进。

最后，希望支部过组织生活都要通知我。我要接受双重监督，一是人大、政协对省政府的监督，包括对我本人的监督；二是接受人民群众的监督，包括支部的监督。我就讲这些，讲得不一定对，请批评。

要宣扬中国母亲的美德*

（1994年10月26日）

“文章合为时而作”。在盼望已久的’95北京第四次世界妇女大会隆重召开的前夕，江西人民出版社出版《中国母亲》一书，有着不寻常的意义。她的问世，对于宣传中国母亲的伟大品格，加强爱国主义教育，弘扬中华民族的优良传统，激励中华妇女树立“自尊、自信、自立、自强”的精神，真正实现“以行动谋求平等、发展与和平”的宗旨，都具有积极意义。

母亲，是人类社会一切称谓中最深情的称呼。母亲，像宇宙一样伟大，像大地一样慈蔼；母爱，比阳光还要温暖，比海洋还要深广。母亲对于人类社会的巨大价值是无可比拟的。

纵观中华民族5000年浩瀚历史，自古就有孟母三迁、岳母刺字、陶母训子的美好传诵；到了近代和现代，英雄母亲的典范更是永世流芳。中国母亲以其襟怀博大、勤劳俭朴、追求真理、献身祖国的崇高精神与优良品德，为中华民族的生存与发展作出了不可磨灭的贡献，为推动中国历史的发展和社会的全面进步发挥了极其重要的作用，在中国广袤的土地上放射出夺目的永恒之光！现在，《中国母亲》的编著者精心选取母亲这一特别的角度，遴选古往今来中华民族历史上百名优秀母亲的光辉事迹，写出这部值得一读的书，使人感到耳目一新，备受教育，格外高兴。

---

* 这是吴官正同志为《中国母亲》一书写的序言。

为了保证《中国母亲》的质量，由江西省委宣传部、省新闻出版局、省社会科学院、省妇联、江西日报社的有关负责同志组成编委会，由30多位作家、教授、研究员承担全部写作任务，这种负责态度是可贵的。

黄河孕育祖国，母亲孕育希望！

大胆选拔优秀年轻干部*

（1994 年 12 月 23 日）

从现在起到 21 世纪，只有 6 年时间了，时不我待。赢得青年才能赢得未来。全省各级党组织一定要加大工作力度，抓紧选拔一批优秀的年轻干部，及早放到领导岗位上培养，放到经济建设主战场上锻炼，力求近几年内在使用跨世纪年轻干部方面有较大的突破。

首先，要咬定目标不放松，层层分解抓落实。邓小平同志曾热切期望，哪一天中国出现一大批三四十岁的优秀的政治家、经济管理家、军事家、外交家就好了。邓小平同志的希望，是我们各级党组织努力的方向。省委组织部根据《中共中央关于抓紧培养选拔优秀年轻干部的通知》，起草了我省的《实施意见》，对各级班子的年龄组成，年轻干部应占的比例，在近几年内分别要达到什么样的目标，要掌握多少后备干部等，都作了一些硬性的规定。这些目标，是在调查研究的基础上制定的，是结合我省干部队伍的现状提出来的。这个《实施意见》已发给大家征求意见，待正式下发后，各级党委要根据本地区、本部门的实际情况认真贯彻，作出规划，提出措施，明确责任，抓紧工作。对目标和任务，该分解的分解，该细化的细化，一级抓一级，层层抓落实，切实抓出成效。

第二，要进一步解放思想，更新观念，积极大胆地选拔优秀

---

* 这是吴官正同志在江西省委组织工作会议上讲话的一部分。

年轻干部。选贤任能也是革命，是解放思想、克服陈旧落后思想障碍的过程。各级党委尤其是主要负责同志，要学习老一辈革命家的远见卓识和宽阔胸怀，以对党和国家前途命运高度负责的精神，解放思想，更新观念，努力把培养选拔跨世纪合格接班人的历史重任完成好。要坚决打破论资排辈的陈旧观念，树立不拘一格选人才的思想，大胆起用在改革开放和现代化建设中政绩突出、群众公认的优秀年轻干部。要坚决克服求全责备的用人观念，树立用人看主流、看本质、看发展的观念，对年轻干部的长处、短处和优点、缺点，全面、客观地分析，用其所长，同时帮助克服缺点。要坚决破除宁压勿错、怕负责任的错误思想，树立起选人用人失误是过错，埋没、耽误人才也是过错的思想。因为人才的成长是有很强的时间性的，错过了几年，错过了年富力强的最佳时期，就等于错过了一代人。我们必须尊重和爱惜人才，广泛发掘和使用人才，勇于负责，大胆工作。还要坚决克服“由少数人选人，在少数人中选人”的神秘化、封闭式的思想观念，树立人民公仆人民选的观念，扩大识人视野，拓宽选人渠道，充分发扬民主，坚持群众路线，广开进贤之路，让更多的优秀年轻干部得到培养和选拔。

第三，要把选人和育人结合起来，让年轻干部在改革和建设的实践中锻炼成长。育人是人才资源开发的基础工作，是造就和选用高素质人才的前提。对年轻干部要严格要求，着力帮助他们加强世界观的改造，树立正确的人生观、价值观；加强党性锻炼，弘扬党的优良传统和艰苦奋斗的精神，密切同人民群众的联系，全心全意为人民服务。育人的途径主要有两条，一是教育培训，二是实践锻炼。教育培训要着力提高年轻干部的理论素养，要学习马克思列宁主义、毛泽东思想，特别是学习掌握邓小平建设有中国特色社会主义理论，提高年轻干部的政治敏锐性和洞察力，提高运用马克思主义观点去分析问题、研究问题、解决问题的能力，增强党性，提高贯彻执行党的基本路线的自觉性，坚定走有中国特色社会主义道路的信念。同时要学习社会主义市场经济基本知识、现代科学技术和管理知识、法律知识、中外历史知识等等，以适应新形势对我们领导干部的新要求。实践锻炼是育人的一条主要途径。实践造就人才是马克思主义人才观的核心，是被我们党的历史所证明的人才成长的基本规律。中国革命和建设的伟大实践，造就了老一辈无产阶级革命家，造就了一大批治党、治国、治军的栋梁之材，也造就了一批又一批社会主义革命和建设的优秀领导干部。今天，我们造就跨世纪的优秀年轻干部，同样要把实践锻炼作为主要的途径。要作出规划，制定措施，鼓励、引导和安排年轻干部到基层去、到群众中去、到改革和建设的第一线去，特别是到条件艰苦或工作局面复杂的环境中去，经受考验，锻炼成长。要敢于给年轻干部压担子。压担子是一种极为有效的实践锻炼方式，对年轻干部的成长会有很大的帮助。各级党委要以改革创新的精神和勇气，大胆把那些在实践锻炼中脱颖而出的优秀年轻人才往前排，敢于起用有主见、有能力、有开拓精神、德才素质好的年轻干部，让他们在更高的层次上接受教育和锻炼。1991 年以来，我省已有 1.6 万余名年轻干部下到基层锻炼，已对 6.8 万余名年轻干部进行了理论培训，工作是卓有成效的，我们要一如既往，坚持下去。

与全省各级干部共勉的几点要求*

（1995 年 4 月 14 日）

中央决定由我接替致用同志的工作，我深感责任大、担子重。尽管这些年，我协助致用同志做了一些工作，但我深感经验不足，水平和能力不够，需要有一个适应的过程。特别是需要加强党务工作方面的锻炼，注意全面地客观地看问题，加强修养，改进工作方法，虚心听取不同意见，克服自己的弱点和不足，加倍努力，尽快进入新的角色。团结省委"一班人"，依靠全省广大干部群众，保持好的发展势头，使全省工作在现有基础上继续推向前进。在此，我想提出几点要求与全省各级干部共勉。

一、老老实实多学习

建设有中国特色社会主义是一项全新的事业，我们不懂得、不熟悉的东西还很多，不少规律还未被我们认识和掌握，必须学习、学习、再学习。特别是对我来讲，要适应新的工作岗位，更需要加强学习。首先，要进一步学好邓小平建设有中国特色社会主义理论，在融会贯通、联系实际、指导实践上下功夫，提高贯彻执行党的基本路线的自觉性和坚定性。同时，努力学习现代经

* 中组部领导同志在江西省领导干部会上宣布了中央关于江西省委、省政府几位负责同志职务变动的决定，由吴官正同志接替毛致用同志担任江西省委书记。这是吴官正同志在这次会上的讲话摘要。

济、科技、法律和管理知识,努力学习党务方面的知识,不断积累新的知识,努力提高自己。向人民群众和广大党员学习,从他们身上汲取营养,改造自己,充实自己。要把加强学习同加强调查研究紧密结合起来,运用邓小平建设有中国特色社会主义理论,实事求是地、辩证地去分析问题,解决问题,不断开拓前进。对改革开放和现代化建设中出现的各种新情况、新问题,要认真地分析、研究,依靠大家,以改革的精神及时提出解决办法,不断开创新的工作局面。

二、一心一意干事业

我们是党的干部,人民的公仆,忠于党的事业和造福于人民是我们的唯一追求。目前,我省改革和发展正处在关键时期,前景看好。党中央寄希望于我们,全省人民寄希望于我们,任重而道远。我们一定要坚定不移地贯彻执行党的基本路线,全面贯彻执行"20字"方针,结合实际,创造性地工作。要像孔繁森同志那样,一心扑在党的事业上,进一步抓住机遇,奋力拼搏,使江西经济跃上新的台阶;进一步深化改革,促进经济持续快速健康发展;进一步处理好改革、发展、稳定的关系,坚持两手抓、两手都要硬,坚决贯彻落实党的十四届四中全会精神,抓好党的建设这一新时期的伟大工程,抓好社会主义精神文明建设和民主法制建设,为推进改革和发展创造一个良好的社会环境。

三、齐心协力促团结

江总书记指出,"团结出凝聚力,出战斗力,出新的生产力"。江西这几年各方面工作上得比较快,归根到底是靠全省各级领导班子、广大干部和人民群众同心同德,团结一致,埋头苦干。

在当前改革、发展、稳定的任务更加艰巨的情况下，我们要巩固和发展全省的好形势，更需要全省新老干部之间、各级领导成员之间、党内党外之间、军政警民之间进一步加强团结。要继续倡导顾大局，讲团结，讲风格，讲友谊，讲支持，特别是各级各部门的党政主要负责同志，包括我在内，更要顾全大局，维护团结，发扬民主，平时多交心通气，重大问题的决策多听取各方面的意见，积极主动地做团结的模范，从而在全省上下进一步形成团结奋进、开拓进取的浓厚气氛。

四、身体力行倡清廉

这几年，我省党风廉政建设一直抓得比较紧，也取得了明显成效。加强党风廉政建设，事关党的生命，事关改革、发展、稳定的全局，是一项重大的长期而艰巨的任务。作为党员领导干部，关键在于从自己做起，以实际行动把党风廉政建设引向深入。要坚决摒弃形式主义、主观主义和官僚主义的东西；大力倡导廉洁自律的风气，坚决贯彻执行领导干部廉洁自律的各项规定；坚决执行党的政治纪律，维护中央的权威，确保政令畅通；坚决查处大案要案，取信于民；牢记全心全意为人民服务的宗旨，密切联系群众，时刻关心群众的疾苦，多为群众谋福利，办实事。

五、扑下身子抓落实

实干兴邦，空谈误国，这是历史经验的总结。现在，大政方针已定，关键是狠抓落实。抓落实才能切实解决前进中的困难和问题，抓落实才能推动各方面的工作有新进步，抓落实才能实现改革的目标和现代化建设的蓝图。要时时处处注意尊重客观规律，坚持从本地实际出发，走自己的发展路子。看准了、决定了的事，要紧抓不放，一鼓作气地干到底。作出的每一项决策，定了的每一件事情，都要落实到基层，落实到人，限期完成。干工作一定要认真负责，决不可虚与委蛇；一定要雷厉风行，决不可拖拖拉拉；一定要求真务实，决不可弄虚作假；一定要善始善终，决不可虎头蛇尾。考察识别干部的一个重要标准，就是看他干不干实事，是不是真正有建树、有实绩，从而形成一种良好机制，鼓励广大干部奋力拼搏，真抓实干。

致用同志主持省委工作几年来，我省各方面已经有了很好的条件和基础，全省各级干部和广大人民群众都有一种加快振兴江西的紧迫感，都有一种奋发向上的精神风貌。前不久，江总书记亲临我省视察，对我省这几年的工作给予了充分肯定，对我们今后的工作作了许多重要指示，这对全省干部群众是一个巨大的鼓舞和推动。我相信，在邓小平建设有中国特色社会主义理论和党的基本路线指引下，在以江泽民同志为核心的党中央领导下，有省委常委"一班人"的团结合作，有在座同志们的支持，有全省广大干部群众的努力，只要我们积极进取，开拓前进，励精图治，扎实工作，就一定能把江西的改革开放和社会主义现代化建设事业继续推向前进。

“居庙堂”情系人民 “处江湖”心想中央*

（1995年4月26日）

对照党的十四届四中全会《决定》和《干部选拔任用条例》中的有关要求及基本条件，我对自己5年来的思想、工作情况作一简要回顾和总结。

一、注意与党中央保持一致，维护中央权威

与中央保持一致，自觉维护中央的权威，保证中央的政令畅通，这是党中央对各级党组织和全体党员提出的明确要求。无论在思想上，还是工作中，我能按此要求去做。相对北京来讲，我们是处“江湖之远”，有责任为中央分忧。党中央、国务院决定了的事情，我们要坚定不移地贯彻执行，做到令行禁止，不搞“上有政策，下有对策”。对于这一点，我不仅自己能执行，而且还要求下面的各级干部必须坚决做到，并努力做好。在工作中我多次强调，无论任何时候、任何情况下，都要顾全大局，服从大局，支持大局，必要时舍得牺牲局部利益维护全局利益。同时又要从江西实际出发，创造性地开展工作。凡是符合中央精神，又切合江西实际并行之有效的措施和办法，鼓励各地各部门大胆地试，大胆地闯，既尽力而为，又量力而行。

---

* 这是吴官正同志在中共江西省委常委民主生活会上的发言。

党的十三届三中全会作出关于进一步深化改革和治理整顿的重要部署，我们无条件地执行，全省上下一心一意狠抓治理整顿，同时注意从江西的实际出发，抓紧调整经济结构，大力发展乡镇企业，加强农业和基础设施建设，为这几年的经济持续快速发展打下了好的基础。1992年以来，中央领导同志反复给各地打招呼，要防止经济过热，加强宏观调控，确保国民经济持续、快速、健康发展，我都认真听进去了，注意全面地贯彻邓小平同志重要谈话和党的十四大精神，坚持解放思想，实事求是，不折不扣地按中央的指示精神办。例如，我们强调各级干部不要片面追求发展速度，要做到三个不攀比，即：不攀比优惠政策，不攀比发展速度，不攀比发钱发物，始终把精力放到调整结构、提高效益上。同时对一些地方开始出现的开发区热、资金外流、炒房地产等苗头，及时采取措施，果断予以制止，认真进行清理。实践证明，坚持按中央的精神办，全省经济发展不仅是快的，而且是健康的。1993年在华东六省一市经济工作座谈会上，江总书记几次肯定了江西的工作，《中办通报》还将我的发言材料印发全国各地、各部门。我们还十分注重搞好国有企业特别是大中型企业，重视控制好财政这个“总开关”，近4年，江西工业企业扭亏增盈一直处于全国前列。

二、注意加强学习，努力提高自己的理论水平和工作能力

我深感自己的知识水平和理论水平不够，迫切需要加强学习，不断充实提高自己。所以，我对学习抓得是比较紧的。一方面注意理论学习，一方面注意深入实际，调查研究，向广大干部群众学习。

我能注意认真学习马列主义、毛泽东思想，特别是深入学习

邓小平建设有中国特色社会主义理论，并用以武装头脑和指导实践，提高贯彻执行党的基本路线的坚定性和自觉性，提高运用马克思主义的立场、观点、方法分析和解决实际问题的能力。同时还注意学习现代经济、科技、法律和管理知识。1993 年我在中央党校省部级干部理论研讨班学习了一个月，重点研读了《邓小平文选》第三卷，写了一篇体会文章，《求是》杂志发表后，全国其他一些报刊也作了转载。平时，我还比较注意多读点哲学、历史、心理学、系统工程以及自然科学方面的书，如恩格斯的《自然辩证法》、毛泽东读书笔记、朱熹的《宋名臣言行录》、洪迈的《容斋随笔》、吴兢的《贞观政要》、杜拉克的《有效的管理者》等，从中学到了许多有益的东西，特别是恩格斯在《自然辩证法》中提出的一些观点对我影响很大。

我能注意下基层，搞些调查研究。这 5 年，江西的县市区我都去了，鄱阳湖也去了 5 趟，江西的山山水水给我印象太深了。我热爱这方水土上的一草一木，更热爱勤劳朴实的人民。去年我下乡蹲点，在德安县聂桥镇住了半个月。通过调查研究，我对新形势下如何稳定和发展粮棉油生产，如何较大幅度地增加农民收入，如何增强党的基层组织的凝聚力和战斗力等问题，有了一些粗浅的认识。我将情况和认识写成调查报告，上报党中央，被中办《工作情况交流》印发。

三、注意依靠各个方面，尽心尽职地开展工作

我们相对江西人民来讲是“居庙堂之高”，有责任为人民群众排忧解难。不仅要造福一方，而且要保一方安宁。这些年，我作为省委领导班子中的一员，协助毛致用书记负责省委全面工作，主持省政府工作，负责全省经济工作。总的讲，自己是有事业心和责任感的，也能刻苦努力和严格要求。在中央和省委的

正确领导下，我和同志们一道，依靠全省人民，做了一些工作。

注意集思广益，制定一些“服江西水土”的政策措施。这些年，省委、省政府集中全省广大干部群众的智慧，调动各方面的积极性，对江西的改革和发展进行了一些探索，廓清了一些思路，制定了一些政策，实施了一些重大步骤，我在其中发挥了一定的作用。1990 年，在省九次党代会上，正式确定了把江西的经济大厦建立在现代农业基础上，打好农业开发总体战，加强基础设施和基础工业建设，推进农业工业化的战略构想。1991 年，提出了“把林业办成高效益的绿色产业”，“在山上再造一个赣南”的战略目标。1992 年，为抓住国家沿长江开放开发和建设京九铁路的机遇，作出了建设昌九工业走廊的决策。1993 年又提出了“立足农业，主攻工业”的方针。去年，提出了围绕“四增”（农业增产、工业增效、农民增收、财政增长），发展县域经济的构思。这些重大举措的实施，取得了比较明显的效果。这几年江西面貌发生了看得见的变化。经济上了一个新台阶，国民生产总值提前 6 年实现了翻两番；基础设施明显改观，发展后劲进一步增强；人民生活不断改善；各项社会事业也有了新的进展。

注意维护省委集体领导，团结大家一道开展工作。我省这 5 年的改革和发展所以能取得一定的成绩，很关键的一条，就是省委班子和省政府班子是团结的。省政府每项重大措施的出台，事先都提请省委常委集体讨论，决定一旦形成，省政府都是坚决贯彻执行。我作为班子中的一员，与大家也是互相支持，互相理解，注意讲原则，讲风格，讲友谊，齐心协力把工作做好。

注意关心群众疾苦，依靠群众做工作。作为一名党员领导干部，要时时刻刻想到群众，真心实意为群众排忧解难，充分调动广大人民群众的积极性和创造性。所以我对信访工作、对群众来信看得是很重的。1993 年，我提出每个县要解决 10 个信访老大难问题；今年3月，又提出与专员、市长、县长和区长一道，每人每月至少要处理1件群众干部关心的信访问题。从1990年到今年上个月底，我阅看的群众来信有2468件，作了批示的有1727件。通过阅批群众来信，我了解到了许多真实情况，也为人民群众解决了一些困难和问题。

四、注意严格要求自己，重视党风廉政建设

对照中央纪委四次、五次全会关于党政领导干部廉洁自律的新老“五条规定”进行检查，我做得是可以的。

从我自己来讲，一是能严格要求自己。注意加强学习，不断改造世界观。同时自觉地把自己置于省委、所在党支部和人民群众的监督之下，过双重组织生活。二是能严格要求自己亲属和身边工作人员。我4次要省政府办公厅专门发文，有的还在江西日报公开刊登，严禁我的亲属打着我的名义办事，防止个别干部不讲原则给照顾。三是能重视廉政建设。对人民群众反映强烈的不正之风，像医院里的收红包、开大处方，学校里的乱收费以及清关撤卡，减轻农民负担，查处大案要案等问题，我都认真去抓，也取得了一定的效果。

五、注意解剖自己，不断改造世界观

人要有自知之明。我有不少缺点和不足，主要是处理一些问题，特别是遇到紧急情况，有时刚性多了点，韧性少了些；批评同志有时简单严厉多了点，心平气和少了些；对各方面的意见有时主观固执多了点，虚心听取少了些。转到省委工作，我深感必须下决心克服这些缺点。我要努力向孔繁森同志学习，忠于党

和人民的事业,不断加强世界观的改造。今后对省政府的工作要放权、放手、放心;要注意全面客观地看问题;要加强修养,改进工作方法,虚心听取不同的意见。

前不久,江总书记来我省视察,对江西工作给予了充分的肯定,对今后的工作提出了殷切的希望和明确的要求。我们特别是我,要保持清醒头脑,一分为二,多找差距,自加压力,加倍努力,搞好工作,不辜负党中央和江西人民的重托。

欢迎同志们对我多提批评意见。

戒贪戒奢*

（1995 年 4 月 27 日）

我学习了组工通讯刊登的《领导干部要过好“五关”》一文，觉得很好。建议结合学习孔繁森同志的先进事迹，各级领导干部都认真学一学、想一想、议一议、照一照，严格要求，防微杜渐，过好“五关”。在改造客观世界的同时，认真改造自己的主观世界，不断增强党性锻炼，坚持全心全意为人民服务，正确对待手中的权力。

学了此文，也使我联想到古人对个人欲望方面的一些告诫：“天下之福，莫大于无欲；天下之祸，无大于不知足。”“贪欲者，众恶之本；寡欲者，众善之基。”大意是讲，天下最大的福气是没有贪欲，最大的灾祸是贪心不足；贪得无厌，是一切罪恶的本原，少所企求，是一切善端的根基。“历览前贤国与家，成由勤俭破由奢。”而“奢”往往与“贪”是分不开的。

我们共产党人，虽从不否认个人利益，但如果把个人利益摆在不恰当的位置，甚至刻意贪图，这是十分危险的。我们始终应该把党和人民的利益摆在首位，戒贪戒奢，勤政廉政，积极进取，努力把党和人民的事业办好。

---

* 这是吴官正同志致江西省委有关领导的一封信。

严格要求领导身边的工作人员*

（1995 年 4 月 28 日）

从这次北京发生的事情看，除各级领导干部要进一步警醒，引以为戒之外，还有很重要的一条，需要引起我们重视，就是对领导同志的秘书及身边的工作人员，一定要严格要求，加强教育管理，强调纪律。请你们分头找省委、省政府领导同志的秘书们开一个会，对领导秘书及身边的工作人员强调几条：第一，秘书及领导身边的工作人员与领导之间是同志关系，在工作上既要互相支持，搞好服务，又要互相监督；第二，不能利用自己的特殊身份，更不允许打着领导的牌子，谋取私利；第三，不能泄露党和国家的机密；第四，要自觉接受监督，是共产党员的，必须过组织生活，接受所在党支部的监督；第五，一定要坚持原则，对领导同志的一些亲属、朋友提出的要求，不能办的坚决不办，不给领导帮倒忙。

我们要提醒在前，防微杜渐。如果一旦发现领导同志的秘书及身边工作人员有违纪问题，一方面要加强教育，另一方面要坚决调离。希望你们能考虑搞几条，以便有所遵循。我相信领导身边的同志们都能理解和支持。

---

* 这是吴官正同志致江西省委办公厅、省政府办公厅负责同志的一封信。

学习孔繁森要联系实际*

（1995年5月8日）

学习孔繁森要联系实际，使广大群众感到我们学孔繁森触动了思想，改进了作风，促进了工作。要与省委组织部、宣传部一起加强对各部门学习的领导，要了解行业不正之风收敛并真正改正没有？在党支部生活会上就世界观这一根本问题找了找差距没有？对待工作变动、职务升降和金钱权力等方面在内心深处照了照没有？党员特别是领导干部理想信念更坚定了没有？对人民群众的感情深厚了没有？机关面貌发生了变化没有？

---

* 这是吴官正同志在看了江西省直工委《关于在省直机关开展向孔繁森同志学习活动的通知》后的批示。

关于反腐败工作的几点意见*

（1995 年 5 月 12 日）

一、关于抓好干部廉洁自律工作

抓好干部廉洁自律工作很重要。各级领导干部，特别是县（处）级以上领导干部都要按照中央纪委的两个“五条规定”以及中央纪委五次全会作出的补充规定搞好廉洁自律。我们要把向孔繁森同志学习和抓好干部廉洁自律结合起来。孔繁森同志是领导干部的楷模，是一面透视灵魂的镜子，我省各级领导干部都要学一学、想一想、照一照，过好“五关”（名位关、权力关、金钱关、色情关、人情关）。向孔繁森同志学习不能停留在口头上。如果这边喊向孔繁森同志学习，那边还在接受回扣，这样，怎么能得到老百姓的信任？所以，我们对干部要严格要求。当前有一些现象应引起各级领导干部的重视，并要教育大家认真处理好这些问题。一是有些干部喜欢提点东西到领导家里串门。最近，中央办公厅、国务院办公厅下发了通知，规定党和国家机关工作人员在国内交往中，不得收受可能影响公正执行公务的礼品馈赠，因各种原因未能拒收的礼品，必须登记上交。所以，要教育干部不要给领导送礼品，也不要经常到领导家里串门，要把更多的时间、精力用到工作上。我已经给身边工作人员打了招

---

* 这是吴官正同志在听取江西省纪委常委、省监察厅负责同志工作汇报时的谈话。

呼，谁送礼品我都不收，谁收了谁负责。是退回去，还是登记上交由他们负责。二是有的领导干部一调动就忙于安排子女的工作。有的领导干部调动后，带个把子女在身边是可以的，但不要把所有子女都带到新工作地点，更不能不管什么人都一起带去。还有少数领导为子女、为亲友经商办企业大开方便之门，这是不行的。还有的干部家里装修得太豪华，有人就会产生疑问，他哪里有这么多钱?！还有出国(出境)问题，有的表面上看是符合手续的，其实是照顾关系。有的人出国(出境)与工作无关，去一趟美国，花掉公款几万元，这是人民的血汗钱！今后，决不允许违反规定出国(出境)。希望纪检和组织部门针对上述问题加强对干部的教育，并建立相应的约束制度。三是有的领导干部喜欢跳舞，喜欢吃吃喝喝。有些人就投其所好拉拢你，最后向你要好处。我们要防止让不廉洁的干部进入领导班子。如果提拔后才发现有这样那样的问题，就被动了。四是有的领导干部喜欢插手房地产。要向他们打招呼，今后基建工程承包要公开招标，领导干部和秘书都不能打电话、写条子介绍工程队。

二、关于抓好查办案件工作

一定要抓紧大案要案查办。要根据群众举报的案件线索，重点突破，严肃处理。省委、省政府是支持你们的，希望通过你们的工作，使党风、社会风气有明显好转，让广大人民群众满意。这方面，你们要继续努力。现在有个别领导干部背着上级领导和组织，把几十万、甚至几百万、几千万元搞到外地去搞房地产或做其他生意，被别人骗去收不回来了，这是人民的血汗钱！贪污、受贿几千元、上万元要受到党纪、政纪和法纪的查处。损失几十万、几百万，甚至几千万不处理能行吗!? 1992 年上半年省委、省政府就严肃批评了这种事，给大家敲了警钟。可是有的人就是不听，继续这样干，这就不能不引起怀疑，为什么会这样干？这样干的背后还有什么交易没有？你们要重点查清这些问题，有的要抓紧采取组织措施。只要查证属实，就要按党纪国法处理。查处违纪违法案件要坚持实事求是的原则，做到事实清楚，证据确凿，定性准确，处理恰当，手续完备。

三、关于纠风工作

当前和今后一个时期，要继续做好清理乱收费、清理用公款出国（境）旅游、清理党政机关及其工作人员无偿占用企业钱物、狠刹部门和行业不正之风等工作，凡是没有落实的，要采取有力措施，抓好落实。要认真贯彻执行全国治理公路“三乱”电话会议精神和国家教委关于治理中小学乱收费的“五不准规定”，继续减轻农民负担。针对群众反映强烈的问题，力争每年解决几个突出问题，使人民满意。

当前纠风工作，一是要抓好纠正行业不正之风。各行各业要结合学习孔繁森同志的事迹，增强公仆意识，树立全心全意为人民服务的思想，切实纠正人民群众反映强烈的各种不正之风。医院、学校、供电等部门更要注意抓好这方面工作。二是要纠正统计数据不实、虚报浮夸的问题。统计数字，一定要把水分挤掉，看工作业绩是看没有水分的实绩。现在有极少数干部沽名钓誉，搞浮夸虚报来显示自己的业绩。我们坚决反对这种做法，要下决心抓一下这个问题。

当前干部作风中值得注意的几个问题*

（1995 年 5 月 17 日）

一、关于反映乡镇企业产值有“水分”的问题。既然反映有“水分”，那我们就要采取严肃认真的态度。省委、省政府领导同志对这个问题都非常重视，三番五次强调决不能搞“水分”，也专门发文强调了这个问题。但现在还反映有这个问题，怎么办呢？我和省委、省政府的领导商量，这次在萍乡开的全省乡镇企业工作会，暂不进行表彰。对原先准备奖励的单位用一个月的时间先进行核查，产值是多少就是多少，该奖的就奖励，不能奖非所奖，奖非所实。据反映有个县的领导对该县乡镇企业局局长说，今年我主要是抓棉花生产，乡镇企业你们看着办吧，数字方面能过得去就行。如果确实说了这样的话就很不好了。有一个县的领导自己也估计他们那里有 5%左右的“水分”，明知道有“水分”为什么还要搞呢？对这个问题，同志们一定要严肃认真。全省乡镇企业这几年确实是大发展、大提高，取得了很大的成绩，作出了很大的贡献。但一定要坚持实事求是，要对历史负责，不能留下后遗症，以免后人耻笑。“大跃进”时期放“卫星”的笑话不知讲了多少年了，一定要记住这个教训。一点“水分”都不能搞。不能到交税的时候就少报一点，到评选先进的时候就多报

---

* 这是吴官正同志在江西省乡镇企业工作会议预备会上讲话的一部分。

一点。要把这个问题提高到思想作风和政治品质的高度来看待，一点“水分”都不能搞。首先，大家要自查自纠，在这个基础上省里还要进行抽查，核实后再进行奖励。今后，发现哪里有“水分”，就查处哪里，谁搞“水分”就查处谁；对反映其他地方有“水分”，经查属实的要予以表彰；有意胡说的，也要批评。只有这样才更有利于我省乡镇企业的健康发展。

二、要严格要求，防微杜渐。今天，各地市委书记、专员市长都在这里，同志们一定要严格要求自己。前段时间，中组部的同志到我省考察干部，到了许多地方，与省直和地市的一些领导同志进行了接触。从他们反馈的情况来看，总的对我省各级干部的反映是好的，是肯定的。希望大家继续注意以身作则，更加严格要求自己。同时，中组部的同志也将听到的一些意见告诉了我们。一是反映有的干部有几套住房。希望大家认真对待，妥善处理。我们都是领导干部，身居要位，在这些方面有问题，不仅影响党的形象，还影响党群和干群关系。所以无论如何大家都要严于律己。反映的另一个问题就是有的领导干部特别喜欢跳舞。我看最好少跳，没有这个爱好更好，这于公于私都有好处。当然我不是反对跳舞，而是提醒大家引起注意，否则“上有所好，下必甚焉”。有的人就会投领导所好，从而导致一些不应有的事情发生，也影响党风和社会风气。再一个就是所有的承包工程，领导都不要写条子，不要打电话，不要自己给自己找麻烦。还有就是出差带什么人要从工作需要考虑，注意影响，防止给自己脸上抹黑。

你们对自己身边的工作人员也要严格要求，加强管理。最近，我给省委办公厅、省政府办公厅负责同志写了一封信，要求两办分头找省委和省政府领导同志身边的工作人员开个会，强调几条纪律。大家对秘书一定要管严一点，发现秘书和司机有违纪的要立即调离，不然的话，会损坏你们的形象。从北京市发生的问题来看，一个重要的原因就是没有管好自己的秘书。我对自己身边的工作人员要求是严格的，凡是跟我当秘书的人，我都要求他们，不准在外面吃吃喝喝，不准在外面乱交朋友，不准打着我的名义谋私利。此外，同志们对自己的家属也要严格要求，不要让他们给你们找麻烦。今天利用这个机会，我很诚恳地告诫同志们，同时希望大家对我也严格要求，加强监督。如果有我的亲属打着我的名义或没有打着我的名义，找你们办事，不符合原则的，你们不但不能办，还要批评他们。不然的话，老百姓怎能信任我们呢？

我上面讲的这些事看起来都是"小事"，但处理不好，影响很大。在座的同志多数都还年轻，要想干一番事业的话，必须严格要求自己。

三、在工作中要切实贯彻好民主集中制原则。现在有的单位的领导胆大妄为，不经党组讨论，也不请示上级，又不听招呼，搞房地产、做生意，几十万，甚至几百万、上千万元被人骗去，不知这些同志是为了什么？如不抓紧采取措施，追回被骗走的钱，将会受到党纪国法的严肃处理。还有个别人对引进外资的协议、合同不经商量，也不请示就随便同意签订。同志们，一定要按程序办事，没把握的事千万不能办。心急吃不得热豆腐，决不能饥不择食，否则一旦走下去是非常痛苦的。借钱不容易，还钱更痛苦。所以，我觉得，"诸葛一生唯谨慎，吕端大事不糊涂"是有道理的。小事要谨慎，大事不糊涂。

对上面讲到的几个问题，原先准备找有关同志谈一谈，但后来没有谈。因为有的事可能是真的，有的不一定准。借这个机会，打个招呼，我们都要警惕，也请你们在适当场合给县里的领导打个招呼，严格要求这本身是一种爱护。

坚持群众路线 转变领导作风*

（1995年7月30日）

省委常委一班人和全省各级党员干部，在发扬党的优良传统和作风，坚持群众路线，密切联系群众方面做得是好的。大家在实际工作中，紧紧围绕抓住机遇、深化改革、扩大开放、促进发展、保持稳定的全党全国工作大局，结合各自分管工作，深入基层，深入群众，调查研究，勤政廉政，促进了全省经济发展、社会稳定、人民生活改善，全省广大人民群众是满意的。特别是这次我省遭受了百年未遇的特大洪涝灾害，省委常委一班人分头下去，和全省各级党员干部一道深入第一线，指挥抗洪救灾，与灾区群众同甘共苦，充分体现了共产党员和党的领导干部的本色，进一步密切了党群干群关系。

我同大家一样，对坚持党的群众路线，转变作风，深入调查研究，密切联系群众也是比较注意的。一是注意坚持对上负责与对下负责的统一。对中央的指示精神，既坚决贯彻执行，同时又注意从我省实际出发开展工作。做到顾全大局，服从全局，搞好局部，支持全局。二是注意深入基层，深入群众，向群众学习。我基本上每个月都抽出时间到基层进行调查研究。今年上半年的前一段我主要在省政府工作，以经济工作为主；到省委工作后，着重了解了党的思想、组织、作风建设，特别是农村基层组织建设的情况，注意发现和总结一些围绕经济建设抓好党建工作

---

* 这是吴官正同志在中共江西省委常委民主生活会上的发言。

的经验和典型。同时，注意在实践中考察选拔干部，坚持看党性、凭政绩、重公认的原则。三是注意严格要求自己，加强勤政廉政建设。每次下基层，注意轻车简从，饮食从简。同时，对身边工作人员和亲属严格要求。在对领导干部廉洁自律、过好"五关"、推动学习孔繁森活动，对广大人民群众反映强烈的不正之风，如"三乱"，医院里的开大处方、拿"红包"等问题，我也多次做批示或写信，提出了明确要求。我还多次对各级领导干部强调，统计数据必须真实，虚报浮夸是极坏的作风，一旦发现，坚决查处，决不姑息。四是注意关心群众疾苦，帮助群众解决实际困难和问题。我对信访工作一直是看得很重的，今年上半年，人民群众给我的来信有 5000 多封，从中我了解到了一些真实情况，也为人民群众解决了一些实际困难和问题。

当然，从全省来看，在一些干部中还存在着主观主义、官僚主义、形式主义等不良的思想作风、工作作风；在一些地方干部脱离群众，损害群众利益的现象仍然存在，甚至有的领导干部，以权谋私、腐化堕落，严重侵害群众利益等等，这些都需要引起我们，特别是我的警醒，我们有责任防止这些现象的产生，更有责任同这种现象作坚决斗争。

下面，我想就如何进一步坚持党的群众路线，切实转变领导作风，密切党同人民群众的联系讲几点认识和意见。

一、要不断增强坚持群众路线的自觉性

党的群众路线，就是一切为了群众，一切依靠群众，从群众中来，到群众中去。贯彻群众路线，密切联系群众是党的优良传统和作风。我们共产党的政治优势最基本的是党与人民群众的联系，得到人民的支持。党的群众路线，是党的政治路线、思想路线、组织路线实现的基础和保证。坚持群众观点和党的群众

路线，不仅是一个工作方法问题，更是一个根本立场问题，是党性的问题。特别是在改革开放条件下，更要继承和发扬党的优良传统和作风，警惕和防止违反群众路线、脱离群众的危险。为此，各级领导干部必须加强对马克思主义群众观点的学习，牢固树立马克思主义的群众观，不断增强密切联系群众的自觉性。当前，各地各部门、各行各业都要结合思想工作实际，把学习孔繁森活动深入持久地开展下去。各级党员干部特别是领导干部要像孔繁森那样，赤诚为民，做人民的好公仆，做密切联系群众的模范。

二、要继续在各项工作中贯彻群众路线

群众路线是我们党的根本工作路线。我们考虑任何问题，开展任何工作都要以人民高兴不高兴、满意不满意、答应不答应、拥护不拥护为出发点和立足点。贯彻群众路线，我觉得必须强调三点：一是各级领导干部作决策、定规划，都应该坚持从群众中来、到群众中去。要深入调查研究，善于集中群众智慧，科学总结实践经验，力求决策和规划符合实际，符合群众利益，这样才能使决策和规划真正化为广大人民群众的自觉行动。二是要转变作风，抓好落实。工作要落实，作风要扎实。转变作风，关键要在一个“实”字上下功夫。各级领导干部要深入群众，深入实际，督促检查，狠抓落实。要鼓实劲、干实事、求实效。地市的主要负责同志每年下基层的时间不得少于1/3。领导干部都要像江泽民总书记要求的那样，多挤一点时间学习，少搞一点应酬；多做一些调查研究，少一些主观主义；多干些实事，少说些空话。三是党的基层组织和广大党员，要联系群众，宣传群众，组织群众，充分发挥党支部的战斗堡垒作用和党员的先锋模范作用。

三、要切实关心人民群众的疾苦

为政之道在于安民，安民之道在于察其疾苦。要积极疏通和拓宽党同人民群众联系的渠道，重视人民来信来访工作，时刻把人民疾苦放在心上，切实为人民群众排忧解难。对于关系群众切身利益的事，要千方百计加以解决；一些有困难暂时做不到的事，也要做深入细致的思想工作，取得群众谅解；对一些需要办而一部分群众暂时不理解的事，要耐心说服教育，化解矛盾，切忌简单生硬。这样才能不断取得人民群众的支持，不断增强党和政府同人民群众的深厚感情。当前，我省部分地区遭受极为严重的洪涝灾害，灾区部分群众生活相当困难，各级党委、政府要妥善安排好灾民生活，同时要充分发动和依靠群众，积极开展生产自救，重建家园。

四、要进一步加强党风廉政建设

党风问题是关系党的生死存亡的重大问题。党风廉政建设是广大人民群众十分关心的问题。我们一定要按照中央部署，把反腐败工作坚持不懈地继续抓紧抓实，在深入上下功夫，在标本兼治上下功夫，不断取得新成效，真正取信于民。各级领导干部，特别是县(处)级以上领导干部都要按照中央纪委的“两个五条”以及中央纪委五次全会作出的补充规定搞好廉洁自律。要抓紧大案要案的查处工作，特别是对“顶风上”的典型，要严肃处理，决不姑息迁就。要采取坚决措施，切实纠正部门和行业不正之风，力争每年解决几个人民群众反映强烈的突出问题，使人民群众满意。

五、要自觉接受人民群众的监督

没有监督的权力会产生腐败。各级领导干部要正确对待手中的权力，在拥有权力的时候，要想到责任；在运用权力的时候，要想到群众；在权力能给自己带来方便的时候，要想到监督。领导干部手中的权力都是党和人民群众赋予的，只能用来为人民服务，不能用来谋取私利，要自觉接受党和人民群众的监督。要健全党内生活，建立健全监督机制。要把党内、党外的监督结合起来，把群众监督、法律监督、舆论监督结合起来，把自上而下和自下而上的监督结合起来，形成强有力的监督体系，保证权力的运用能真正符合人民群众的利益。

刚才，大家在发言中也都谈到，省委常委一班人不仅要严格要求自己，对全省各级干部在密切联系群众、不断改进工作作风方面也要严格要求，我认为这条很重要。我们要从下面存在的这方面的问题，看我们常委特别是我的思想工作情况，认真改进工作。今年我省遭受了百年未遇的特大洪涝灾害，建设和发展的任务相当繁重。在这种情况下，各级干部特别是领导干部尤其要在坚持群众路线，转变领导作风，密切联系群众方面进一步加强。当前，结合我省实际情况，我认为有这么几项具体工作迫切需要抓紧抓好，是否可以，请常委同志们考虑。(1)今年的灾情特别严重，我们一定要想方设法保证灾民有饭吃、有衣穿，有病能得到及时医治。要多渠道筹措资金，让倒房户春节前都能住上新房，要千方百计保证灾区的学校能按时开学。(2)从省财政历年的结存中拿一部分资金下去，帮助20多个灾情特别重的县能按时发工资。(3)对干部超标准乘车、用公款吃喝玩乐等问题，9月份请省纪委等单位组织力量下去进行一次检查。(4)对农村社会治安、农民负担和干部作风等方面的情况，省委组织部、省委农工委等单位要派调查组下去进行调查。同时，要全面了解当前农民群众的思想动态和在生活、生产等方面存在的困难，督促各级干部认真改进工作，切实帮助人民群众解决实际问题和困难。(5)要表彰一批在这次抗洪抢险救灾中表现突出、为人民群众所公认的优秀干部，请省委组织部、省直机关工委共同抓好这项工作。(6)今年水利冬修，建议省委常委根据各自的工作情况，下到基层适当参加一些劳动，不统一组织，大家自己去，不搞花架子。

我就说这些，欢迎同志们批评。

坚持勤政廉政一起抓*

（1995 年 7 月）

在社会主义市场经济条件下，如何加强党的建设？我感到一个很重要的方面，就是要坚持勤政廉政一起抓。通过加强勤政建设，不断提高我们党在新的历史条件下的执政水平；通过加强廉政建设，不断增强我们党的凝聚力和战斗力。

坚持勤政廉政一起抓，要形成共识，双向推动。随着社会主义市场经济的发展，从党的建设来看，主要面临两个突出矛盾：一是传统的领导方式和工作经验与新形势、新任务不相适应的矛盾。如何把握商品经济、市场经济的发展规律，提高驾驭全局的能力，切实担当起领导建设有中国特色社会主义伟大事业的历史重任，这是在新的历史条件下对我们党的执政能力的严峻考验。二是坚持党的宗旨与发展社会主义市场经济的某些负面影响的矛盾。全心全意为人民服务是我们党的唯一宗旨，也是我们立党的根基。发展社会主义市场经济，为党的建设注入了新的活力，也为我们坚持党的宗旨提供了新的历史舞台。然而，随着市场经济伴生的某些负面影响，坚持党的宗旨、党性原则也面临着前所未有的严峻考验。有些党员和干部理想淡漠、信念动摇，个人主义、拜金主义思想膨胀；有的甚至追求腐朽的生活方式而陷入犯罪深渊。事实表明，只有勤政，才能扎扎实实抓好改革开放和经济建设，用两个文明建设的政绩来显示党的领导

---

* 这是吴官正同志发表在《人民论坛》1995 年第 7 期上的文章。

能力和党的力量。只有廉政，才能不断地净化和强化党的肌体，从而把广大人民群众紧紧地团结在党的周围。因此，在社会主义现代化建设的整个过程中，一定要坚持勤政廉政一起抓，全面塑造党的崇高形象，全面提高党的战斗力。

坚持勤政廉政一起抓，要突出重点，狠抓落实。在改革开放和现代化建设关键时期，加强勤政建设要紧紧围绕提高党的执政能力和领导水平，着力抓好四个方面：多学习，少应酬；重实际，忌主观；重实干，防漂浮；重实效，戒虚名。只有这样，才能善谋大事；才能了解掌握实际情况，实施科学决策；才能积极妥善地解决影响改革、发展和稳定的突出问题；也才能赢得广大群众的拥护和支持。现在有些地方和部门的负责干部不是注重学习和工作，而是热衷于各种应酬；不是深入实际，深入群众，调查研究，而是对中央和上级指示照抄照转，生搬硬套，用花架子、表面文章取悦上司；甚至有些人为了升迁，弄虚作假。凡此种种，都有悖于勤政的要求，有损于党的形象，必须着力解决。廉政建设要在抓深入、抓落实、取得新成效上下功夫，特别要抓好领导干部廉洁自律这个关键环节。古人云："居高声自远，非是藉秋风"。只要各级干部自身品格高洁，便能产生强大的凝聚力、说服力和感召力。我们各级领导干部不仅要切实做到自身廉洁，而且要严格要求自己的亲属和身边工作人员，教育他们不得凭借自己的地位和影响谋取私利；对各种腐败行为更要敢抓敢管，勇于顶住说情风，勇于碰硬。

坚持勤政廉政一起抓，还要强化教育，强化监督。勤政廉政，共同的思想基础是全心全意为人民服务。越是发展商品经济，越是要加强对各级干部的教育和管理，帮助他们增强党性锻炼，打好勤政廉政的思想基础。勤政廉政，既要靠自身的觉悟，也要靠组织和群众的监督；既要有行之有效的制度来约束，也要有奖罚分明的机制来激励。要通过建章立制，引导和激励广大党员、干部勤政廉政。对勇于开拓、埋头苦干、无私奉献、政绩突出的好党员、好干部，要大力表彰，并委以重任；对那些不思进取、当“太平官”的干部要严肃帮助教育，不改的必须坚决调整；对那些以权谋私、违纪违法的，一定要从严查处。

更好地发挥共产党员的先锋模范作用*

(1995 年 9 月 8 日)

今天,支部召开民主生活会,就"在新形势下更好地发挥共产党员的先锋模范作用"进行回顾和总结,很有必要。

共产党员是工人阶级中的先进分子。党员必须在任何时候、任何地方都保持其先进性,发挥先锋模范作用,这是共产党员应尽的义务,也是党组织对每个共产党员的基本要求。我们党从成立到现在已走过了 70 多年的光辉历程,带领全国人民夺取了一个又一个伟大胜利。之所以能取得这些胜利,很重要的一点,就是广大党员很好地发挥了先锋模范作用,给群众带了头,得到了群众的公认,成了群众心目中的旗帜。在新形势下,如何继续更好地发挥先锋模范作用,确实是摆在每个共产党员面前的新课题,值得大家深思。下面,我谈几点认识。

一、发挥政治优势,加强思想政治工作

思想政治工作是我们党的政治优势之一。各级干部特别是党员领导干部,务必学会做深入细致的思想工作。成都武侯祠有一副对联,给我印象很深。"能攻心则反侧自消自古知兵非好

---

* 这是吴官正同志在江西省委办公厅会议处党支部民主生活会上的发言。

战，不审势即宽严皆误后来治蜀要深思”，说的就是诸葛亮七擒七纵孟获的故事。诸葛亮为了使孟获心悦诚服，不惜抓了他又放了他7次，这种耐心真是世间少有，用现在的话说就是耐心细致地做思想工作。思想政治工作的对象是人，做人的工作必须理解人、关心人、尊重人，了解人的思想和心理动态，不能失之过严，也不能失之过宽，要有的放矢，才能取得效果。诸葛亮以耐心的工作使孟获回心转意，永不反叛，争取了少数民族的支持。可见思想政治工作的威力和作用是非常大的。做好了思想政治工作，就能统一人们的思想，进而统一人们的行动，大家齐心协力朝着一个目标共同努力，就没有克服不了的困难，没有越不过的险阻，就能创造人间奇迹。

加强党的思想建设，当前最重要的是用邓小平建设有中国特色社会主义理论武装头脑，坚持党的基本路线一百年不动摇，同党中央保持思想上、政治上、行动上的高度一致。要更深入地开展向孔繁森同志学习，对广大党员进行爱国主义、集体主义和社会主义的教育，进行正确的世界观、人生观、价值观的教育，为党员保持其先进性提供强有力的思想保证。在工作方法上，一定要注意方式方法，切忌粗暴简单。领导干部在对待群众或处理问题时，一定要善于化解矛盾，而不能激化矛盾。要正确处理人民内部矛盾，充分调动一切可以调动的积极因素，团结一切可以团结的力量，为党的中心任务和目标而奋斗。

二、抓住机遇，开拓进取，努力发展江西经济

在党中央的正确领导下，在各级领导班子和全省人民的共同努力下，江西的经济和社会事业发展比较快，出现了政通人和的喜人景象。但我们还不能满足已有的成绩，还要再接再厉，夺取更大的胜利。

要把一个经济繁荣、科技进步、文化昌盛、社会稳定、生活小康的江西带入21世纪，摆在我们面前的有许多事要做，其中首先就是要审时度势，抓住机遇，以大开放促进大发展。现在，我们面临的机遇很好，从全国来看，京九铁路的提前贯通和沿长江开放开发战略实施，将给江西的经济和社会发展带来千载难逢的机遇；从世界范围看，和平和发展仍然是两大主题，国际环境有利于我们集中精力进行经济建设。在这种情况下，我们一定要集中精力把经济搞上去，结合江西实际，创造性地开展工作，使江西的经济发展更快一点。

经济是基础，经济是解决一切问题的关键。大力发展生产力，不断满足人民群众日益增长的物质文化需要，是社会主义社会的根本任务。作为一名共产党员，我应该责无旁贷地为生产力的发展和各项社会事业的进步作出自己的努力。

三、增强党性，坚决维护中央权威

与党中央保持一致，自觉维护中央权威，保证中央的政令畅通，这是党中央对各级党组织和全体共产党员提出的基本要求。范仲淹曾有过“居庙堂之高则忧其民，处江湖之远则忧其君”和“先天下之忧而忧，后天下之乐而乐”的名句。对党中央来说，我们是“处江湖之远”，我们有责任为党为国家分忧。这里最重要的是同以江泽民同志为核心的党中央保持高度一致，坚决维护以江泽民同志为核心的党中央的权威，这是最大的大局，也是党性的集中体现。我作为一个党员，作为一名党员领导干部，在任何时候、任何情况下都要自觉地做到这点。要勤政为民，踏踏实实完成中央交给的各项任务，创造性地开展工作，努力搞好局部，支持全局，在必要时还要舍得牺牲局部利益。对中央的路线、方针和政策，要坚定不移地贯彻执行，不搞“上有政策，下有对策”,切实做到令行禁止。

对江西人民来说,我们是“居庙堂之高”。“忧其民”就要时刻把群众的冷暖疾苦挂在心头,把群众高兴不高兴,满意不满意,赞成不赞成,答应不答应作为办一切事的取舍标准,认认真真地为群众排忧解难,真心实意地为群众办实事,努力做到既造福一方,又保一方平安。

四、廉洁自律,进一步密切党同人民群众的血肉联系

我们的党是从群众中来的,我们党从诞生起就同人民群众有着血肉般的联系。党的事业之所以能从胜利走向胜利,根本在于共产党员在各项事业中的先锋模范作用,在于党在群众中的崇高威信,在于群众的支持和参与。不容否认,一段时期以来,由于少数干部的腐败现象,党在群众心目中的形象受到了严重影响,也影响了党群和干群关系,必须下大决心改变这种状况。中央部署的反腐倡廉工作,就是恢复和发展党同群众血肉联系的重大举措。只要我们持之以恒,常抓不懈,就一定能抓出成效,党同人民群众的联系就一定能进一步巩固。

在反腐倡廉的斗争中,领导一定要起带头作用。古人说得好:吏不畏严而畏廉,民不服能而服公。意思是说,官吏不怕你严格,而是怕你廉洁;老百姓不是服你有多大能力,而是服你办事公道。所以,我们要廉洁奉公。只要我们以身作则,做到了“廉”和“公”,党的威信就会大大增强,党群关系、干群关系就会大大改善。我们要为此作出不懈的努力。

人贵有自知之明。除上面讲的几点我要继续努力做好外,还要注意坚持民主集中制原则,充分发挥党委一班人的积极性和创造性,不仅要虚心而且更要耐心地听取同志们的意见,切忌

主观，做到“兼听则明”；要注意带头维护班子团结；选拔任用干部要坚持德才兼备原则，注意搞“五湖四海”，不搞亲亲疏疏，要看党性，凭政绩，重公认，坚持按程序办事；要坚持党的基本路线，努力搞好党的建设，对省政府的工作要放心、放权、放手，支持他们大胆管理，集中精力搞好经济工作，推进社会进步，改善人民生活。

在我身上还存在不少缺点和不足，我真诚希望在党组织和同志们的监督和帮助下，不断改造自己的主观世界，力争把工作做得好一些。欢迎同志们批评。

减少应酬*

（1995年9月13日）

我有几点想法，提出来请你们斟酌：

1. 要减少应酬，多花一点时间用在工作和学习上。今后省委常委出省，除出席人代会、党代会和出国（境）外，一般不要同级领导到站（场）送迎，办公厅只去个把同志即可。我想这要成为一项制度。

2. 要重申，省委领导到地市县考察、检查工作，地市县领导务必不要到边境接送，在住地不要摆水果和糖烟，吃饭四菜一汤，不可上高档菜，要尽量减少陪同人员。

3. 对省委常委亲属要严格要求，如有人打着某常委亲属的名义找地市县有关领导或部门领导要求解决问题、提供方便、给予照顾、出面接待等，我相信同志们一定能坚持原则，不予理睬，必要时还会提出严肃批评。

---

* 这是吴官正同志致江西省委办公厅负责同志的一封信。

满招损　谦受益*

（1995 年 10 月）

“八五”时期，在党中央、国务院的领导下，我省与全国一样，经济蓬勃发展，社会不断进步，综合经济实力进一步增强。与过去比较，江西这些年的变化确实比较大。江泽民总书记今年 3 月份来江西视察，对我省的工作讲了许多鼓励鞭策的话。最近，人民日报、经济日报、中央电视台等在全国有很大影响的新闻单位，对我省经济发展情况作了突出的报道。由于中央领导的关怀和新闻单位的宣传，来我省考察的兄弟省市同志和各界人士可能增多。说心里话，自江总书记视察我省几个月来，我心里一直很不平静。江总书记在百忙之中亲临我省视察，对江西的工作给予了鼓励并提出了希望，充分体现了中央对 4000 万江西人民的亲切关怀。这几年，以致用同志为班长的省委，同中央保持高度一致，紧紧团结和依靠全省人民奋发努力，扎实工作，在过去的基础上，江西确有明显进步。“江西”这两个字在人们的印象中，似乎与贫穷、落后、闭塞的联系淡化了一些，江西人的自信心似乎比以前更强了一些。这种进步来之不易。对于这些，我同大家一样感到由衷的高兴。同时，更多的是不安。首先，我们没有什么特别的经验。我们所取得的进步，集中到一条就是老老实实、不折不扣地按以江泽民同志为核心的党中央的指示和

---

* 这是根据吴官正同志在省委常委会上的发言，及分别与省委有关领导和省委办公厅负责同志的两次谈话综合整理而成。

决策办事,结合实际认真贯彻落实。而且不少具体做法是向兄弟省市学来的,可以说我们自己创造的东西不多,“拿来的”东西不少。再是,江西这几年的变化,仅仅是我们自身历史发展过程中的一个阶段性变化,是自己与自己比的结果。环顾四周、放眼全国,我们不仅与沿海发达省份有很大的差距,就是与邻近的内陆省市比较,在不少方面也还存在着很大差距。现在,中央领导同志对我省的工作给予肯定,中央一些部门和新闻单位对我省的一些做法进行宣传,我们是沾沾自喜,陶醉于过去的成绩,还是谦虚谨慎,正视自己的差距,更加努力地做好我们自己的工作?这是我这一段时间经常思考的问题,我想这也应当是我们省、地、县各级主要领导干部必须认真思考和着力解决好的问题。

毛主席说,“虚心使人进步,骄傲使人落后”。古人也说过,“满招损,谦受益”。这些都是千真万确的真理。人贵有自知之明。缺乏自知之明,就会飘飘然、翘尾巴,最后必然栽跟头。“峣峣者易折,皦皦者易污”,“盛名之下,其实难副”。当然,我们算不上皦皦者、峣峣者,但在赞扬声中,牢记这些古训有好处。历史和现实告诉我们,有的人走得过烽火硝烟,走得过艰难坎坷,却走不出赞扬和荣誉。这是一种更令人惋惜和遗憾的悲剧,我们必须高度警觉。思虑再三,我觉得当前有必要向各级领导吹吹风:在成绩面前和赞扬声中,一定要保持清醒头脑,谦虚谨慎,戒骄戒躁;一定要以更加扎实的工作,搞好江西这个局部,更有力地支持全国的大局。

保持清醒头脑,重要的是要清醒地认识我们存在的差距。改革开放17年来,我省经济建设和社会发展进入了一个新阶段。但必须明白,我们的基础差、底子薄,总体经济实力不强。同时也还有不少工作没做好,如资金效益低、管理水平差、工业竞争力不强、农业科学种田水平不高、国民经济的许多人均指标比较低、物价仍然过高、基层工作相对薄弱、领导水平跟不上形势发展的要求。人民群众还有不少不满意的事，一些干部在工作中搞强迫命令，方法简单粗暴的问题时有发生，社会风气、社会治安还存在不少问题等等。有些工作，得到肯定和宣传，也不可昏昏然。例如，在省财政支持下，各县财政当年勉强平衡，这很不容易。同时，也要清醒认识，这仅仅是一种在低层次、低水平上的平衡。我们要办的事还很多。努力实现高层次、高水平上的平衡，才是更过硬的本事。差距同我们取得的成绩一样，是客观存在的。我们不能不看到成绩、看到进步，否则就会丧失信心；我们也不能不看到差距，看到不足，否则就容易滋生骄满情绪，甚至忘乎所以。中央领导同志经常讲，要提倡辩证法，坚持两点论。我理解，至少有两层意思：一是要全面地看问题，成绩与问题、进步与不足都要看到。二是要辩证地看问题，在困难多、工作不那么顺手的时候，可以多讲一点取得的进步和有利条件，以利于鼓舞士气，坚定信心；当取得一定成绩的时候，则要多看到差距和不足，这样才能保持头脑清醒，戒骄戒满，继续前进。

保持清醒头脑，不仅要正确认识自己，而且要看到人家的长处，看到全国各地你追我赶激烈竞争的逼人态势。这些年，我省加快改革和发展的许多措施和办法，就是向兄弟省市学习借鉴的，如上海调整产业结构和大搞基础设施建设，广东放开物价和以路养路、以电养电，福建发展“三高”农业和利用外资，浙江发展集体和个体、私营经济，安徽发展乡镇企业，湖南科学种田和发展第三产业，湖北抓重大项目等等。这些好经验、好做法，使我们受益匪浅。现在各个省你追我赶，都在实践中探索新的经验，我们更要注意向兄弟省市学习。上海、广东等沿海省市暂且不说，就拿邻近的内陆省份来比较。从农业上讲，我们与湖南都是农业比重大的省，但他们的烟叶和化肥生产就过了关，第三产业也比较发达，农村富余劳动力的转移问题解决得比较好。据说，他们今年农业良种推广工作也抓得很有成效。从工业上讲，我们的规模比湖北差得多，他们单武钢的产值就是几百亿元。况且，我们工业结构层次还比较低，产品质量还不高，加上企业经营管理比较粗放，直接影响了产品的市场竞争力。可见，我们转变经济增长方式的任务十分艰巨。安徽这几年乡镇企业发展很快，经济连年高速增长，还打出了几个在全国有相当影响的工业拳头产品。从基础设施建设方面讲，我们虽然取得了明显进展，但人家速度也快，湖南的高速公路据说已经修建到韶山等地了。这真是"山外有山，楼外有楼"，我们切不可坐井观天，更不要不知天高地厚。如果有上级机关的同志来我省检查指导工作，有兄弟省市的同志来我省考察，我们务必谦虚谨慎。介绍情况要实事求是，讲究分寸，少做一些形象化的概括，多介绍一些具体情况，少摆一些成绩，多比比自己的短处，少谈一点我们如何如何，多向人家虚心求教。绝不允许说假话，说大话。现在全国各地都在认真贯彻党的十四届五中全会精神，研究制定"九五"计划和 2010 年远景目标，大家都在埋头苦干，争取发展得更快更好一些。对我们来讲，机遇与挑战并存，有利条件与困难同在，稍有放松，稍有不慎，就会掉下去。想到这些，我心急如焚，坐立不安，相信同志们也会这样。

保持清醒的头脑，最终要体现在行动上。自找差距，自我加压，目的在于进一步振奋精神，奋发向上，继续不声不响地埋头苦干，静悄悄地加紧追赶。今后几年，我省面临着加快发展的极好机遇，特别是随着国家沿长江开放开发步伐加快和京九铁路提前贯通，有可能使江西纳入全国重点开发的区域之内。这样的机遇，确实是千载难逢！我们一定要紧紧抓住，百倍珍惜，千方百计用好。为了贯彻落实好党的十四届五中全会精神，省里正在研究制定全省国民经济和社会发展"九五"计划和 2010 年的远景目标。省委建议，在大力提高经济效益的前提下，继续保持全省经济增长速度高于全国的平均水平。“九五”期间，全省国民生产总值平均每年增长10%—12%；到2000年国民生产总值比1980年翻三番；下世纪头10年，平均每年递增8%—10%，人均国民生产总值比2000年再翻一番。实现今后15年的奋斗目标，我看没有什么捷径，还是要坚持这些年来的基本做法：一不取巧，不搞“上有政策，下有对策”。在政治上同中央保持高度一致，坚决维护中央的权威，确保政令畅通。要坚信，坚决贯彻中央的指示，最终不但不会吃亏，而且会路子越走越宽，工作越干越主动。二不刮风，不攀比。坚持从本地实际出发，既尽力而为，又量力而行；既注意外面的动向，又不乱我们的方略；既虚心学习人家的长处，又注意创自己的特色。三不叫苦，不伸手。既要继续努力争取中央有关部门的大力支持，并更多地利用外资，更要立足自力更生，艰苦创业，不管困难多大，坚持咬紧牙关负重前行。努力搞好局部，支持全局。我想，坚持这样做下去，江西是大有希望的。我对此充满信心。当然，随着各方面的发展，我们的基数会越来越大，继续保持快速增长难度也越来越大。捞浮油不难，挖潜力不易。做好江西的工作关键还在于领导干部。对干部一定要严格管理，注意引导和教育，加强党性锻炼，全面提高素质，工作要过细，不要简单化。总之，在新的起点上，我们要发展得更快一些，实不容易。我们一定要保持清醒的头脑，更加努力地工作，把江西的事情办好，为中央分忧，为江西人民排难。

加强领导班子和领导干部思想政治建设*

（1996年1月23日）

要讲政治。这是各级领导干部必须具备的基本素质，也是领导班子建设的首要任务。讲政治，首先要有政治观念。世界上没有离开经济的政治，也没有离开政治的经济。我们党领导人民建设有中国特色的社会主义，必须始终抓住经济建设这个中心，大力发展社会生产力，这是经济要求，也是政治要求。如果没有政治作保证，改革开放和经济建设就不可能顺利进行，甚至有迷失方向的危险。讲政治，就要坚持正确的政治方向。我们所谈的正确的政治方向，就是建设有中国特色的社会主义，就是最终实现共产主义。坚持这个方向不是抽象的要求，它贯穿于政治生活、经济生活和社会生活之中，包含着具体的实际的内容。体现在组织工作中，就是要全面贯彻干部德才兼备的原则和"四化"方针，坚持按《党政领导干部选拔任用工作暂行条例》规定的程序办事。要加强干部教育，严格要求，严格管理，严格监督。领导干部必须做到自重、自省、自警、自励，不仅严以自律，管住自己，而且要严格要求家属、子女和身边的工作人员。讲政治，就要增强全局观念，坚决维护以江泽民同志为核心的党中央的权威。既要在事关全局的重大问题上统一思想，统一行

---

* 这是吴官正同志在江西省组织工作座谈会上的讲话，中组部办公厅《组工信息》1996年第18期印发。

动,又要在执行党的路线、方针、政策的过程中,坚持从大局出发,从实际出发,充分发挥工作的积极性、主动性和创造性。要讲团结,尤其要注意团结与自己有不同意见的人。

要增强群众观念。我们讲政治,最根本的,是要解决好对人民群众的态度问题,同人民群众的关系问题,也就是全心全意为人民服务的问题。我们党在长期的革命斗争中之所以能取得一个又一个胜利,就是因为来自于群众,深深扎根于群众,全心全意依靠广大群众。在新形势下,我们所处的社会环境、客观形势和工作任务,以及一部分人的岗位、职务、地位都发生了变化,但无论怎么变,对群众的感情不能变,与群众的血肉关系不能变,从群众中来到群众中去的路线不能变,全心全意为人民服务的宗旨不能变。对老百姓没有感情的人,不可能对共产党有感情,也不可能对国家有感情。一个不想到老百姓的人,一个不考虑群众利益的人,不可能得到群众拥护,不可能在事业上有所作为,不可能在工作上有所建树。各级党委和组织部门,要把对群众的态度好不好,同群众的感情深不深,与群众的关系密切不密切,为群众办不办实事,作为选拔任用干部的一项重要标准。对那些忘记了绝大多数老百姓,丢掉了全心全意为人民服务宗旨,严重脱离群众,甚至损害群众利益,在群众头上作威作福的人,决不能提拔重用;已在领导岗位上的,要及时调整下来。各级领导在任何时候都必须想到群众,关心群众的疾苦。

要摸实情、办实事、讲实话。摸实情,就是要深入调查当前改革和建设发展变化的真实情况,努力了解和掌握经济发展的规律,了解和掌握政治、思想领域的动态和发展趋势,注视社会治安稳定状况,及时了解群众生产、工作、生活、学习的真实情况,根据所掌握的真实情况,适时作出正确的决策,实施正确的领导。办实事,就是要在摸清真实情况的基础上,分清主次、轻重、需要和可能,有计划、有步骤地办一些利国利民的事情。反对搞形式主义、文山会海，真正把时间和精力集中在办实事上。讲实话，就是要如实反映情况，如实发表意见，不能只拣上级爱听的话说，只拣对自己有利的话说，报喜不报忧，夸大成绩，隐瞒缺点。要反对说大话、空话，更不能说假话。对领导要讲实话，对群众也要讲实话。各级领导干部都要增强党性，带头摸实情、办实事、讲实话。各级党委和组织部门在选拔任用和考察了解干部时，不仅要听其言，更要观其行、察其事，全面掌握干部的真实情况。对讲实话、办实事的干部要鼓励表彰，符合条件的要及时提拔重用；对那些言行不一，弄虚作假，文过饰非，以及纵容诱迫下级说假话的人，必须批评教育，直至执行党的纪律。

各级领导干部要下功夫做好调查研究*

（1996 年 3 月 20 日）

调查研究工作要做好，必须花大力气，下真功夫。既要注重调查，又要注重研究。要保证时间，集中精力，认真细致，务求实效。为了把调查研究工作做好，希望我省县以上领导，尤其是党政"一把手"，尽可能做到以下几点：

第一，每年至少抽出 3 个月左右的时间，深入基层调查研究。真正沉下去，开展多层面、全方位的调查研究，虚心听取各方面的意见、批评、建议。不能仅靠听汇报，看材料来调研，更不能满足于当"二传手"，人云亦云。从江泽民同志强调大兴调查研究之风以来，省委领导班子成员一直坚持这样做，对指导工作有很大帮助。这一条要在各级领导班子中形成制度。

第二，每个主要领导每年都要亲自带队围绕一两个重大问题进行系统的调查研究。在改革和发展中每个地方和单位都面临着很多需要解决的问题，作为主要领导者，应该抓住主要矛盾，分清轻重缓急，筛选出那些事关工作全局的重大问题，进行深入的调查研究，提出解决问题的对策。只有这样，才能起到"牵一发而动全身"的效果。

第三，每个领导同志每年都要亲自动手写一篇有分量的调查报告。所谓有分量，就是要有情况、有分析、有深度、有新意。

* 这是吴官正同志在江西省政研工作会议上讲话的一部分。

写出来的东西要言之有物，言之有理，有独到的见解，有切实可行的措施。切忌空话、套话、大话，搞公式化的东西。

第四，每个领导同志要攀一门“穷亲”。通过这种形式与贫困村、困难企业建立联系，在政策允许下帮助解决一些问题。更重要的是培养我们的群众意识、群众感情。“乐民之乐者，民亦乐其乐；忧民之忧者，民亦忧其忧”。只有多做雪中送炭、扶贫济困的工作，我们才能得到老百姓的真心拥护。

第五，每个领导同志都要重视、发现和培植典型。典型的作用是巨大的，榜样的力量是无穷的。我们要下功夫发现一批典型、培养一批典型、树立一批典型、宣传一批典型。既要注意发现和树立改革开放和经济建设方面的典型，更要注意发现和树立两手抓、两手硬，两个文明建设都搞得好的典型；既要有先进集体典型，也要有先进个人典型，特别要注意发现和树立孔繁森、李国安式的先进典型。当然发现和培植典型决非易事，需要有正确的眼光和敏锐的鉴别力，既不能把符合改革发展要求的新事物当成不对的东西轻易否定，也不能把违背社会主义经济和社会发展要求的东西当成好的方面大加赞扬。

竹与柳的联想*

（1996 年 5 月 22 日）

今天早晨看到第三期轮训班的名单，现在又见到你们，感到非常高兴。省委组织部采取"一推双考、两先两后"的方式选调一批优秀年轻的机关工作人员，同组织系统领导干部轮训班一起在井冈山进行培训，这是一件很有意义的事情。到井冈山上培训，实质上也是接受革命传统教育。希望大家弘扬井冈山精神，继承和发扬光荣的革命传统，在发展社会主义市场经济的新形势下，进一步提高自身的政治、文化和业务素质，加强新时期党的建设，把改革开放和现代化建设的各项工作做得更好。

井冈山环境优美，空气清新，竹木茂盛，生机盎然。我每次上井冈山，看到这里的竹子，都会产生许多联想。希望同志们在散步时，仔细看看这里的竹子，一定会从中受到启示。

你们看，竹子咬定青山不放松，任尔东西南北风，是那样坚定不移。看到竹子，我们就会联想到，在政治上一定要忠于党，忠于人民，忠于祖国，不管国际国内形势发生什么变化，都要坚信马克思主义，都要坚决维护以江泽民同志为核心的党中央的权威，坚决与以江泽民同志为核心的党中央保持高度一致。

你们听，竹子的枝叶常常发出萧萧声，那是人民的心声啊！看到竹子，我们就会联想到，作为党的干部，任何时候都要关心

---

* 这是吴官正同志在江西省第三期组织部门领导干部轮训班上的讲话。

人民的疾苦,想群众之所想,急群众之所急,全心全意为人民服务,对人民有深厚的感情,“一枝一叶总关情”。

你们看到过竹子开花吗?据说竹子开花后就会枯死。它是“我自不开花,免撩蜂与蝶”。看到竹子,我们就会联想到,在任何情况下都要严格要求自己,洁身自好,廉洁奉公。在灯红酒绿、金钱美色面前毫不动心,像竹子一样,任何金钱、美色撩不动,永远保持共产党员的光荣本色。

你们看,竹子长得很高吧,但里面却是空的。看到竹子,我们就会联想到,要努力学习马列主义、毛泽东思想,特别是邓小平建设有中国特色社会主义理论。还要学习商品经济知识,学习现代科学技术,学点历史知识。要深入实际,深入群众,虚心向人民群众学习。“学习,学习,再学习”,像竹子那样“长到凌空仍虚心”。

同志们,你们都很年轻,这次选调来的同志大的才33岁,小的才20岁出头。我相信你们会像竹子那样“出土有节”,有骨气,有节气,绝不像解缙老表描写的笋,“嘴尖皮厚腹中空”。

你们是做组织工作的,我想你们最重要的工作是为党的事业发现人才,培养人才,用好人才,特别是重视德才兼备的优秀年轻干部、妇女干部和党外干部的选拔、培养和任用。我希望你们像二月的春风那样,把革命的嫩叶裁剪出来。

最后,赠一首杨巨源写的诗给你们,这也是对你们的希望:

诗家清景在新春,绿柳才黄半未匀;

若待上林花似锦,出门俱是看花人。

我相信那些优秀年轻的人才,像柳树刚发出未匀的黄芽时,就会被你们发现。一大批优秀的人才将在改革开放的实践中锻炼成长,与广大人民群众一起,把我们可爱的江西建设得更好,把我们建设有中国特色社会主义的宏伟大业不断推向前进。

要真心实意帮助群众解决实际问题*

（1997 年 4 月 10 日）

我到山东来工作，今后就是山东人了，吃山东的饭，喝山东的水，要为山东人民办事情。信访工作是十分重要的工作，因为人民群众最关心的一些问题，首先在这里得到反映。信访是个“安全阀”，这项工作没做好，一些社会矛盾就可能激化，很危险。做好这项工作，可以化解许多矛盾，各级干部尤其是基层干部工作上的某些压力就会降下来，社会就能安定。许多信访问题，既反映了人民群众的要求，又能从中看到我们工作中的问题，所以，信访工作丝毫不能放松。省委、省政府对信访工作历来很重视，在省委、省政府的领导下，你们做了大量工作，对反映社情民意，化解社会矛盾发挥了积极作用。为此，我向你们表示感谢和敬意。

信访干部是做群众工作的，是无名英雄，接触群众最多。做信访工作的同志，对人民群众要有深厚的感情。处理信访问题，要换位思考，如果是自己的父母、兄弟姐妹遇到困难向党和政府反映，我们应当怎么办？所以一定要有深厚的感情，要有较高的政策水平，还要有好的工作方法。有些上访群众有气，不让他出出气不行。如果群众把气出在你们身上，心情能够舒畅一些的

---

* 这是吴官正同志到山东省上任的第一天，看望省信访局工作人员时的讲话。

话，我看你们就作出了贡献。如果有人对不住你们，千万不要怪罪群众，就算是我对不起你们，好不好？如果没有对人民群众深厚的感情，什么工作都做不好。一切从人民利益出发，一切为了人民群众，这是共产党的传统，也是我们的法宝。

我在这里提出两条要求。第一，希望全省每个市地委书记、市长专员、县委书记、县长、区委书记、区长都亲自做信访工作，每人每月亲自处理一件人民群众最关心的信访问题。我想，这个要求不过分，工作再忙，每月处理一件总是可以办到的。我建议把这作为一项制度定下来，坚持下去。第二，减少信访量，控制上访，要标本兼治，最根本的是要切切实实帮助群众解决实际困难。群众日子过不下去，吃不饱，信访怎么能控制住啊？同志们，日子好过的时候不觉得，日子过不去的时候真难啊！所以，控制上访是必要的，但要研究怎么控制，不能单纯讲控制，关键是给群众解决实际问题。这方面山东过去做得很好，是全国信访工作先进单位。人民群众关心的都是大事，也是实事。我们当干部的，就应当为人民办事，少说空话，多办实事，多办好事。信访部门是了解老百姓脉搏的“窗口”，这也是我来了之后到的第一个单位就是你们这里的道理。

解决信访问题不能光靠信访部门，有些问题必须综合治理。比如，干部作风问题、农民负担问题，中央有明确要求，要扎扎实实抓落实，从根本上解决好。我们要千方百计加快经济发展，这非常重要，但制定经济指标要从实际出发，留有余地。各地情况不一样，有的地方发展快一些，有些地方慢一些，这是正常的，一定要因地制宜。现在发展慢特别是财政困难的地方压力很大，我觉得，这些地方更要关心群众生活，注意工作方法，无论如何不能在老百姓身上打主意，这样不会有出路。我们党的政策是爱民、富民政策。基层干部作风、农民负担问题要由县委书记、县长、市委书记、市长解决。他们不重视，光靠部门的同志做工作，就像十个指头按蚂蚱，按住这个，那个又蹦起来。对基层出现的一些问题，不能光责怪基层干部，有的人作风为什么那么霸道？为什么欺压老百姓？我认为，这从某种程度上也反映了一些县、市工作指导上的问题。我们所做的一切都是为了经济的发展、社会的全面进步和人民生活的不断改善。我们所有工作的目的都是为老百姓服务。所以，请市地县党政领导千万要把群众关心的事办好，恳请大家每人每月亲自解决一个突出的信访问题。

我与许多领导同志谈过这么一个观点，群众到省上访，说明他们相信我们，如果他们认为我们解决不了问题，就不会来找我们。我分析群众到北京上访，无非有这么几种情况，一是离北京比较近，有些事顺便就去了；再就是对我们不太放心，认为我们不能帮助他们解决问题，只好上北京；还有一种情况是无理纠缠的上访户。对前两种情况，要多做工作，用我们多为群众办实事的实际行动，赢得群众的信任。对第三种人不能迁就，不然会把风气搞坏。总之，群众找我们，说明他们信任我们，如果我们不解决问题，他们就找中央，那就说明我们这些人没用。老百姓反映的问题，应当解决而未能解决，中央要我们干什么？有的人给他一碗肉吃，他不感谢你，吃了怕得病，怕高血脂。而有些老百姓，你给他碗饭吃，再给他点咸菜，他是永远不会忘记的。人民群众最困难的时候，最需要我们的时候，就是我们党和政府应当去帮助他们的时候。

我省经济发展很快，财力也比较雄厚，城市困难企业职工的问题应该想办法解决得更好一些。毛主席讲过，一间房子有只老鼠，你就睡不着觉。何况一个人没有发工资，怎么能让他不去向组织反映呀！他们要生活、要工作、要饭吃，这都是合情合理的，我们应当从根本上解决这个问题。怎么解决？中央有政策，省委、省政府有措施，市地县都做了许多工作，只要上下共同努力，我想，一定能妥善解决好这个问题。这个担子要压在市地县党政“一把手”身上，请他们解决。山东的老百姓非常好，抗日战争、解放战争时期有上百万人参战、几百万民工支前。我们讲为老百姓服务，怎么服务？解决老百姓的困难才是最大的服务。这个问题要提到各级党委、政府的重要议事日程。有的人再能干、再有本事，如果欺压老百姓，就不是好干部。欺压老百姓，这是绝对不能允许的！只有这样，人民群众才会相信，我们还是共产党，我们还是为人民服务的。山东有很多非常好的干部，有一支好的干部队伍，孔繁森就是榜样。但山东这么大的地方，发展不会平衡，干部素质也不一样。对干部严格要求，这是对他们的爱护。对基层存在的问题，要从市、县、区找原因，由他们解决，不要过多地责怪基层干部。要以教育为主，保护他们的积极性。

同志们，拜托你们了。希望你们由专人处理群众给我的来信和来访，让我每个星期都能阅批一些群众来信。你们处理群众信访问题，不要光找市地县信访部门，因为他们解决问题有一定难度，要直接找市地、县委书记，市长、专员、县长，向他们打招呼。我相信领导同志都有这个觉悟，会从根本上解决问题。

在省内不要用警车领路*

（1997 年 4 月 12 日）

我们地方干部，要按照江泽民总书记的要求多接触基层群众和干部，要严格要求。为此，从明日起，我到省内各地市县工作，万万不要用警车领路，路上也不要特意安排干警值勤。我想您一定会理解和支持我，也会做好地市县同志的工作。

---

* 这是吴官正同志致山东省公安厅负责同志的一封信。

把各方面的积极性充分调动起来*

（1997年4月）

一、调动各方面的积极性，切实解决群众关心的问题。领导工作，实际也就是怎么样保护和调动群众积极性的问题，大家的积极性调动起来了，一切事情就好办了。现在群众对一些干部有意见，就是因为有些群众最关心的问题还没有得到很好解决。今年，全省信访量上升，80％以上是反映农民负担、困难企业职工生活和基层干部作风问题的。所以，要下决心抓好这三方面的工作，切实加以解决。省委、省政府对这些问题很重视，并有专人负责。希望同志们特别是市地委书记、市长专员，要高度重视这三个问题。我们做计划、办事情，还是要坚持一要吃饭，二要建设的原则，从实际出发，量力而行。要关心群众疾苦，千万不能做违背群众意愿，损害群众利益的事情。对此，大家一定要认真对待，一定要使老百姓过得去，努力办好事、办实事，让人民群众满意、高兴。

二、对干部既要严格要求，也要注意保护。平时要从政治上、工作上多关心干部，支持他们工作。一旦发现问题，早打招呼，改了就好，不要等铸成了大错再作处理。要团结一切能团结的人，挽救能挽救的人。纪检监察机关要重点抓大案要案，查处案件既要坚决，又要慎重，务必搞准。对个别严重违法乱纪的，

---

* 这是根据吴官正同志在山东省委几次会议上就各级领导干部当前需要注意把握的几个问题谈的意见整理而成。

要坚决依法处理。对行贿送钱、送贵重东西的，要教育干部不仅不收，而且要上交纪检监察机关，并找送礼行贿人的麻烦。要坚持与人为善，平时严格要求，常敲警钟，尽可能把问题消除在萌芽状态，使干部少犯错误，让大家放开手脚，把我省的各项工作特别是经济工作抓好。

三、聚精会神研究问题、解决问题。要教育干部多研究事，少琢磨人。要讲学习、讲政治、讲正气，坚定不移地与以江泽民同志为核心的党中央保持高度一致，把精力用在工作和学习上，用在解决当前影响经济发展和社会稳定的一些重点、难点问题上，用在认真履行职责、加强合作、大力协同、互相支持上，齐心协力保证中央大政方针在我们省得到落实，把两个文明建设搞好。

四、进一步增强团结。大家在一起工作难免磕磕碰碰。一家人过日子还难免闹意见，在工作中有些不同意见和看法也就更难免了，甚至还会造成一些误会。我看从现在起，不论什么疙瘩，都一风吹，不要再提了，也不要再争论谁是谁非了，大家团结一致向前看。要严以律已，宽以待人，对同志多宽容一些。工作上要多谈心、多商量、多谅解、多友好。对挑拨离间、搬弄是非的话，不仅不听，还要批评。对不同意见，包括批评意见，一是要正确对待，有则改之，无则加勉；二是听后多做化解矛盾的工作，共同维护团结这个大局。

五、带头廉洁自律。省委常委带头管好自己，对家属子女和身边工作人员也要严格要求，做到廉洁自律。希望市地和省直部门的负责同志也要带头这样做。管干部首先要管好党风。要加强党性锻炼，在改造客观世界的同时，努力改造自己的主观世界。要公道正派，立党为公，按党性原则办事，尤其是在干部问题上，更要做到这一点。要教育干部讲党性、顾大局，坚决反对自由主义，反对极端个人主义，省直机关的同志要起表率作用。

我们大家都要淡泊以明志，宁静以致远，为了党和人民的事业，加强党性修养，做人民信任拥护的干部。

纪委要在加强干部作风建设中发挥积极作用*

（1997 年 5 月 13 日）

党章规定纪委的任务之一，是协助党委加强党风建设。抓党风，主要是加强干部作风建设。纪委要认真履行职能，坚持有破有立，既坚决刹住各种不良风气，又大力发扬党的优良传统和作风，弘扬正气，刹风正纪，走注重建设的路子。

一要抓教育。要按照讲学习、讲政治、讲正气的要求，针对干部作风方面的突出问题，组织大家学理论、学党章，学中央最近颁布的廉政准则、纪律处分条例等重要法规，树立正确的世界观、人生观、价值观，强化廉洁从政意识和群众观念、纪律观念。还要大力发现、培养、宣传正面典型，使党的优良传统和作风进一步发扬光大。

二是要抓监督。搞好党风，非常重要的是加强对领导干部特别是主要领导的监督。省里关键是对我的监督。各级领导干部都要自觉接受常委会的监督、纪委的监督、人民群众的监督、新闻舆论的监督。作为纪委，要大胆行使党章赋予的权力，敢于和善于对领导干部进行监督，积极研究一些搞好监督的有效办法。比如，纪委听到对干部的反映，有的可以打个电话，有的可以把他找来当面谈，打个招呼。如果有问题，就提出批评，尽快改正，防止小错酿成大错。省纪委提出建立纪委领导同下级党

---

* 这是吴官正同志在山东省市地纪委书记座谈会上讲话的一部分。

政"一把手"谈话制度，是增进了解、教育干部、加强监督的好办法，应该很好地坚持下去。

三要抓查处。对败坏党风、违反纪律的行为，决不能姑息，必须严肃处理。否则，歪风邪气刹不住，正气树不起来。近几年违纪案件尤其是大案要案呈上升趋势，一方面说明办案力度在加大，另一方面也说明违纪问题相当突出。对大案要案，特别是"三机关一部门"的案件，一定要坚决查处，同时要慎重对待，务必搞准。只有态度坚决，才能一查到底；只有慎重、搞准，才能正确处理。要通过严肃执纪，维护和推动党风建设。

四要抓带头。这个"带"字很重要。如果各级领导都能带头发扬党的优良传统，党风建设就大有希望。抓领导带头，重点是抓"一把手"。如果"一把手"能坚决执行党的路线方针政策，许多事情就比较好办了。抓好"一把手"，就能带好一个班子，管好一个地区。各级党政"一把手"要明确自己的责任，在党风建设中发挥表率作用。

多登一些老百姓喜欢看的东西*

（1997 年 5 月 14 日）

我来山东一个多月的时间，关于我的稿子发了不少。你们要把好关，觉得应该怎么办，就怎么办；稿子放在什么位置，由你们定，不一定要放在主要位置，该短的要短。

领导干部的讲话，不要发得太多。不要让群众看了不舒服。哪些该报，哪些不该报，要把握好。我的讲话，把主要意思写出来就行了。有时可以把几次讲的合在一起发。要把大部分版面让给老百姓。多登些老百姓喜欢看的东西，多登一些反映加大改革力度、加快开放步伐的稿子，多反映基层群众的声音。

办好报纸是很难的事，要高度负责，严肃认真，防止出原则性错误，如果出现个别差错，不要过多地批评、指责，我们做什么工作都可能犯错误，我也犯过不少错误，怎么能要求报纸一点差错不出呢？因此，要多体谅办报的人，不要过多地指责。

---

* 这是吴官正同志与大众日报社领导同志的谈话。

书要越读越薄*

（1997年7月30日）

政研室的工作很重要，在党委和政府的决策中起着重要的参谋助手作用。作为在政研室工作的干部，怎样才能适应工作需要呢？

第一，要加强学习。学习邓小平理论，学习江泽民总书记一系列重要讲话，还要学点现代科学技术。要弄清楚现代科学技术与经济和社会发展究竟是什么关系，究竟会引起经济社会哪些变化，会出现什么新问题。信息产业、精细化工、生命科学、遗传工程和新能源、新材料等，都要知道一点。如果我们对现代科学技术一无所知，要做好政研工作是很难的。当然搞得很深也不可能，但基础性、普及性的知识应当了解。

要学点经济理论。美国有位经济学家叫萨缪尔森，写了一部厚厚的《经济学》并不断修订再版。里面有些观点可以参考。比如，评价宏观经济运行常用四个指标：一是经济增长率，二是通货膨胀率，三是失业率，四是国际收支平衡。宏观经济运行情况怎么样，主要看这四个指标。经济增长率，有名义增长率和实际增长率，同是GDP增长10%，质量也不一样，最佳的增长方式应当是消耗最少，效益最好。打个比方，同样是200斤的猪，有的是瘦肉型，有的多是肥肉，还有的可能是病猪，同样的重量，质量大不一样。看经济增长率也是同样的道理，要讲质量，不能

* 这是吴官正同志在山东省市地委政研室主任会议上的讲话。

光讲速度。我们山东与江苏、浙江比较一下，用我们的经济增长率、国内生产总值、消耗的能源和原材料以及经济效益情况与人家比一比，就能找到差距。再如通货膨胀率，一般情况下，经济增长率高，通货膨胀率也高，失业率下降；如果经济增长率低，通货膨胀率也低，失业肯定增加，经济学上把这种关系称为菲利普斯曲线。科学技术发展到现在，对经济发展的影响更大了，菲利普斯曲线在当时条件下很可能是对的，现在就不一定对。近来美国经济增长率较高，失业率比较低，通货膨胀率也比较低，这在美国是少见的。为什么呢？就是因为现代科学技术对经济的影响越来越大，经济增长中的科技含量大大增加了。如果我们做政研工作的同志，对邓小平理论和江总书记的重要讲话精神不理解，对经济和科学技术知识不了解，当参谋、写东西就很难有创造性。

要学习法律。搞研究的人，出的主意首先要与国家法律相衔接。当然，国家法律也在逐步完善之中。

还要学点汇率、利率、债券、股票、期货等方面的知识。对这些市场经济新知识总要懂一点。否则，等十五大的文件下来以后，有的我们看都看不懂，就谈不到很好地理解了。既然是搞研究的，就应该比人家高一着。

加强学习不能囫囵吞枣，照抄人家的，一定要变成自己的。我理解，书要越读越薄，而不能越读越厚，越读越厚地读没有用，杂乱无章地读也没有用。有些同志喜欢做点笔记，搞点卡片，这是必要的，但是关键的问题是要自己消化。政研室要提倡民主讨论的风气，鼓励大家畅所欲言，讨论问题。这一点至关重要。

第二，要注意收集信息，加强分析研究，把握社会发展的趋势。收集的信息包括我们自己各市地和县的信息，也包括外地的信息。对这些信息，要进行观察、分析、研究。有的人说政研室的人很敏感。不敏感，怎能搞好研究！应该走在一般人的前面,对当前社会大变革时期的一些重要问题,应该很敏锐地观察到。比如,人才问题,现在大家都讲要重视人才,重视科学,这无疑是对的。我举两个例子,上海科技人员很多,江苏、浙江、广东都到上海引进人才。有的科技人员在上海工作,但是星期六、星期天被江苏、浙江等地请去帮忙了。为什么呢?他在单位一个月的工资最多一两千块钱,而到外地的乡镇企业,一年给他十万、几十万,甚至上百万。苏、浙的乡镇企业这么做了,把人才挖去了,把智慧挖去了。他们的乡镇企业发展得快,很重要的一个窍门就在这里。广东、深圳为什么发展快?深圳每年从全国各地招一批博士生、硕士生和1万名大学生去就业。广东省委、省政府作出了一个决定,在京的学部委员到广东服务,一年给他10万元钱,关系不用转。今后分配制度也要改革,生产要素可以参加分配。比如参与股份制、股份合作制企业的投资者,可以按资分配;技术可以参与分配,在技术上做出贡献的可以拿企业利润的多少或销售收入的多少。如果我们不能大跨步走出去引进人才,我们的经济素质就很难提高。江苏省有一个市,世界前50家大财团,有43家在那里安家落户,光聘请国外专家就达上千名。人才是创业之本,人才的作用越来越重要。人才可以分三类:一是高素质的党政干部队伍;二是高水平的管理干部队伍;三是高级技术人才队伍。同志们大都读过《三国演义》或《三国志》,都了解"三顾茅庐"的故事。当时刘备46岁,诸葛亮才26岁,既没当过科长,也没当过处长,更没当过县长、市长,但是刘备认为他是个人才。诸葛亮的《隆中对》就是两部分,一是分析形势,二是提出对策。政研室的工作也主要是分析形势,拿出对策。刘备破格提拔诸葛亮为军师。诸葛亮出山后,便逐渐形成了三国鼎立的局面。所以,人才是创业之本呀!市场竞争越来越激烈,过去是争原材料,现在是争市场,争市场的背后是争人才。为什么?市场的背后是要搞产品,产品要成本低、质量好、适应老百姓需要，也就是经济学上说的“生产什么，怎样生产，为谁生产”。这些都要靠人，靠高水平的管理人才，靠高水平的科技人才。有了高水平的人才，才能增强竞争力，才能及时推出老百姓喜欢的产品，才能质量好、效益高、消耗低。有人讲现在市场疲软，有它的道理，因为现在很多产品供过于求。但是也不完全对，市场既疲软又“皮厚”。谁有本事能看得透、干得好，谁就可以搞上去。市场竞争激烈，就为那些有本事的人开辟了一条道路。现在争夺市场，根本的问题是争夺人才，你们要注意这个动向。

第三，眼界要开阔。立足本省，面向全国，放眼世界。搞研究仅局限在周围一点小圈子不行，一定要站得高、看得远一些。比如，研究经济发展，不能只研究当前，也不能只研究生产，而要研究得更深、更广一些。经济增长主要有三个拉力：第一是固定资产投资；第二是消费；第三是外贸出口。生产的东西要卖出去，价值才能实现，再生产才能继续。马克思讲再生产有四个环节，其中一个环节就是消费，没有消费就没有市场，也就没有了经济增长的拉力。同志们要研究这个问题。在国内市场容量有限的情况下，外贸出口显得尤为重要。我们必须走出去。浙江人特别是温州人，什么赚钱、哪个行业赚钱就搞什么，全国各地都跑，春节也不休息，哪里有市场哪里就有温州人。现在浙江省有一百多万人在东南亚、在国外做生意。他们及时搜集外边的信息，缺什么，马上在国内加工生产。他们为了打开国外市场，把一部分初加工产品，拿到外面再加工，实际上是占领人家的市场。我们山东也有这样的例子，济南钢铁厂就是。全国钢铁行业非常困难，我们济钢却盈利七千多万元。为什么？济钢在马来西亚搞了一个轧钢厂，把这里的钢坯拿到马来西亚去轧，然后再卖到别的国家去。我们山东的企业一定要面向国际市场，以提高我们的水平。山外有山，楼外有楼。现在都讲要搞大型企业集团，这是对的。韩国大宇公司去年的销售收入是630亿美元，这是什么概念呢？它相当于我们山东省乡及乡以上整个工业销售收入的总和。所以我们不要认为一个企业集团销售收入搞到几十个亿、百把亿元就不错了，要有更大的气魄。所以，一定要研究动态，要深入观察，进行分析、研究，看到发展的趋势，提出我们的对策。

第四，要善于总结经验。调查的过程是了解情况的过程，研究的过程则是分析提炼的过程。搞调查研究工作，既要深入，又要深思，两者缺一不可。山东是个出经验的地方，农业产业化搞得很好，诸城的企业改革在全国也是带头的，我们有许多好的经验。山东人很能干，很聪明，是出思想家的地方，孔子、孟子、孙子都是思想家。我们正处在伟大的时代，伟大的时代必然产生伟大的人物。我们山东也要有大哲学家、大文学家、大艺术家、大科学家。全省政研系统有一千人，真正出几个出类拔萃的人就很好。有的人虽写不了什么文章，但能出大主意，会改文章。政研室的干部，既要是专家，也要是杂家，知识面要宽一点。比如有的人对党的工作很有研究，有的对市场经济很有研究，有的对科学技术很有研究，有的对情报信息分析很有研究，当然达到这个层次不容易，但要求应该更高一点。搞研究不可能面面俱到，谁也没有那个本事和能力。我看政研室一年能研究一两件事，拿出有价值的东西，有两页纸能被党委、政府采纳，就了不起，就是很大的成绩。要集中力量研究重大课题，一年研究一个到两个有水平的问题，就能在全省、甚至全国叫得响。

关键是转变干部作风*

（1997 年 9 月）

保持和发展党同人民群众的联系，是我们党以昂扬的姿态跨入 21 世纪，不断夺取社会主义现代化建设新胜利的基本政治保证。当前，密切党群干群关系，需要切实转变党员干部的作风，解决群众所关心的问题。这是一项十分紧迫的政治任务。

从总体上说，当前党群干群关系是好的，这是因为党的基本路线完全符合广大人民群众的根本利益，绝大多数党员干部坚持党的根本宗旨，能够做到全心全意为人民服务。但是也应看到，当前确实存在着一些影响党群干群关系的矛盾和问题。这些矛盾和问题，一方面是社会发展过程中产生的。如，由于产业结构调整和对市场机制不适应，一部分企业出现暂时困难，职工下岗和再就业的矛盾突出起来；农民致富的愿望与现实条件还有差距，一部分地方的群众还没有摆脱贫困；在改革中经济关系的调整触及到一些人的利益；经济发展不平衡，存在社会分配不公现象，部分社会成员的收入差距扩大，等等。我们党是执政党，由这些矛盾引发的群众意见，都会影响到党群干群关系。另一方面是党员干部作风不正造成的。主要是一些党员干部官僚主义、主观主义、形式主义严重，党中央的方针政策措施没有得到很好的落实，人民群众有意见。比如，有的在调整农村经济结构中，只抓生产，不搞服务，不抓市场，结果大量农产品卖不出

---

* 这是吴官正同志在《党建研究》1997 年第 9 期上发表的一篇文章。

去,群众受了损失;有的脱离实际,想问题、办事情不量力而行,超出群众的承受能力,好事没有办好,或随意增加农民负担,群众产生抵触情绪;有的思想不解放,缺乏开拓创新精神,改革措施不到位,发展经济没实招,群众生活水平长期得不到提高,群众有埋怨情绪;有的宗旨观念不强,当了"官"就忘了民,对劳动人民感情淡漠,对群众的疾苦冷暖麻木不仁,群众很反感;有的私心重,遇事先替自己打算,甚至以权谋私,腐化堕落,损害了党在群众中的威信。两方面比较,影响党群干群关系的大量问题,主要还是干部作风不正造成的。所以,密切党群干群关系,关键在于充分发挥我们党的政治优势,切实转变党员干部作风,全心全意为人民服务,用我们的实际行动赢得广大人民群众的信赖和拥护。

无数事实证明,什么时候注重作风建设,什么地方党风正、政风正,什么地方党群干群关系就密切,两个文明建设就搞得好。以江泽民同志为核心的党中央一贯高度重视党员干部的作风建设,特别是党的十四大以来,全党普遍加强了党风政风建设,党同人民群众的联系有了新的发展和加强,保证了社会主义现代化建设的顺利推进。山东省这些年经济发展比较快,很大程度上也是得益于加强党风建设。特别是广大基层干部与群众朝夕相处,同甘共苦,艰苦奋斗,默默奉献,团结带领群众勤劳致富,做出了巨大贡献。最近,山东省委集中表彰了 201 个先进党支部、301 名优秀党员,他们是全省成千上万好党员、好干部的代表。正是由于广大党员干部的努力,党的路线方针政策才得以贯彻落实,社会经济才能够繁荣发展。可以说,党员干部作风建设对于密切党同人民群众的联系至关重要,是一项根本性的建设。

转变党员干部作风,基础是搞好思想教育,提高广大党员干部的思想政治素质。思想是行动的先导,只有真正解决党员干部的世界观、人生观、价值观问题，才能从根本上解决作风建设问题。世界观、人生观、价值观问题，在一定意义上也就是对待人民群众的态度问题。人民群众是我们的衣食父母，是“邦之命脉”。没有人民群众的支持，我们的党就成了无本之木、无源之水，我们的所有工作就没有任何意义，我们的一切努力也都不能成功。正如邓小平同志所指出的，党离不开人民，人民也离不开党。树立正确的世界观、人生观、价值观，最起码、最基本的就是增强群众观念，加深对人民群众的感情。古人尚且懂得“意莫高于爱民，行莫厚于乐民”，我们是共产党人，更应当把人民群众的冷暖疾苦时刻挂在心上，始终把人民的利益放在第一位。当群众有困难的时候，我们应当吃不下饭，睡不好觉。这就要求我们，必须认真学习马列主义、毛泽东思想，学习邓小平建设有中国特色社会主义理论，学习江泽民同志的一系列指示，学习党章和党的历史，提高思想政治素质。同时，要深入群众，了解群众，与群众同呼吸、共命运，增进与群众的感情，更加自觉地树立全心全意为人民服务的思想。正确处理个人与群众的关系，处处尊重群众，依靠群众，想群众之所想，急群众之所急，办群众之所需，任何时候都不能把自己摆在群众之上。要正确对待权力与责任，真正懂得领导干部手中的权力是人民给的，是用来为人民谋利益的，从而把权力与责任统一到全心全意为人民服务上来。

转变党员干部作风，就必须扎扎实实为人民群众办好事、办实事。一切为了群众，一切依靠群众是我们各项工作的根本出发点和落脚点。我们的工作千头万绪，说到底，都是为了让人民群众过好日子。现阶段，我国社会的主要矛盾仍然是人民日益增长的物质文化需要同落后的社会生产之间的矛盾。发展生产力，使群众尽快富裕起来，是群众的根本利益所在，也是广大人民群众最迫切的愿望和要求。密切党群干群关系，就要紧紧抓住这个主要矛盾，坚持以经济建设为中心不动摇，尽快把经济搞上去,使人民群众的生活不断得到改善和提高。这样,广大人民群众才能真正拥护党,真心跟党走,才能把党员干部作为贴心人。我感到当前有三个方面应着重把握好:一是办一切事情都要充分考虑群众的意愿。正像邓小平同志所指出的那样,要把群众满意不满意、赞成不赞成、拥护不拥护、高兴不高兴作为标准,决定取舍。二是选拔任用干部,要坚持德才兼备的原则,选人民公认坚持改革开放路线并有政绩的人,选真心实意为群众办事的人。三是不仅要抓大事,而且要抓关系群众切身利益的"小事"。群众日常生活中的事情,看起来小,实际上大,"一枝一叶总关情"。群众很大程度上就是从身边的日常琐事中观察我们党、看待我们干部的。因此,要从大量细微工作做起,关心群众疾苦,为群众排忧解难。近年来,山东省涌现的许多先进典型,如济南交警、烟台市的社会服务承诺、文登市乡镇党委为农民办实事等,都是从一件件具体事情做起,从小事情做起,热情为群众服务,从而赢得群众赞誉的。当前,要特别注意抓好群众普遍关心的热点、难点问题,不回避矛盾。像安排好下岗职工的生活和再就业,加强社会治安综合治理,切实减轻农民负担,帮助尚未摆脱贫困的群众尽快脱贫致富等等,都要千方百计地努力去做。这些方面的工作搞好了,就会大大提高党在群众中的威信,进一步密切党同人民群众的联系。

转变党员干部作风,各级领导干部要带头。优良作风不仅是抓出来的,还是领导干部以身作则,用自己的模范行动带出来的。领导干部所处的位置,决定了其言行举止和作风有很大的影响力。群众看我们这些领导干部不仅看你讲得怎样,更看你做得如何。领导干部带头,一条是一身正气,两袖清风。"其身正,不令而行;其身不正,虽令不从"。山东的群众讲:"村看村,户看户,群众看干部,党员看支部"。领导干部不管在什么地方、什么时候,都应当模范地遵守中央关于领导干部廉洁自律的各项规定，带头发扬我们党勤俭节约、艰苦奋斗、不讲排场、不图享受的优良传统。再一条是待人公道，做事公正。要出以公心，一视同仁，做事讲求公正，用人不搞亲亲疏疏，拉拉扯扯。公道正派，群众才能信服，干部才能有威信。还有一条就是勤政为民，造福于民。当领导的要能够带领群众致富，如果干了多年还是“山河依旧，面貌未改”，群众照样受穷，群众的困难照样得不到解决，那就是我们最大的失职。干部带头，说到底就是老老实实做人民的公仆。领导干部带了好头，就会产生强大的感召力、说服力和凝聚力，群众就会更加拥护我们党。

转变党员干部作风，还要有制度保障。这些年山东省围绕落实中央的要求，在制度建设上做了一些工作，如提倡县委书记驻村蹲点，选派机关干部到基层挂职包村、包企业，实行服务承诺、政务公开、财务公开制度，在基层开展依法建制、以制治村、民主管理活动等等，对于转变干部作风，密切党群干群关系，都起到了积极作用。实践告诉我们，制度建设必须有针对性，有操作性，有约束力，要明确应该怎么做，不能怎么做，违反的如何处罚。当前，尤为迫切的是健全完善监督制度。没有监督，就不能保证有一个好的作风。我们有些干部作风不正，甚至严重损害群众利益，很重要的一个原因就是缺乏监督。加强监督，一要实行政务公开，凡是能够公开的事情，都应该让群众知道，特别是那些事关群众切身利益的事情，都应公之于众。二要加强党内监督。领导干部要按照党章的要求，认真过好组织生活，开展批评与自我批评，有问题先在党内解决，避免给群众造成损害，影响党在群众中的威信。三要做好信访工作。群众来信来访是对干部进行监督的有效途径，也是我们联系群众的重要渠道。作为领导干部，应当高度重视人民群众来信来访，经常亲自处理来信来访，及时研究解决群众来信来访中反映的问题。四要加强社会各个方面的监督。要充分发挥各级人民代表对党委、政府工作的监督作用，尊重人民群众的民主权利，依法办事。充分发挥人民政协和民主党派的监督作用，认真听取和虚心接受他们的意见。充分发挥舆论监督的作用，鼓励积极的舆论批评，扶正祛邪。为了加强党员干部作风建设，最近，山东省正在全省进行干部作风问题调查研究，在此基础上，下一阶段准备集中一定时间，对全省干部作风进行一次全面整顿，以此进一步提高认识，找准问题，拿出解决的措施，使全省各级干部的思想作风有一个新的改进，努力形成刻苦努力多学习、身体力行倡清廉、扑下身子干事业的浓厚风气，推动全省经济建设和社会各项事业更快更好地发展，以优异成绩迎接党的十五大的胜利召开。

我更多地想到的是责任*

（1997 年 9 月 19 日）

谢谢你们工作上的支持和帮助。十五届一中全会后，我更多地想到的是责任，心里时常感到不安，觉得有些话要对你们说，请同志们继续给予支持。

1. 由于我主要在省里工作，还应当按照地方领导人的要求去做。对我的新闻报道，除新华社发通稿或中央有明确要求外，一律只称省内职务。

2. 参加公务活动和外出调查研究，要轻车简从，食宿同省里其他领导同志一样，不能有任何特殊，决不能沿途布哨站岗。

3. 我的家人不能干预我的工作，也不许以我的名义办事情。这些年，我先后在几个地方工作，总有些熟人。今后如有湖北、江西等地的人，打着我的名义或亲属的名义来山东要求照顾，一概拒绝，一切按规定和原则办理。

4. 如有人要我题词，请代我婉言谢绝。只要我们把话讲清楚，大家会谅解的。报刊杂志要严格控制登我的工作照片，特别不要登在封面上。必要的报道，也要尽量压缩篇幅。

5. 我现在的宿舍很好，全家满意。我哪里都不去，就住在这里。

6. 外事活动中赠送的礼品，要严格按规定办理，不符合规

---

* 这是吴官正同志当选中共中央政治局委员后，致山东省委分管办公厅负责同志的一封信。

定的一律上交;在省内活动一概不接受礼品。我家里一般不接待客人,有事请大家到办公室谈。这一点似乎不近人情,但作为我也只能如此,请同志们理解。

7. 你们的工作与我接触较多,希望加强对我监督。这个监督包括各个方面,但主要的是对执行民主集中制和廉洁奉公的监督。如发现有违背,你们一定要及时指出来,千万不能顾及面子,更不能粉饰缺点,要知无不言,言无不尽。这样我才能少犯或不犯错误。

如有人打我旗号办事一概严厉拒绝*

（1997年9月25日）

有件事还是请你们给各市地县区和有关部门打个招呼。我曾在湖北、江西等地工作，在湖北、江西、上海、河南、辽宁等地都有我的亲属。今后，如有人以我的亲属、熟人或朋友的名义（不管是真是假），来山东要求提供方便和照顾，包括经济往来、法律纠纷、人事安排、工作调动等等，一概严厉拒绝。还要对来人严肃批评，坚决制止，并与我办公室联系。我相信，同志们一定会坚持原则，不留情面。

---

* 这是吴官正同志致山东省委办公厅负责同志的一封信。

坚决制止扰民、作假、骗人的做法*

（1997 年 11 月 26 日）

这种现象尽管是极个别的，但也是决不能允许的。个别干部扰民、作假甚至骗人让我看到“政绩”，其实这是败绩，十分可恶，我很难过。在一两个地方，我也曾有所察觉，为了顾全一些干部的“面子”，怕“伤”一些同志，压住了火，没有及时严肃指出，我对不起那里的群众，应作检查，我应负责。请党支部向宗亮同志请示，我恳请给有过这个问题的地方的领导打个招呼，引以为戒。今后如发现有扰民、作假、骗人等讨上级领导“喜欢”的做法，一定要请省纪委从严查处，否则败坏党风，败坏一代人风。

---

* 这是吴官正同志在山东省委办公厅督察处《关于调查个别地方弄虚作假情况报告》上向党支部写的检查。

老老实实做人 踏踏实实做事*

（1997 年 12 月 16 日）

参加今天的支部生活会，第一，向支部检讨一下思想，第二，谈点体会。

有三件事我向同志们说说。一是有些地方弄虚作假，扰乱百姓，欺骗上级，我察觉后没有及时指出来，应负责任。比如有家工厂，我算账应该是亏损的，他们汇报说赚了 300 万，后来有人给我写信，说你受骗了。到某地检查抗旱工作，田间地头好多打井的，一看就知道是有意安排的。有的地方为了让我看到种小麦的场面，玉米还没有成熟就让老百姓砍掉。有个地方安排我到一个山上去看，天下着雨，安排好多小孩打拳，孩子冻得直打战。一个地方要我看农业开发，天很冷，让一些老百姓下到塘里拉鱼给我看，明显是搞假动作。有一个村，本来是茅草房，为了让我去看，乡里每户补助 430 元，两天时间就盖上了瓦。以上说的这些现象，其他地方可能还会有。我看到这样一些弄虚作假的问题，心里很难过，但为了顾及一些干部的"面子"，怕"伤"一些同志，有时装糊涂，没有及时严肃指出来，对不起那里的群众。如果下面出现一两个这样的问题，可以严肃地批评下面，现在的问题是不止一两个，那就应该从上面找原因，根子在省里，主要在我。前些日子，我就这个问题给支部写了个检查，目的是

---

* 这是吴官正同志在山东省委办公厅综合一室党支部生活会上的发言。

引起各级领导的注意，再也不能搞那种作假、扰民、欺骗上级的蠢事了。如再发现这种情况，一定要严肃查处。

二是有些同志很喜欢吹，吹得很厉害，但水平又实在不高。你在那里吹，大家不了解实情，有时可能会相信，这叫“吹牛”。事情明明摆在那里，大家都看得清清楚楚，你照样吹，吹得没有常识，吹得不是名堂，有的吹得叫你不骂他一顿就觉得很难受，这是很蠢的，我把它叫做“吹猪”。但考虑到我来山东时间不长，也就忍了，没有严肃批评。在这个问题上，我也有责任。有人想靠作假、吹牛、搞假政绩骗得领导的喜欢，得到提拔，如果得逞，那就是吏治的腐败，这是很危险的。从严治党，要从省委开始，首先从我开始。

第三，我们天天讲全心全意为人民服务，但有些事没做好，心里很惭愧。有一个县今年 4 月打死一名 18 岁的男孩，4 个凶手放了 3 个，只关了一个 14 岁的，人家不服，凑钱买了冰柜，把尸体冷冻起来不火化，六七个月问题没有解决，影响很坏，后来省政法委派人去，才把凶手全部抓到。还有一个地方，去年打死一个人，我前段去时，死者亲属向我告状，当地的同志保证马上处理，但最近我又去那里，这件事还没有处理好。看到这些情况，我感到很惭愧。司法黑暗是最大的黑暗。有些人不是为人民服务，而是人民为他服务。为人民服务这个词说说很容易，天天喊也不难，但真正做起来就难了。因此，作为领导干部，无论什么时候都一定要保持清醒的头脑，注意世界观的改造，像周总理那样，活到老、学到老、改造到老。我要带头改造，你们青年人更要注意世界观的改造。明嘉靖三年，河北有个知县叫郭允礼，他题了一块碑，“吏不畏吾严而畏吾廉，民不服吾能而服吾公”，“公生明，廉生威”，当干部的，一要公道，二要廉洁，这是最起码的要求。

再谈几点体会。

一、要夹着尾巴做人。我们就像猴子，都有一条尾巴。平时蹲在地上的时候，尾巴不容易被看到、抓到，爬到树上，尾巴就露出来了。所以，要夹着尾巴做人。人贵有自知之明。我也有许多缺点、错误。现在人家说你好，不算好，等死后三四十年，甚至更长时间，人家说你正确，那才是正确。历史不是写出来的，是干出来的，老百姓心里有杆秤，这才是衡量正确与否的标准。

二、要明白“人走茶凉”的道理。我认为，还是人走茶凉好。有的人希望家里总是门庭若市，这是不可能的。人走茶非凉不可，不然就会馊。你在一个地方当什么书记，当什么长，人家来请示工作，求你办事，你走了，这些情况就不存在了，还会门庭若市吗？我离开江西之前，给家属子女提了三条要求，一是不要管闲事，不要听闲话；二是要学会过老百姓的日子；三是不找领导，不提要求。

三、要学习“鼻子”精神，只求奉献，不求索取。人长有两只眼睛、两只耳朵、一个嘴巴，就是要你多看、多听、少说。但眼睛有时会看错事、看错人，耳朵有时会偏听偏信，嘴巴容易说错话。甚至为了好看，有人还割个双眼皮、挂上耳环、涂层口红。相比之下，鼻子的优点就很多，一是有同情心，眼睛流泪，它跟着流鼻涕；二是很勇敢，人一旦伤风感冒，它先打喷嚏、发信号；三是顺其自然，不求粉饰；四是很讲团结，两孔沟通，互相配合；五是很开朗，什么气味都能吸进去，也能呼出来。一个人做官是暂时的，做人是一辈子的事。我们要向鼻子学习，对人民富有同情心；遇到不正确的东西，敢于做出反应；多做贡献，不求索取；团结一心干工作，不搞无原则的磕磕碰碰；大肚能容，不要小肚鸡肠。

四、我们大家都去过佛教寺庙，寺庙中各位神佛的位置安排是很有学问的。一进大门，两边有四大金刚，即风调雨顺，各司其职。中间是弥勒佛，笑口常开，很讲团结。弥勒佛后面立着横眉怒目的韦陀，他刚正不阿，扶正祛邪，与弥勒佛形成相互补充的关系。走进大雄宝殿，正中间立着佛祖释迦牟尼，两边站着佛祖的两弟子，一个记忆力好，把佛祖布道讲法说的话都记在心里；另一个文字组织能力强，把佛祖的话整理成文字，形成了佛教经典。因为他俩对佛教的贡献大，所以放在佛祖两边，十八罗汉也没有攀比的。世界上凡是存在的东西都是有原因的。从寺庙中神佛的位置排列，我们可以联想到其他一些问题，对我们的工作也会产生一些启发。比如班子的配备，起码应该注意这样几条，一是结构要合理，二是人尽其才，三是“论功行赏”。

坚决防止和清除吏治腐败*

（1998年1月15日）

这些年来，我省组织工作做得是好的。各级组织部门紧紧围绕经济建设这个中心和全党工作大局，大力加强领导班子、干部队伍和基层党组织建设，全省党员干部的思想政治素质有新的提高，工作作风有新的改进。比如，"一推双考"公开选拔部分领导干部、机关中层领导职位实行竞争上岗、对领导干部监督实行"八打招呼"、建立县委书记蹲点制度、农村基层组织三年集中整顿、推广乡镇党建典型经验等等，都搞得很有成效，有的还在全国有关会议上作了介绍。

我们也要清醒地看到，党的建设还面临繁重的任务，干部队伍还存在一些不容忽视的问题。有的干部政治意识薄弱，理想信念动摇；有的群众观念淡薄，不关心人民疾苦；有的作风漂浮，弄虚作假；有的贪图安逸，为政不勤不廉；有的独断专行，飞扬跋扈；有的任人唯亲，拉帮结伙，封官许愿；有的请客送礼，跑官要官等等。这些问题，集中到一点是吏治方面的问题。历史的经验证明，吏治腐败是最大的腐败。我们每个组织部门的同志，每个党员干部、特别是领导干部，都应当增强忧患意识，警惕和防止吏治的腐败，把从严治党、从严治吏作为关系党和国家前途命运的大问题认真对待，切实抓好。

一、从严治党，首先要从严要求各级领导干部、尤其是党政

---

* 这是吴官正同志在山东省组织工作会议上的讲话。

“一把手”。我们党是执政党，一级党委是一个地方政治、经济、文化和社会各项事业的领导核心。党政“一把手”在领导班子和全局工作中负有全面的责任，起着关键的作用。“一把手”的状况如何，对整个领导班子和干部队伍的政治方向、领导水平、为政风气有着至关重要的影响。“一把手”配得强，自身素质高，严格要求自己，就会带出风气正、形象好的班子和干部队伍，各项事业就会蓬勃发展。“一把手”配不好，素质差，或者违法犯罪，就会带出一个弱班子，甚至可能带坏整个班子，毁掉一批干部，给一个地区或单位造成很大损失。我省一个市的原市委书记，由于收受贿赂、滥用职权、腐化堕落，造成市委班子中5名成员违法犯罪，多名市县级干部受到党纪处分、国法惩处，对当地工作造成了严重损害，影响恶劣。这说明，端正党风政风，警惕、防止和清除吏治腐败，首先要从严要求各级党委，尤其是党政“一把手”。

要突出抓好三个方面的工作：一是切实把人选准、选好。所选的人确实具备“一把手”的素质，有德有才，德和才都好。那些政治上不强，理想信念不坚定，心术不正，对人民群众缺乏感情的人，其他条件再好也不能用。有的地方选“一把手”片面强调“才”而忽视“德”，把政治素质不高、人品不好的人选上来，结果好端端的一个地方被搞得一塌糊涂。还有的按班子成员的排列位次和资历选“一把手”，“多年的媳妇熬成婆”，年轻的熬老了，许多优秀人才上不来，这怎么行呢？二是严格管理。有的领导干部对下级讲套话、空话、不疼不痒的话太多，推心置腹批评帮助的话少；有的问题已经很严重了，还遮遮掩掩，终于酿成大错。这种状况必须改变。上级党委和组织部门平时要注意掌握下一级党政“一把手”的情况，严格管理，发现问题要及时打招呼，该批评的批评，不能包着、捂着。三是“一把手”要带头严格要求自己。要注重加强自身修养，自重、自省、自警、自励。有些用心不良的人,专门投领导所好,你稍不注意,就会被人钻空子。因此,一定要心中有数,慎言、慎行。要坚持民主集中制,充分发扬民主,自觉接受监督,既要善于听取不同意见,对不正确的东西和歪风邪气也必须敢抓敢管。要按照江总书记提出的“坚持原则,把握大局,团结同志,加强修养”的要求,切实把自己管好,把班子带好,把干部队伍建设好。

二、加强世界观改造,防微杜渐,过好“五关”。世界观、人生观、价值观是总开关,“物必自腐而后虫生”。在改革开放的新形势下,一些领导干部之所以经受不住资产阶级腐朽思想的侵蚀,在灯红酒绿、声色犬马面前败下阵来,根本原因就在于世界观、人生观、价值观扭曲,解除了思想武装,自己打倒了自己。我们省有一个原市委书记犯罪的事实就很说明问题。这个人过去的表现还是不错的,但后来放松了世界观改造,再加上枕边风吹得厉害,最终滑进了犯罪的泥坑。从全省情况看,近几年党员干部以权谋私、贪污受贿的案件不是在减少。据统计,我省1993年以来,5年的时间共查处省管干部案件65起,其中地厅级干部57起。这应当引起我们的深思和警惕。这些事实再次说明,世界观的蜕变是根本的蜕变,领导干部不论职务高低、党龄长短,都要注重世界观的改造。

解决世界观、人生观、价值观问题,必须加强马列主义、毛泽东思想,特别是邓小平理论的学习,加强对江总书记一系列重要论述的学习。要把握社会发展的客观规律,坚定政治信念。要时刻牢记全心全意为人民服务的宗旨,增强群众观念。世界观的改造是一生的过程,什么时候也不能放松。北宋的包拯在《书端州郡斋壁》中有一句话:“清心为治本,直道是身谋”,意思是讲,心地清静,这是治事的根本;正道直行,这是立身的纲领。所以,要经常教育干部像周总理那样,活到老,学到老,改造到老,过好名位关、权力关、金钱关、色情关、人情关,永葆共产党员的本色。

三、正确运用手中的权力，全心全意为人民服务。如何对待和运用手中的权力，是市场经济条件下对各级领导干部新的严峻考验。在这个考验面前，我们绝大多数领导干部交了合格答卷，但也有个别的打了败仗。有一个县的原县委书记，权力观发生扭曲，把群众利益、群众要求、群众议论统统放到一边，以权谋私，权钱交易，大肆收受贿赂，受到了法律的制裁。有的人把对上负责和对群众负责的一致性割裂开来，想问题、办事情不是从人民群众的根本利益出发，而是挖空心思应付、取悦上级，甚至编假数字、摆假现场，欺骗上级。还有的人把公仆的责任和义务忘得一干二净，讲排场，摆阔气，贪图安逸。有的干部工作方法简单粗暴，胡作非为，欺压群众。还有的住房越住越大，标准越来越高，甚至占着几套住房。想想那些几代同堂挤在一起的平民百姓，想想那些下岗职工和没有解决温饱问题的农民群众，我们能心安吗？对这些问题，各级党组织务必坚决予以纠正。

我国古代思想家早就提出过“仁者爱人”、“民为贵”的思想。马克思主义的权力观认为，领导就是服务，权力就是责任。权力越大，为人民服务的担子就越重。我们党的政策是爱民、富民政策，我们干部用权，就应该做到爱民、利民、富民。对群众感情越深，越能体恤群众的疾苦，就能够做到“一枝一叶总关情”，时刻把群众的冷暖挂在心上，真心实意地帮助群众解决困难。各地要结合领导班子换届，加强对领导干部马克思主义群众观点和群众路线的教育。抓好领导干部的廉洁自律，落实党政机关厉行节约等各项规定，减轻农民负担和企业负担。坚决纠正少数干部工作作风简单粗暴、侵犯群众利益的行为。通过实际行动，进一步密切党群、干群关系，增强党的凝聚力和战斗力。

四、严格把好关，努力提高选拔干部的质量。在改革开放和发展市场经济的新形势下，人们的思想比较活跃，各方面的情况比较复杂，给我们客观公正地识别干部增加了难度。这就要求各级党委和组织部门在选贤任能上，既要解放思想、更新观念，又要严格把关。如果我们的工作稍有疏忽，使心术不正的人得到提拔，就会给党和人民的事业造成不应有的损失。这方面的教训也是有的。

千秋大业在用人，选贤任能在把关。选拔任用干部，根本的是要坚决贯彻执行党的干部路线和“四化”方针，坚持任人唯贤，反对任人唯亲，切实把德才兼备的干部选拔上来。要注意选拔德才兼备、高文化、年轻的优秀干部充实到各级领导班子中去。为此，要打破论资排辈，广开视野选人才。要认真贯彻执行中央颁布的《党政领导干部选拔任用工作暂行条例》，选用干部要严格按党的原则办事，严格按程序办事，不能搞临时动议。研究决定干部时，主要领导同志不能一个人说了算，或少数几个人说了算，不能用书记办公会代替常委会。对争议比较大的干部，不能简单以少数服从多数作出决定。对待干部的政绩，一定要注意不能被一些虚假的泡沫政绩所迷惑，更不能提拔那些专在老百姓身上打主意，用加重群众负担来搞“政绩”的人。考察干部，要注意听取基层干部群众的反映，防止把个别通过非法组织活动拉票的人提拔到领导岗位上来。

五、强化监督，严肃法纪，坚决清除影响干部队伍建设的腐败现象。近年来，干部队伍中存在一些问题，原因是多方面的，其中与我们监督、执纪、执法不严有直接关系。当前，强化对干部的监督，要突出解决以下几个问题：一是搞好对“一把手”的监督和“一把手”自觉接受监督。职能部门的同志要认真履行职责，更重要的是主要领导同志一定要敞开胸襟，真诚欢迎、自觉接受监督。二是抓好对干部的经常性监督。一个干部出问题，首先是从政治上和思想道德滑坡开始的。出问题总有个过程，总有苗头出现，如果发现问题，上级组织及时打招呼，把问题消除在萌芽状态,就有可能避免出大的问题。现在有的地方建立干部离任审计等方面的制度,要进一步健全,并严格执行。三是健全党内生活。现在,有的地方领导班子成员之间不讲原则,只讲交情,这样下去很危险。班子内部要讲友谊,相互尊重、相互体谅、相互支持,更要讲原则,开展积极的批评与自我批评,发现有的同志有缺点、有毛病,要及时指出来,帮助其改正,不能当老好人。领导同志要认真参加民主生活会,经常参加所在支部的活动,接受党内监督,更好地约束自己,管好自己。

整顿学风要着重解决好的几个问题*

（1998 年 7 月 15 日）

世界观问题。学风是世界观的反映。现在有些同志之所以学风不正，很大程度上是因为世界观没有解决好。整顿学风必须从解决世界观问题抓起。要教育和引导各级领导干部，在改造客观世界的同时，自觉地改造主观世界，牢固树立无产阶级的世界观、人生观、价值观，学会用辩证唯物主义、历史唯物主义的立场、观点、方法分析和解决问题。牢固树立全心全意为人民服务的根本宗旨，正确行使人民赋予的权力，立党为公，执政为民，清正廉洁，无私奉献。有了正确的世界观，真正为了党和人民的利益，就能以正确的态度对待马克思主义，就敢于坚持真理、实践真理、发展真理，就会有良好的马克思主义学风。

教条主义问题。有些领导干部对待邓小平理论、对待中央和上级指示，采取照本宣科、照抄照转、等因奉此的态度，学习没有针对性，工作没有针对性，理论学习与工作实践“两张皮”。这实际上是对党的事业不负责任的表现。学习的目的全在于应用。我们学习邓小平理论，学习中央和上级指示，一定要结合本地本部门的实际，做到有的放矢，运用理论指导实践，解决实际问题，推动事业前进。

---

* 这是吴官正同志在山东省委理论学习中心组读书会上发言的一部分。

实用主义问题。现在有的同志不是完整地理解邓小平理论和十五大精神，而是断章取义，各取所需；不是从大局出发，全面认真地贯彻落实党的路线方针政策，而是从地方或局部利益出发，合口味的就执行，不合口味的就不执行，搞上有政策，下有对策。这实质上是割裂和曲解邓小平理论和十五大精神，很容易造成思想混乱，导致工作失误。邓小平理论和十五大精神是一个有机整体，我们必须全面准确地理解和贯彻执行。作为领导干部，无论在全局性岗位上工作，还是在一个地区、一个部门工作，都是党的干部、国家的公务员。必须立足本职，胸怀全局，在解决某个方面的矛盾时，要考虑到与之相联系的其他矛盾；在推动某项工作时，要考虑到全盘，使各项工作相得益彰，相互促进，保证党的路线方针政策得到全面贯彻落实。

形式主义问题。现在有的同志不做艰苦细致的工作，不在抓落实上下功夫，而是热衷于搞形式主义。表现在学习上，不求甚解，走过场；表现在工作上，摆花架子，做表面文章，甚至弄虚作假、欺上瞒下；表现在作风上，工作漂浮，哗众取宠。形式主义使党的路线方针政策不能真正得到贯彻落实，使各项工作不能收到实效，劳民伤财、贻误事业、败坏党风和社会风气，必须坚决克服。要牢固树立求真务实的观念，扎扎实实，埋头苦干，讲实话、办实事、求实效；牢固树立重实践、重实绩的观念，不要看说得怎么样，而要看干得怎么样。要通过整顿学风，使形式主义无处藏身，使搞形式主义的人占不到便宜，使真抓实干的精神在全省蔚然成风。

言行不一问题。光明磊落、言行一致、表里如一，是每一个党员、干部起码的政治品质。现在有些干部言行不一，说一套做一套；对上级指示口头上执行，实际上不执行，催得紧就办，催得不紧就拖着不办；有的人要求别人是一套，自己做的是另一套。这是一种非常恶劣的作风，直接损害干部队伍形象，影响党的声誉。各级领导干部要切实加强党性锻炼，带头学习宣传邓小平理论，带头运用和实践邓小平理论。对待上级的决策部署有不同意见，可以通过正常渠道反映，但决不能阳奉阴违，在行动上顶着不办。对群众要言而有信，承诺的事情一定要落实。要以身作则，以诚待人。凡是要求别人做到的事情，自己首先要做到。只有这样，才能赢得党和人民的信任，才能把党和人民交给的任务完成好。

官僚主义问题。官僚主义是学风不正的表现之一。现在有的领导干部"官气"太重，事事处处觉得自己是个"官"，要官腔、摆架子，群众十分反感。作为一名领导干部，一定要摆正自己与党组织的位置，不论自己职务多高、权力多大，都是党的普通一员，都应一切听从党的召唤；摆正自己与群众的位置，明白权力是人民赋予的，是用来为人民谋利益的。不要有做"官"的思想，要有做事的意识；不要言不由衷、哄骗推诿，要设身处地为群众着想，体贴群众，关怀群众；不要高高在上、颐指气使，要与老百姓水乳交融、呼吸相通；不要以势欺人，要以理服人，依法办事。我们每一位党员干部，都要有爱民、为民、富民、安民的思想，满腔热忱、真心实意地为群众排忧解难，让群众话有处说，理有处讲，冤有处诉，事有处办。这样做了，干群关系就会明显改善，广大干部群众的积极性就会更加高涨，我们的工作就会更加符合民意，就能与广大人民群众一道克服前进中的任何困难。

切实解决群众反映强烈的问题*

（1999 年 3 月 20 日）

在“三讲”中，一定要解决好党性党风方面存在的一些突出问题，一定要解决好群众反映强烈的问题。从学生返家后得知的情况看，农民负担过重、干部作风简单粗暴、为政不廉、办事不公等问题反映强烈，望在加强教育的同时，对特别恶劣的要下决心依纪依法严肃查处。

要下决心冲破阻力，查处和突破几个大案要案。我相信同志们一定会坚持原则，刚正不阿，不怕得罪人。只有从严治党，党风和社会风气才会根本好转，才能有力地促进经济发展和社会全面进步。

要认真贯彻今年中央纪委会议精神，严格执行党风廉政建设责任制。注意加强对主要领导包括对我的监督。我们一定要落实好“三讲”的整改措施，促进党风进一步好转，扎扎实实把反腐败斗争引向深入。

---

* 这是吴官正同志在北京开会期间致山东省纪委各常委的一封信。

认真负责 务求实效
以整风精神开展“三讲”教育*

（1999年4月）

我们山东省从1998年12月22日开始，在省级领导班子、领导干部中，进行以“讲学习、讲政治、讲正气”为主要内容的党性党风教育试点，到今年2月底告一段落。这次“三讲”教育取得了一定成效。

基本做法

按照中央的统一部署，结合山东的实际，我省省级班子“三讲”教育分四个阶段进行：第一阶段，思想发动，学习提高。召开了动员大会，发了对省级领导班子和成员的《征求意见表》，集中进行了学习。第二阶段，反馈意见，自我剖析。主要是把征求意见的情况向各大班子和每个成员进行反馈，领导班子和领导成员认真查摆存在的突出问题，撰写剖析材料，并在较大范围进行了民主评议。第三阶段，交流思想，开展批评。根据反馈的民主评议情况，每个同志进一步深入查找自己在党性党风上存在的差距，领导班子成员之间开展相互谈心。在此基础上，召开民主生活会，开展了严肃认真的批评与自我批评。第四阶段，认真整改，巩固成果。针对领导班子和成员存在的突出问题，研究制定

---

* 这是吴官正同志在《求是》杂志1999年第8期上发表的一篇文章。

整改措施。我们的主要做法是：

（一）不断进行思想发动，增强搞好"三讲"教育的自觉性。"三讲"教育开始前，许多同志思想上有疑虑。有的信心不足，担心走过场；有的怕搞过头，今后不好办；有的觉得当前工作任务繁重，怕"三讲"教育影响日常工作，等等。针对这种情况，我们把统一思想、提高认识作为"三讲"教育的基础工作来抓，始终注意搞好思想动员，形成浓厚的"三讲"教育氛围。动员大会规模比较大，参加的范围比较广，有副省级以上领导干部，人大政协常委，省直各部门、各单位负责人，各市地五大班子主要负责人，副省级以上老同志，民主党派负责人等。随后几大班子又分别召开会议进行了动员。省委和有关部门还召开了各界人士参加的座谈会，听取他们对"三讲"教育的意见和建议。新闻媒介作了宣传报道，形成了一定声势和较大影响，特别是在干部中引起了震动。同时，每一个阶段都有针对性地进行思想发动，引导大家统一认识、端正态度。通过不断进行思想发动，大家逐步加深了对党中央指示精神的理解，深化了对"三讲"教育的认识，增强了搞好"三讲"教育的主动性和自觉性。

（二）认真学习思考，注重理论联系实际。认真学习了毛泽东、邓小平、江泽民同志的重要论述，学习了中央规定有关文件和中央领导同志在有关会议上的讲话。为了引导大家认真读点书，进行理论思考，我们采取了"三集中"即集中辅导、集中自学、集中讨论的形式。将学习内容分为"讲学习"、"讲政治"、"讲正气"三个专题，先请专家对几大班子成员集中进行辅导；各大班子成员再分别集体自学；然后集体座谈讨论，交流学习体会。这次"三讲"教育的一个突出特点，是注重理论联系实际，从理论的高度认真剖析问题，分析根源，边学边查，边整边改。一是联系社会上出现的问题，看领导班子、领导干部存在的不足。大家认为，问题出在下面，但与我们省级领导班子和领导干部思想政治水平不高、工作作风不过硬有关系。二是检查这些年执行党的路线方针政策出现的失误和偏差，总结经验教训。大家联系我省有的地方出现的走私、浮夸问题和两个市委书记腐化堕落等事例，进行反思，分析根源，总结教训，进一步提高认识。三是联系个人的思想、作风和工作实际，查找问题和不足。引导大家把注意力放在更深刻地理解党的基本理论、基本路线和基本纲领上，放在以党性标准衡量自己的言行上。四是边整边改。看到的问题，能改的马上改，不等不拖。

（三）坚持群众路线，开门搞"三讲"。我们充分发扬民主、坚持走群众路线，作为贯彻整风精神，搞好"三讲"教育的一项基本要求。既让尽可能多的干部群众参与，又把发扬民主贯穿于"三讲"教育的全过程。先后三次在较大范围内征求意见。第一次，在动员大会上，向与会同志发出《征求意见表》507 套、2934 份，以无记名的方式投入意见箱，共收回 2189 份，占 74.6%，其中有 1449 人次对领导班子提出各类意见 180 条，有 556 人次对领导成员提出各类意见 217 条。第二次，对领导班子和成员的剖析材料进行民主评议。参加评议的范围，除参加动员大会的人员外，扩大到省级领导干部党组织关系所在单位的中层以上干部、所在党支部的支部委员。第三次，省委初步制定整改方案后，由两位副书记、三位常委分别召开部分老同志、人大政协常委，部分市地县委书记、市长、专员和省直部门负责人，部分市地和省直部门的新老纪委书记、新老组织部长，省直部门机关干部参加的 5 个座谈会，广泛听取意见。整个"三讲"教育期间还通过个别谈心和走访等形式，了解各个方面的反映。这次"三讲"教育征求意见范围之广，干部群众参与人数之多，是多年来所没有的。这样做，为干部群众提意见、讲心里话提供了机会，也为省级班子和成员联系干部群众、接受大家批评监督，创造了有利的环境和条件。

（四）进行批评与自我批评，开展积极健康的党内思想斗争。主要采取了开展谈心活动、搞好自我批评、推动相互批评三项措施。民主生活会前，各大班子主要负责人和班子成员之间普遍进行了一次谈心，有的反复谈了三四次。对征求意见、民主评议中大家意见较多的同志，个别剖析材料联系实际不够的同志，主要负责人都专门与其谈了话，诚恳地指出问题，帮助提高认识。在搞好个人剖析材料、广泛谈心的基础上，几大班子分别召开了专题民主生活会。绝大多数同志在会上作了严肃认真的自我批评，有的同志对大家反映的问题作了说明和检查，总结了教训，主动承担了责任。班子的主要负责同志带头开展批评，开诚布公地给其他同志提出意见，并注意搞好启发和引导。其他同志大都互相提了批评意见，有些意见提得比较尖锐、深刻，有针对性。通过相互批评，实话实说，存在的主要问题基本摆出来了，有些思想上的疙瘩也摆到了桌面上。有的同志说，过去不是没有矛盾，而是掩盖着，这次该说的话说了，消除了一些误解，增进了相互理解，关系更融洽了，消极因素减少了，积极因素增多了。

（五）集中精力，加强领导。这次“三讲”教育，省级各大班子和成员既是直接参与者、受教育者，又是领导者、组织者。针对“三讲”教育时间紧、任务重、要求高的特点，在组织领导上，我们力求做到严、细、实、勤。首先，坚持高标准、严要求。建立了“三讲”教育工作责任制，明确班子的主要负责同志是第一责任人，对班子“三讲”教育负总责。要求不折不扣地贯彻中央“三讲”教育的要求，不降低标准，不搞形式，不走过场。二是周密安排。一丝不苟地抓好和对待每一个环节、每一个问题、每一个同志，尽可能把问题想得多一些，把工作安排周密。三是狠抓落实。对“三讲”教育有布置、有督促、有检查，务求落到实处。四是勤奋工作。“三讲”教育期间，星期天基本没有休息，许多晚上时间也利用起来。

主要收获

这次“三讲”教育取得了较好的效果，振奋了精神，推动了工作，干部群众反映比较好。主要收获有：

（一）进一步坚定了政治信念，提高了“讲学习、讲政治、讲正气”的自觉性。大家普遍感到，受到了一次比较深刻的马克思主义教育，进一步增强了高举邓小平理论伟大旗帜，同以江泽民同志为核心的党中央保持高度一致的坚定性。通过理论学习，回顾20年来特别是近10年来我们党和国家走过的历程，总结我省在贯彻党的路线方针政策方面的经验教训，更加深刻地认识到，坚持党的基本理论、基本路线和基本纲领，紧密团结在以江泽民同志为核心的党中央周围，是我们战胜种种可以预料和难以预料的风险，不断开拓前进的根本保证。在这个大是大非问题上，一定要坚定不移，始终保持清醒的头脑，决不能迷失方向。“讲学习、讲政治、讲正气”，是对马克思主义党建理论的丰富和发展，抓住了在新的历史条件下加强党的建设的根本，是治本之策。过去出现的一些问题，根子在于坚持“讲学习、讲政治、讲正气”不够；今后要提高领导水平和执政水平，避免犯错误或少犯错误，最重要的就是要坚持“三讲”。“三讲”既是政治要求、党性要求，也是一种思想和精神境界。放松思想改造，世界观、人生观、价值观就会出问题。我们要自觉按照“三讲”的要求，不断改造世界观，牢固树立正确的人生观、价值观，做坚定的共产党人，做称职的领导干部。

（二）找出了存在的突出问题，看到了党性党风方面的差距。从全省来看，存在的突出问题是：1. 一些干部党性观念不强，执行党的路线方针政策有片面性。有的理想信念动摇，对建设有中国特色社会主义缺乏信心；有的政治鉴别力和敏锐性不高，对敌对势力的进攻放松警惕，对错误的东西缺乏应有的斗争；有的地方一度发生走私，出现开发区热、房地产热，以及乱办金融机构和乱拉乱用资金、侵犯农民利益等问题。2. 有些地方对精神文明建设和民主法制建设的思想认识不到位，工作措施不够有力。3. 部分干部作风不正。凭主观愿望办事；做表面文章，弄虚作假，虚报浮夸；群众观念淡薄，服务意识差，损害群众利益；缺乏敬业精神，事业心、责任心不强；讲排场、比阔气，大手大脚，奢侈浪费；工作方法简单粗暴，干群关系紧张。4. 干部人事工作有差距。部分干部的思想业务素质比较低；干部制度改革的步子不够大，干部队伍结构不合理，德才兼备的年轻干部比较少；封官许愿、跑官要官、靠关系升官的问题还没解决好；个别人无视法纪，搞贿选，进行非组织活动。5. 腐败现象没有得到有效遏制。超标准建房、公款装修住房、多占住房、在房改中弄虚作假的问题较为突出；用公款吃喝玩乐屡禁不止；违反规定配备通讯工具和车辆的问题仍不同程度地存在；少数领导干部置党纪国法于不顾，顶风作案，有些腐败现象触目惊心。对于这些问题，省委常委负有重要的领导责任。有些问题虽然长期存在，群众也有反映，但我们没有提到应有的高度来认识，未能及时采取得力措施，加以制止、纠正。有些问题与我们省委常委自身要求不严、表率作用发挥不够有关。

从省委常委自身来看，党性党风方面存在的突出问题是：第一，思想理论水平有差距。用马克思主义的立场、观点、方法指导工作做得不够，思想认识还没有达到党的十五大所要求的新水平，知识水平、专业水平还不适应形势和任务的要求，工作指导上有片面性。第二，作风不够深入扎实。调查研究走马观花多，有些情况若明若暗。工作部署多，督促检查、抓落实少；对基层压任务多，教方法少。会议多、文件多、讲话多、上报纸电视多等问题不同程度地存在。第三，干部选拔任用上存在疏漏失察的问题。对有的干部考察不够深入，选得不准；有的领导班子调整，考虑不够周密；选拔德才兼备、有专业知识的年轻干部步子不大；干部队伍结构和素质还不能很好地适应跨世纪发展的要求。第四，发扬艰苦奋斗的优良传统不够自觉，有降低标准、放松要求的倾向。对有些地方和部门层层陪同、超标准接待姑息迁就、制止不力，对铺张浪费行为及时、严肃地批评和纠正不够。第五，党的建设存在薄弱环节。对新时期党的建设面临新的问题，调查研究不够，加强党的建设行之有效的措施比较少，对党员干部特别是党政主要负责人缺乏严格的教育、管理和监督。从源头上防治腐败的措施、办法不多。领导班子中每一位同志，也都根据自己的情况，认真查找了问题和不足。有的联系近几年工作中的失误，有的联系个人的成长过程，有的联系党性党风方面的差距，有的联系廉洁勤政方面的问题，进行反思，总结了经验教训。

（三）明确了改进工作的重点，制定了整改措施。整改工作按领导班子整体、班子成员自身和所分管工作、干部群众反映强烈的问题、事关山东经济社会发展的重大措施四个层次展开。各大班子有针对性地制定了整改措施。省委常委的主要整改措施是：1. 切实加强学习，提高思想政治素质。进一步增强学习的自觉性，健全和坚持学习制度。按照江泽民同志关于“一个中心、三个着眼于”的要求，着力在解决理论和实践的重大问题上下功夫，在改造主观世界上下功夫。2. 认真贯彻《条例》，改进干部工作。主要是改进干部考察、选拔、使用方法，努力做到知人善任；严格执行德才兼备标准，进一步调整优化干部结构；坚决纠正封官许愿、跑官要官、靠关系升官的错误倾向。3. 加强党风和廉政建设，深入开展反腐败斗争。全面落实党风廉政建设责任制，严格执行党员领导干部廉政准则和有关的制度规定。加大查办大案要案的力度，坚持原则，敢于碰硬，依纪依法坚决惩治腐败分子。采取有力措施，切实解决群众反映强烈的热点难点问题。当前重点解决干部多占房、用公款大吃大喝、“三乱”、农民和企业不合理负担等问题。4. 进一步加大力度，深化国有企业改革。坚持“三改一加强”，认真贯彻中央有关规定，力争三年完成“两大目标”，促进国有企业改革健康发展。5. 加强对经济社会发展的战略研究，坚持以经济建设为中心，推动经济社会全面进步。立即着手对12个带有全局性、战略性的问题进行调查研究，进一步明确今后山东中长期经济和社会发展的重点，制定相应的对策措施。

几点体会

“三讲”教育是在新的历史条件下加强党的建设的重要举措，也是一项新的实践、新的探索。我省这次“三讲”教育能够顺利进行并取得较好效果，最根本的是党中央关于“三讲”教育的决策正确，方针、目标、要求明确。只要全面、准确地把握中央精神，坚定不移地按照党中央的要求去做，认真负责、深入扎实地开展工作，就一定能够把“三讲”教育搞好，达到预期目的。我们的体会是：

第一，坚定信心，明确要求，是搞好“三讲”教育的前提。“三讲”教育的实践，消除了一些同志在开始时的各种疑虑。我们深刻认识到，“三讲”教育搞与不搞大不一样。不论从完成新时期历史任务，还是从提高干部素质来讲；不论对领导班子集体，还是对每个成员来说，这次“三讲”教育都是十分必要的。每个参加“三讲”教育的同志，都经受了考验和磨炼，对加强个人修养，更好地为党工作大有益处。集中一段时间，集中领导，集中精力，深入进行“三讲”教育，有利于领导干部聚精会神地思考一些事关全局的问题，认真反思一下世界观、人生观和价值观方面的差距；有利于形成一种环境和氛围，使领导班子、领导成员之间相互启发、相互帮助、相互促进、共同提高；有利于对存在的突出问题进行综合分析，找出原因，统筹制定整改措施。只要思想上认真对待，行动上高度自觉，按照党中央的要求，一丝不苟、认真负责地抓，就会取得效果。

第二，找准、抓住、解决存在的突出问题，认真开展批评与自我批评，是这次“三讲”教育的一个重要环节。我省解决这个问题的方法，一是提高认识，引导大家增强搞好班子自身建设的紧迫感，提高改造主观世界的自觉性，为查找问题奠定良好的思想基础。二是充分相信和依靠广大干部群众。查找问题，既要靠自觉，也要靠群众督促。每一个步骤都尽可能让干部群众参与，始终把领导干部置于广大干部群众的监督之下，接受干部群众的评议，是一种强大的推动力量，有利于督促和启发领导干部深入反思自己存在的突出问题。如果关起门来搞“三讲”教育，效果就会大打折扣。三是坚持高标准、严要求。特别是在开展批评上，无论难度多大，也不能迁就，也要认真开展起来。同时，开展批评注意讲政治，不纠缠枝节问题、非原则问题；注意客观公道，实事求是，以理服人；注意出以公心，与人为善，使批评既触及思想、触及深层问题，又能气氛和谐，进一步增强团结，调动大家的积极性。

第三，班子主要负责人高度重视，认真负责，对于搞好“三讲”教育至关重要。从我省情况看，几大班子主要负责同志发挥了关键作用，使“三讲”教育中的许多难题得到较好的解决。在开展批评和自我批评上，主要负责人更要率先解剖自己，把问题和缺点亮出来，接受大家的评议。尤其是在开展相互批评上，大家都盯着主要负责人，主要领导同志先提出批评意见，其他同志就会跟上来，就会形成相互批评的气氛。实践证明，几大班子主要负责人带头作用发挥好了，就能够有力地带动班子其他成员积极投身于“三讲”教育，保证“三讲”教育取得良好的效果。

第四，搞好“三讲”教育，重在整改。“三讲”教育究竟有没有效果，归根到底要看实践、看行动。抓好整改，一要明确思路，紧紧围绕经济建设这个中心，围绕促进改革、发展、稳定的大局，围绕做好今年的各项工作，特别是围绕解决干部群众反映强烈的问题来进行。二要实事求是，能够做到的就说、就定，做不到的不要说、不要定；整改措施操作性要强，扎实、具体，能够实行。三要边学边改，把整改贯穿于“三讲”教育的全过程。立说立行，从现在做起，尤其是对那些群众反映强烈的热点难点问题，能解决的就早解决，使广大干部群众亲身感受到“三讲”教育带来的实际变化。四是搞好制度建设，注意从制度上研究解决问题，对实践证明是行之有效的措施，进一步规范化、制度化；对有些一时看不准的，要加强研究，并向群众说明，取得共识，以此巩固和发展整改的成果。

第五，处理好几个关系，有利于“三讲”教育的顺利进行。一是班子整体和成员个人之间的关系。把解决共性问题和个性问题结合起来，首先努力找出班子集体存在的共性问题，同时注意透过班子存在的问题，认真反思和查找班子成员个人党性党风方面存在的问题。这样做比较容易步步深入。二是现实问题和历史问题之间的关系。“三讲”教育主要是解决领导班子和成员当前存在的突出问题，但也不可避免地涉及过去发生的一些事情。对过去的问题还是要坚持向前看，着重于总结经验教训，提高认识，把今后的工作做得更好。三是肯定成绩和查找问题之间的关系。把着力点放在查找存在的突出问题上，避免讲成绩理直气壮，摆问题蜻蜓点水，或者讲问题大而化之，不触及具体事情，大帽子底下开小差。四是开展“三讲”教育和做好其他工作的关系。以“三讲”教育促进各项工作，用做好各项工作的实际行动体现“三讲”教育的成果，努力做到相得益彰，相互促进。

这次“三讲”教育仅仅是一个开端，把“三讲”精神贯彻到实践中去，落实到工作的各个方面，任务还很重、很艰巨。我们决心更加紧密地团结在以江泽民同志为核心的党中央周围，以“三讲”教育促改革、促发展、促稳定、促党的建设，带领全省人民艰苦奋斗，开拓进取，推动经济社会各项事业繁荣发展。

满腔热情地关心青年学生健康成长*

（1999 年 4 月 28 日）

现在的大学生，是未来的希望。他们爱国、爱党、爱人民、爱社会主义，思想活跃，求知欲强，有奉献精神。近年来不少大学生利用假期休息时间，走向社会，接触群众，向省委、省政府反映了许多很有价值的情况。认为当前我省经济政治形势好，社会比较安定，党风社会风气有好转，但也认为有些问题要重视解决。比如，有的反映一些地方农民负担仍比较重；有的反映少数基层干部办事不公、作风粗暴、公款吃喝的问题突出；有的反映农民群众对村级财务不公开、农民增收难、干部作风简单粗暴等问题意见较大；还有的就济南城市建设提出了意见和建议。省委、省政府对此十分重视，责成有关部门进一步调查了解，拿出切实可行的解决措施和办法。这充分说明，我们的大学生素质是高的，是完全可以寄予厚望的一代。

21 世纪正在到来。新的时代呼唤更加奋发有为的年轻人去开拓新局面，创造新辉煌。再过几天就是五四运动 80 周年纪念日了。江泽民总书记去年“五四”发出号召：“当代中国的广大青年，要继续继承和发扬五四运动的光荣传统，努力担当起振兴中华的历史使命，创造出无愧于时代和人民的业绩。”我们要响应江泽民总书记的号召，关心青年学生的健康成长，加强培养和

---

* 这是吴官正同志在山东省高教改革工作会议上讲话的一部分。

教育,加强思想政治工作,引导他们坚持学习科学文化与加强思想修养相统一,坚持学习书本知识与投身社会实践相统一,坚持实现自身价值与服务祖国人民相统一,坚持树立远大理想与进行艰苦奋斗相统一,把他们培养成为社会主义现代化建设的"四有"新人和合格人才。大学生活是人生发展的一个重要阶段。学习上的压力,生活上的困难,成长中的烦恼等,同学们都会经常遇到。高校党组织和领导要关心他们,为他们排忧解难。特别是对那些家庭困难的学生,尤其要多关心、多扶助,使他们能够安心学习。我们都要想办法,争取使每一个学生不因家庭困难而退学。各级党委、政府都要关心这件事,并逐步探索建立起一种规范、有效的机制,从制度上解决问题。作为大学生更应勤俭节约,艰苦奋斗,自强、自立,依靠自己及亲属的支持,克服困难,完成学业。

宣传工作要贴近生活 贴近实际　贴近群众*

（1999 年 10 月 19 日）

在改革开放、发展社会主义市场经济的条件下，宣传工作要贴近生活，贴近实际，贴近群众，多宣传基层先进典型，多宣传老百姓关心的事。如下岗职工，要多宣传他们如何顽强拼搏，如何实现再就业；对基层干部，要多宣传怎样转变作风，帮助老百姓办实事。要教育人们发扬民族精神、爱国主义精神。美国有的地方，家家门口挂国旗。我们一些城市，如济南、青岛、烟台、威海等地的商场、窗口单位、街道、家门口也可悬挂国旗。我们要用爱国主义凝聚人心。要经常不断地进行理想道德、培育“四有”新人教育。

当前，经济发展、改革开放进入了新的时期。由于经济成分和利益主体的多样化，社会生活方式的多样化，社会组织形式的多样化，就业岗位和就业形式的多样化等，引发了社会心态的多样化。我们党的干部如何在这样的形势下带领大家建设有中国特色社会主义，是一个需要认真研究和对待的重大问题。现在有的基层干部作风简单粗暴，扰民严重，群众负担过重，要认真改进；有些干部严重脱离群众，甚至搞腐败，群众很有意见。我们的干部必须牢固树立爱民、为民、富民、安民的思想，要经常进行这方面的教育。山东的老百姓好，有奉献精神，聪明、勤劳、朴

* 这是吴官正同志在山东省宣传部长座谈会上的讲话。

实。我们有这样好的人民群众，要多宣传他们关心的事情，用发生在干部群众中的先进事例鼓舞人心。我们所做的一切，关键是使老百姓富裕起来，心情也舒畅。解放初期，老百姓为什么高兴？就是因为人民翻身解放、当家作主了；十一届三中全会以后，农村实行家庭联产承包责任制，农民高兴，生产积极性高涨；落实干部政策，纠正冤假错案，干部心里高兴。现在，出现买方市场、工人下岗等现象，如何引导好，很重要。经济生活发生了深刻变化，党如何领导人民跨入 21 世纪，如何坚持两个文明一齐抓，需要认真研究。

宣传工作要加强引导和管理。特别要注意加强对小报的管理，不能搞猎奇的东西。还有些所谓描写、反映现实主义的小说也要注意。现在有些小说对所谓社会阴暗面写得过分。对社会阴暗面不是不可以揭露，但不能写得那么多、那么重，有些东西实际上也不是那么回事。书画作品，也要体现时代精神。历史上一些书画大家，他们画牡丹、兰花和题词等，往往都反映了那个时代的变化。

宣传工作要研究现实效果。要用党的基本理论、基本路线、基本纲领教育干部群众。各级领导干部要肯动脑，写稿子、讲话要有深度、有新意，不要东抄西抄。我最近看了《毛泽东文集》1—8 卷，有新的收获。毛主席的著作不是抄来的，而是马克思主义与中国实际相结合的结晶。宣传部长更要多学习、多动脑、多掌握一些知识。

加大推行厂务公开的力度*

（1999 年 11 月 17 日）

推进国有企业改革和发展，必须全心全意依靠工人阶级。实行厂务公开，是进一步加强企业管理，完善激励和监督机制，落实职工民主权利的制度保证，也是贯彻落实党的十五届四中全会精神的重要方面。很多企业的实践证明，只有公开厂情，让广大职工参与企业改革发展的重大决策，参与评议和监督企业领导干部，在涉及职工利益的重大事情上履行当家作主的权利，才能有效地调动和发挥广大职工的积极性，搞好企业的改革和发展。

推行厂务公开是一项长期的任务，各级党委、政府和企业领导班子要高度重视，进一步加大力度，把这项工作与企业改革、改组、改造和加强管理，建立现代企业制度，促进企业党风廉政建设，加强思想政治工作等结合起来一道去做，持之以恒地开展下去，逐步实现规范化和制度化。

---

* 这是吴官正同志就厂务公开问题所作的批示。

省委常委“约法三章”自觉接受监督*

（2000年1月25日）

领导干部要摆正位置，增强接受监督的自觉性，并建立健全规章制度，加强监督。最近省委常委“约法三章”：一是坚决抵制跑官要官的不正之风，对找省委常委跑官要官的，要当面严肃批评，不许愿、不说情、不向有关方面打招呼；二是带头狠刹送礼歪风，凡是送给个人的钱或贵重物品，一律拒收，并对送礼人当面批评，对未拒绝的按规定登记上交省委办公厅或所在单位办公室；三是严格要求配偶、子女，不允许他们利用自己的权力和影响谋取私利，不准配偶、子女违反规定在省内个人经商办企业。省委常委要认真履行党风廉政建设责任制，对因没有履行好责任出现严重问题的，自觉进行责任追究。我本人也向同志们表示，欢迎党组织和党内外干部群众按照党中央的规定，对我进行严格监督。

---

* 这是吴官正同志在山东省纪委第三次全体会议上讲话的一部分。

报道中请少写赞扬领导的话*

（2000 年 1 月 26 日）

我提几点建议：一是省委领导同志的讲话，从我开始，不要讲“重要讲话”，把“重要”两字去掉，讲话那么多，哪有那么多“重要”啊！二是涉及我的稿子，你们觉得不合适的尽管改，不用告诉我，发多发少，你们定，你们可以删，但不要加。三是在报道里面对我赞扬的话无论如何不要写，什么“轻车简从”、“冒着寒风……”，全部删了去。我们在地方工作本来就应该这样。你们的报纸一定要体现党的优良作风，要反映民意。有的领导如果要报道，你们和他讲明白，这是帮倒忙，不能搞。报道领导活动，说明哪天到哪里去了，讲了什么话就可以了，新闻是不是应该这样？

还有一个问题，就是你们报道一些典型，特别是涉及数据，千万要注意核实，防止数据不实，一些重要的数据要跟统计局打个招呼。再就是涉及领导干部的报道，要由其上级党组织过目、把关。比如，报道一个县委书记，一定要通过市里把关；报道市里哪个领导，要通过省里。

你们的报纸，我天天看，很好。《大众日报》或《齐鲁晚报》能不能考虑增加一些科学知识的报道？比如，高科技产业到底是什么？有的干部很想知道，可以通俗地介绍一些。又比如，经济全球化到底是什么含义？调整优化产业结构到底有什么作用？

---

* 这是吴官正同志到山东省大众日报社考察时讲话的一部分。

增加一些这方面的知识，对干部也是教育。历史知识、文学知识都是宝贵的文化遗产，古为今用，洋为中用，对我们进行精神文明建设、增加大家的知识，都是有好处的。齐鲁大地是人才辈出的地方，我想《大众日报》等几张报纸一定会办得很有特色。你们有张农村报，要加强农村科技知识和法制教育的宣传，这一点很重要。

希望你们利用报纸调动一切可以调动的积极因素，团结一切可以团结的人，集中精力发展经济。要按照邓小平同志“三个有利于”的原则，实事求是，勇于探索，开拓创新。同时，对广大党员干部深入进行理想信念教育和科学世界观的教育。

从严治党　关键在于一个“严”字*

（2000年3月14日）

××县1998年因收大棚特产税引起纠纷，发生公安人员开枪打死一男青年的恶性悲惨事件；1999年又因乡村基层干部收提留，发生逼迫农民自杀身亡的恶性悲惨事件；今年2月下旬，又在一个地方发生因反对××霸道作风，几百人游行示威，他的儿子纠集一伙人向群众连开几枪（鸟枪），打伤了十几个人的故意伤人案。这个县一而再、再而三发生恶性悲惨事件，我十分痛心，作为省委书记，工作不落实，深感内疚和不安，深感对不起这里的人民，应作深刻检讨。

中央要求我们要从严治党，我们在工作中也批评了一些同志，处理了几个干部，应该说是认真的。但对这个县从严了吗?!据说今年2月23日发生了的事，时至今日还没有看到简报和报告，这是怎么回事？今天一领导同志对我说，××很霸道，养几个人常打百姓，并私自违法关押群众。对这样的人，为什么有的领导干部那么赞赏？不久前还提拔他当了“党委书记”！面对近千群众的愤怒，主犯已“逃跑”多日，对他仍在做工作并予保护，我百思不得其解。为此，请常委对我提出严肃批评。也请同志们思考和发表意见，这样的恶性事件在一个地方为什么屡禁不止？类似事件一旦发生，怎样尽快果断妥善处理？从这个县的三次恶性事件中，应吸取什么教训？我们到底如何改进工作？

---

* 这是吴官正同志致山东省委常委各同志的一封信。

好的文艺作品应具有思想性、艺术性、趣味性、可读性*

（2000 年 7 月 4 日）

唱响“主旋律”，提倡多样化，就是遵循艺术规律，让艺术源于生活又高于生活，起到鼓舞人的作用。唱响“主旋律”不是少数作者的事情，而是广大作家、艺术家所共同努力的目标。在新的历史时期，社会正在发生着巨大的变化，出现了许多新事物、新现象、新问题，有社会责任感的文艺家都应当投身其中，反映时代。

中国曾是世界上几大强国之一，18 世纪以后的 100 多年间逐渐落后了。新中国成立后，中国人民站起来了。改革开放以来，我国迅速崛起。这些只有在中国共产党的领导下才能实现。为了新政权的建立，毛主席领导人民进行了艰苦卓绝的奋斗，无数革命先烈流血牺牲，付出了极大的代价。党的十一届三中全会以来，邓小平同志领导全党拨乱反正，开始了建设有中国特色社会主义的新长征，中国社会发生了历史性的变化。这十多年来，江泽民总书记领导我们战胜了种种困难，经受了政治、经济、自然等各种风浪考验，开拓创新，夺取了伟大的胜利，我们党和国家进入了一个繁荣发展的新时期。我们可以同世界上许多国家对比一下，很能说明问题。西方有些国家诋毁我们的改革开放和社会主义现代化建设，鼓吹所谓“人权”、“民主”，这并不是

---

* 这是吴官正同志关于文学艺术工作的一次谈话。

什么新东西。我们共产党人，最讲民主、讲科学，讲真正的人权。党的创始人李大钊在“五四”时期就提倡“德先生”、“赛先生”。我们的民主是人民的民主，人民当家作主。对这些大问题，希望作家、艺术家和思想文化界的同志们多思考。我们的知识分子有先进的思想，有政治觉悟。我们党支持文艺家，也相信文艺家会以实际行动，以优秀的思想文化作品，为社会主义服务，为人民服务。

改革开放以来，许多方面的变化明显，人民生活水平显著提高，市场繁荣。可也出现了一些新问题，有腐败现象。对腐败问题要有一个全面的、清醒的认识。反腐败是一个长期的、重要的任务。腐败现象不是我们国家独有的，西方国家同样有。现在，我们省老百姓不满意的方面也不少，比如有的干部办事不公，简单粗暴，司法方面还有些弊端，等等。这些都需要改进。文艺界对此要有一个清醒的、全面的、正确的认识。这就有个深入的问题，需要深入生活的各个方面，以马克思主义为指导，把握大局，作出科学的、实事求是的分析判断。

文艺作品的影响是很大的。现在有的电视节目、有的书，影响不好，庸俗的东西不少，甚至有色情方面的东西，老百姓不满意，担心影响下一代。一个作家，特别是党员作家，绝不要写乱七八糟的东西。文艺家、知识分子，要做先进文化的代表。对“三个代表”重要思想要好好学习。共产党是代表人民根本利益的。山东的八千八百多万人民当中，有许许多多感人的东西，要写他们。好的作品应该是具有思想性、艺术性、趣味性、可读性的。我们的文艺家，特别是党员文艺家，不讲作品的这“几性”能行吗？现在有些作品读起来、看起来非常枯燥，干巴巴的，很肤浅。文艺作品要有情趣，人们才乐意看。真正好的作品要“四性”统一，既要让人读下去，还要发人深省。我们讲的代表先进文化的方向，重要的一个方面就是多出好作品，满足人民群众日益增长的精神文化需求。

现在有的人对鲁迅攻击诽谤,写文章颠倒黑白,对老一辈革命家也说三道四,甚至恶意攻击。我们要注意这个倾向。要讲历史,讲辩证法,要实事求是。建议一些作家、艺术家要经常去基层,了解社会生活的方方面面。齐鲁大地的改革开放搞得轰轰烈烈,涌现出许多新事物和先进人物。先进的东西,落后的东西,都需要在深入社会生活中鉴别区分。在时代的大潮面前,一定不能简单化,有些东西不真正深入下去,是难以正确把握的。

一个人的经历对他的作品有很大影响。孔子是伟大的哲学家、思想家、教育家,他的许多学说现在看来也还是好的。但一定得有分析才行。当时他所处的鲁国,经济比较差,而齐国发展起来了。齐国的文化是军事、商业文化,是开放的,但齐国又很残酷。孔夫子为什么能有《论语》这部伟大著作?除了他的遭遇和学识外,还有一点要注意,他那个时期是比较开放的。这可以从他编订的诗看出来,"关关雎鸠"就很开放。孔子当时受了许多苦,这是事实,可以说是孤儿寡母,受尽磨难。所以他对教育问题很敏感,提出了"有教无类"。孔子也做过官,施展抱负。孔子对《周易》的研究是深刻的,就是研究变化,研究里面的辩证法精神。我说这些,是说明艺术家一定要有生活。否则,难以言以足志、文以足言。

对主旋律的理解要全面和准确,绝不要口号式、标语式,不要贴标签式的,而要真正反映时代步伐。要有深刻的思想内容。文学艺术反映的生活,其风格都是多方面的。当然有些娱乐性的东西,只要无害,也是允许的。

要给文艺家创造好的工作和生活条件。文联机关、作协机关要为作家、艺术家服务。要关心文艺家的生活,及时了解他们的要求。要让他们多去一些地方,到工厂和农村,以启发思想,开阔视野。我们的艺术家,无论是年纪大的,还是年轻的,都是党培养出来的，要支持他们的工作，在政治上、生活上关心他们。在学习、考察方面，也要给予支持，让他们尽可能多走走、多看看。当然，要自愿参加，注意安全。考察时，先进的和落后的都要看。

弘扬主旋律，多出优秀作品，是广大文艺工作者的共同责任。山东自古是出大作家、大文艺家的地方。我们这个时代，是改革开放和社会主义现代化建设飞速发展的伟大时代，也是优秀文艺人才、优秀文艺作品迭出的时代。山东要有与伟大时代相匹配的大作家、大艺术家、大思想家。希望全省广大文艺工作者更加奋发努力，做出无愧于伟大时代的新的更大成绩。

关于干部制度改革的几点意见*

（2001年2月17日）

干部制度改革问题是最重要也是最难的问题。深化改革，把人选好管好，确实需要很好地研究。这里谈几点看法：

1. 思想政治建设要始终放在第一位。这是管总的、管方向的。无论什么时候、什么情况，都要放在首位，贯彻始终，下大力气抓好。这方面的工作做好了，其他一切工作就有了可靠保证。否则，思想路线不端正，办事就要走神，有些问题很可能防不胜防。无论是抓干部队伍的日常建设，还是抓干部制度改革，都要注意这个问题。

2. 关于扩大民主问题。这是建设社会主义民主政治的必然要求，也是干部制度改革的方向，要坚定不移地推进。从实践看，如何把民主与集中、群众意见与组织意见统一起来，这是难点。在扩大干部工作民主的情况下，有的怕得罪人，怕丢选票，不敢抓、不敢管，好人主义盛行，甚至出现了“媚下”的问题。一旦让这种风气成了气候，是非常危险的。有时候那些大家不熟悉的人，得票可能比较集中。这说明，本来是一个很好的办法，时间长了，有些人就琢磨出对策，想钻点空子，慢慢地“抗药性”就大了，好办法可能就不灵了。再比如，常委会研究干部实行票决制，13个常委，10个同意，3个不同意，大家就会分析，究竟是谁投了反对票，时间长了，班子团结就会出问题。有时民主也是

---

* 这是吴官正同志与中央组织部调研组座谈时的谈话。

一把双刃剑，使用稍有不慎，就会造成负面影响。因此，在干部制度改革问题上，不能简单化，要很好地研究。在考虑正面作用的同时，也要注意负面影响；既要着眼于解决现实中存在的一些问题，又要考虑到将来。要注意研究把党管干部原则和扩大民主结合起来的办法，以确保各项改革的实效。

3. 关于能上能下的问题。用人问题是重大的政治问题，用人导向是最重要的导向。一方面要创造一种机制和环境，使那些优秀的干部能够上来，另一方面，也要从制度上进行探索，使那些不适应岗位要求的、政绩平平的下去。只有这样，才能真正调动起干部的积极性，在整个干部队伍中形成一种一心一意干事业的风气。界定不胜任现职干部，民意是很重要的，但笼统地把有 1/3 以上不称职票的，都作为不称职干部，就简单了些。比如，一个单位二十来个人，七八个人不同意，就占了 1/3。如果违反规定乱发钱物，可能多数人高兴，有一个坚持原则不同意，得罪了多数，要论票数的话，他反而是不称职的。说这话的意思是，要看票数，但不能唯票而论，要多做具体分析，究竟是什么原因得了这么多不称职票，如果是坚持原则得罪了人，政绩、工作能力都不错，这样的人还是要重用的。

在干部特别是年轻干部"上"的方面，阻力也不小。这次我省市级班子届中调整，年轻的真正投票投出来的，只有一个，其他的都不太集中。这里面的因素比较复杂，并不是年轻干部不优秀，而是资历浅，大家有论资排辈的观念，觉得排不上他。如何使年轻干部上来，再研究些办法。比如，可采取公开选拔和竞争上岗的办法，让大家从年轻干部中挑选等。再就是要采取些有效的措施，加强对干部的培养，严格要求，使他们健康成长，和党一条心，和群众一条心，这样才能接好班。

4. 关于"一把手"的交流问题。"一把手"很关键，选好了，不仅能带出好班子、好队伍、好风气，一个地方改革、发展、稳定也有了保证。在选拔"一把手"上,要求必须严一些,决不能降格以求。如果用起来,实践证明不理想,也不能让事业迁就人,犹豫不决,要果断进行调整,职级可以不变,但工作岗位要换,这样效果可能好一些。

提高农村干部素质
解决农村突出问题*

（2001 年 4 月）

在农村深入开展“三个代表”重要思想学习教育活动，是我们党在新形势下对农村基层干部进行的一次马克思主义的自我教育，也是在新时期加强和改进党对农村工作领导的一项重大举措。通过这次学习教育活动，要真正提高农村基层干部的素质，切实解决农村存在的突出问题，进一步推进农村的改革、发展和稳定。要通过提高农村基层干部的素质，促进农村突出问题的解决；通过解决农村存在的突出问题，使农村基层干部受到教育，得到提高。结合山东的实际，这次学习教育活动要着力解决好以下四个方面的问题。

一、学习、实践“三个代表”重要思想，进一步加快农村经济的发展。近年来，随着我国改革开放的深入和社会主义市场经济体制的建立，山东的农业和农村经济有了长足的发展。去年我省农民人均纯收入达到 2659 元，并有 50 多个县超过 3000 元。但是，也必须看到，我省农业和农村经济中存在的结构性矛盾还比较突出、农业经济的质量和效益还不高，农村城镇化水平还比较低，特别是有些县和乡镇财政困难，农民生活还不富裕。因此，加快发展农村经济的任务还很艰巨。我们要通过这次学习教育活动引导广大农村基层干部充分认识到：学习和实践“三

* 这是吴官正同志在《求是》杂志 2001 年第 8 期上发表的一篇文章。

个代表”重要思想，最根本的是要加快农村生产力的发展，提高自身带领农民群众发展经济的本领，维护和发展农民群众的物质利益。要牢牢把握发展经济这个中心，坚持发展是硬道理，不发展就没有出路，发展太慢也要落伍。要进一步解放思想，开阔视野，扩大知识面，努力提高基层干部领导农村经济工作的过硬本领。要在农村基层干部中提倡调查研究，脚踏实地的工作作风，深入研究和分析本地区、本村镇制约农村经济发展的突出矛盾，从而进一步理清思路，发挥优势，搞好经济结构调整、加快小城镇建设、推进税费改革和乡镇配套改革等重点工作，促进农村经济更快更好地发展，保证农民收入有明显的增加。

二、坚持法治与德治相结合，建设社会主义新农村。江泽民同志强调指出：我们在建设有中国特色社会主义，发展社会主义市场经济的过程中，要坚持不懈地加强社会主义法制建设，依法治国，同时也要坚持不懈地加强社会主义道德建设，以德治国。对一个国家的治理来说，法治与德治，从来都是相辅相成、相互促进的。二者范畴不同，但其地位和功能都是非常重要的。我们应该把法制建设与道德建设紧密结合起来，把依法治国与以德治国紧密结合起来。以德治国，就是要通过不断提倡高尚的社会主义道德情操，提高人民群众的思想道德素质，凝聚力量，共同建设有中国特色的社会主义。我们要通过这次“三个代表”重要思想学习教育活动，努力提高农村基层干部“两手抓，两手都要硬”的自觉性和水平，坚定不移地推进农村社会主义民主法制建设和精神文明建设，大力弘扬爱国主义、集体主义、社会主义精神，大力宣传和弘扬江泽民同志倡导的为实现社会主义现代化而不懈奋斗的“五种精神”，培养有理想、有道德、有文化、有纪律的新型农民。坚持法治与德治相结合，要重在建设，多办实事。一是要加强科普宣传，破除迷信，移风易俗，引导农民群众摒弃愚昧落后的习俗，倡导科学健康文明的生活方式。二是要扩大基层民主，完善村民自治，深化乡镇、部门政务公开和村务公开，依靠农村群众监督管好农村经济和社会事务。三是要加强法制教育，引导基层干部遵纪守法，依法办事；教育农民群众依法履行义务，维护自己的合法权益。四是要高度重视和正确处理新形势下农村人民内部矛盾，深入研究这些矛盾的成因、特点和规律，积极探索化解这些矛盾的新方法和新途径。五是要加强社会治安综合治理，有效打击各种犯罪活动，依法扫除邪教、各种非法邪恶势力和黄赌毒等丑恶现象，保持农村的社会稳定，为农民群众创造安居乐业的良好环境。

三、增强群众观念，进一步密切党群干群关系。把“三个代表”重要思想贯彻落实到农村基层，最终要落实到代表农民群众的根本利益上。在市场竞争日趋激烈的情况下，许多农民苦于没有致富门路，不懂得实用技术，不了解市场信息，急切盼望基层干部的帮助、指导和服务。在这方面，广大农村基层干部积极努力，已经做出了很大的成绩。如一些地方实行村级定时定点集中办公制度，及时研究解决农民群众关心的难点热点问题，热情为农民群众搞好服务，不仅及时化解了干群矛盾，而且密切了干群关系，是新时期做好农村工作的一种有益探索。有的村镇实行干部联户富民办法，乡村干部与农户结成帮扶对子，帮助农户尽快致富，充分发挥了基层干部在知识、技术、信息、政策等方面的优势。但是，也有少数农村基层干部作风不实，办事不公，为政不勤不廉。有的工作漂浮，爱做表面文章，对上虚报浮夸；有的工作方法简单，对农民遇到的困难漠不关心，不愿做艰苦细致的工作；有的甚至凌驾于农民群众之上，强迫命令，欺压群众，“吃、拿、卡、要”等等。我省每年接待的群众来信来访中，有1/3就是反映这类问题的。在这次学习教育活动中，要严格按照“三个代表”的要求，认真查找和整改农村基层干部在党群干群关系方面存在的问题。必须认识到，作为党的农村基层干部，一定要有爱民之心、为民之德、富民之才、安民之策，把农民致富作为第一目标，把农民呼声作为第一信号，把解决农民关心的热点难点问题作为第一任务，从过去习惯于用行政手段解决问题，转变为有事同群众商量、热心为群众服务。要怀着对农民群众深厚的感情，运用说服教育、示范带动、指导服务、民主协商等方法推动农村各项工作，真正使农村广大党员干部通过这次学习教育活动，在党的宗旨观念和群众观点上有明显的增强，在思想作风和工作作风上有明显的改进，要认真贯彻从严治党的方针，抓住提高农村基层干部素质这个关键问题，严格管理、严格监督、严格纪律，使农村基层干部自觉以"三个代表"的要求来规范和约束自己的行为，在农民群众中树立廉政勤政的良好形象。

四、按照"三个代表"的要求，提高农村基层党组织建设水平。办好中国的事情，关键在党；加快农村的进步和发展，关键在农村基层党组织。我们要把搞好学习教育活动与推动农村基层党组织经常性建设有机结合起来，进一步提高农村基层党组织的战斗力和创造力。要按照"三个代表"的要求，适应农业和农村经济发展新阶段的需要，及时调整和改进农村党组织建设的目标要求、工作布局，努力探索提高农村基层党组织建设的新途径和新方法，不断提高和改进党对农村工作的领导水平。要立足当前，着眼长远，适时调整基层党组织设置，使党的领导更加有效地覆盖农村社会的各个领域。要突出抓好农村基层领导班子建设这个关键，坚持改革创新，大力推行"两推一选"(群众推荐、党员推荐、党员大会选举)的办法，把忠诚实践"三个代表"要求的优秀党员及时选进各基层党支部领导班子里来。要着眼于保持党的生机和活力，进一步加强党的先进性教育，建立农村党员发展、管理和监督的有效机制，夯实党在农村基层组织的基础。要进一步巩固和强化农村基层党支部的领导核心地位，规范村"两委"关系，进一步推进村级管理的规范化。要开展好"三级联创”（村级创“五个好党支部”、乡镇创“六个好党委”、县级创“农村基层组织建设先进县”）活动，建立起常抓不懈的工作机制，提高农村党建工作的整体水平。

忘记历史就意味着背叛*

（2001 年 6 月 11 日）

山东是最早建立党组织的地方之一，具有光荣的革命传统，涌现出大批党的优秀儿女。全省现有建国前入党的老党员 24 万多名。在战争年代，他们积极投身革命，浴血奋战，经受了生与死的严峻考验，为民族独立和人民解放作出了巨大贡献。建国后，他们保持和发扬战争年代的革命精神，在各自的岗位上，数十年如一日，艰苦奋斗，奉献拼搏。在改革开放的新时期，他们一如既往地关心支持党的事业，为经济社会发展竭尽心力。党的建设的每一步发展，经济社会的每一项成就，都凝结着老党员的心血和汗水。他们的奋斗历史和革命精神，已经成为党的光荣传统的重要组成部分，成为激励广大党员干部为党的事业不懈奋斗的巨大精神力量和宝贵财富。在纪念建党 80 周年之际，省委向老党员发放这批慰问金，既是对老党员的尊重和关心，又是对党的光荣历史的缅怀，对革命传统的弘扬。

我们已经进入一个新的世纪，坚定不移地把建设有中国特色社会主义伟大事业全面推向前进，关键在党。国际国内形势正在发生着深刻的变化，党的事业充满着机遇和希望，也面临着风险和考验。我们一定要高举邓小平理论伟大旗帜，坚持党的基本理论和基本路线，按照“三个代表”的要求，不断加强党的建

---

* 这是吴官正同志在山东省建党 80 周年老党员慰问金发放工作会议上的讲话。

设,改进和完善党的领导方法和领导方式,提高党组织的凝聚力、战斗力和创造力。我省作为沿海大省,要率先基本实现现代化,建设“大而强、富而美”的新山东,需要各级党组织和广大共产党员学习和发扬老党员的优良品德和革命精神,坚定理想信念,把握时代要求,弘扬时代精神,密切与人民群众的联系,诚心诚意为群众办实事办好事,始终保持党的先进性。

中国革命和建设的成就来之不易,忘记历史就意味着背叛。我们一定要铭记广大老党员、老干部、老劳模在不同的历史时期所作出的重要贡献。建国前入党的老同志,大多已年逾古稀。关心、照顾好老党员的生活,让他们幸福地安度晚年,是各级党组织义不容辞的责任。特别是基层党组织负责人和有关部门,要经常到他们家中看望慰问,向他们介绍工作情况,听取他们的意见和建议。要多开展一些健康有益的活动,关心他们的身体状况,帮助他们解决生产、生活中的实际困难。对没有工资收入、困难较多的老党员、老同志和烈军属,尤其要多关心、多帮助,使他们生活不断改善,心情舒畅。要健全完善尊重、关心、帮助老党员、老同志的工作机制,在全社会形成牢记党的历史、弘扬光荣传统、自觉艰苦奋斗的良好风气。

财政收入一定要真实*

（2001 年 11 月 1 日）

春亭省长和我多次强调，财政收入一定要实，切不能弄虚作假，沽名钓誉。一定要坚决制止收过头税或虚列收入，也一定要防止该收不收，望你们落实。经济工作的着力点是发展经济、调整结构、提高效益、培植财源，保持持续快速健康发展。今年的财政增长也不要过猛，还要考虑明年，年年有较快的稳定增长才是本事。要鼓劲，但不要去盲目攀比，江苏的经济总量和质量都比我们高，地方财政收入比我们多也是正常的，只要山东日子过得去就行。

---

* 这是吴官正同志致山东省财政厅负责同志的一封信。

着眼教育　健全制度　强化监督
进一步推进党风廉政建设*

（2002年5月23日）

筑牢思想道德防线是拒腐防变的基础

对党员干部来说，在拒腐防变的问题上，最基本的约束是思想道德约束。一些领导干部甚至高级干部，在权力、金钱、美色面前吃了败仗，内因是他们的贪欲、堕落和腐化。领导干部越是位高权重的时候，越要有如临深渊的警醒。要加强世界观、人生观的改造，严于律己，防微杜渐，及时发现自己的缺点和弱点，并努力加以纠正和弥补。要牢记江泽民同志的教诲，经常想一想参加革命是为什么，当干部应该做什么，将来身后留点什么？想清楚这三个问题，并按照党的宗旨去做，就是树立了正确的世界观和权力观。权力的基本属性是"公"，来自于公众，服务于公众。古人说，"以公灭私，民允其怀"。意思是说，为官用权谋公利而不谋私利，百姓就会信任和拥护。抗日名士范筑先将军，从沂水县长调任聊城专员的时候，老百姓执手相送，沿街摆上一碗清水，一面镜子，赞扬他的公正廉明。我们是无产阶级政党，社会主义国家人民是国家的主人，决不能把权力当成谋取私利的

---

* 这是吴官正同志在山东省委七届十次全会纪委组会议上的发言。

工具。

如何对待个人利益问题，是对领导干部能否正确行使权力的严峻考验。权力能使人高尚，也能使人堕落，手中有权，遇到的诱惑和考验也多，如果没有正确的权力观，以权谋私，腐化堕落，就必然被人民群众所唾弃。圣哲先贤崇尚“吾日三省吾身”；宋代包拯在《书端州郡斋壁》中也讲，“清心为治本，直道是身谋”，意思是，心地清静，这是治事的根本；正道直行，这是立身的纲领。共产党员特别是领导干部更应该经常给自己敲敲警钟，按照江泽民同志的要求，“自重、自省、自警、自励”。加强学习，是筑牢思想道德防线的根本。领导干部勤于学习，勤于思考，不仅可以开阔眼界，增长见识，也有助于陶冶情操，提高思想境界和道德修养。境界上去了，修养加强了，对个人的名誉、地位、利益等问题就会看得透、想得开，淡泊明志，就不会斤斤计较个人得失，就能正确看待和行使人民赋予的权力，诚心诚意为人民群众的利益而工作、而奋斗。

加强制度建设是防治腐败的保证

腐败现象的发生，固然与一些领导干部的思想和生活作风问题密不可分，但是组织制度、监督制度、工作制度等方面的建设更为重要。邓小平同志深刻指出：“制度好可以使坏人无法任意横行，制度不好可以使好人无法充分做好事，甚至会走向反面。”改革开放以来特别是进入新的历史时期，我们党结合形势的发展变化，全面推进了制度建设。在党委决策、党内民主生活、基层组织建设、党员干部队伍建设、党风廉政建设的各个方面，都出台了一系列党内条例、法规和制度规定。我省也结合实际作了一些探索，制定和完善了一些具体规定。现在，最重要的问题是抓好制度规定的落实，并在实践中健全和完善。纪检监察机关是负责抓廉政制度建设落实的，要有无私无畏的勇气，有科学求实的态度，有埋头苦干的作风，有一抓到底的韧劲，努力在全省形成用制度规范从政行为、按制度办事、靠制度管人的风气，保证权力真正沿着制度化法制化的轨道运行。

强化监督是防治腐败的关键

防治腐败单靠自觉自律还是不够，必须加强监督制约。监督什么、从哪些地方监督？我认为，要着重看以下几个方面：

第一，要看是不是廉洁公正。廉洁，不仅要看领导干部本人，还要看他的家庭，看他对配偶、子女是不是严格要求。有的同志说得好，对于领导干部来说，党风连着家风，家风也影响着党风。公正，就是看处理问题是不是正派。己不正焉能正人？公正就能明辨是非，廉洁就能赢得威信。我们的各级领导干部，要明白这个道理，自觉做到清正廉洁，公道正派。纪检机关和组织部门对党员干部的监督检查，应当把廉洁公正作为一项重要内容。

第二，要看是不是民主决策。当领导干部特别是主要领导干部，一定要有民主作风。重大问题和重要人事任免，必须按照程序进行集体研究，不能独断专行。决策不民主、不科学，不按制度和原则办事，刚愎自用，我行我素，是党性不纯、作风不正的表现，是对人民的事业不负责任的表现。历史上有作为的政治家，都是“广开言路”、“从谏如流”、“择善而从之”的。毛主席批阅二十四史，评点萧衍“专听生奸，独任成乱”。说的就是萧衍刚愎自用，不能兼听，以致“小人日近，良佐日远”。我们应当比古人更聪明、更智慧、更民主、更科学。现在经济社会日益多样化，工作中遇到的问题也越来越复杂，对我们的决策能力提出了更高的要求。各级领导干部和领导班子作决策、办事情、用干部，要广泛听取意见，充分调查论证，防止失察失误。各级纪检监察机关要加强对民主决策、科学决策情况的监督检查，对违反制度规定，不按程序办事，盲目决策，造成严重后果的，要追究责任。

第三，要看能不能搞好团结。党的团结和统一，是党的生命，是党的力量所在。领导干部要带头维护党的团结统一，维护中央权威，维护党委集体领导，不能无组织无纪律。主要领导干部要有容人之量，在用人上广开进贤之路，不能武大郎开店——比自己高的不要。要搞五湖四海，公道正派，决不能搞团团伙伙、亲亲疏疏。如果我们的领导班子不能团结一致，又怎么能够团结凝聚广大干部群众呢？各级领导班子都要认真贯彻执行民主集中制原则，既要注意发挥"一把手"的主导作用，又要重视调动班子成员的积极性，充分发扬民主，实行正确集中。大家要互助、互谅、互让、互学，团结一致干事业。在推进改革和建设的各项措施时，要注意维护团结和稳定，充分考虑各方面的利益和社会承受能力，提高党的凝聚力和社会的聚合力。纪委和组织部门要加强这方面的监督，经常检查各级领导班子遵守政治纪律、维护团结、维护大局方面的情况，对长期搞不团结、软弱涣散的领导班子，要分清是非，该批评的批评，该调整的调整。

第四，要看是不是俭朴勤政。江泽民同志多次倡导，要在全党"大兴艰苦朴素、勤俭节约之风"。我们要切实加强对各级干部艰苦奋斗精神的教育，努力形成以俭朴节约为荣，以铺张奢侈为耻的风气。我们查处的一些腐败案件，也兜出一些声色犬马的丑闻。领导干部权力在手，一旦醉心物欲，沉溺声色，必定丧失信念，丧失原则。唐朝有个大臣叫马周，是我们山东茌平人，他在奏章中说"节俭于身，恩加于人"。意思是，自己节俭的人，才能为老百姓办事。这句话是很有道理的。如果一个部门、一个地区的领导，整天为个人和亲属的利益盘算，花天酒地，纸醉金迷，他能想着下岗职工和困难群众吗？能想着欠发工资的基层干部和老师吗？能把心思集中在工作上吗？能得到群众的拥护吗？我看不能。所以，领导干部的生活作风问题不是小事，不可小视。反腐倡廉要注意从生活作风抓起，认真落实党的十五届六中全会《决定》，在加强和改进思想作风、工作作风、领导作风的同时，抓好生活作风的建设，严格要求，强化监督，防微杜渐。

一如既往地欢迎同志们对我严格监督*

（2002 年 11 月 21 日）

刚才，国强同志宣布了中央关于山东省委主要领导职务调整的决定，并作了重要讲话。我完全拥护中央的决定，完全赞成国强同志对山东工作提出的要求。相信在以胡锦涛同志为总书记的党中央领导下，以高丽同志为班长的省委，一定能够全面贯彻“三个代表”重要思想，认真落实党的十六大精神，努力学习，顾全大局，公正廉洁，紧紧依靠全省广大党员干部和人民群众，团结一致、同心同德，与时俱进、开拓创新，把我们省的各项工作做得更好。山东各项事业一定会取得新进步，社会主义现代化建设一定会开创新局面。

我来山东工作的几年，在以江泽民同志为核心的党中央领导下，同全省干部群众一道，为推动改革开放和社会主义现代化建设，做了自己应该做的工作。5 年多的工作和生活，使我心系山东。我深切地感到，我们省的人民勤劳智慧、忠诚质朴、顾全大局，有着爱党爱国、不怕牺牲、勇往直前的光荣传统。我们省的干部思想解放、聪明能干、拼搏进取，有着不甘人后、不辞辛

---

* 吴官正同志在党的十六届一中全会和中央纪委一次全会上当选为中共中央政治局常委、中央纪委书记；中共山东省委召开领导干部大会，中组部领导同志在会上宣布吴官正同志不再兼任中共山东省委书记职务。这是吴官正同志在这次会议上的讲话。

苦、奋力争先的开拓精神。在这片孕育了灿烂历史文化、创造出可歌可泣英雄业绩、先哲名人辈出的热土上，齐鲁儿女在党的英明领导和历届省委的带领下，谱写了新的辉煌篇章。特别是改革开放以来，山东大地发生了历史性巨变，这13年来的变化，更加令人瞩目。我深感山东的人民好，山东的党组织好，山东的干部好。我为山东人民感到骄傲，也为自己有机会同大家一起奋斗感到荣幸。

山东干部群众的优秀品德和创造精神，使我深受教益，将激励我永远忠于党、忠于祖国、忠于人民，公正廉洁，尽职尽责，全心全意为人民服务，为党的伟大事业而不懈奋斗。

我的工作得到省委一班人、省几套班子、各级干部、老同志的大力支持和帮助。在此，向同志们表示衷心的感谢！由于我能力有限，有的工作没做好。有的事情要求过急，批评同志有时讲过头话，甚至使有的同志受了委屈。在这里，诚恳地向同志们致歉。

我一如既往地欢迎全省广大党员干部和人民群众对我严格监督。今后如果有人打着我的亲属或身边工作人员的旗号办事，无论是真是假，恳请一概拒绝。大家对我的监督，就是对我工作的支持。在此，拜托同志们了。

我衷心祝愿山东各项事业繁荣进步！祝愿山东人民幸福安康！

在中央纪委主持工作时期

以十六大精神为动力切实抓好各项工作*

（2002 年 11 月 22 日）

要认真抓好十六大精神的学习贯彻。十六大刚闭幕不久，常委理论学习中心组就制定了近期的学习计划，机关党委对委部机关的学习作出了安排，中央纪委监察部下发文件对全系统的学习进行了部署，这都很好。《中共中央关于学习贯彻党的十六大精神的通知》明确提出，学习贯彻十六大精神是当前和今后一个时期的首要政治任务。各级纪检监察机关要按照中央的要求，认真学习贯彻十六大精神，认真学习贯彻胡锦涛同志在十六届一中全会上的讲话精神。中央纪委监察部机关在学习中要走在全系统的前面，常委一班人更要带头学习。学习十六大文件，要牢牢把握十六大报告的主题，牢牢把握"三个代表"重要思想这个十六大的灵魂，牢牢把握全面建设小康社会的奋斗目标，牢牢把握解放思想、实事求是、与时俱进这个十六大报告的精髓，牢牢把握加强和改进党的建设这一实现我们党在新世纪各项任务的根本保证，在领会精神实质上狠下功夫。要继续抓好委部机关各厅室局和事业单位党员干部的学习，抓好全系统纪检监察干部的学习，在机关和系统迅速兴起一个学习贯彻十六大精神的热潮。要发扬理论联系实际的学风，通过学习，把大家的思想和行动统一到十六大精神上来，推动党风廉政建设和反腐败

---

* 这是吴官正同志在中央纪委第一次常委会议上的讲话。

工作的深入开展。

要切实抓好中央纪委第七次全会部署的党风廉政建设和反腐败各项任务的落实。今年年初召开的中央纪委第七次全会部署的工作,是今年党风廉政建设和反腐败的工作重点,工作要有连续性,不能因为换届而影响工作,影响任务的落实。目前,距离年底还有一个多月的时间,第七次全会部署的工作落实得怎么样,我们要做到心中有数。已经落实的,要及时总结;还没有完全落实的,要抓紧督促;对工作中存在的问题,要认真研究解决。常委同志分工有变化的,相互之间要做好衔接。在年底前这段时间里,要集中精力,抓好以下几项工作。一要继续抓好查办案件工作,特别是对几个涉及省部级干部的重大案件,要抓紧查处。案件检查工作一刻也不能放松,要取得实实在在的进展。大家要按照分工,加强对办案工作的领导,选准案件的突破口,深挖细查,彻底查清问题;对已经实行党内审查措施的,要严格程序和纪律,千万不能出差错。二要抓好领导干部廉洁自律工作。要认真落实领导干部不准收受与自己行使职权有关系的单位、个人和外商、私营企业主的礼金、有价证券的规定,领导干部配偶、子女从业的有关规定。在元旦、春节期间,要重点对收受礼金、有价证券问题加强事先防范和监督检查。三要进一步抓好纠正部门和行业不正之风工作。今年工作的重点是抓好纠正医药购销中的不正之风工作。要抓住人民群众反映强烈的热点问题,着力纠正影响社会发展、损害群众切身利益的不正之风。四要抓好反腐败治本抓源头的各项工作。要重点抓好行政审批制度改革。近日国务院公布了各部门第一批取消的789项行政审批项目,社会反响很好。下一步要抓紧工作,年底前基本完成国务院各部门行政审批项目的审核处理工作。同时,要配合有关部门继续对中央行政事业单位银行账户进行清理。总之,要在这一个多月的时间里,切实加强领导,加大工作力度,加快工作进度，狠抓落实，确保今年反腐败各项任务的顺利完成。

要认真做好中央纪委第二次全会的筹备工作。明年2月召开的中央纪委第二次全会，是新一届中央纪委贯彻落实十六大精神，研究部署党风廉政建设和反腐败工作的一次十分重要的会议，中央领导同志对这次会议很重视，全党和各级纪检监察机关也很关注，一定要开好。刚才，二次全会文件起草组的同志汇报了报告的基本框架，大家也发表了很好的意见。为了把二次全会筹备好，常委同志要紧紧围绕十六大作出的部署和提出的要求，深入实际，深入基层，带头开展调查研究，以便摸清情况，明确思路。报告的起草工作要抓紧进行，加快进度。会议的其他筹备工作也要抓紧进行。

要加强常委班子的自身建设。刚才，常委会讨论通过了新一届常委班子的分工意见，讨论通过了常委会工作规则，这是我们常委集体和个人开展工作的遵循。中央纪委常委班子肩负的责任重大，常委班子自身的建设非常重要。胡锦涛同志在十六届一中全会上的重要讲话中，要求新一届中央委员会要高举旗帜、与时俱进，要发扬民主、团结统一，要艰苦奋斗、求真务实，要清正廉洁、一心为民，这也为我们新一届中央纪律检查委员会和中央纪委常务委员会的自身建设指明了方向，我们一定要认真贯彻落实。在此，我提几点建议，与同志们共勉。一是常委一班人要加强学习，努力做勤奋学习、善于思考的模范，解放思想、与时俱进的模范，勇于实践、锐意创新的模范。通过向书本学习、向实践学习、向群众学习，进一步提高理论水平、政策水平和领导水平，提高分析问题和解决问题能力。二是要坚持民主集中制的原则，切实维护好领导班子的团结。要在班子中形成顾大局、讲团结的好风气。要处理好集体领导和个人分工负责的关系，对重大问题，一定要按照原则由集体讨论决定；对分管的日常工作，常委同志要积极主动地负责处理。班子成员之间要互相尊重、互相支持、互相谅解、互相关心，有事多通气、多商量。通过大家的共同努力，把我们这个班子建设成为政治坚定、顾全大局，锐意进取、真诚团结，善谋实干、精干高效的领导班子。三是要进一步改进工作作风，提高工作效率。要不断更新思想观念，改进工作方法，转变工作作风，深入实际，深入开展调查研究，艰苦奋斗、求真务实、真抓实干，不辜负党和人民的重托。

要关心机关干部职工的生活。这些年来，中央纪委监察部执行党中央的方针政策和工作部署是坚决的、很有成效的。纪检监察干部辛勤工作，忘我奉献，表现出了坚强的党性和很高的思想觉悟，是一支党和人民可以信赖的队伍。我们常委一班人要更多地关心、爱护这支队伍，要从思想上政治上关心，帮助他们健康成长；要从生活待遇上关心，减少他们的后顾之忧，使他们更加安心纪检监察工作。对离退休老同志和生活比较困难的干部职工，要多了解他们的实际情况，多听取他们的意见，解决他们学习和生活中遇到的实际问题。对青年干部，要与他们多交心，关心他们的思想和工作，还要多压担子，使他们尽快地成熟起来。

以高度负责的精神做好信访工作[*]

（2003年3月8日）

有许多人给我写信，恳请同志们认真看看，认真分析，认真处理。我理解干部、群众的来信，总的来说是对我们的信任，对我们的希望，万望处理好。有的转给省市区委书记，有的转给省市区纪委书记，有的转给市地县委书记同志阅处，有的也可送我及中央纪委、监察部领导阅处，我认为这是对待群众的态度问题。当然有些信是没有道理的，有的是胡扯的，也会有诬告的，就是这些信，也需要各级领导同志去做工作。还有一部分信反映工作中存在的问题，有的是苗头性问题，还有些可能是建议等，都应引起我们重视，这对改进工作很有好处。

信访工作十分重要，同志们很辛苦，相信大家一定会在张惠新同志领导下，继续以高度负责的精神做好工作。

---

* 这是吴官正同志致时任中央纪委信访室主任张继同等的信。

解决好发生在老百姓身边的损害群众切身利益的问题*

（2003年4月10日）

加强和改进党的作风建设，核心问题是保持党同人民群众的血肉联系。当前，党的作风总的是好的，干部队伍的主流是好的。但是，也存在一些亟待解决的问题。老百姓关心的突出问题主要是两个，一是少数领导干部利用手中的权力谋私，二是直接侵害群众切身利益的不正之风。推进反腐倡廉工作，既要查办案件，严厉惩处腐败分子；又要加强领导干部廉洁自律和纠正不正之风，解决好风气不正的问题。这是全面贯彻"三个代表"重要思想的必然要求，也是深入贯彻十六大精神的重要任务。

在我们党内，腐败分子是极少数，但利用职权与民争利、铺张浪费等不正之风却在一些地方和部门不同程度地存在，直接影响群众的生产生活。现在，一些医生看病收受红包，一些学校乱收费，一些基层干部对农民简单粗暴，农民负担过重，一些执法人员办事不公、刁难群众，虽然三令五申，照样有人我行我素。只要谈起这些问题，老百姓就有气。我们要下决心解决风气不正的问题，坚决纠正发生在老百姓身边的严重损害群众利益的问题。今年，要重点治理教育乱收费，纠正医疗卫生和医药购销中的不正之风，减轻农民负担，坚决制止奢侈浪费。前不久，中央主要领导同志对制止用公款大吃大喝等问题作了重要指示。

---

* 这是吴官正同志在听取四川省委省政府和省纪委工作汇报后讲话的一部分。

我们要认真贯彻执行。

当然，不正之风的形成有多方面的复杂因素，解决这个问题一定要坚持实事求是，多管齐下。比如，医疗卫生和药品购销中的不正之风，既有医德医风、患者负担、药品生产、流通秩序等方面的问题，也涉及企业合理利润、医院合理收入、患者合理缴费等正当利益问题，涉及体制机制制度方面的深层次问题。因此，解决风气方面的问题，仅靠某一项措施是不够的，而要从各个环节入手进行综合治理，不能简单化、绝对化。我们既要严格要求，严格管理，严格纪律，做深入细致的思想政治工作，又要注意调整各方面的利益关系，使提出的要求和采取的措施行得通、做得到，同时要以改革的精神进一步探索从源头上预防和克服不正之风的有效办法。只要我们下决心这样去做，就能不断取得阶段性成果，使部门和行业的风气逐步好转。

反腐倡廉必须坚持标本兼治，综合治理，逐步加大治本力度。教育是基础。这些年来揭露出来的典型案件表明，领导干部包括高级干部犯错误往往是从放松要求、思想蜕变、作风不正开始的，结果给党的事业带来重大损失，教训十分深刻。我们坚持抓从政道德教育和职业道德教育，抓先进典型教育和警示教育，就是为了使我们的干部坚持立党为公、执政为民，尽量少犯错误或不犯错误。在这方面，领导干部更要自觉，以身作则，率先垂范，自觉接受监督。党中央、国务院的主要领导同志，都郑重地表示接受全党和全国人民的监督，为我们做出了表率。各级领导也要严于律己，做出榜样。好的风气，既是抓出来的，也是带出来的。党员领导干部特别是主要领导干部，严于律己，一身正气，敢抓敢管，既是对党员干部的一种无声号令，也是对腐败分子的一种有力威慑。只有树立了良好的党风，才能带动和促进政风和社会风气的好转。

逐步建立起中国特色的教育制度监督三者并重、相互配套的预防腐败体系*

（2003 年 5 月 7 日）

要深入推进反腐倡廉工作，必须坚决查处腐败分子，着力解决人民群众关心的不正之风问题，筑牢思想道德和党纪国法两道防线，逐步建立起中国特色的教育、制度、监督三者并重、相互配套的预防腐败体系。要通过预防体系的建设，努力从源头上铲除滋生腐败的土壤，使我们党不断增强拒腐防变的能力。

我们干部队伍的主流是好的。党的十四大以来，各级纪检监察机关查处的党员干部，只占党员总数的 1.8‰，其中腐败分子只是极少数。对大多数干部来说，反腐败主要是立足于教育。要认真开展理想信念和革命传统教育，开展廉洁从政教育，开展党纪政纪和法律法规教育，开展正反两方面的典型教育。要坚持以正面教育为主，通过树立廉洁奉公、勤政为民的先进典型，弘扬正气，鼓舞斗志，充分发挥其示范引导作用；同时，要注意运用反面典型开展警示教育，以案明纪，引以为戒，提高党员干部特别是领导干部的思想政治素质，解决好世界观、人生观、价值观问题。各级领导干部要牢记“两个务必”，自觉用党章规范自己的言论和行为，做到立党为公、执政为民。培养一个干部不容

---

* 这是吴官正同志在听取黑龙江省委省政府和省纪委工作汇报时讲话的一部分。

易，垮起来却很容易。及时提醒，早打招呼，可以帮助一些领导干部有错早改。当然，对腐败分子必须坚决查处，不得罪极少数腐败分子，就是得罪了党和人民。但是，我们党总是希望通过教育避免腐败案件的发生，使领导干部不犯错误或少犯错误。教育的成效要体现在领导干部带头实践“三个代表”重要思想的行动中。当前，老工业基地正在进行产业结构调整和技术改造，面临一些新的矛盾和问题，有些群众的生活还很困难。领导干部要深入基层，关心群众，善待群众，千方百计地帮助群众特别是困难群众，多解决一些实际问题。

要以改革的精神推进制度建设和制度创新。这些年来，我们党对反腐败的认识是清醒的，态度是坚决的，政策是正确的，措施是有力的。但为什么一些地方和部门还接连出现问题呢？其中一个重要原因，就是我们处于经济体制转轨时期，存在诱发腐败的诸多因素，包括制度上的漏洞。中央纪委第二次全会提出的要继续推进行政审批、财政管理、干部人事等制度改革，坚持和完善民主集中制的各项具体制度，完善领导干部民主生活会制度，实行领导干部述职述廉和谈话制度等，都是重要的制度建设措施。制度建设必须坚持与时俱进，要与社会主义市场经济规则相适应。对已有的一些条规制度，不完全适应的要作出调整，已经过时的要废止，必须坚持的要坚决执行。在执行中要加强监督检查，保证落到实处。目前，中央纪委正着手修订《中国共产党纪律处分条例（试行）》，起草《中国共产党党内监督条例》。各地区各部门也要结合实际，制定相关制度和规定。实践证明，反腐倡廉既要注重思想道德建设，又要改革完善体制机制和制度。品行好，人不忍为恶；制度好，人不能为恶；法制严，人不敢为恶。

要加强对领导干部特别是主要领导干部的监督。领导干部要树立自觉接受监督的意识，纠正那种认为监督就是不信任的误解。我们加强监督的目的，就是希望领导干部不犯错误或少犯错误，这正是对干部的关心和爱护。现在看，领导干部犯错误，大多是经受不住权、钱、色的考验。那些给你送钱的人不是真的对你有什么“感情”，而是看中你手中的权力，最终会把你送进牢房。所以，领导干部要自重、自省、自警、自励，自觉接受监督。从查处的案件看，一些违纪违法的领导干部案发前都规避监督，被查处后又追悔没有主动接受监督。加强监督，必须建立健全监督制约机制，加强领导班子内部的监督，探索发挥党代会代表和党的委员会全体会议的监督作用，建立健全巡视制度，逐步对派驻纪检监察机构实行统一管理。还要注意健全政务公开、厂务公开、村务公开制度，发挥人大的法律监督，政协和民主党派的民主监督，新闻媒体的舆论监督和广大群众监督的作用，进一步扩大人民群众的知情权、参与权、选择权和监督权。监督者也要接受监督。纪律检查机关作为党的监督机关，要加强监督检查，同时，也要自觉接受党组织、党员和群众的监督。

彻底打掉腐败分子把境外作为藏身之地的幻想*

（2003 年 5 月 13 日）

有个省建设厅的一领导干部私自出境不归，使我联想到一些腐败分子为逃脱法律惩处，携款（或先将资金转移到境外）外逃，给国家造成重大经济损失，政治上影响也很坏。我建议你们出面，会同有关单位领导同志开会研究，把这些年外逃的党员干部人数、资金、途径、漏洞等搞清楚，举一反三，进一步有针对性地采取标本兼治的措施，力争从根本上使这个问题能得到较好解决。同时，对影响大的逃犯要千方百计将他们搞回来，依法严惩，尽可能挽回经济损失，彻底打掉腐败分子把境外作为藏身之地的幻想。

---

* 这是吴官正同志对有个省建设厅的一领导干部私自出境不归问题的批示。

领导干部特别是高级干部要廉洁自律*

（2003年5月18日）

高级干部一定要严格要求自己。中央纪委是在党中央领导下，抓纪律检查和反腐倡廉工作的，查处的案件主要是省部级领导干部的案件和有影响的重大案件，我们每年处理的省部级干部大概是十几个。我到中央纪委这半年已经处分了几个，其中两个开除党籍、移送司法机关逮捕法办，还有几个给予了党纪政纪处分。这个月底，我们还要召开中央纪委常委会议，要研究处分个别省部级领导干部。

我们并不想多抓人，也不想多查人，但有的人必须查。我想我们个别省级干部不缺钱，缺的是德，缺的是才。合法的钱多一点当然很好，如果来路不正又怕查，放在家里又怕偷，带在路上还怕抢，多难过啊！我想这些人的欲望有三个：一个是权，希望官越大越好，买官卖官；二是捞钱；三是乱搞女人。权、钱、色就是干部要过的三个关！“權”（“权”字的繁体字）的意思，“草头”就是草民，就是当官的要为老百姓服务，“两个口”是使老百姓有饭吃，讲话自由，这样呢，你这个官就当得好，所以下面是个“佳”字，“木”字旁就是要扶正祛邪，不好的要拿棍棒打。“權”还有一个意思，如果不是为老百姓服务，那你就不是人，老百姓就会骂

---

* 这是根据吴官正同志在听取陕西省委省政府和省纪委工作汇报时的讲话整理而成。

你！权、钱、色这三个字，都是两面的。领导干部一定要注意：凡是给你送钱的人，其实是在害你，是要把你送到班房去。他如果给你送了10万，他就会在外面搞100万甚至200万！抓住了以后要治他的罪，他就会把你供出来，一旦把你供出来，法律有规定，他可以“坦白从宽”处理。我们查的省委书记、省长基本上都是这样被供出来的。他不但是害你们，也是害你们的子孙后代。如果有人给你们送钱、送贵重东西怎么办？要劝阻，要批评，再就是送到纪检监察部门去，让纪检监察部门找他谈谈话。领导干部又不穷，他们为什么不送钱给那些生活困难的人？权、钱、色这三个关一定要把好。把好关，第一要加强思想道德教育，第二要发扬党内民主，第三要加强制度建设，第四要加强对权力的监督制约，第五要创新体制机制，从根本上铲除滋生腐败的土壤。反腐败的目的是使我们党越来越好，使我们党风越来越好，希望犯错误的人越来越少。

把制度建设贯穿于反腐倡廉工作的各个环节*

（2003年6月4日）

在新形势下，推进反腐败工作，加强教育、发展民主、健全法制、强化监督、创新体制，都要把制度建设贯穿其中，体现到工作的各个环节和各个方面，不断提高反腐倡廉制度化水平。

领导干部廉洁自律、查办违纪违法案件、纠正部门和行业不正之风三项工作，仍然具有很强的现实针对性。当前深入推进反腐倡廉，必须严肃查处腐败分子，坚决纠正群众反映强烈的突出问题，同时又要注意从中发现体制机制和制度上的漏洞，有针对性地建立健全规章制度。比如，落实国有企业领导人员廉洁从业各项规定，如果与推行领导人员年薪制等措施结合起来，效果可能会更好；在纠正医药购销中的不正之风过程中，除了用刹风整纪的办法外，还应当积极推进城镇医药卫生体制改革、药品流通体制改革，调整好各方面的利益关系。这样，通过制度建设，巩固反腐败三项工作的成果，不断提高反腐倡廉工作水平。

解决党员领导干部在党性党风党纪方面存在的突出问题，既要加强教育，筑牢思想道德防线，又要加强制度建设，规范领导干部的从政行为。邓小平同志指出，“制度问题不解决，思想作风问题也解决不了”。改革开放以来我们党对广大党员干部

---

* 这是吴官正同志在听取云南省委省政府和省纪委工作汇报时讲话的一部分。

不断加强教育，但仍有极少数领导干部走上违法犯罪的道路。江泽民同志曾专门批示："对子女最大的爱护是教育其艰苦朴素、勤学苦练"，"吃再好的饭也只能一日三餐，住再大的房，睡下去也只是一张床"，"切勿寿星佬吃砒霜，活得不耐烦"。"我们开了不少会，讲了不少醒世良言，但仍然不断发生这类事件。当然难以完全禁止，我们总得深入地摸出点规律"，"还是要很好总结经验教训"。这些批示非常深刻，告诫我们解决领导干部廉政方面的问题，不仅要加强教育，还必须总结规律，把教育同健全制度紧密结合，坚持德治和法治双管齐下。这些年来，我们对领导干部实行的廉政谈话、诫勉谈话、警示谈话和廉政承诺、廉政情况报告、重大事项报告等制度，之所以取得较好的成效，就是因为通过制度建设夯实了教育这个基础，增强了教育的针对性和有效性。

发展民主的实质就是民主制度建设。制度的好坏直接关系到党内民主的程度。只有加强制度建设，才能保障党章规定的党员各项权利不受侵犯，保证党员知情权、参与权、选择权、监督权等权利的实现。这些年来，我们实行了领导干部民主生活会制度、党内情况通报制度、重大事项集体决策制度、市县党政正职拟任人选和推荐人选全委会票决制度，以及政务公开、厂务公开、村务公开等重要制度。这些制度，既推进了民主政治建设的进程，也促进了党风廉政建设的深入开展。

制度建设本身就是健全法制的重要内容。我们党是执政党，党的反腐倡廉主张和要求，既要通过制度建设制定为党规党法，有的又要上升到法律层面，转化为具有强制力的国家法律法规。执政党政治生活制度化的程度，直接影响到国家法治化的程度。党的制度以及党风廉政法规制度建设搞好了，就能有力地促进依法治国基本方略的实施。

监督靠制度作保证，制度靠监督去落实。党的十三届六中全会、十四届四中全会和十五届六中全会都提出要制定党内监督条例。党内监督条例是一个规范党内监督活动的基本法规。加强党内监督，要以制度为核心。因此，这次起草的党内监督条例，是以完善十个方面的监督制度为主体内容的。这些年来，我们党在通过制度建设强化监督方面，做了不少成功的探索。党章关于党员有权要求罢免的规定，十六大报告关于健全质询制度的规定，以及今年中央纪委第二次全会提出的加强领导班子内部监督、发挥党代会代表和党的委员会全体会议的监督作用、建立健全巡视制度、对派出纪检监察机构实行统一管理等，都是加强监督的重要制度，目的是要使领导干部切实做到廉洁公正、勤政爱民。

制度建设要与体制创新有机统一起来。体制创新有助于铲除腐败滋生的土壤，党风廉政法规制度为体制创新提供了有力保障。推行行政审批、财政管理、干部人事、司法制度等改革措施，是反腐倡廉治本方面的重大体制创新。这些改革举措，涉及利益调整等深层次问题，会遇到一些摩擦、困难甚至阻力。因此，创新体制还必须加强党风廉政法规制度建设，以加强领导，严明纪律，搞好组织协调，保证这些改革措施顺利实施。

建立起科学有效的巡视制度*

（2003年7月2日）

开展巡视工作，是完善党内监督机制，加强党内监督的重大举措。这项工作做好了，能够进一步发扬民主，广泛听取各方面的意见和建议；能够及时了解领导班子和领导干部贯彻执行党的路线方针政策、民主集中制、选拔任用干部规定和落实党风廉政建设责任制的情况；能够从制度上强化党内监督，促进党员领导干部廉洁自律，依法执政。同时，可以把一些不正之风和腐败问题解决在萌芽状态，减少腐败现象的滋生。

这些年来，中央纪委、中央组织部按照党中央的要求，共派出10批巡视组，对20个省区和中央国家机关6个部门开展了巡视工作，对领导班子和领导干部执行党的路线方针政策、廉政勤政等情况进行了深入了解，对苗头性、倾向性问题早提醒、早反映、早制止；对比较重要的情况和问题，及时向中央作了反映。实践证明，巡视工作在促进省部级领导班子和领导干部转变作风、廉政勤政，保证中央政令畅通方面，起到了积极作用。

从我们查处的案件看，一些腐败分子腐化堕落，主要是他们思想蜕化变质，但也有一个需要加强有效监督的问题。这充分说明，越是改革开放，越要加强和健全党内监督；越是领导机关、领导干部，越要有严格的党内监督。加强监督，特别是对省级领

---

* 这是吴官正同志在中央纪委中央组织部巡视工作会议上讲话的一部分。

导干部的监督，要依靠地方党委和纪委，充分发挥领导班子内部监督的作用。中央纪委、中央组织部派出巡视组，可以进一步加大监督的力度，增强监督的有效性。

最近，中央纪委、中央组织部按照中央要求，建立了专门巡视机构和专职巡视队伍，完善了巡视的规章制度，明确了指导思想和职责任务，采取固定人员、固定地区的形式，计划用 4 年左右时间，把 31 个省区市巡视一遍。这标志着巡视工作由过去的不定期、临时抽调人员，向制度化、规范化、经常化发展，党内监督机制正在逐步走向完善。

巡视工作是一项制度创新，是党中央交给我们的一项重要政治任务。大家要不辱使命，牢记责任，勤奋工作，在实践中不断积累经验，增强巡视效果。为了把巡视工作提高到一个新水平，我们要做好以下几点：

第一，要加强领导，精心组织。巡视工作具有很强的政治性和政策性，必须在中央纪委、中央组织部的领导下有序开展。我们要把加强巡视工作摆上重要日程，进一步健全巡视工作联席会议制度，及时研究解决新情况和新问题。巡视前要制定严密的方案，明确巡视重点，保证巡视质量。巡视组组长要切实负起责任，精心组织，把各项工作做实、做细；同时要带好队伍，加强对巡视人员的管理和监督。要正确处理加强监督与尊重当地党政领导班子的关系。要严格请示汇报制度，重大问题不要个人随意表态。巡视工作办公室要充分发挥职能作用，加强组织协调、情况汇总和分析研究等工作。

第二，要坚持实事求是，认真履行职责。实事求是、客观全面地反映情况，既是做好巡视工作的根本要求，也是衡量巡视工作成效的重要标准。在巡视工作中，要坚持党的群众路线，深入基层，深入群众，认真调查研究。要全面了解和掌握情况，认真对待群众的来信来访，广泛听取各方面的反映，特别要到问题突出、矛盾尖锐的地方去听取意见。对重要情况和问题，一定要认真分析、甄别，把握问题的实质，为中央纪委、中央组织部提供全面客观、真实可靠的情况。

第三，要加强学习，严守纪律。巡视组的作风直接代表中央纪委和中央组织部的形象。大家要牢记党组织的重托，加强学习，不断提高政治、业务素质。要模范遵守党内规章和法律法规，严格执行《巡视工作人员守则》，廉洁自律，遵守保密纪律，以扎实的作风、严谨的态度、高尚的情操完成巡视任务。

第四，要与时俱进，勇于创新。面对新形势、新任务，巡视工作既要坚持已有的好做法，又要在实践中总结经验、摸索规律，不断完善，争取用几年时间，建立起一套科学有效的巡视制度。

查办案件是惩治腐败的重要手段*

（2003 年 7 月 9 日）

查办案件是纪检监察机关的一项基本职能，是惩治腐败的重要手段，事关反腐倡廉工作的全局。这些年来，中央纪委监察部查办了一批大案要案，各地纪检监察机关也查办了一批在本地区影响较大的案件，办案工作取得了很大成绩。但是，从全国看有的地方和部门或多或少地存在着忽视查办案件的问题，需要引起重视。不能因为强调治本而放松办案，不能因为怕得罪人而不去办案。我们要继续加大查办案件工作力度，决不能有丝毫放松。要切实加强领导，探索规律，与时俱进，努力提高办案工作的水平。

坚持党委统一领导，充分发挥纪委组织协调作用。查办案件是一项政治性、政策性很强的工作，只有坚持党委统一领导，才能保证办案工作的正确方向，才能协调各方力量，排除阻力和干扰。党委要加强对办案工作的领导，建立健全查处大案要案的组织协调机制，充分发挥纪委的组织协调作用。党委主要负责同志要经常过问案件查处工作。纪委要按照党章要求，认真履行组织协调反腐败工作职责。要主动向党委报告办案工作的重要情况，争取党委的领导和支持。纪委书记要亲自指挥和组织协调大案要案的查处。在重点查办大案要案的同时，要着力

---

* 这是吴官正同志在听取河南省委省政府和省纪委汇报时讲话的一部分。

查办一批发生在老百姓身边、侵害群众利益的案件，切实维护好人民群众的利益。有的案件的查办，纪检监察机关要与司法机关、行政执法机关和审计机关依法搞好配合，形成整体合力。

要从政治上着眼，注意改进案件的办理方式和宣传方式。对一些影响大、群众比较关注的案件，在主要问题查清后，可先在党内进行处理，并在一定范围内通报。对那些涉嫌犯罪、具备移送司法机关条件的案件，要及时移送，不要“一包到底”，以充分发挥司法机关的作用。

严格依纪依法办案，认真执行政策。这是建设社会主义政治文明、实施依法治国基本方略、贯彻依法执政要求的具体体现，也是办案工作的基本要求。依纪依法办案，一要坚持在党纪国法面前人人平等。不论是谁，只要违犯了党纪国法，都要依纪依法予以惩处，绝不留情、绝不手软。二要严格依照纪检监察机关的职责、权限和程序，依纪依法查办案件。三要坚持文明办案。在查办案件中，绝不允许诱供逼供，甚至变相体罚、侮辱人格。特别要看到，在查处的案件中，有的属于腐败问题，有的只是一般的违纪问题。我们要有清醒的认识，既要惩处腐败分子，也要注意保护党员的合法权利。一旦发现举报、反映的情况不实，要及时予以澄清，消除不良影响。使用党内审查措施，是纪检机关在查办案件中的一项重要权限，也是对受审查党员干部的一种爱护。对该措施既要坚持使用，又要慎用，要加强管理，保证被审查人员的安全，确保不出问题。

在具体案件的处理中，要坚持惩前毖后、治病救人的方针，做到宽严相济。包拯和欧阳修曾先后任开封知府，历史上有“包严欧宽”的典故，都为老百姓所称颂。所以，在查办案件中该严则严，该宽则宽。对确有严重违纪违法问题而又态度恶劣、拒不承认错误、对抗调查的，要从严处理；对虽有严重错误，但能够主动承认和改正，并配合组织查清自己和其他人问题的，要依照有关规定从轻、减轻处分；对那些犯有较轻错误的同志，由有关领导同志与他谈话，帮助其认识和改正错误，改了就好。

与时俱进，不断提高办案工作水平。面对新的形势和任务，各级纪检监察机关必须解放思想、实事求是、勇于探索，不断提高办案工作的水平。一要加强制度建设，使查办案件工作更为规范有序。要健全程序性的制度，用严格的程序保证办案工作依纪依法进行。要建立健全查办案件的内部监督机制，建立科学严密的工作程序和业务流程。二要做好案件审理工作，保证办案质量。查办案件，既要坚决、又要慎重，务必搞准，做到事实清楚、证据确凿、定性准确、处理恰当、手续完备、程序合法，经得起历史的检验。三要不断提高办案人员的素质。总的来说，纪检监察干部队伍是一支政治坚定、有战斗力的队伍。在新形势下，各级纪检监察机关要加强办案队伍的建设和管理，从关心爱护干部的角度出发，对执纪办案人员严格要求、严格教育、严格管理、严格监督。执纪办案人员也要自觉接受监督。要加强学习，不断提高政治素质和业务素质。

全党同志特别是党员领导干部要严格遵守和维护党的纪律*

（2003年8月19日）

党的纪律是维护党的团结统一的重要保证。在80多年的奋斗历程中，我们党能够不断战胜困难、夺取胜利，除了依靠正确的理论和路线外，还依靠严格的纪律作保证。在党的历史上，历次党章都对党的纪律作出过明确规定。毛泽东同志深刻指出："加强纪律性，革命无不胜。"他在井冈山时期就亲自为工农红军制定了"三大纪律"：一是行动听指挥，二是不拿工人农民一点东西，三是打土豪要归公。其中第一条是管总的，既是政治纪律，又是军事纪律、组织纪律；后两条分别规定了群众工作纪律和经济工作纪律。后来发展成了"三大纪律八项注意"，并谱成歌曲，一直唱到现在。邓小平同志多次强调：我们事业的成功，"一靠理想，二靠纪律"。江泽民同志曾在中央纪委全会上专题作过《切实加强和坚决维护党的纪律》的讲话。十三届四中全会以来，我们党为加强纪律采取了一系列重要措施，党的纪律建设得到进一步改进和加强。实践充分证明，严明的纪律是我们党的政治优势，是不断从胜利走向胜利的可靠保证。

党的纪律是铁的纪律，包括政治纪律、组织纪律、经济工作纪律、群众工作纪律等等。当前，在遵守党的纪律方面，绝大多数党组织和党员是好的。但是，在新的环境和条件下，也有一些

---

* 这是吴官正同志在江苏省考察工作结束时讲话的一部分，发表于《求是》2003年第19期。

党员领导干部纪律观念淡薄，存在纪律松弛的现象，甚至有的我行我素，违纪违法。我们党是一个有6600多万党员的大党，没有严明的纪律作保证，就会失去战斗力，成为一盘散沙。各级党组织要充分认识纪律松弛的严重危害，坚决贯彻党要管党、从严治党的方针，严格遵守和维护党的纪律。

要严格遵守和维护党的政治纪律。政治纪律是最重要的纪律，是党的全部纪律的基础。严肃政治纪律，首要的是严格遵守党的章程和党内政治生活准则，坚持党的基本理论、基本路线、基本纲领、基本经验不动摇，自觉同党中央保持高度一致。坚决维护党的团结和统一，坚决维护以胡锦涛同志为总书记的党中央的权威，坚决维护党和政府在人民群众中的形象。领导干部要以"三个代表"重要思想为指导，加强党性修养，增强明辨是非的能力，善于从政治上观察和处理问题，始终保持坚定的政治信念和清醒的政治头脑。要充分认识境内外敌对势力编造种种政治谣言的严重危害，不听不信，不为所惑，不为所动。

要严格遵守和维护党的组织纪律。广大党员干部特别是领导干部要坚持民主集中制，自觉遵守党的组织原则，做到党章规定的"四个服从"。要坚持集体领导，凡是重大决策、重要干部任免、重大项目安排和大额度资金的使用，都必须集体讨论作出决定，不准个人或少数人说了算。要坚持任人唯贤，不准任人唯亲；坚持五湖四海，不准搞团团伙伙；坚持公道正派，不准拉关系、徇私情。对于跑官要官的，要严厉批评；对于买官、卖官、骗官的案件以及拉票、贿选的行为，一经发现，要坚决查处。

要严格遵守和维护党的经济工作纪律。近些年，在党员干部中违反经济工作纪律的现象比较突出。从纪检监察机关查处的违纪违法案件看，经济类案件一直处于第一位，集中表现为一些领导干部利用职权贪污受贿、以权谋私，搞权钱交易。这类案件还有一个特点，就是领导干部的配偶、子女和身边工作人员利用其职权和影响，谋取非法利益。这是一些领导干部犯错误、栽跟头的重要原因。各级领导干部一定要增强廉洁自律的意识，认真遵守经济工作纪律，尤其不能违反规定干预和插手建设工程招标投标、经营性土地使用权出让、房地产开发与经营等市场经济活动；不能收受与其行使职权有关系的单位、个人的现金、有价证券和支付凭证。我们强调经济工作纪律，就是要提醒各级领导干部正确对待手中的权力，不犯错误或少犯错误。如果钱财来路不正，放在家里怕偷，带在路上怕抢，存进银行怕查，迟早都会受到党纪国法的制裁。

要严格遵守和维护党的群众工作纪律。我们党的最大政治优势是密切联系群众，党执政后的最大危险是脱离群众。因此，我们要特别强调群众工作纪律，坚决反对形形色色的形式主义、官僚主义。任何党员和干部，都不允许与民争利，侵犯人民群众的权益。要爱惜人力、财力、物力，反对搞华而不实的"形象工程"、"政绩工程"。要坚决刹住弄虚作假、虚报浮夸、欺上瞒下、追名逐利的歪风。凡是涉及群众切身利益的事情，如城市房屋拆迁、土地征用、国有和集体资产的管理处置等，都要充分向群众公开，听取群众的意见。要妥善处理新形势下的人民内部矛盾，维护社会稳定。对于那些作风霸道、欺压群众的党员和干部，必须严肃查处。

各级纪委要认真履行职责，加强对党员干部遵守纪律的教育，加强对执行纪律情况的监督检查。要组织党员干部认真学习党章，督促党员按照"八项义务"和"八项权利"严格要求自己，做合格的共产党员；督促领导干部按照"六项基本条件"严格要求自己，做合格的领导干部。对违反党的政治纪律、组织纪律、经济工作纪律和群众工作纪律等行为，都要坚决查处，维护党的纪律的严肃性。

要在实践中不断完善巡视制度*

（2003 年 8 月 19 日）

巡视工作正在探索中，要通过总结经验进一步完善。我认为，有几个问题需要注意，妥否，请斟酌考虑。

1. 巡视工作制度化，是党中央加强对省级领导班子特别是主要领导干部监督的重大决策，是中央对这些同志的关心和爱护。我们要认真总结经验，逐步完善巡视组的职责、权限和工作程序等方面的制度。巡视组的主要任务是代表党中央对省级领导班子进行监督，目的是希望领导干部不犯错误或少犯错误。

2. 五个巡视组用四年左右的时间，对管辖的地区巡视一遍。必要时，巡视组在巡视工作结束后，全部成员或部分成员还可以返回来，再次巡视。通过有针对性地反复巡视，力争把问题搞得比较透。如果党中央向我们了解省级领导班子的廉政情况时，我们也能够基本说清楚。

3. 巡视组的工作不同于办案，也不同于考察干部。对于发现的重大廉政问题，是否可以进行深入了解（主要领导干部除外）？如人员不够，可以从省纪委或中央纪委调人。了解后，需要立案调查的，按程序报批。看来，巡视组有手段、有权威、有威慑力，是十分必要的。

4. 巡视组要设法深入了解省级领导班子的真实情况。巡

---

* 这是吴官正同志致中央书记处书记、中央纪委副书记何勇，时任中央纪委副书记刘锡荣的信。

视组找人谈话，可以由省委办公厅或省纪委指定的同志来联络，也可以直接找，减少不必要的中间环节，以有利于工作。巡视组要注意严格保密，要有专门的电脑和笔记本。巡视组出去，一般情况下不要用警车开道为好。

5. 要建立巡视工作档案。内容包括综合性的巡视材料、重要问题的反映和初核情况，以及没有调查清楚还需进一步调查的问题。

6. 巡视组要同案件检查室、信访室、纠风室加强协调配合，沟通情况。巡视组如需对重大问题进行深入了解时，需要案件检查室给予配合的，一定要配合好。

切实解决教育乱收费问题*

（2003年8月28日）

教育乱收费是人民群众反映强烈的热点问题之一，我们必须切实解决好。近年来，我们在治理教育乱收费方面取得了积极的成效，对此必须给予充分肯定，但也要清醒地看到，人民群众对一些学校收费过高、子女上学难的问题仍不满意。这一问题的存在，一方面是由于我国人口众多，又是发展中国家，所谓“穷国办大教育”，教育发展不平衡，学校之间在办学条件、办学水平方面存在较大差距，存在着重点学校和非重点学校之分。一些学生家长为了让孩子上好学校，上名学校，宁愿交纳高额学费入学。另一方面受利益驱动，一些地方的基层政府、部门和单位向学校搭车收费，有的学校擅立收费项目，乱办班、乱补课，向学生多收费。对存在的问题和原因，我们要有充分的认识，一定要把解决教育乱收费的问题，作为关系教育事业健康发展和社会稳定的大事切实抓紧抓好。

治理教育乱收费工作，首先要突出重点，落实好两项政策。一是在国家扶贫开发工作重点县的农村小学和初中坚决落实“一费制”政策；二是在城镇严格执行公办高中招收择校生“限分数、限人数、限钱数”的政策。第二，要坚持标本兼治，纠建并举。在从严治标的同时，逐步加大治本力度。要加强对教育工作者的职业道德教育，增强他们的职业荣誉感和社会责任感，提高职

* 这是吴官正同志在教育部调研时讲话的一部分。

业道德水平。要坚持制度创新，强化制约监督机制，完善行为准则和职业道德规范，建立起按制度办事、靠制度管人的机制。你们推进教育收费听证、收费公示、收费巡查督导、收费审计和校务公开、责任追究六项制度的做法很好，要坚持下去。第三，要加强经常性的监督检查。要监督在先，防范在前，关口前移，注重实效。第四，要注意抓正反两方面的典型，既要坚决查处违纪违法问题，又要注意总结经验，用先进典型指导推动工作。为什么有的学校办学质量好，又没有乱收费？多总结宣传这样的典型，无论从哪方面讲都有说服力。要重视发挥新闻媒体的作用，为治理教育乱收费工作营造良好的舆论氛围。

总之，教育行政部门和学校必须进一步增强政治责任感和工作紧迫感，以更加有力的措施、更加有效的工作，切实解决教育乱收费问题，取信于民。

加强基层党的作风建设
维护好人民群众的切身利益*

（2003年9月16日）

当前，全党全国正在兴起学习贯彻"三个代表"重要思想的新高潮。学习贯彻"三个代表"重要思想，必须坚持立党为公、执政为民这个本质要求，认真抓好党的作风建设，维护好人民群众的切身利益，密切党同人民群众的血肉联系。

一、党的作风关系党的生死存亡

我们党是全心全意为人民服务的好党。党的先进性既体现在正确的路线方针政策上，又体现在党组织和党员干部的优良作风上。当年延安整风，就是整顿学风、文风和党风。毛泽东同志说，"学风和文风也都是党的作风，都是党风。"党的七大确立了理论联系实际、密切联系群众和批评与自我批评三大作风。1978年年底，党的十一届三中全会恢复建立了中央纪律检查委员会。在纪委究竟抓什么的问题上，邓小平同志明确指出："主要任务就是协助中央和各地党委搞好党风。"后来，他又强调："我赞成陈云同志讲的，执政党的党风问题是有关党的生死存亡的问题。"党的十四大以来，江泽民同志多次阐述党风建设问题，强调"党的作风状况，关系党的生死存亡，关系国家的前途命

* 这是吴官正同志在青海省考察工作结束时的讲话摘要，发表于2003年9月19日《人民日报》。

运”，并对党风建设的指导方针、根本任务、途径方法做了全面论述。优良的党风，是我们党区别于其他政党的显著标志，是党不断从胜利走向胜利的力量所在。

党风建设的核心是密切党同人民群众的血肉联系。党的十六大报告指出：“我们党的最大政治优势是密切联系群众，党执政后的最大危险是脱离群众。”这是我们党对执政规律的深刻认识。早在建国前夕，毛泽东同志就提出进城后我们是做官当老爷、还是继续做人民公仆的问题。他告诫全党要牢记“两个务必”，始终坚持全心全意为人民服务的宗旨。邓小平同志指出，要把人民拥护不拥护，赞成不赞成，高兴不高兴，答应不答应，作为指导党的一切工作的标准。江泽民同志集中全党智慧提出的“三个代表”重要思想，其本质就是立党为公、执政为民。胡锦涛同志在“七一”讲话中，强调各级领导干部要把立党为公、执政为民的要求落实到思想和行动中，做到“权为民所用、情为民所系、利为民所谋”。各级党组织要坚持不懈地加强党的作风建设，使党的作风有新的明显进步，使党群关系和干群关系有新的明显改善。这是开创社会主义现代化建设新局面的必然要求，是我们党永远立于不败之地的重要保证。

二、要高度重视基层干部队伍的作风建设

党的基层干部处在改革开放和经济建设的第一线，天天接触群众。他们的作风如何，直接关系党的路线方针政策的落实，直接影响党在人民群众中的形象。长期以来，广大基层干部吃苦耐劳，扎实工作，为推进改革、促进发展和维护稳定作出了重要贡献。比如，近年来，为了保护人民群众的生命财产安全，全国有数万名民警因公负伤，数千名民警光荣牺牲。在今年抗击非典斗争中，广大基层干部和医务工作者表现出了高尚的道德

情操，为取得抗击非典的阶段性重大胜利作出了突出贡献。基层干部队伍的主流是好的，对他们必须给予充分肯定。

但我们也要看到，一些基层干部还存在这样那样的问题。有的大吃大喝，铺张浪费；有的工作简单粗暴，强迫命令；有的搞形式主义，虚报浮夸；有的执法不严，办事不公，吃拿卡要，甚至刁难群众，以权谋私。近两年，有关部门受理的检举控告中，绝大多数反映的是基层党员干部的问题。一些地方，集体上访、越级上访增加，也与一些基层干部作风不扎实、工作不到位有关。

基层干部作风的好坏，关系基层政权的稳固。“基础不牢，地动山摇”。各级党委、纪委要高度重视加强党的基层作风建设，切实纠正侵害群众利益的不正之风，密切党群干群关系，巩固党的执政基础。

三、要实现好、维护好、发展好人民群众的根本利益

加强基层党的作风建设，要以“三个代表”重要思想为指导，按照“八个坚持、八个反对”和“两个务必”的要求，着力解决基层党员干部作风方面存在的突出问题，牢固树立群众观点，使干部经常受教育，使群众长期得实惠。

要对群众有深厚的感情，做到爱民、为民、富民、安民。这是党员干部应有的政治立场，也是应有的道德品质。在我国历史上，凡是为老百姓做过一些好事的官吏，都为人们所称颂。比如李冰父子治水，修建都江堰工程；西门豹治邺，为民除害；包拯秉公执法，惩恶扬善。这些脍炙人口的故事，为老百姓代代相传。我们共产党人与封建士大夫有着本质的不同，理应比他们做得更好。焦裕禄、孔繁森、郑培民等一大批党的好干部，之所以得到人民群众的爱戴，就在于他们对党无限忠诚，对人民无限深

情。广大基层干部一定要加强学习，加强道德修养，提高精神境界，增强同人民群众的感情，自觉做到爱民、为民、富民、安民，做到为民尽责、为国竭力、为党分忧。

要关心群众疾苦，切实解决群众生产生活中的实际困难。坚持立党为公、执政为民，必须重视解决人民群众最现实、最关心的实际困难。现在，全国农村贫困人口主要集中在中、西部地区；需要再就业的人员，西部地区也占有较大比例。这些人家庭负担重，生活困难。广大基层干部要深入到困难大、生活苦、基础差的地方去，关心群众疾苦，倾听群众呼声，切实把中央关于脱贫解困的政策措施落到实处，诚心诚意为群众办实事、解难事、做好事。凡是涉及群众切身利益的事情，都要充分听取群众意见，不准搞强迫命令。要量入为出，勤俭节约，坚决反对搞华而不实的"形象工程"、"政绩工程"，坚决刹住弄虚作假、欺上瞒下、追名逐利的歪风，使群众不断从经济社会发展中得到更多的实惠。

要妥善处理新形势下的利益关系和矛盾纠纷，认真做好群众来信来访工作。随着改革开放的深入和社会主义市场经济的发展，我国社会经济成分、组织形式、就业方式、利益关系和分配方式日益多样化。做好新形势下的群众工作，妥善处理各种利益关系和矛盾纠纷，是基层干部越来越重要的职责。近年来，中央纪委信访室受理的群众信访举报中，直接涉及群众利益、要求有关部门裁决的比较多，其中多数是反映司法、行政执法以及城市房屋拆迁、农村征地、劳动纠纷等方面的问题。群众利益无小事。各级组织和党员干部要加强思想政治工作，正确运用经济、行政和法律等手段，认真负责地处理好人民群众反映的问题，做到件件办理有着落，事事落实有回音。对一些确实难以解决甚至不合理的要求，也要努力做好思想工作，稳定群众情绪，认真把矛盾化解在基层。

要加强基层站所的党风廉政建设。派出所、工商所、税务所、电管所等，是直接为群众服务的窗口，与群众的利益息息相关。在一些基层站所，存在着吃拿卡要、乱收费乱罚款以及越权失职、行政不当等问题。因此，必须进一步加强基层站所的党风廉政建设。一要严格自律，廉洁奉公，绝不能与民争利，侵占群众利益；二要勤政为民，排忧解难，绝不能推诿拖拉，敷衍塞责；三要公正司法，严格执法，绝不能徇私舞弊，滥用职权。要进一步推广和完善集中办公、一站式服务等做法，更好地为群众办事。

要扩大基层民主，发挥群众监督作用。要加强基层民主政治建设，健全基层自治组织和民主管理制度，保证群众依法行使民主权利，实行民主监督。要进一步完善乡（镇）和县级政务公开。坚持和完善乡村集体企业厂务公开。医院、学校和其他与群众利益密切相关的公用事业单位也要实行办事公开制度。要进一步推行村务公开、民主管理，凡是涉及农民切身利益的问题，如土地征用与补偿、农村税费改革、退耕还林还草、对农业和农民的直接补贴和村级财务等，一定要坚持公开，让村民知情。对于那些搞不公开、假公开以及继续"暗箱操作"的，要严肃处理。要进一步推行村民或村民代表评议党员、干部制度，民主评议行风制度等，发挥群众监督和舆论监督的作用。

各级领导机关、领导班子、领导干部在党的作风建设中，一定要发挥表率作用，牢固树立公仆意识、服务意识、群众意识，以优良的作风为基层和群众服务，为下级机关和基层干部作出榜样。

十六大党章规定，各级纪委"协助党的委员会加强党风建设和组织协调反腐败工作"。各级纪委要在党委的领导下，定期分析本地区本部门党风建设的情况，出主意、提建议，当好党委的参谋助手。针对基层干部作风建设中存在的突出问题，制定明确的道德规范，严肃查处侵害群众切身利益的违纪违法案件。既要认真抓好廉政建设，也要大力加强勤政建设。

深入推进政务公开*

（2003 年 9 月 25 日）

党中央、国务院对政务公开工作十分重视，多次作出部署。党的十六大进一步明确提出，要认真推行政务公开制度，完善公开办事制度，保证人民群众依法直接行使民主权利。这是我们党在新形势下坚持和完善社会主义民主制度，发展社会主义民主政治，建设社会主义政治文明的重要措施，具有十分重要的意义。

（一）政务公开是学习实践“三个代表”重要思想，坚持立党为公、执政为民的具体体现。胡锦涛同志在“七一”重要讲话中明确指出，学习贯彻“三个代表”重要思想，必须以最广大人民的根本利益为出发点和落脚点。推行政务公开，有利于调动人民群众的积极性和创造性，不断促进社会生产力的解放和发展，为实现全面建设小康社会的宏伟目标而奋斗；有利于充分听取人民群众的意见，了解人民群众的意愿，解决人民群众最现实、最关心的问题；有利于增强广大党员干部的服务意识和公仆意识，与人民群众心连心、同呼吸、共命运，切实维护好最广大人民的根本利益。

（二）政务公开是发展社会主义民主政治，建设社会主义政治文明的现实需要。发展社会主义民主政治，建设社会主义政治文明，是全面建设小康社会的重要目标。推行政务公开，有利

---

* 这是吴官正同志在全国政务公开电视电话会议上的讲话。

于扩大基层民主，充分保证广大人民群众参与管理国家和社会事务，管理经济和文化事业；有利于推动政府改进管理方式，促进行政机关及其工作人员依法行政，正确行使权力；有利于妥善处理涉及群众切身利益的各种人民内部矛盾，消除误会，增进理解，维护社会稳定，保持安定团结的政治局面。

（三）政务公开是扩大对外开放，发展社会主义市场经济的客观要求。我国加入世贸组织后，对外开放进入了一个新阶段，社会主义市场经济体制进一步健全和完善。严格履行我国入世承诺，发展市场经济，需要一个公平、公正、透明的环境。实行政务公开，有助于进一步转变政府职能，提高行政效率，促进政府管理行为规范、运转协调、公正透明、廉洁高效；有助于政府机关及其工作人员改进工作方法，转变工作作风，做到廉洁、公正、勤政。

（四）政务公开是加强对权力的制约和监督，从源头上预防和治理腐败的重要措施。我们的各级领导干部和公务人员绝大多数是好的，但也有极少数人把党和人民赋予的权力当做谋取私利的资本，走上违纪违法的道路。他们犯错误的一个重要原因是权力运行缺乏透明度，办事不公开，人民群众难以对权力的运行进行有效的监督。推行政务公开，就是要保障人民群众的知情权、参与权、选择权和监督权，增加政府工作的透明度，把行政行为置于人民群众的有效监督之下，防止权力滥用。推行政务公开，就是要扩大公民有序的政治参与，保证人民群众依法参加民主选举、民主决策、民主管理和民主监督，推进政府决策的科学化、民主化，从制度上预防和治理腐败。

要进一步推动政务公开工作向纵深发展，切实加强领导，落实责任，扎实工作，在巩固已有成果的基础上，加大推进政务公开工作的力度。

（一）要齐抓共管，形成合力。各地区各部门要精心组织，明确责任，统筹规划，加强协调。要把政务公开工作作为建设廉洁、勤政、务实、高效政府的一项重要工作，列入议事日程。要有组织、有步骤、有目标地推动政务公开工作深入健康发展。要按照党委领导、政府主抓、纪检监察机关协调配合的原则，建立领导机构和组织协调机制。市（地）级以下行政机关要尽快制定政务公开工作的规划和目标，逐步做到除法律法规规定的以外，其他所有政府信息、政务信息和公用事业单位面向群众工作的信息，都要向社会公开。要树立全局观念，既要明确责任，各司其职，又要密切协作，形成合力，共同把工作做好。纪检监察机关要及时了解各单位工作情况，认真听取意见和建议，切实履行协调配合职责。

（二）要突出重点，整体推进。政务公开涉及面广，情况复杂，任务繁重，既要全面推进，又要突出重点。乡（镇）政务公开要作为一项基本工作制度全面落实，县级政务公开要在进一步规范和提高上下功夫，市（地）级行政机关要全面推行政务公开，公用事业单位要全面实行办事公开。政务公开要围绕“权、钱、人”的管理和使用来进行。要把基层和群众最关心、反映最强烈以及最容易产生不正之风和滋生腐败的事项进行公开。要注意总结一些地方和单位建立政府公开审批和办事大厅的经验，推广“一站式审批，一条龙服务，窗口式办文，阳光下操作”的做法。要突出重点，解决主要矛盾，带动和促进面上工作的开展，提高政务公开工作的整体水平。

（三）要加强调查研究，制定完善政策法规。政务公开工作政策性强、业务面宽，不能停留在一般性号召上，必须加强调查研究，做深入细致的工作。全国政务公开领导小组要全面了解和掌握各地区各部门的工作情况，善于发现和总结群众在实践中创造的新鲜经验和好的做法，并及时进行推广。要建立健全规章制度，使政务公开工作有章可循。各地区各部门要在广泛听取各方意见、充分论证的基础上，制定具体的带有指导性和可操作性的政策规定。条件成熟的地方可以尽快制定出台地方性法规，进一步规范政务公开的标准、内容、形式和程序，使政务公开逐步纳入法制化轨道。

（四）要力戒形式主义，防止做表面文章。政务公开一定要从实际出发，坚持实事求是的原则，坚持面向基层、面向群众的工作方针。政务公开不能回避矛盾、回避问题，不能避重就轻、避实就虚。要坚决反对搞假公开、虚公开，反对应付群众、走过场。政务公开工作必须抓紧抓实，要明确可以量化考核的标准；要有固定的场所和载体；要及时公开、经常公开，切忌随意性。政务公开既要公开办事过程和办事结果，也要公开办结的时限和办事人的责任。总之，要用坚决、严肃、认真的态度推行政务公开，维护政府的诚信，取信于民。

（五）要加强监督检查，促进工作落实。各级党委和政府要加强对政务公开工作的领导，纪检监察机关要加强协调配合。要针对存在的问题和薄弱环节，提出明确要求。对工作进展缓慢、群众不满意的，要分析原因，寻求突破点；对重点不突出、效果不明显的，要采取切实措施，及时加以解决。对搞形式主义、走过场的，要批评教育，坚决纠正；对搞假公开、虚公开，欺上瞒下的，要认真查处。要拓宽监督渠道，注意发挥人大代表、政协委员和社会各界人士的作用，倾听他们的意见和建议。要积极探索人民群众有效开展监督的形式和途径，保证政务公开的实效性。

坚决纠正医疗卫生和医药购销中的不正之风*

（2003 年 9 月 28 日）

健康所系，性命相托。看病就医是人民群众最关心的问题之一。加强医德医风建设，与广大人民群众的身体健康、生命安全和千家万户的幸福安康密切相关。当前，人民群众很关心两件事，一个是贫困群体的生活困难问题，一个是反腐败问题。在反腐败问题中，老百姓最关心的除了查处大要案外，就是解决侵犯他们切身利益的各种不正之风。最近，我看到两份反映群众看病难、看病贵问题的简报，感到十分难过。有的老百姓生活本来就不宽裕，生了病去医院，又碰上医德差的医生，还要收“红包”，或者开大药方，这是老百姓最痛恨的，也是党中央、国务院十分重视的问题。我们必须下决心，认真解决当前在医德医风方面存在的突出问题，特别是收受“红包”等问题。

一要加强思想政治工作，搞好医德医风教育。医者仁术，德乃医本。自古以来，我国从医者就十分重视职业道德修养，对具有良好职业道德的从医者有“杏林春暖”的赞美之词。当前，我们要大力弘扬医务人员在抗击非典斗争中表现出的高尚医德，进一步加强职业道德建设。要在医疗卫生系统广泛开展医德医风教育，广大医务工作者要本着对人民群众的生命和健康高度负责的精神，进一步树立忠于职守、爱岗敬业、精益求精、乐于奉

---

* 这是吴官正同志在卫生部调研时的讲话摘要。

献的行业风尚，以救死扶伤为天职，培育“一切以病人为中心”的服务理念，始终把病人的利益放在第一位，以精湛的医术、优质的服务维护“白衣天使”的形象。要注意教育的针对性和有效性，把职业道德、职业纪律、职业责任教育与法制教育结合起来，增强广大医务工作者的职业荣誉感、责任感和遵纪守法意识。

二要重视制度建设。建立健全完备、具体管用的制度，完善医务人员的行为规范，强化医院的内部管理，形成保持卫生系统良好道德风尚的长效机制，是医德医风建设中带有全局性、根本性的重要措施。近年来，卫生系统积极推行住院费用清单制、药品价格查询制和医疗服务信息公示制等制度，取得了良好的效果，对这些行之有效的好做法、好制度，要继续坚持并在实践中不断总结和完善。要积极探索医疗质量、医德医风的动态监测、评价和考核奖惩机制，加强行业自律管理。在公共卫生体制改革过程中，新政策、新措施的研究制定和出台，要充分考虑行业作风建设的要求，把加强医德医风建设贯穿到各项管理和工作规范之中，做到未雨绸缪，预防在先。

三要强化监督管理。要注意发挥医疗卫生机构内部监督、群众监督和舆论监督的整体效能。认真推行院务公开，通过药品和医疗服务价格公示、医疗费用每日清单制度等，提高透明度，保障患者的知情权，主动接受病人和社会的监督。要把医德医风建设纳入院长任期目标管理责任制，切实解决医疗服务中收取药品回扣、开单提成、“红包”和不合理用药等不正之风；切实加强对医疗机构和医疗服务行为的依法监管。各医疗卫生机构要加强内部管理，尤其要强化医院院长的管理责任。要严肃职业纪律，对于不听劝告、依然我行我素开单提成或收受“红包”的，要严肃批评教育，性质恶劣的，一定要依纪严肃处理。

医药购销中的不正之风产生的原因是多方面的，既有药品生产经营企业过多过滥引发恶性竞争的问题，又有医疗卫生体制与市场经济发展不相适应等问题。要从根本上解决这个问题,必须标本兼治、综合治理。要把纠正医药购销中的不正之风,同药品生产流通体制改革、医疗卫生体制改革和城镇职工基本医疗保险制度改革结合起来。通过管理创新、技术创新和体制机制创新,调整各方面的利益关系,从源头上解决医药购销中的不正之风,切实减轻群众的不合理医药费用负担。要大力整顿药品生产流通秩序,逐步解决药品生产经营企业过多过滥的现象,坚决遏制用商业贿赂手段进行恶性竞争的现象;要严格规范医药价格秩序,加强对药品和医疗服务价格的监督管理,进一步压缩药品价格中的虚高水分。要继续推行药品集中招标采购制度,进一步完善政策规定,提高药品集中招标采购的规模效益。要改革"以药补医"的机制,加大对各地调整医疗服务价格的监督和指导,积极促进医疗机构间形成良性竞争机制。总之,要加强调查研究,不断探索用改革的思路进行标本兼治的有效措施和办法,推动纠正医药购销中的不正之风工作的不断深入,让人民群众切实感受到纠风工作带来的实惠。

加强医德医风建设和纠正医疗卫生和医药购销中的不正之风,是一个长期的任务,需要常抓不懈。希望卫生部门的同志们以对人民群众高度负责的精神,进一步统一认识,坚定信心,把卫生系统的医德医风建设抓出新的成效。驻卫生部纪检组、监察局的同志们要积极履行职责,协助卫生部党组和行政领导班子,组织协调好卫生系统的纠风工作,为推进医德医风建设作出贡献。希望纠正医药购销中不正之风部际联席会议的成员单位扎实工作,以专项治理的新成效取信于民。

用“三个代表”重要思想指导反腐倡廉新的实践*

（2003 年 10 月 9 日）

前不久，中央纪委编辑的《江泽民论党风廉政建设和反腐败斗争》一书正式出版了，这是一件意义深远的大事。以江泽民同志为核心的中央领导集体，高举邓小平理论伟大旗帜，坚持以经济建设为中心，始终把党风廉政建设和反腐败斗争放在重要位置。江泽民同志连续十次在中央纪委全体会议上发表重要讲话，对党风廉政建设和反腐败斗争作出了一系列重要论述，丰富和发展了党的反腐倡廉理论，是“三个代表”重要思想的有机组成部分，为深入开展党风廉政建设和反腐败斗争提供了强大理论武器。我们要认真学习《江泽民论党风廉政建设和反腐败斗争》一书，坚持用“三个代表”重要思想指导反腐倡廉新的实践，进一步深化对新世纪新阶段党风廉政建设和反腐败斗争指导思想、基本原则、工作方针等基本问题的认识，与时俱进，提出新思路、新措施，使反腐倡廉更好地体现时代性，把握规律性，富于创造性。

第一，紧紧围绕发展这个党执政兴国的第一要务开展工作，使党风廉政建设和反腐败斗争更好地适应完善社会主义市场经济体制和扩大对外开放的需要。改革开放以来，特别是十四届

---

* 这是吴官正同志在全国新任纪检监察领导干部专题研究班开班式上讲话的一部分。

三中全会以来，我国初步建立了社会主义市场经济体制，基本形成了全方位、宽领域、多层次的对外开放格局，极大地促进了社会生产力的发展，维护和实现了人民群众的根本利益。发展是解决中国一切重大社会矛盾和问题包括党风廉政问题的基础。即将召开的十六届三中全会要对完善社会主义市场经济体制作出部署，进一步深化经济体制改革，促进经济社会全面发展。改革的不断深入，必然涉及各种利益关系的调整，也会引发一些新的社会矛盾，出现一些新情况新问题。党风廉政建设和反腐败斗争一定要跟上时代发展的步伐，适应形势的发展特别是经济基础的变化，紧紧围绕发展这个党执政兴国的第一要务开展工作，为实现党的十六大和十六届三中全会的重大部署提供有力的政治保证。

要增强全局意识和政治意识。纪检监察机关无论是作决策还是干具体工作，都必须站在党和国家工作大局的高度，服从和服务于经济建设中心，把促进发展作为出发点和落脚点。要着眼于调动党员干部的积极性、主动性、创造性，正确处理改革开放和社会主义市场经济条件下严肃党的纪律的问题，既坚决惩治腐败分子，认真纠正不正之风，又切实保障党员权利，支持和保护广大党员干部勇于探索、开拓创新，使反腐倡廉各项工作和措施都有利于促进生产力的解放和发展。

要深入改革开放和经济建设第一线，及时了解经济发展形势、经济政策措施和经济体制改革情况，准确把握发展过程中遇到的困难和问题，把反对和防止腐败寓于各项重要政策措施之中，与深化经济体制改革、优化经济发展环境紧密结合起来，为发展创造良好的社会政治环境。要研究党风廉政建设和反腐败方面遇到的新情况新问题，不断摸索规律，总结经验，特别要到矛盾和问题较多的地方去调查研究，解决问题，使提出的要求和制定的措施合情合理，符合实际，收到实效。

第二，坚持从严治党的方针，全面推进党的建设新的伟大工程，始终保持党的先进性和纯洁性。党风廉政建设是党的建设新的伟大工程的重要组成部分。我们党历经革命、建设和改革，已经从领导人民为夺取全国政权而奋斗的党，成为领导人民掌握全国政权并长期执政的党；已经从受到外部封锁和实行计划经济条件下领导国家建设的党，成为对外开放和发展社会主义市场经济条件下领导国家建设的党。党既是中国工人阶级的先锋队，同时也是中国人民和中华民族的先锋队。党所肩负的历史任务和国际国内环境的变化，使党风廉政建设的任务不是减轻了，而是加重了。党员干部特别是领导干部一定要认清党所处的历史方位，保持清醒头脑，越是改革开放，越要坚持从严治党的方针，进一步抓好党员干部特别是领导干部的廉洁自律，坚决查处违纪违法案件，切实纠正损害群众利益的不正之风，在全面推进党的建设新的伟大工程中发挥积极的作用。

要围绕提高党的领导水平和执政能力、提高拒腐防变和抵御风险能力这两大历史性课题，切实加强党的思想建设、组织建设、作风建设和制度建设，对党员干部严格要求、严格教育、严格管理、严格监督，使广大党员干部务必继续保持谦虚谨慎、不骄不躁的作风，务必继续保持艰苦奋斗的作风，做到“八个坚持、八个反对”，经受住长期执政、改革开放和发展社会主义市场经济的考验。要增强忧患意识，居安思危，倍加顾全大局，倍加珍视团结，倍加维护稳定。各级纪委要把维护党的政治纪律放在工作的首位，对党员和党员领导干部中公开发表反对党的基本理论、基本路线、基本纲领、基本经验言论的，编造、传播政治谣言及丑化党和国家形象的言论的，阳奉阴违、搞当面一套背后一套两面派行为的，必须认真对待，严肃处理，确保党员和党员领导干部在政治上思想上同党中央保持高度一致。

查办违纪违法案件，是贯彻从严治党方针的重要体现，是惩治腐败最有效的措施。要进一步加大查办案件的力度，既要认真查办县（处）级以上领导干部违纪违法案件，也要认真查办基层干部以权谋私、侵害群众利益的案件，对腐败分子决不留情，决不手软。要严格依纪依法办案，坚持文明办案，注意改进办案的方式方法，对违纪的党员干部的主要问题查实后，按照规定给予纪律处分，涉嫌犯罪的及时移送司法机关。

第三，坚持立党为公、执政为民，切实纠正损害群众利益的不正之风，着力解决好人民群众关心的突出问题。党风廉政建设的核心问题是密切党同人民群众的血肉联系。坚持立党为公、执政为民，不仅体现在正确的路线方针政策上，也体现在党组织和党员干部的优良作风上。各级党政机关一定要从实现好、维护好、发展好最广大人民根本利益的高度，切实转变工作作风，深入基层，直接倾听群众的呼声，体察群众疾苦，认真解决群众反映强烈的问题，做到为民尽责、为国竭力、为党分忧。要加强督促检查，把中央脱贫解困的政策措施落到实处，切实解决群众生产生活中的实际困难。要妥善处理新形势下的矛盾纠纷，认真做好群众来信来访工作，把矛盾化解在基层。对一些确实难以解决甚至不合理的要求，也要努力做好思想工作，稳定群众情绪。

解决损害群众利益的不正之风，要坚持实事求是，多管齐下，综合治理。要加强教育，使广大党员干部牢固树立立党为公、执政为民的思想，自觉做到权为民所用、情为民所系、利为民所谋。要加强基层站所的党风廉政建设，改进工作作风，提高服务质量，积极为群众排忧解难。要加强基层民主建设，完善政务公开、村务公开、厂务公开等制度，发挥群众监督和舆论监督的作用。对于有令不行，有禁不止，我行我素搞不正之风的人，要坚决查处。各级领导干部要严于律己，为人表率，做到为政要廉、办事要公、用人要当、作风要实。要从实际出发，注意研究和调整各方面的利益关系，使提出的要求和采取的措施行得通、做得到。同时要以改革的精神，进一步探索从源头上预防和克服不正之风的办法。

第四，坚持标本兼治、综合治理，逐步建立起中国特色的惩治和防范腐败体系。标本兼治、综合治理是我们党反腐败的工作方针。党的十五大后，逐步加大了治本的力度，出台了一系列重大治本措施，收到了好的效果。党的十六大明确提出：“坚决反对和防止腐败，是全党一项重大的政治任务。”这就把预防腐败提到更加重要的位置。随着社会主义市场经济体制的不断完善和社会主义民主法制建设的不断发展，治本的有利条件进一步增加。我们要抓住有利时机，坚持标本兼治、综合治理，既要严厉惩处腐败分子，认真纠正各种不正之风，又要注重思想道德教育，加强廉政法制建设，完善监督制约机制，逐步建立与社会主义市场经济体制相适应的教育、制度、监督并重的惩治和预防腐败体系。

要夯实教育这个基础，深入开展思想道德教育和纪律教育，引导党员干部进一步树立正确的世界观、人生观、价值观，认真解决权力观、地位观、利益观问题，自觉遵守党章，带头执行廉洁自律的规定。要加强廉政法制建设，把全心全意为人民服务的宗旨、从严治党的方针、立党为公和执政为民的要求制度化，并上升为法律法规。要继续创新体制机制制度，推进行政审批、财政管理、干部人事制度改革。要加强对权力运行的监督，特别是加强对党政领导机关和主要领导干部的监督。要发挥党代会代表和党的委员会全体会议的监督作用，健全巡视制度，对派驻纪检监察机构实行统一管理。要加强廉政监察、效能监察和执法监察，促进行政机关及国家公务员廉政勤政、公平公正和依法行政。要注重发挥人大、政协和民主党派、新闻媒体和人民群众监督的作用。领导干部要强化接受监督的意识，具备闻过则喜的胸怀和有过则改的勇气，切实纠正那种认为监督就是不信任的误解，自觉接受各方面的监督。总之，反腐倡廉要坚持惩防并举，注重预防，不断铲除腐败现象滋生的土壤，使党员干部不犯错误或少犯错误。

第五，坚持解放思想、实事求是、与时俱进，努力实现党风廉政建设和反腐败的理论创新、实践创新。党的十一届三中全会恢复建立党的纪律检查委员会以来，各级纪委在党委的统一领导下，紧紧围绕党的政治路线和中心任务开展工作，从平反冤假错案、打击经济领域严重犯罪活动到加强党风廉政建设和反腐败斗争，形成反腐败三项工作格局；从标本兼治、侧重治标到加大治本力度，始终坚持了与时俱进，与全党一起初步探索出社会主义市场经济条件下有效开展反腐倡廉的路子。实践没有止境，纪检监察机关必须适应变化着的形势，把坚持反腐倡廉基本经验与开拓创新有机地统一起来，继续与时俱进，不断研究新情况、解决新问题。

要转变思想观念，以科学的态度，不断总结新鲜经验，进行新的理论概括，使反腐败的指导思想、基本原则、工作方针以及各项政策措施随着时代的发展和实践的发展而发展。要适应完善社会主义市场经济体制的需要，加强党风廉政法制建设，推进制度创新，修订和废除那些不合时宜的制度，整合和建立新的更加管用、便利的制度，并保证其得到贯彻执行。要创新工作方式和工作方法，使党风廉政建设和反腐败的各项工作在实践中不断拓展和深化，更好地体现时代的要求。

对纪检监察干部要严格要求、严格管理、严格监督*

（2003 年 11 月 15 日）

请同志们看看这份清样，认真思考，务必切实加强对队伍的管理。请机关党委、干部室商量，要进一步加强对干部的严格要求，严格管理，严格监督。请马驳同志牵头研究，要举一反三，对不宜在纪检监察机关工作的干部，要坚决调离，对发现有违纪违法行为的，务必查清，依纪依法惩处，以纯洁“忠诚卫士”队伍。

---

* 这是吴官正同志对《国内动态清样》第 4059 期反映原常德市纪委书记彭晋镛敛财数百万问题的批示。

不断推进党风廉政建设和反腐败工作法制化*

（2003年11月16日）

作为反腐倡廉基础性工作的法规制度建设，要以“三个代表”重要思想为指导，适应改革开放和发展社会主义市场经济的需要，与时俱进，开拓创新，为深入推进反腐倡廉工作提供保障。

一、深刻认识加强法规制度建设的重大意义

毛泽东同志早就提出，在党内要实行民主集中制的制度。邓小平同志在总结历史经验时曾指出：“我们过去发生的各种错误，固然与某些领导人的思想、作风有关，但是组织制度、工作制度方面的问题更重要。”江泽民同志多次深刻阐述制度建设的重大意义，强调要与时俱进，不断推进党和国家各项工作的制度化、法制化。党风廉政和反腐败法规制度是党和国家法规制度建设的有机组成部分，我们要充分认识抓好这项工作的重要意义。

抓好党风廉政和反腐败法规制度建设是社会主义政治文明建设的重要内容。党的十六大提出，发展社会主义民主政治，建设社会主义政治文明，是全面建设小康社会的重要目标。要坚持党的领导、人民当家作主和依法治国的有机统一，实现社会主

---

* 这是吴官正同志在全国纪检监察法规工作会议上的讲话。

义民主政治的制度化、规范化和程序化。适应推进社会主义政治文明建设的需要，我们要把反腐倡廉工作中一些成熟的经验不断上升为法规制度，有的还要通过一定的程序制定为国家法律，把法规制度建设贯穿于反腐倡廉工作的各个环节。切实抓好党风廉政和反腐败法规制度建设，显得尤为重要而紧迫。

抓好党风廉政和反腐败法规制度建设是发展社会主义市场经济的客观需要。党的十六届三中全会强调，加强党风廉政建设、反对和防止腐败，是建立和完善社会主义市场经济的重要保证。市场经济是法制经济。随着我国社会主义市场经济的发展，上层建筑领域的各项工作都面临着与经济基础相适应的问题，党风廉政和反腐败法规制度建设也不例外。建立社会主义市场经济体制要经历一个新旧体制转换过程，在这个过程中，由于制度和机制存在一些漏洞和薄弱环节，给腐败现象滋生以可乘之机。我们要通过不断建立健全法规制度，努力治理和防范各种腐败现象。总之，越是发展社会主义市场经济，越要加强党风廉政和反腐败法规制度建设。

抓好党风廉政和反腐败法规制度建设是反腐倡廉工作深入发展的内在要求。党的十六大对反腐倡廉工作提出了更高的要求，党章赋予了各级纪委协助党委组织协调反腐败工作等新的任务。胡锦涛同志强调，要努力形成行为规范、运转协调、公正透明、廉洁高效的行政管理体制，改革和完善监督机制，切实做到用制度管权、用制度管事、用制度管人，保证把人民赋予的权力切实用来为人民服务。我们必须把党中央关于党风廉政建设和反腐败工作的方针政策、领导体制、工作格局、成功经验等用法规制度的形式确定下来，用党的纪律和国家强制力保证其得到贯彻落实。使之不因领导人的改变而改变，不因领导人看法和注意力的改变而改变。

二、加强法规制度建设需要注意的几个问题

在推进党风廉政建设和反腐败工作法制化进程中，要注意把握以下方面：

必须坚持以“三个代表”重要思想为指导。“三个代表”重要思想是党和国家各项工作的根本指针，是党风廉政和反腐败法规制度建设必须坚持的指导思想。要紧紧抓住“立党为公、执政为民”这一“三个代表”重要思想的本质要求，把发展先进生产力和先进文化，实现好、维护好、发展好人民群众根本利益作为法规制度建设的根本出发点和落脚点，不断促进社会主义物质文明、政治文明和精神文明的协调发展。要通过法规制度建设，把党要管党、从严治党的方针和立党为公、执政为民的本质要求转化为具体规定，将原则性的要求转化为具有约束力和强制力的法规制度。

必须遵循党的建设的总体部署。党的十六大提出了新世纪新阶段加强和改进党的建设的总体部署。要把法规制度建设置于加强和改进党的建设新的伟大工程之中，遵循和落实党的十六大提出的党的建设的总体部署。要坚持党要管党、从严治党的方针，围绕提高党的领导水平和执政水平、提高拒腐防变和抵御风险能力这两大历史性课题，创造性地建立健全各项法规制度。要从改革和完善党的领导方式和执政方式、领导体制和工作制度出发，进一步完善党风廉政建设和反腐败工作的领导方式、领导体制和工作制度，将中央确定的反腐败工作方针、领导体制、工作格局以及政策措施法定化、程序化。要进一步完善党和国家工作人员特别是各级领导干部的行为规范，以及违反这些规范的党纪政纪责任和处理政策。要通过健全法规制度，将反腐败工作的各项部署、各项要求与重大改革措施、重要制度设

计等相互融合、相互协调。要明确界定纪检监察机关与有关机关的职能分工，明确规定党和国家机关在党风廉政建设和反腐败工作方面的责任，逐步法定化。

必须与国家的法制建设相协调。党风廉政和反腐败法规制度建设是依法治国的重要组成部分，既要在立法项目的规划上与国家法制建设的总体目标和具体安排相配套，又要在内容上与国家的相关法律规范相协调。要处理好党内法规制度建设与国家立法的关系。党中央和地方党委提出的反腐败措施必然要涉及国家的法制建设，需要国家机关和国家公务员遵照执行的廉政制度若不能提高到法律的高度，其权威性就要被大大降低，从而使执行遇到困难。各级党委、纪委要认真分析党风廉政建设和反腐败工作的政策和措施，研究哪些可以继续由党内法规和制度来规定，哪些可以转化为国家法律法规，并适时地将那些经过实践检验的、比较成熟的、可以转化为国家法律法规的制度，通过法定程序向人大或政府提出立法建议。要明确党的政策和党内法规与国家法律的关系，使两者在各自不同领域发挥作用。加强反腐败工作的国家立法，使党在反腐败工作中的主张成为国家意志，用国家强制力保证反腐败工作持续、深入、健康发展，是今后必须解决好的问题。

必须与经济和社会发展进程相适应。随着经济和社会的发展，新情况、新问题不断出现，对法规制度建设提出了新的要求。我们要坚持解放思想、实事求是、与时俱进的思想路线，把握规律，适应实践的需要，不断更新工作观念，及时依据变化了的客观情况提出解决问题的新办法。法规制度建设的成效，必须以最终能否有效解决实际问题为根本标准。例如，近些年新兴领域腐败案件比较多，与这方面制度建设较薄弱有关；目前，随着政府职能的转变，公共管理职能开始向多种主体扩散，法律、法规授权一些社会中介机构、社团组织在法定授权范围内行使管理公共事务职能，这些领域违纪违法的案件呈上升势头；在市场经济条件下腐败分子主要以攫取经济利益为目的，如果不加大对其非法利益的剥夺及处罚，现有惩戒手段的效果就不理想，等等。这些问题都需要我们研究新的对策，尽快研究制定有针对性的法规制度。

目前，全国人大常委会已经批准了《联合国打击跨国有组织犯罪公约》，包括我国在内的102个国家的代表已完成《联合国反腐败公约》的谈判工作，准备在今年12月正式签署。加入这些公约和协定也将对我国反腐败法规制度产生很大影响，这需要我们认真研究，未雨绸缪，及时提出应对预案和措施。

三、切实加强对法规制度建设工作的领导

要高度重视，加强领导。坚持党对反腐败工作的领导，关键是党要在反腐败重大政策和法律法规的提出和制定方面发挥主导作用，在处理重大问题方面发挥协调作用。因此，各级党委、政府和纪检监察机关要把法规制度建设列入重要议事日程，纳入党风廉政建设和反腐败工作的总体部署中认真研究。要善于提出重大政策措施，善于通过法治来惩治和预防腐败。

法规制度建设是一项系统和复杂的工程，牵涉到方方面面，各级党委要总揽全局、协调各方。要支持人大和政府制定廉政法律法规；要调动党政各部门和各行业的积极性，在各自的职责范围内将反腐败的要求融合到相应的工作制度之中；要充分发挥行业协会、社团、社区等群众自律组织在各自领域的作用，在全社会倡导廉洁之风、文明之风。各级党委、政府和纪检监察机关要根据本地区本部门的实际情况，对反腐败法规制度建设进行总体规划；各级纪委要深入实际，调查研究，出主意、提建议、定规划、拿方案，协助党委做好法规制度建设的具体组织协调

工作。

要明确分工，各负其责。中央纪委、监察部主要抓基础性、全局性的法规制度的起草制定。目前，要重点起草制定如何将党和国家机关的党风廉政建设职责和反腐败各项工作法定化、程序化的法规制度。各地区、各部门的主要职责，一是要围绕中央制定的方针政策和法规制度，制定如何贯彻落实的具体办法，中央一时来不及起草制定的法规制度，地方也可以根据中央的政策精神先行制定；二是要根据本地区、本部门党风廉政建设和反腐败工作的实际情况，确定各自法规制度建设的重点。省及省以下，尤其要关注与人民群众生产生活密切相关的基层组织的党风廉政制度建设问题。地方党委、政府和纪检监察机关要从解决发生在人民群众身边的腐败问题入手，做好反腐败的制度建设。我们调查惩处了一个腐败分子，是一个成绩，如果我们通过办案发现制度上的漏洞，制定或者健全了一项法规制度，就会防止出现一批腐败分子，这是更大的成绩。纪检监察干部特别是领导干部，一定要有这种意识。

要加强督查，狠抓落实。党风廉政建设和反腐败工作法制化不仅包括起草制定法规制度，还包括法规制度教育、遵纪守法、执纪执法以及法规制度执行情况的监督检查等重要环节。各级党委、政府和纪检监察机关要切实加强法规制度的学习和宣传教育，加强对法规制度执行情况的监督检查，加强对违反法规制度行为的调查处理工作，促进各项法规制度真正贯彻落实。

既要坚决惩治腐败 又要有效预防腐败*

（2003 年 11 月 19 日）

坚决反对和防止腐败，是全党一项重大的政治任务。面对当前腐败现象易发多发的态势，我们既要坚决惩治腐败，又要有效预防腐败。党的十六届三中全会提出：“注重思想道德教育，加强廉政法制建设，完善监督制约机制，建立健全与社会主义市场经济体制相适应的教育、制度、监督并重的惩治和预防腐败体系。”这一要求总结和吸收了过去党风廉政建设和反腐败工作的成功经验，反映了党对社会主义市场经济条件下反腐倡廉规律认识的深化，具有重要的指导意义。

我们的干部队伍主流是好的，腐败分子是极少数。反腐败对大多数党员干部来说，主要是立足教育。要进一步完善反腐倡廉“大宣教”格局，夯实教育这个基础。要结合保持共产党员先进性教育活动，以领导干部权力观教育为重点，深入开展思想道德教育，着力解决好为谁掌权、怎样掌权的问题。要加强纪律教育，教育领导干部严格按照“八个坚持、八个反对”的要求，自觉遵守党章，带头执行领导干部廉洁自律的各项规定。特别要教育领导干部严格遵守党的政治纪律、组织纪律、经济工作纪律和群众工作纪律，增强纪律观念和廉洁从政意识。

* 这是吴官正同志在用“三个代表”重要思想指导纪检监察工作新的实践理论研讨会上讲话的一部分。

制度问题带有根本性、全局性、稳定性和长期性。要把制度建设贯穿于反腐倡廉各个环节，体现到各个方面。把全心全意为人民服务的宗旨、从严治党的方针、立党为公和执政为民的要求制度化。发扬党内民主，用制度保障党员充分行使党章规定的各项民主权利。通过建立健全各项制度，形成用制度规范从政行为、按制度办事、靠制度管人的机制。要将一些重要的反腐倡廉制度适时转化为国家的法律法规，使反腐倡廉工作逐步走上制度化法制化轨道。

强化监督、制约权力是防治腐败的关键。加强对领导干部特别是主要领导干部的监督，是党中央对领导干部的关心和爱护，目的是使我们的干部不犯或少犯错误。要完善制约监督机制，推动党内监督工作有序开展；加强对巡视工作的领导，逐步实现巡视工作的制度化、规范化；认真总结对派驻机构统一管理工作的经验，积极稳妥地向前推进。要把党内监督与国家专门机关监督、群众监督和舆论监督结合起来，防止权力失控、决策失误和行为失范。要把教育、制度、监督统一于党风廉政建设和反腐败工作的全过程，发挥综合治理、惩防结合的整体效能。

查办案件不能下指标、搞比例*

（2004年1月11日）

胡锦涛同志要求全党从实现全面建设小康社会宏伟目标的战略高度，紧密联系加强和改进党和国家的各项工作，大力弘扬求真务实的作风。我们一定要认真学习，坚决贯彻落实。在我们系统中有没有违背求真务实的问题？如果没有更好，如果有就要坚决改正。这里我想强调几个问题。

一是在办案工作中一定要实事求是。违纪违法案件有多少就查多少，不能下指标，这要作为一条纪律规定下来。如果下指标，就违背了实事求是的原则。这在我们党的历史上有过沉痛的教训，我们要认真吸取。

二是统计案件数据不要盲目地与上年的数字进行对比。造成案件上升或下降的原因是多方面的。有的地方案件上升了，可能是加大了办案工作的力度；有的地方案件下降了，也不一定是办案工作力度减弱了。查案数量有的年份上升，有的年份下降，这是正常的。如果案件年年都上升，是不是也要在治本抓源头方面找找原因？所以，我们要研究规律性的东西。我讲这个问题是说在办案工作中要实事求是，绝不是说可以放松对违纪违法案件的查处。查办案件的力度只能加强，不能减弱。随着社会主义市场经济体制的完善，随着惩处和预防腐败措施的加

---

* 这是吴官正同志在中央纪委第三次全体会议第一次大会上讲话的一部分。

强，到一定时候，腐败案件应该是会逐步减少的。当然，像我们这样一个大党，被处分党员的绝对数仍然会是相当大的。

三是要严格区分腐败与一般违纪的界限。我们党是一个有6700万名党员的大党，有51万名县(处)级以上领导干部。现在，全国各级纪检监察机关每年查处违纪违法案件十五六万件。在这些案件中，党员干部受处分的原因是多方面的，有的是因为责任事故受到追究，有的是因为违反计划生育政策受到处分，等等。腐败分子在我们党内只是极少数。所以，我们不能把犯一般性错误的同志与腐败分子混在一起。

为政要廉　用人要当 作风要实　办事要公*

（2004 年 1 月 22 日）

领导干部一定要做到为政要廉、用人要当、作风要实、办事要公。

第一，为政要廉。就是我们当干部的一定要廉洁，严于律己。如果不廉洁，老百姓就不会信任和支持我们。做到廉洁，很重要的是一定要严格要求秘书等身边工作人员，严格要求自己的配偶、子女和亲属，绝不能让他们利用自己的权力和影响"捞油水"。希望各级领导干部特别是主要领导干部不要在家里办公，不要让人家跑到你家里去办事。人家到你家里，送点东西，你不要可能会得罪人。如果要了，他下次还会给你送。这里我不是指一般同志之间的正常人情往来。这些送钱的人，都是有企图的，最终会把你送到班房里去。比如说，他送你 1 万元，就会千方百计利用你的权力和影响捞到 10 万甚至更多的好处，总有一天会露出马脚。他受到查处后，为了自己就会"坦白从宽"，把你收他钱的事交待出来。世界上没有无缘无故的爱，也没有无缘无故的恨。要教育我们的同志提高警惕。还有一点，也给大家提个醒，领导干部一定要注意保持良好的生活作风。从这些年查处的一些领导干部腐败案件来看，他们之所以走上

---

* 这是吴官正同志在听取江西省上饶市委、市政府和余干县委、县政府工作汇报时讲话的一部分。

违纪违法的道路，很多都是从生活作风不检点开始的。生活作风绝不是小事。同志们，共产党让我们当这么大的干部，我们还不满意吗？一旦把你的“帽子”拿掉了，你还能干什么？所以，我们一定珍惜手中的权力，按照中央制定的廉洁自律规定，按照“四大纪律八项要求”，以身作则，严于律己，廉洁奉公。

第二，用人要当。就是一定要选拔任用德才兼备的干部。用好干部是个很重要的问题。古人说，为政之道，要在得人。我们不仅要有正确的思想路线和政治路线，而且要有正确的组织路线，关键是要选好用好德才兼备的干部。用人，德是第一位的，但也要有才。有德无才难干成事，有才缺德会干坏事。当然是不是每个人都用得满意，那也不一定，有的不满意，可以调整，但不要发牢骚。人都有五官，我对自己的眼睛是不满意的，因为有两只眼睛，经常看走眼，实际上一只眼睛才看得准，比如射击瞄准，就要“睁一只眼闭一只眼”，木匠吊线也是这样。我的两只耳朵也不怎么样，有时会偏听偏信；我的嘴巴也不怎么样，喜欢骂人。我认为我的鼻子比较好，为什么这么说？第一，它长在脸中间，比较公正；第二，难过的时候，它会发酸，有同情心，所以我总是对老百姓比较同情；第三，它没有什么要求。你看有些女同志，眼睛要割双眼皮，耳朵要挂耳环，嘴巴要涂口红，而鼻子没有什么要求；第四，它不惹是非。耳朵听到有的事会烦，眼睛看到有些事会不满意，嘴巴讲了一些话，自己会后悔。我举这个例子，是想说明，做到用人要当是不容易的。“人身肚里空，眉毛藏臭虫”，哪有这么容易就把人看准呢？看错了人，不能怪别人，只怪自己。有时别人说说好话，自己听得舒服，就觉得这个人不错，其实很可能他根本就不是好人。

第三，作风要实。就是要按照胡锦涛同志的要求，大力弘扬求真务实的精神，不能搞那些弄虚作假的东西，一就是一，二就是二。老老实实做人，勤勤恳恳工作，不搞“花架子”，一心一意为老百姓办实事，做到爱民、为民、富民、安民。我们所做的一切工作，都是为人民服务，要让上饶的老百姓满意、高兴，让余干的老百姓满意、高兴，这样我们的工作才算做好了。不要做让老百姓不满意、不高兴的事。有些事确实要做，但老百姓一时想不通的，也要向老百姓讲清楚。有权不一定有理。有些人当了干部就飞扬跋扈，老百姓很反感。俗话说，富贵不过三代，权势也难过三代。钱多了、权大了，容易腐蚀子孙后代。浙江有个"红顶商人"叫胡雪岩，富可敌国，左宗棠攻打新疆，就是他出的钱，但他由于经营不当，不到几年就垮掉了。唐太宗李世民治国有方，但教子无术。因为权势太大，几个儿子没有一个有用的。一个国家、一个民族、一个家庭，都是有兴衰的。我讲这些，是要说明，我们一定要善待老百姓，对找上门来的困难群众，要有同情心。如果有人给领导干部送钱，一定要想一想，我们生活又不困难，为什么要给我们送钱？还有那么多困难群众，为什么不给他们送？这样的人是必有所求。说老实话，我是一个过惯了苦日子的人，对老百姓有感情。我们对老百姓一定要实、要真。我们的"帽子"是共产党给的，我们脚下这块土地是老祖宗留下来的。现在党的政策好，"海阔凭鱼跃，天高任鸟飞"，我们一定要为老百姓办实事。

第四，办事要公。就是一定要公道正派。领导干部，即使有很大的本事，老百姓也不一定服你，但如果办事公道、不徇私情，老百姓就会拥护你。今年的反腐倡廉工作，既要严厉惩治腐败，又要有效预防腐败；既要查处违纪违法的领导干部，又要切实纠正侵害群众利益的不正之风。现在有的干部办事不公、吃拿卡要、刁难群众，这样搞老百姓很反感。有人说，老百姓最怕什么？一是怕房子着火，把家里的东西都烧光了；二是怕生病，有的人家里经济很困难，看不起病；三是怕没钱又碰到办事不公的干部。这个说法是有道理的。办事不公，很容易引起老百姓的不满，甚至会引发一些群体性事件，影响社会稳定。所以，我们一定要要求各级干部善待老百姓，要牢记党的宗旨，坚持和发扬亲民务实的作风，公道正派地把老百姓的事情办好。

认真贯彻落实《党内监督条例》*

（2004年2月10日）

最近，党中央颁布了《中国共产党党内监督条例（试行）》。《条例》总结了长期以来党内监督的实践经验，是我们党成立以来制定颁布的第一部党内监督法规。我们要充分认识《条例》颁布实施在党的建设中的重要作用，切实增强贯彻落实的自觉性。

《条例》的颁布实施，是党内监督理论和实践发展的重要成果。加强党内监督是党的建设的重要组成部分，是从严治党的重要体现。我们党的三代领导人对党内监督问题都作过重要论述。毛泽东同志强调，党要取得伟大斗争的胜利，必须高度发挥全党的积极性，包括发挥对于领导机关和领导干部从爱护观点出发的监督作用。邓小平同志提出，要从国家制度和党的制度上作出适当的规定，以便对于党的组织和党员实行严格的监督。江泽民同志指出，我们党执政以后，特别是在新的历史条件下，能不能成功地解决党内监督问题，尤其是对高中级干部的监督问题，是加强党的建设需要解决的一个重要问题。在长期的实践中，党在实行集体领导和个人分工负责、重要情况通报和报告、开好民主生活会等方面，逐步建立了一些比较完备的具体制度。这几年，各级党组织探索和推行了述职述廉、诫勉谈话、巡视等做法，积累了不少党内监督的好经验。1990年十三届六中

* 这是吴官正同志在听取安徽省委省政府和省纪委工作汇报时的讲话摘要。

全会，1994 年十四届四中全会和 2001 年十五届六中全会都提出要制定党内监督条例。中央有关部门曾广泛开展调查研究，着手起草工作，取得了积极成果。所有这些，都为《条例》的制定颁布奠定了理论和实践基础。

党的十六大强调，要建立结构合理、配置科学、程序严密、制约有效的权力运行机制，不断完善党内监督制度。胡锦涛同志在中央纪委第二次全会上代表党中央郑重表示接受全党和全国人民的监督，并在十六届三中全会上代表中央政治局向中央委员会报告工作，弘扬了发展党内民主、加强党内监督的新风。中央领导同志对起草和修改《条例》多次作出重要指示和批示，中央政治局常委会和中央政治局会议进行了认真讨论，去年 12 月 31 日，党中央正式印发了这个条例。《条例》的颁布实施是新一届中央领导集体实践“三个代表”重要思想，贯彻党要管党、从严治党方针，推进党的建设新的伟大工程的重要体现，是我们党制度建设的重大成果。总之，《条例》是党内监督理论和实践发展的必然产物，既水到渠成，瓜熟蒂落，又来之不易，弥足珍贵，标志着党内监督工作进入了规范化、制度化的新阶段。

《条例》的颁布实施，是保持党的先进性、提高党的执政能力的必然要求。我们党是中国特色社会主义事业的领导核心，是全国各族人民利益的忠实代表。加强对权力运行的监督制约，防止权力失控、决策失误和行为失范，保证各级干部把人民赋予的权力用来为人民服务，始终是党执政后面临的一个重大课题。改革开放以来，党内监督不断加强，但面对国际国内新形势，加强党内监督、提高党的执政能力显得尤为迫切。加强党内监督，有利于充分发展党内民主，调动全党同志的积极性和创造性；有利于密切党同人民群众的血肉联系，保持党的先进性和纯洁性；有利于建设高素质的干部队伍，保证党的路线方针政策的贯彻落实。《条例》的颁布实施，对于切实加强党内监督，进一步加强和改善党的领导、提高党的领导水平和执政水平，具有十分重要的意义。

《条例》的颁布实施，是坚决惩治和预防腐败的重大举措。深入推进党风廉政建设和反腐败工作，既要从严治标，惩治腐败，又要着力治本，预防腐败；既要坚决查办违纪违法案件，又要认真纠正损害群众利益的不正之风；既要保持工作的连续性，又要与时俱进、开拓创新。党的十六届三中全会总结反腐倡廉工作的经验，根据形势发展的需要，提出要建立健全与社会主义市场经济体制相适应的教育、制度、监督并重的惩治和预防腐败体系。建立健全这个体系，有效地惩治和预防腐败，必须紧紧抓住监督这个重要环节。王怀忠等腐败分子严重违纪违法，是他们本人不注重学习、放松世界观改造、私欲恶性膨胀、滥用手中权力的结果，受到法律的严厉制裁，完全是咎由自取。当然，如果监督制度完善、监督机制健全、监督措施到位，是可以防止和减少一些人走上严重违纪违法道路的。我们要吸取经验教训，举一反三，切实加强对党员领导干部遵守政治纪律、组织纪律、经济工作纪律和群众工作纪律的监督，真正做到领导干部的权力行使到哪里，监督就实行到哪里。《条例》的颁布实施，对于实现党内监督的制度化、经常化，加大反腐倡廉工作力度将起到重要作用。

《条例》明确了党内监督工作的指导思想，对监督重点、监督职责、监督制度和监督保障作了规定，是开展党内监督的基本依据。我们要把握《条例》的精神实质，着力解决监督工作中的突出问题，切实加强党内监督。

领导干部要增强监督意识，自觉接受监督。党要管党、从严治党，关键是管好干部。加强党内监督，重点是加强对各级领导机关和领导干部，特别是各级领导班子主要负责人的监督。我们要认识到，好的干部如果没有经常的监督，也可能变坏；加强监督不是跟谁过不去，也不是对谁不信任，而是党组织对领导干部的严格要求和关心爱护，目的是使我们的干部不犯或少犯错误；我们的权力是党和人民赋予的，必须接受党和人民的监督。领导干部要严格遵守宪法、法律和党的纪律，切实增强接受监督的意识，愿意听意见，乐于听意见，虚心接受意见，“有则改之，无则加勉”，做自觉接受监督的表率。各级领导班子主要负责人要带头执行民主集中制，尤其要严格执行集体领导和个人分工负责制度。凡属方针政策性的大事，凡属全局性的问题，凡属重要干部的推荐、任免和奖惩，都要集体讨论作出决定。要向党组织如实报告重大事项，按规定述职述廉，不仅要严格要求自己，还要管好配偶、子女和身边工作人员。要积极参加党的组织生活，认真开展批评与自我批评，自觉克服明哲保身、怕得罪人的庸俗作风。

党的各级组织和广大党员要切实履行监督职责。党的各级组织要加强领导班子内部的监督，对班子和班子成员的问题及时提出并切实纠正。要向下属党组织和党员通报情况，向上级党组织报告重要情况。充分发扬党内民主，积极探索发挥党的委员会全体会议和党代会代表监督作用的途径、方法。认真贯彻党风廉政建设责任制，加强思想道德和纪律教育，健全工作制度，防范违纪违法行为的发生。对党组织和党员反映的问题，要认真处理。广大党员要以对党的事业和人民利益高度负责的精神，按照《条例》的规定认真负起监督责任，行使好监督权利，揭露和纠正工作中的缺点和错误，检举党组织和党员违纪违法的事实，坚决同消极腐败现象作斗争，积极推进党内监督工作健康有序地开展。

各级纪委要严格履行监督职责。要协助同级党委组织协调党内监督工作，组织开展对党内监督工作的督促检查，对党员领导干部履行职责和行使权力情况进行监督。要进一步完善巡视制度，加强巡视工作。今后，中央纪委和中央组织部每年都要向地方派出巡视组，进行轮流巡视，今年还要向金融系统派出巡视组，开展巡视和督促工作。各省(区、市)也要建立健全巡视组织机构，配备专职人员，实现巡视工作的制度化和规范化。在改革试点的基础上，中央纪委监察部要全面实行对派驻机构的统一管理。派驻机构要紧密结合驻在部门的业务特点和实际情况积极开展工作。各省(区、市)也要加强这方面的工作。要认真落实纪委负责人同下级党政负责人谈话制度、对领导干部的任前廉政谈话制度、对党员干部的诫勉谈话制度。

各级纪委在认真履行监督职责的同时，更要自觉接受党组织、广大党员、人民群众和舆论的监督。在这里，我向大家表示，中央纪委常委会包括我本人，诚恳地接受同志们的监督，接受全党和全国人民的监督。我也诚恳地希望安徽省委对省纪委加强领导，严格要求，省纪委的同志也要自觉接受省委、全省广大党员干部和人民群众的监督。

要把党内监督和党外监督结合起来。党的各级组织和党员领导干部，要按照“为民、务实、清廉”的要求，自觉接受并正确对待党和人民群众的监督。要广开言路，听民声，察民意，知民情，重视人民群众的监督，依靠人民群众的智慧，不断加强和改进党内监督工作。要完善和规范政务公开、村务公开、厂务公开等制度，对涉及群众切身利益的政策和事项，要增加透明度，使人民群众更好地监督我们的工作。要切实保障宪法赋予的人民群众对国家机关和国家工作人员批评、建议、控告、检举等权利，认真受理、及时核查群众举报反映的各种问题，对打击报复举报人的要严肃处理，保护群众参与监督的积极性。要重视和支持舆论监督，听取意见，改进工作。要通过全党和全社会的共同努力，使党内监督、国家专门机关监督、民主党派监督、群众监督和舆论监督等结合起来，形成监督合力。

注重对网上舆情的疏导*

（2004 年 2 月 14 日）

现在对反腐倡廉问题，因特网上言论、议论颇多。有正面的东西，但消极、情绪化的也有。因此，加强网上疏导，似应引起重视。

现在上网的人越来越多，关心的人也越来越多，这是高科技发展对社会的深刻影响。人们在网上有充分的言论自由，我认为这是社会进步的一种表现，要因势利导。

反腐倡廉问题是网民关心的热点之一。我天天看网上的议论，一方面认真看，认真想，重视民意，注意努力改进工作；另一方面感到上网的多为知识分子，多为青年人。有的是自己或亲朋受到伤害，有的是不平则鸣，有的是不了解情况，有的是对我们的工作有意见，有的是不满发牢骚，有的是关心党和政府，也有的出了一些主意……。我认为要高度重视网民的意见、情绪，主动发一些文章、资料、议论，通过大家努力，使网上风气更健康。

当然，关键是要把我们的工作做好，要认真贯彻落实锦涛同志在中央纪委第三次全会上的重要讲话和中央纪委第三次全会及国务院第二次廉政工作会议精神。既要坚决惩治腐败，又要有效预防腐败；既要坚决查处违纪违法的领导干部，又要解决好侵犯群众利益的突出问题；既要保持工作的连续性，又要与时俱

---

* 这是吴官正同志致时任中央纪委副书记刘峰岩同志的信。

进，建立健全与社会主义市场经济体制相适应的教育、制度、监督三者并重的惩治和预防腐败体系。

我们这样的大国，我们这样的大党，在网上出现各种言论是很正常的，我们要适应这种变化，正确对待网民的言论。我们的反腐倡廉的大宣教，应包括加强网上疏导，以不断改进我们的工作。

加强对领导干部特别是主要领导干部的监督*

（2004 年 2 月 27 日）

《中国共产党党内监督条例（试行）》的颁布实施，是加强党内监督工作的重大举措，是党内政治生活中的一件大事。《条例》以“三个代表”重要思想为指导，充分反映了全党意愿，集中了全党智慧，把立党为公、执政为民的本质要求和党要管党、从严治党的方针转化为具体规定，对于发展党内民主、加强党内监督、维护党的团结统一，对于提高党的领导水平和执政水平、增强拒腐防变和抵御风险能力，对于保持党的先进性、密切党同人民群众的血肉联系，具有十分重要的意义。我们一定要从政治的高度，全面、准确地理解和把握《条例》的精神实质。

第一，《条例》坚持把发展党内民主作为加强党内监督的重要基础，体现了自上而下监督与自下而上监督相结合的原则。党内民主是党的生命，也是党内监督的基础，对人民民主具有重要的示范和带动作用。党内民主的状况影响和制约着党内监督工作的水平，如果党内民主发扬不够，批评与自我批评的气氛不浓，监督就不可能落到实处。《条例》从新的实践出发，既强调加强党的上级组织对下级组织的监督，又规定了党员对党的组织、党员对党的干部、党的下级组织对上级组织的监督，体现了自上

---

* 这是吴官正同志在学习贯彻《中国共产党党内监督条例（试行）》座谈会上的讲话摘要，发表于 2004 年 3 月 2 日《人民日报》。

而下的监督与自下而上以及同级领导班子内部监督相结合的原则。《条例》还规定领导干部述职述廉后,要接受党员干部的民主评议或民主测评;规定在领导干部民主生活会后,党员有权了解本人所提意见和建议的处理结果;规定地方各级党委委员,有权对党的委员会全体会议决议、决定执行中存在的问题提出询问和质询;规定党的各级领导班子决定重要事项,应当进行表决。这些具体规定,为发展党内民主、加强党内监督提供了制度保障。因此,在贯彻实施《条例》的过程中,要充分认识发展党内民主的极端重要性,切实保障各级党组织和广大党员的民主监督权利,在党内形成积极倡导监督、大胆实施监督、支持保护监督的浓厚氛围。

第二,《条例》针对党内监督实践中的难点和薄弱环节,明确了加强对领导机关、领导干部特别是主要领导干部监督这个重点。有同志提出,党内监督条例能不能解决好自己监督自己的问题?回答是肯定的。党章规定,我们党除了工人阶级和最广大人民群众的利益,没有自己的特殊利益。党内没有不接受监督的特殊党员,每个党员不论职务高低,都必须接受党内外群众的监督。胡锦涛同志代表中央政治局郑重表示,要接受全党和全国人民的监督,表明我们党无私无畏、光明磊落、加强党内监督的坚定决心,为各级领导干部自觉接受监督作出了表率。在我们党内,党的各级领导干部特别是主要领导干部都掌握着一定的权力,如果不能自觉接受监督,权力的行使就可能偏离正确方向。《条例》根据党内监督的实践和存在的突出问题,明确规定党内监督的重点是各级领导机关和领导干部,特别是各级领导班子主要负责人,这就抓住了加强党的内部监督的关键。比如,《条例》规定了中央政治局向中央委员会全体会议报告工作;规定了如何反映对包括中央政治局委员在内的各级领导干部的意见;规定了通过巡视制度,加强对省(部)、地(市)两级领导班子和主要负责人的监督。因此,贯彻落实《条例》,各级领导机关和领导干部一定要以身作则,自觉接受来自各方面的监督。同时,各级党的代表大会、党的委员会、纪律检查机关和广大党员干部都要切实履行监督职责,加强对领导机关和领导干部的监督。

第三,《条例》正确处理继承与创新的关系,突出了制度建设在党内监督中的核心作用。制度建设带有根本性、全局性、稳定性、长期性。加强党内监督必须有严格的制度,保证监督的质量和效果。因此,《条例》规定了一系列具体的监督制度。这些制度有的是对过去的规定作了充实和完善,如"集体领导和分工负责"、"重要情况通报和报告"、"民主生活会"、"信访处理"等;有的是把近年来实践中的好做法、好经验上升为制度加以规定,如"述职述廉"、"巡视"、"谈话和诫勉"、"舆论监督"等。《条例》还对"询问和质询"、"罢免或撤换要求及处理"作出了规定。坚持制度建设、制度创新,是加强党内监督工作的根本途径,也是党内监督工作持续、深入、健康发展的重要保证。我们要继续坚持解放思想、实事求是、与时俱进,随着社会主义市场经济体制的不断完善和实践的深入发展,及时研究解决《条例》贯彻实施中的问题,使党内监督制度更加健全、更加完善。

第四,《条例》要求领导干部既要接受党内监督,又要遵守宪法、法律,坚持依法执政。有同志提出,既然有了宪法和法律,为什么还要制定党内监督条例?共产党员还要不要接受宪法和法律的约束?党员干部接受党内监督和遵守国家法律是一致的,二者并不矛盾。我们党是工人阶级的先进政党,党的性质和宗旨决定了对党的组织和党员干部必须有更严格的要求,更严明的纪律。党员领导干部一定要严格遵守党的纪律,自觉接受党组织和党员的监督。对违反纪律的党员干部,必须按照《中国共产党纪律处分条例》的规定坚决处理。

依法治国是党领导人民治理国家的基本方略，党必须在宪法和法律的范围内活动。《条例》也是依据党章和宪法、法律，结合党的建设实践制定的。党的十六大报告指出："任何组织和个人都不允许有超越宪法和法律的特权。"法律面前人人平等，党员干部涉嫌触犯国家法律，必须由司法机关依法严肃处理。党的各级领导干部必须增强法制观念，模范地遵守宪法、法律，自觉接受人民群众的监督，做到依法办事，廉洁从政。

第五，《条例》坚持党内监督与党外监督相结合，形成监督的整体合力。我们党是执政党，党内监督在各种监督中起着基础和核心的作用。党内监督搞不好，党外监督就很难开展。同时，加强党外监督，也可以促进党内监督，提高党内监督的水平。《条例》对党内监督与党外监督相结合作了明确规定，这是对社会主义市场经济条件下监督规律认识的深化。我们要在加强党内监督的同时，充分发挥党外监督的作用。要扩大有序的政治参与，拓宽监督渠道，进一步完善政务、厂务、村务公开，对涉及群众切身利益的有关政策和工作要增加透明度，使人民群众的监督做到经常化、制度化。切实保障宪法赋予公民的批评、建议、控告、检举等权利，认真受理、及时核查群众举报反映的各种问题，以保护群众参与监督的积极性。要通过全党和全社会的共同努力，使党内监督与国家专门机关监督、民主党派监督、群众监督、舆论监督等监督形式紧密结合，形成监督的整体合力。

第六，《条例》强调既要履行监督职责，又要遵守监督纪律，维护党的团结统一。监督制约和保护支持是相辅相成、有机统一的两个方面。加强监督，是对领导干部的严格要求和关心爱护，目的是使领导干部少犯或不犯错误。各级党组织和广大党员要认真履行监督职责，同时还要注意遵守监督方面的各项纪律，正确行使监督权利。一是各项监督活动必须在党委统一领导下，按照组织原则和严格程序进行。党员有权将自己的意见向党的上级组织直至中央反映，但不得公开发表与党中央决定相反的意见。二是党员有权检举党的任何组织和党员违纪违法的事实，但不能以监督为名侮辱、诽谤、陷害他人。不能利用质询故意刁难、无理纠缠。三是对经调查没有发现问题的党组织或党员要及时予以澄清，消除影响。只有严格遵守党的监督纪律，保护好党员干部的合法权益，才能保证党内监督健康有序开展，维护党的团结和统一。

《条例》公布后，一些同志担心这个条例能不能落到实处。这一点确实非常重要。贯彻实施《条例》，关键在抓好落实。各级党委要大力弘扬求真务实精神，精心组织、周密部署，把学习贯彻《条例》作为一项长期任务，切实抓紧抓好。要采取多种形式，认真学习和大力宣传《条例》，使党的各级领导干部精通《条例》，全党同志熟悉《条例》，全社会了解《条例》。党的各级领导机关和领导干部，要切实担负起所在地区、所在单位开展党内监督的领导责任，抓好各项监督措施的落实。各级纪委要协助党委组织协调党内监督工作，加强对党内监督工作的督促检查，同时自觉接受党组织、广大党员、人民群众和舆论的监督，促使党内监督工作健康发展，努力取得党风廉政建设和反腐败斗争的新成效。

标本兼治、惩防并举　坚决纠正损害群众利益的不正之风*

（2004 年 3 月 23 日）

深入开展党风廉政建设，要坚持以“三个代表”重要思想为指导，贯彻为民、务实、清廉的要求，把解决损害群众利益的突出问题作为反腐倡廉的重要内容。今年年初，胡锦涛同志在中央纪委第三次全会的重要讲话中，严肃批评了“以权谋私、与民争利”，“乱收费、乱集资、乱摊派”，“对群众的安危冷暖漠不关心，工作方法简单粗暴，甚至肆意欺压群众”等 10 个方面的问题，要求全党大力弘扬求真务实的精神，把解决群众反映的突出问题作为反腐倡廉工作的重点。中央纪委第三次全会对加强党风政风建设、纠正损害群众利益的不正之风进行了具体部署。温家宝同志在国务院第二次廉政工作会议上，着重指出了当前在一些地方存在的损害群众利益的 8 种表现，强调要认真解决损害群众利益的突出问题。十届全国人大二次会议通过的政府工作报告提出，要加大就业和社会保障工作力度，进一步改善人民生活，5 年内逐步取消农业税，切实减轻农民负担；宪法修正案增加了建立健全社会保障制度的规定，修改完善了土地征用制度，明确了征收或征用土地要给予补偿，体现了更加关心和维护人民群众的利益。

实现好、维护好、发展好人民群众的利益，是我们党的优良

---

* 这是吴官正同志在宁夏回族自治区考察结束时的讲话摘要，发表于 2004 年 4 月 1 日《中国纪检监察报》。

传统,也是不断取得革命、建设和改革胜利的根本保证。早在1934年,毛泽东同志在江西瑞金召开的第二次全国工农兵代表大会上就强调,领导干部要帮助群众解决实际问题,如土地、劳动、住房问题,柴米油盐问题,妇女学犁耙的问题,小孩子要读书的问题,等等。这些问题看上去琐碎,但对每个群众、每个家庭来说,都是大事。毛泽东同志说,只要认真关心群众的这些问题,切实帮助他们解决这些问题,广大群众就必定拥护我们。邓小平同志说,只有紧紧依靠群众,密切联系群众,随时听取群众的呼声,了解群众的情绪,代表群众的利益,才能形成强大的力量,顺利地完成我们党的各项任务。江泽民同志指出,能不能富有成效地帮助群众排忧解难,是衡量领导干部群众观点强不强、工作实不实、实践"三个代表"重要思想好不好的重要试金石。

人民群众是我们党的力量源泉和胜利之本,没有什么比老百姓对我们的信任更重要、更宝贵的了。认真解决损害群众利益的突出问题,是实践"三个代表"重要思想、坚持执政为民的具体体现,是维护改革发展稳定大局、保证经济社会全面协调可持续发展的必然要求,是深入开展反腐倡廉、密切党同人民群众血肉联系的重要内容。我们一定要从政治上、大局上,深刻认识维护群众切身利益的极端重要性,坚持标本兼治、惩防并举,以求真务实的精神,坚决纠正和防止损害群众利益的不正之风。

第一,加强教育,增强党员干部维护群众利益的自觉性。立足教育,着眼防范,使党员干部牢固树立正确的世界观、人生观、价值观,是解决好损害群众利益问题的基础性工作,是反腐倡廉必须始终抓紧抓好的一个重要问题。

要加强权力观和政绩观教育,牢记党的性质和宗旨。在改革开放和长期执政的条件下,党员干部必须正确认识和对待手中的权力,牢记我们手中的权力是人民赋予的,只能用来为人民谋利益。必须树立正确的政绩观,决不能搞脱离实际、劳民伤财的“形象工程”、“政绩工程”。领导干部如果宗旨意识淡薄，甚至心术不正、利欲熏心，就不可能为群众办实事、办好事，不可能做到权为民所用，情为民所系，利为民所谋。

要加强党的群众路线教育，不断增强群众观念。群众利益无小事。“两会”期间有的代表和委员反映，现在农民有“三不敢”：不敢看病，不敢上学，不敢打官司。有的人看不起病，小病拖，大病扛。这里既有群众经济困难的原因，也有一些部门和行业风气不正的原因。有的干部办事不公、吃拿卡要、刁难群众，使有困难的老百姓办起事来更加艰难，这样就会得罪老百姓，伤害他们的感情。因此，我们的干部一定要增强群众观念，关心群众的安危冷暖，勤勤恳恳为群众办事，切实解决人民群众最现实、最直接的问题，做到爱民、为民、富民、安民。

要加强党纪条规教育，增强纪律意识。损害群众利益的不正之风，表现出来的是干部作风问题，但许多是违反党的纪律问题，尤其是违反经济工作纪律和群众工作纪律。我们党围绕密切党同人民群众血肉联系这个核心，制定了一系列党纪条规。最近，党中央颁布实施了《中国共产党党内监督条例（试行）》和《中国共产党纪律处分条例》。这些都是保证党员干部正确行使权力、维护群众利益的有力武器。广大党员干部要认真学习党纪条规，尤其要抓好两个条例的学习贯彻，用条例来对照自己、检查自己、警示自己。凡是与民争利、欺压群众的事，一点也不能做；凡是有益于人民的事，就要千方百计地做好。

要加强法律法规教育，增强法制观念。依法治国是我们党领导人民治理国家的基本方略。依法保护人民生命财产安全，维护人民群众的利益，是我们应尽的职责。现在，有的地方发生损害群众利益的问题，以及由此引发的一些群体性事件，很多是由于一些干部不按照法律、政策办事造成的。领导干部一定要认真学习宪法和法律法规，增强法制观念，做到知法守法，依法办事。

第二，认真开展专项治理工作，坚决查处严重损害群众利益的案件。今年党中央、国务院针对损害群众利益的突出问题，明确部署了专项治理的重点工作，要求坚决纠正在征用土地、城镇拆迁、企业重组改制和破产中损害群众利益以及拖欠和克扣农民工工资等突出问题。同时，要继续抓好治理教育乱收费、纠正医药购销和医疗服务中的不正之风、减轻农民负担等工作。老百姓看我们的党风是不是有了好转，主要是从他们日常接触的具体事情上，如医生是不是收“红包”、学校是不是乱收费、基层执法人员是不是公平公正等问题上来认识。因此，必须认真抓好专项治理工作，加强行业作风建设，维护好人民群众的切身利益。

现在，最重要的是以求真务实、真抓实干的精神抓好专项治理任务的落实。各级党委、政府要切实负起领导责任，认真分析本地区本部门存在的损害群众利益的突出问题，找出问题的症结，明确工作目标和工作要求，明确各部门在专项治理中的责任。各部门要加强协作、齐抓共管，业务主管部门要依法履行职责，充分发挥在业务监管方面的职能作用。纪检监察机关要认真搞好组织协调，积极支持和配合各部门开展工作。

要通过自查自纠、全面检查、重点抽查等多种形式，加强监督检查，确保专项治理工作顺利进行。今年，中央有关部门将派出专项检查组，对上述专项治理工作开展检查；各地区各部门也要加强检查工作。要认真执行责任制，严格责任追究，对于那些在专项治理中，搞“上有政策、下有对策”、阳奉阴违、逃避检查的，要坚决追究有关领导的责任。要加大查办案件工作力度，对于那些严重损害群众利益、肆意欺压群众的行为，失职渎职、给人民群众生命财产造成重大损失的行为，作风粗暴恶劣、造成严重后果的行为，要坚决查处，绝不留情，绝不手软。对于那些损害群众利益的典型案件，要进行通报，公开曝光，以严明的党纪政纪法纪，保障人民群众的切身利益。

第三，坚持改革和制度创新，为解决损害群众利益的突出问题提供保证。一些不正之风之所以纠而复生，与党员干部的作风有关，也与制度不健全、不完善有关。因此，必须建立健全便利、管用的制度，形成用制度规范从政行为、按制度办事、靠制度管人的机制。

按照效能、便民的原则，进行制度创新。要推进行政审批等制度改革，简化审批程序，提高行政效率。积极推广“一站式”服务、“一条龙”审批等便民利民措施，为广大群众提供便捷、规范的服务。针对基层站所和窗口单位的不同业务特点，制订职业道德规范，以热情、周到、优质的服务赢得人民群众的信赖。

按照公开、公正的原则，继续推行政务公开、厂务公开和村务公开制度。学校、医院等公用事业单位都要实行公开制度。学校的教育收费、招生考试，医院的药品价格和医疗服务收费，水、电、气、公路、铁路等部门和行业的办事收费等，都要实行公开。要以财务公开为重点，与乡镇政务公开、农村税费改革相结合，进一步提高村务公开的质量和水平。群众知情，就会更好地议事参政，更好地监督和支持我们的工作。

按照发展社会主义市场经济的要求，建立健全有利于发挥市场机制作用的制度。当前，在国有企业重组改制和破产中，一些地方对企业资产不进行科学评估，搞暗箱操作，低估贱卖，导致国有资产流失，损害了职工的合法权益，引起职工不满甚至群体性上访。因此，要适应市场经济的发展，加快产权交易市场建设，全面实行产权交易进入市场制度。同时，要大力推行建设工程招标投标、经营性土地使用权出让挂牌招标拍卖、政府采购等制度，凡是可以运用市场机制来处理的，都要运用市场机制来处理，充分发挥市场在资源配置中的基础性作用。

按照发展社会主义民主的要求，建立健全各项民主制度，保证人民群众的民主权利。人民群众的利益，不仅是经济方面的利益，还包括政治和文化方面的利益。要抓紧修订《中国共产党党员权利保障条例（试行）》，发展党内民主，保障广大党员充分行使民主权利。要不断扩大基层民主，健全村民自治机制；推进城市社区建设，建立社情民意反映制度；完善职工代表大会和其他形式的民主管理制度，保证人民群众行使民主选举、民主决策、民主管理、民主监督的权利。尊重和保障人权，更好地维护人民群众的经济、政治和文化权益。

解决好城市拆迁中侵害居民利益和拖欠农民工工资问题*

（2004 年 4 月 6 日）

解决好城市拆迁中侵害居民利益和拖欠农民工工资的问题，一定要全面贯彻“三个代表”重要思想，树立科学的发展观和正确的政绩观，按照中央的统一部署，综合运用经济、法律和必要的行政手段，进一步加大城市房屋拆迁管理、清理拖欠工程款和农民工工资的力度；同时，坚持标本兼治，综合治理，坚持依法办事，推进体制制度创新，为从根本上解决这些问题创造条件。

规范城镇拆迁、保护居民利益，要重点抓好两个方面问题：

一是必须保证拆迁居民合理的补偿，妥善安置拆迁户。要按照法律法规和市场定价的原则，确定合理的拆迁补偿标准，保证居民利益。加强对拆迁补偿金的监管，确保拆迁补偿金足额到位。对没有拆迁计划和拆迁安置方案、补偿金不落实的项目，不得拆迁。要加强政策引导，督促各地从本地实际出发，充分考虑被拆迁居民的支付能力，加强经济适用住房建设，尤其要保障拆迁户中困难家庭的住房需要。

二是严格依法拆迁，加强市场监管。要认真贯彻《行政许可法》，严格执行《城市房屋拆迁管理条例》的各项规定。加强规范化管理，严格执行拆迁公示、拆迁监管等制度，进一步完善行政裁决听证和行政强制拆迁听证制度。继续搞好监督检查，严格执行市场准入和清出制度，淘汰不合格的单位。加大对拆迁上

---

* 这是吴官正同志在听取建设部等部门汇报时讲话的一部分。

访量大、问题突出的地区和建设单位的督促检查，努力把问题解决在当地、解决在基层。加大执纪执法的力度，对违规拆迁、降低补偿标准的单位，要坚决予以处罚；对不依法行政，侵害群众利益的行为要严肃查处；触犯刑律的，要移送司法机关处理。加大宣传引导力度，让群众了解拆迁政策，提高依法维护自己权利的意识；同时，要使群众理解城市拆迁，支持城市建设。

解决建设领域拖欠工程款和农民工工资问题，要着重抓好以下两项工作：

一是加大清欠工作的力度，确保按期实现清欠目标。要坚决按照中央的要求，从 2004 年开始，用三年的时间解决拖欠工程款问题；用一年半时间解决拖欠农民工工资问题。要坚持“中央制定政策，地方负责落实，部门指导协调，省级人民政府对当地工程项目的清欠工作负总责，明确责任，分工配合”的原则，做好工程款和农民工工资清欠工作。各级政府要积极采取措施，带头解决政府工程拖欠问题，优先支付农民工工资。企业要多方筹措资金兑现拖欠的农民工工资。对措施不力、工作进展缓慢的，要酌情追究有关人员的责任。要健全和完善清欠的定期报告制度、督查办理制度；切实维护农民工的合法权益。进一步发挥新闻舆论的监督作用，对严重拖欠工程款和农民工工资行为要公开曝光，形成“拖欠失信、拖欠受罚”的社会舆论氛围，促进清欠工作的有效开展。

二是健全制度，建立解决拖欠工程款和农民工工资问题的长效机制。要改革政府投资工程建设实施方式，积极推行信用体系和风险管理制度；规范建设和施工各方的市场行为。积极推行国库集中支付，减少政府投资项目的支付环节。要改变现行农民工工资的支付办法，加强对企业支付农民工工资情况的监控，加大对恶意拖欠农民工工资行为的打击力度。对严重和恶意拖欠工程款的业主以及违纪违法的建筑企业，要向社会公开。要加强立法、执法、司法等工作，明确拖欠行为的法律责任，为清理建设领域拖欠工程款和农民工工资提供法律支持。

要认真做好群众来信来访工作，认真解决群众反映的问题，化解矛盾，维护社会稳定。实行信访工作责任制，及时处理群众来信来访，努力做到件件有着落，事事有回音，给群众满意的答复。

全面实行纪检监察派驻机构统一管理*

（2004 年 4 月 7 日）

纪检监察机关对派驻机构实行统一管理，是党中央为改革和完善纪律检查体制作出的重大决策。党的十五届六中全会作出了“纪律检查机关对派出机构实行统一管理”的决定。党的十六大提出，要加强对权力的制约和监督，改革和完善党的纪律检查体制。2002 年以来，中央纪委监察部按照中央的部署，在中央和国家机关有关部门的支持配合下，积极开展统一管理试点工作，摸索和积累了一定的经验。中央决定，今年要全面实行对派驻机构的统一管理。

一、充分认识派驻机构统一管理的重要意义，把思想认识统一到中央的决定上来

纪检监察机关对派驻机构实行统一管理，是新形势下全面推进党的建设新的伟大工程、加强党内监督的一项重大举措，是改革和完善党的纪律检查体制的重要内容，是建立健全与社会主义市场经济体制相适应的惩治和预防腐败体系的重要组成部分。这项改革，对于充分发挥派驻机构的职能作用，加强对驻在

---

* 这是吴官正同志在中央纪委监察部派驻机构统一管理工作会议上的讲话。

部门领导班子及其成员的监督，深入推进党风廉政建设和反腐败工作，具有十分重要的意义。

（一）对派驻机构实行统一管理，是纪检监察体制的重大改革。派驻机构是纪检监察机关的重要组成部分，自组建以来，实行的是中央纪委监察部和驻在部门双重领导、双重管理的体制。多年来，派驻机构在中央纪委监察部和驻在部门的领导下，在党风廉政建设和反腐败斗争中发挥了重要作用，为驻在部门的改革、发展、稳定作出了积极贡献。但也要看到，随着政治体制改革的推进，随着党风廉政建设和反腐败斗争不断深入，派驻机构所担负的责任更加重大，任务更加繁重，这就要求派驻机构的工作必须适应新形势、新任务的要求，与时俱进，开拓创新。对派驻机构实行统一管理，将派驻机构的领导体制由现行的双重领导改为由中央纪委监察部直接领导，是派驻机构领导体制的重大改革和创新，有利于派驻机构充分发挥职能作用，也有利于进一步完善纪检监察体制。

（二）对派驻机构实行统一管理，是加强党内监督的重要举措。我们党一贯重视党内监督工作。党的十六大以来，以胡锦涛同志为总书记的党中央高度重视监督问题，采取了一系列重大举措加强党内监督。去年年底，党中央颁布了《中国共产党党内监督条例（试行）》，这是我们党成立以来制定颁布的第一部党内监督法规，标志着党内监督工作进入了规范化、制度化的新阶段。为了进一步加强对省部级领导班子及其成员的监督，中央作出了建立和完善巡视制度、加大巡视工作力度和对纪检监察派驻机构实行统一管理两项重大决策。对派驻机构实行统一管理，有利于使派驻机构保持相对的独立性，增强权威性，强化派驻机构的监督检查职能，把工作的重点放在对领导班子和领导干部的监督上来，逐步完善对权力的监督制约机制。把监督的关口前移，能够及早发现一些苗头性的问题，把它们解决在萌芽状态，使领导干部不犯或少犯错误。这既是中央对领导干部的严格要求，也是对领导干部的关心和爱护。

（三）对派驻机构实行统一管理，是进一步加强中央和国家机关反腐倡廉工作的必然要求。随着反腐败斗争的深入发展，要求必须坚持和完善反腐败领导体制和工作机制，进一步发挥党风廉政建设责任制在推进部门和系统党风廉政建设和反腐败工作中的基础性作用。派驻机构实行统一管理后，一方面，明确部门和系统党风廉政建设和反腐败工作的责任主体是部门党组和行政领导班子，这就加重了部门抓好反腐倡廉工作的责任，促进驻在部门把反腐倡廉工作摆上重要日程，按照党风廉政建设责任制的要求，做好各项工作；另一方面，派驻机构能够集中精力研究和处理重要问题，协助驻在部门党组和行政领导班子组织协调部门及所属系统的反腐倡廉工作，有利于形成反腐败斗争的合力，促进中央和国家机关反腐倡廉工作的进一步深化。

二、做好派驻机构统一管理工作需要把握的几个问题

（一）紧紧围绕强化监督这个重点，切实加强对党政领导干部特别是主要领导干部的监督。党要管党、从严治党，关键是管好领导干部。越是领导机关，越是领导干部，越要有严格的监督。中央和国家机关是领导机关，在党和国家事务中处于重要地位，权力比较集中，领导干部比较多，加强对领导班子和领导干部的监督，保证把人民赋予的权力真正用在为人民谋利益上，是党内监督要解决的重点问题。对派驻机构实行统一管理，主要目的是加强对驻在部门领导班子及其成员的监督。实行统一管理后，派驻机构要把加强监督作为第一位的职责。要从党和人民的利益出发，增强政治责任感和使命感，树立“加强监督是

本职、疏于监督是失职、不善于监督是不称职”的观念，坚持原则，认真履行监督职责，切实加强对权力的监督制约，防止权力失控、决策失误和行为失范。要善于监督，从关心、爱护干部出发，发现领导干部的苗头性问题及时提醒，及时帮助，防止铸成大错。要积极探索履行监督职责的方式方法，紧密结合驻在部门和系统的实际，围绕改革、发展和稳定的大局，紧紧抓住监督的重点对象、重点环节、重点部位，把预防问题、发现问题和解决问题有机结合起来，切实发挥出新体制、新机制的作用。各部门的领导班子和领导干部要树立自觉接受监督的意识，主动接受各个方面的监督，包括派驻机构的监督。要有自觉接受监督的觉悟和胸怀，把党组织和人民群众的监督当作一种警戒、一面镜子，经常想一想、照一照，检查自己的缺点和不足。同时，还要为派驻机构开展监督工作创造良好的条件。

（二）各部门及所属系统的党风廉政建设和反腐败工作只能加强，不能削弱。派驻机构实行统一管理后，对各部门及所属系统的党风廉政建设和反腐败工作提出了新的更高的要求。因此，各部门党组和行政领导班子要认真执行党风廉政建设责任制，对本部门及所属系统的党风廉政建设负起全面领导责任，切实加强对工作的领导和具体指导。要根据工作关系的变化，整合力量，建立和完善有效的工作机制，保证本部门、本系统反腐倡廉工作不间断、不削弱；要坚持“两手抓、两手都要硬”的方针，把业务工作和党风廉政建设任务一同布置、一同检查、一同落实；领导班子正职要负总责，其他成员要按照分工各负其责，一级抓一级，一级带一级。派驻机构要按照党章规定的任务，适应形势发展的需要，积极协助驻在部门党组和行政领导班子组织协调反腐倡廉工作，特别是对所在系统和行业的党风廉政建设和反腐败工作要一如既往地抓紧抓好。要针对部门和系统反腐倡廉的重大问题和薄弱环节，加强调查研究，提出加强工作的意见和建议；要健全和完善组织协调机制，协助抓好反腐倡廉工作的部署和任务落实，充分履行组织协调职能。实行派驻机构统一管理的总体目标，就是要在切实加强对领导班子及其成员监督的同时，进一步加强部门及系统的党风廉政建设和反腐败工作。要通过派驻机构和驻在部门的共同努力，使党风廉政建设和反腐败工作在继承中发展，取得新的明显成效。

（三）从实际出发，积极稳妥地推进统一管理工作。对派驻机构实行统一管理，涉及领导体制的改革、职能的调整和工作关系的变化，情况复杂，涉及面广，是一项政治性、政策性、业务性都很强的工作。在目前情况下，为了积极稳妥地推进这项工作，中央纪委监察部决定采取“分两步走”的办法，先对派驻机构的业务工作和干部工作实行直接管理，行政后勤管理仍按原渠道和办法由驻在部门负责。同时，鉴于目前派驻机构的设置情况比较复杂，今年先完成对双派驻机构实行统一管理的工作，同时对单派驻机构统一管理工作进行调研，适时作出部署。实行统一管理的各部门和派驻机构要坚决按照《实施意见》的要求，准确把握改革的指导思想和总体要求，精心组织，有序推进。同时还要看到，任何体制都不是十全十美的，改革也是一个循序渐进的过程。因此，统一管理的内容和方式要在实践中不断完善，逐步规范。《实施意见》中有些内容只是规定了一些原则，具体如何落实还需要各单位结合本部门的实际情况，以与时俱进的精神和求真务实的态度进行探索和解决。

三、加强组织领导，确保中央决定精神的贯彻落实

对派驻机构实行统一管理，是中央作出的一项重要决定，我们要作为一项重要的政治任务来完成。中办、国办转发的《实施

意见》,是经中央政治局常委会议讨论通过的,各部门要坚决贯彻执行,认真抓好落实。

第一,各部门党组和行政领导班子要关心支持派驻机构的工作,为统一管理改革提供有力保障。对派驻机构实行统一管理工作,需要中央和国家机关各部门的通力合作和大力支持。各部门党组和行政领导班子要一如既往地支持和关心派驻机构的工作,保证改革健康有序地进行。在这里,我强调两点,一是要继续解决好派驻机构的工作保障和干部的生活福利问题,为方便派驻机构的工作和干部生活创造良好条件;二是要继续关心派驻机构的干部,疏通派驻机构干部与驻在部门及所属系统干部进行交流的渠道,并继续安排他们参加驻在部门的有关业务培训和出国(境)学习考察活动。总之,各部门的党组和行政领导班子对派驻机构及其干部,在政治上要信任,工作上要支持,生活上要关心。

第二,派驻机构的广大干部要振奋精神,扎实工作,确保统一管理各项任务的落实。派驻机构广大干部要以党和国家的事业为重,讲政治、顾大局、守纪律,确保统一管理工作顺利进行。派驻机构实行统一管理后,责任更加重大,任务更加繁重,要准确把握职能定位,积极探索履行职责的方式方法,不仅要履行监督检查的职能,还要积极协助驻在部门党组和行政领导班子组织协调部门及所属系统的党风廉政建设和反腐败工作。这要作为衡量派驻机构工作成效和检验改革是否成功的主要标准。要处理好实施监督与协助工作的关系,并围绕加强这两方面的工作,逐步建立和完善相关的工作制度。要抓住改革的契机,大力加强自身建设,提高干部的政治和业务素质,不断提高工作水平。要自觉接受驻在部门党组织和干部群众的监督,做监督和接受监督的模范。要始终保持谦虚谨慎的作风和奋发有为的精神状态,树立纪检监察干部可亲、可信、可敬的良好形象。

第三，中央纪委监察部要切实加强对派驻机构的领导和管理，改进工作方式方法。派驻机构实行统一管理工作要在中央纪委监察部的统一领导下进行。委部的领导同志要切实加强对派驻机构工作的领导，积极协调有关部门帮助派驻机构解决改革过程中出现的各种矛盾和问题。委部机关有关厅、室、局要按照统一管理的要求，加强与派驻机构的工作联系和协调，改进工作方式方法，增强服务意识，针对派驻机构的工作特点，加强工作指导和情况沟通，制定相关的配套规定，推动统一管理工作的顺利进行。

不断加大从源头上防治腐败的力度*

（2004 年 4 月 18 日）

党的十六届三中全会提出了完善社会主义市场经济体制的目标和任务，对各项改革作出全面部署。随着改革的不断深入，必将为预防和减少腐败创造更为有利的条件。我们要坚持以“三个代表”重要思想为指导，与时俱进，积极探索，深化改革，创新制度，不断加大从源头上防治腐败的力度。

*积极发挥市场机制的作用。*坚持公开、平等、竞争的市场经济原则，减少政府对微观经济的直接干预，有利于预防和减少以权谋私、权钱交易等腐败行为的发生。要注意发挥市场机制的作用，凡是能够用市场机制的办法解决的，就尽量用市场机制的办法解决。比如，建设工程发包、经营性土地使用权出让、产权交易、政府采购等，要通过招标、拍卖等市场机制来处理。要积极推进投资体制改革，规范政府投资行为，探索建立依靠市场引导投资的新型投资体制。通过运用市场手段，更大程度地发挥市场在资源配置中的基础性作用，不断拓宽从源头上防治腐败的领域。

*改革和完善管理体制和管理方式。*克服一些地方和部门存在的官僚主义、形式主义现象，必须按照为民、务实、清廉的要

---

* 这是吴官正同志在听取海南省委省政府工作汇报时讲话的一部分。

求，改革管理体制，完善管理方式。要认真贯彻《行政许可法》，深入推进行政审批制度改革，凡是不应该由政府管的事情，要交给公民、法人和其他组织自主决定、自律管理。同时，加强对行业组织和社会中介机构的管理与监督。要深化部门预算改革，扩大国库集中支付制度改革试点。要引进竞争机制、充分发扬民主、加强干部监督管理，从整体上推进干部人事制度改革，坚决纠正和防止用人上的不正之风。积极稳妥地推进司法体制改革，保证司法权的公正行使。大力推进政务、厂务和村务公开，凡是与群众利益密切相关的事项都要公开，改进工作方式，提高办事效率，为群众提供高效、便捷、优质的服务。建立健全社会公示制度和社会听证制度、质询制度，不断增强透明度和公众参与度，切实保证人民群众的知情权、参与权、选择权和监督权。

营造防范腐败的社会环境。完善社会主义市场经济体制，建立严密、规范的社会管理制度，对于反对和防止腐败至关重要。建立健全这方面的制度，遏制非法资金往来和"洗钱"行为，有利于维护正常的经济秩序，也有利于反腐败工作的深入开展。对于这方面的制度，今后还要不断完善。要探索建立社会信用制度，推进经济交往中的非现金化交易行为，对那些不讲诚信、恶意欺诈、违规违法的行为，要坚决予以惩罚。逐步完善与我国经济发展水平相适应的社会保障制度，为企业重组改制中下岗职工，提供最基本的生活和医疗保障，维护群众的切身利益。

规范领导干部从政行为。领导干部手中的权力是人民赋予的，决不能以权谋私，贪财贪色，违法乱纪。去年我们查处的省部级干部中，有一个人不仅自己贪财好色，而且支持、纵容他的儿子和弟弟、妹妹、女婿、舅舅、表弟和朋友在他管的系统承揽工程项目，数额巨大，乘机发财。这是绝对不允许的！党纪国法是无情的。领导干部一定要严格遵守廉洁自律的各项规定，不仅要管好自己，还要严格要求配偶、子女和身边工作人员，绝不允许他们利用自己手中的权力和影响谋取私利。比如,法院领导干部的配偶、子女,不能代理该法院受理的诉讼案件;国有企业主要领导的配偶、子女,不能与这个企业有交易活动。总之,我们要坚持防范在先,注重预防,完善领导干部从政行为准则,促进领导干部廉洁从政。

建立健全廉政法规制度。随着社会主义市场经济的发展,必须不断制定和完善廉政法规,逐步提高反腐倡廉的制度化、法制化水平。要从实际出发,及时制定和完善反腐倡廉法规和政策性规定。对已不适应形势发展的法规制度,要及时进行清理,该废止的废止,该修订的修订。中央纪委正在修订《中国共产党党员权利保障条例(试行)》。要认真贯彻党内监督条例,抓好巡视、诫勉谈话、述职述廉等10项制度的落实,抓紧推进纪检监察派驻机构统一管理工作。通过制度创新,建立健全中国特色的党风廉政法规制度体系。

领导干部要严格执行党章做遵纪守法的表率*

（2004年5月6日）

党章是我们党全部活动的总章程，规定了党员的八项义务，明确了党的各级领导干部必须具备的六项基本条件，是新时期加强和改进党的建设的纲领，是党员和党的干部必须遵守的基本准则。毛泽东同志指出，党是人民中优秀分子的结合，大家自愿承认党纲、党章，自觉地愿意受约束。邓小平同志要求，各级领导干部，特别是高级干部，更应该严格遵守党章，起模范作用。江泽民同志强调，每个党员干部都要切记自己是一名共产党员，时刻想到自己应尽的责任和义务，经常按照党章和党内的各项规定对照检查，做到严格按照党章办事。党的各级组织和党员领导干部一定要牢固树立党章意识，认真学习党章，切实遵守党章，把学习党章与学习贯彻"三个代表"重要思想结合起来，与践行立党为公、执政为民的要求结合起来，与深入开展党风廉政建设结合起来，切实做到以下几点。

提高理论素养，坚定理想信念。党章规定，党员干部要"具有共产主义远大理想和中国特色社会主义坚定信念"。理想信念是共产党人前赴后继、奋斗不息的精神支柱和力量源泉。我这次到遵义和息烽集中营参观，感到很受教育。当时红军面对几十万国民党反动派的围剿，在那样险恶的环境下，没有坚定的

* 这是吴官正同志在贵州省考察时的讲话摘要。

理想信念，能坚持下来吗？息烽集中营的烈士面对国民党反动派的残酷迫害，坚贞不屈，也正是因为他们有坚定的理想信念。我们永远不要忘记他们，忘记就意味着背叛。对于共产党人来说，理想信念的动摇是最危险的动摇，也是党性不纯的最严重表现。从这几年查办的领导干部违纪违法案件看，尽管违纪违法情节不同，但往往都是从丧失理想信念开始，经历了一个从量变到质变的过程，教训极其深刻。

共产党人的理想信念是建立在马克思主义的科学基础之上的，不是与生俱来的。因此，必须加强学习，不断提高思想水平和理论素养。这也是党章对党员干部的一项基本要求。在改革开放和发展社会主义市场经济条件下，腐蚀与反腐蚀的斗争非常复杂激烈，领导干部一定要认真学习邓小平理论和"三个代表"重要思想，始终保持政治上的清醒和坚定。现在，有的领导干部认为自己工作付出很多，拿点、占点是合理的"回报"；还有的认为只有金钱才是实的，其他都是空的。这些想法都极端错误，也非常危险。党员干部特别是领导干部要树立正确的世界观、人生观、价值观，坚定理想信念，认真执行四大纪律八项要求。我想，广大党员干部首先应该是加强主观世界的改造，严格要求自己，做出表率，这样才能在权力、金钱、美色和各种诱惑面前经受住考验，永葆共产党员的先进本色。

模范遵守宪法法律，严格依法办事。党章明确规定，"党必须在宪法和法律的范围内活动"，共产党员必须"模范遵守国家的法律法规"。加强党的执政能力建设，一个重要方面，就是提高各级领导干部依法办事的能力。十届全国人大二次会议通过了宪法修正案，中央对学习和贯彻实施宪法进行了部署。国务院又制定印发了《全面推进依法行政实施纲要》。胡锦涛同志在主持中央政治局第十二次集体学习时强调，要始终坚持依法治国、依法执政，提高全社会法制化管理水平。各级领导干部一定要学法、知法、懂法，增强法律意识和法制观念，严格在宪法和法律的范围内活动。任何机关和个人都不能有超越宪法和法律的特权，不能以权代法、以权压法。最近，中央政治局召开会议，分析当前经济形势，提出了进一步做好经济工作的政策措施。对党中央、国务院作出的决策部署，一定要做到令行禁止，确保政令畅通，绝不能各行其是，我行我素。各级纪检监察机关要全面履行职责，加强对党的路线、方针、政策和国家法律法规贯彻执行情况的监督检查，对有法不依、有章不循、执法不严的，要坚决纠正和查处；同时，要带头学习宪法法律，不断提高依法执纪的水平。

廉洁公正，正确行使人民赋予的权力。各级领导干部一定要树立正确的权力观、地位观和利益观，为人民掌好权、用好权。清代学者赵翼总结历代贿赂的现象后，得出一个结论，叫“贿随权集”，意思是行贿围绕权力进行。为什么有人给你送钱？并不是他对你有什么感情，而是看中了你手中的权力。一个领导干部如果头脑不清醒，最终会犯错误，甚至被送到监狱里去。十五大以来受处分的省部级领导干部中，有些是因为收受贿赂被查处的。领导干部一定要自重、自省、自警、自励，正确行使手中的权力。当前，尤其要注意两点：一是要严格执行不准收受礼金、有价证券、支付凭证的有关规定。目前，少数领导干部“收钱”的现象，在全国一些地方还不同程度地存在，在个别地方甚至还很严重，必须认真加以解决。二是要严格要求配偶、子女和身边工作人员。现在，一些不法分子拉拢腐蚀和利用领导干部，往往是从他们身上打开缺口。因此领导干部不仅要管好自己，还要从严要求家属和身边工作人员，防止他们利用自己的权力和影响谋取私利。

老百姓看一个干部怎么样，不仅看你有多大本事，也不是看你说得怎么样，主要看两条：一是不是公道，二是不是廉洁。包拯为什么能青史留名？就是因为他刚正不阿，不畏权势，秉公执法。郑板桥只是一个县令，他为老百姓办实事，“一枝一叶总关情”，“咬定青山不放松”，有自己的信念和气节。因此，老百姓能记住他。诸葛亮说，淡泊明志，宁静致远，他20多岁就当了军师，到50多岁死的时候，也没给儿子留下什么。古人尚能如此，今天我们各级领导干部一定要廉洁公正。没有钱的确很难过，但钱来路不正，放在家里怕偷，带到路上怕抢，存在银行怕查，留给子孙反而是害了他们。

有人讲，在中国搞腐败代价小，这是不对的。对那些搞腐败的人，党纪不容，国法不容，代价是很大的，严重的还要杀头。现在有的领导干部不想好好为老百姓做点事，在暗地里贪污受贿。这种人职务免掉后，他能干什么？当工人，不会做工；当农民，没有土地，也吃不了苦；当个体户，又不会挣钱。

领导干部要做到“约法三章”，第一条就是不收别人的钱。如果有人给你送钱，又推不掉，怎么办？你就先把钱向组织上交、登记，然后让纪检监察机关去找送钱的人，问清楚为什么偏给你送？有那么多困难的群众，为什么不给他们送？第二是不允许跑官、要官。凡是找组织、找领导要求提拔的，要把他们的名字登记下来，至少在一段时间内不能提拔这种伸手要官的人。当然，有的同志由于某些原因，提出一些正当合理的要求，就另当别论了。第三，凡是打着领导亲属、朋友的旗号，到下面要好处，要照顾的，要坚决抵制。同时，要把这些人的错误行为告诉领导同志本人。这三条是从一些地方的经验教训中得来的，供你们参考，对广大干部严格要求，是对他们的爱护。我们一定要“与人为善”，发现一个人有犯错误的苗头，要及时给他打个招呼，及时提醒；对犯了错误的干部，也要坚持“惩前毖后，治病救人”，立足教育和挽救。当然，对严重违反党纪国法的极少数腐败分子，必须依纪依法严肃处理，绝不手软。

密切联系群众，艰苦奋斗，多做贡献。艰苦奋斗是我们共产党人的政治本色和优良传统。目前，全国农村有2900万人还没有解决温饱，初步解决温饱但不稳定的还有5600多万人。看到这种情况，我们更要艰苦奋斗，多办实事，多做贡献。要抓好农民增收减负和扶贫开发工作，千方百计抓好就业和再就业。要树立科学的发展观和正确的政绩观，坚持协调发展、全面发展和可持续发展，绝不能搞那些劳民伤财、破坏环境的“政绩工程”、“形象工程”。要切实解决损害群众利益的突出问题。当前，要着重纠正在征用土地、城镇拆迁、企业重组改制和破产中损害群众利益以及拖欠和克扣农民工工资等问题。同时，要按照教育部、卫生部的要求，继续治理教育乱收费、纠正医药购销和医疗服务中的不正之风。要妥善处理新形势下的人民内部矛盾。一段时间以来，一些地方群众上访问题比较突出。老百姓找上门来，是对我们的信任，我们一定要善待他们。凡是符合政策、通过努力能够解决的，要认真解决；有困难不能马上解决的，要积极创造条件去办；一时解决不了的，也要向群众解释清楚。即使群众讲些过头话，也要宽厚地对待他们。因为，我们代表着党和政府，老百姓一肚子气，不在我们这里发，到哪里去发？在革命战争时期，一旦脱离群众，就有失败的危险。现在我们党是执政党，密切联系群众是我们的最大政治优势，脱离群众是我们的最大危险。

坚持民主集中制，发展党内民主，团结同志一道工作。这是党章对党员领导干部的一条重要要求，也是检验领导班子和领导干部素质高低、党性强弱的一个重要标志。党内民主是党的生命。从历史经验看，什么时候党内民主气氛浓厚，民主集中制执行得好，党的事业就蓬勃发展；什么时候党内民主受到削弱和破坏，党的事业就会受到挫折。当前，发展党内民主要注意两个方面，一是要有民主作风。领导干部特别是主要领导干部要善于集思广益，广开言路；善于团结同志一道工作，形成互相信任、互相支持、互相理解的良好风气。要注意尊重别人，特别要尊重党员的批评权和监督权，自觉接受党员的批评和监督。二是要建立健全各项党内民主制度。中央纪委正在抓紧修订《中国共产党党员权利保障条例（试行）》。要健全党委内部议事和决策机制，改革和完善党内选举制度，建立和完善党内情况通报制度、情况反映制度和重大决策征求意见制度，党内的重要事务该向党员公开的都要公开。实践证明，只有充分发展党内民主，才能有效预防和纠正党内出现的不良风气。

发扬社会主义新风尚，模范遵守社会公德和家庭美德。千里之堤，溃于蚁穴。领导干部的生活作风绝不是小事，有什么样的生活情趣、生活格调和生活品位，可以从一个侧面反映出他的世界观、人生观和价值观。各级领导干部要注意自己的言行举止，加强道德修养，模范地遵守社会公德和家庭美德。在这方面我们中华民族有许多有益的格言，例如，“修身、齐家、治国、平天下”，“小善不扬，大善难至”，“吾日三省吾身”等等。领导干部要少应酬、多学习，努力做一个高尚的、有道德的、脱离低级趣味的、有益于人民的人，以良好的道德风尚和人格力量影响带动广大群众。

纪委要全面执行党章赋予的各项任务*

（2004 年 6 月 15 日）

党的纪律检查工作是在长期革命、建设的实践中不断发展的。民主革命时期，我们党就把反对腐化放到党的建设和根据地建设的重要位置，强调要严格执行铁的纪律。建国初期，党中央重视查办违纪违法案件，保持了党风政风的清廉。改革开放以来，我们党把党风廉政建设和反腐败斗争作为关系党和国家生死存亡的大事来抓，党的纪律检查工作得到进一步加强。十二大通过的党章明确规定了纪委的三项主要任务：维护党的章程和其他重要的规章制度，协助党的委员会整顿党风，检查党的路线、方针、政策和决议的执行情况。十六大认真总结十三届四中全会以来我们党反腐倡廉的实践经验，对党章进行了修改，在纪委的任务中增加了协助党的委员会"组织协调反腐败工作"的内容。

各级纪委要全面执行党章赋予的各项任务，保证党的政治纲领的实现。维护党的章程和其他党内法规，重要的是维护党章的权威，发展党内民主，加强监督制约，保证党的各级组织和党员干部严格按党章和其他党内法规办事。检查党的路线、方针、政策和决议的执行情况，重要的是加强监督检查，严肃党的

---

* 这是吴官正同志在新疆维吾尔自治区党员领导干部座谈会上的讲话摘要。

纪律，确保政令畅通。协助党的委员会加强党风建设和组织协调反腐败工作，重要的是在党委领导下，坚持和完善反腐败领导体制和工作机制，惩防并举、注重预防，既要坚决惩处腐败，又要有效预防腐败，深入开展党风廉政建设，更好地为改革发展稳定的大局服务。当前要着重抓好以下几个方面工作。

一、维护党章和其他党内法规，保持党的先进性和纯洁性

党章是最根本的党规党法，是我们党全部活动的总章程。认真遵守党章和其他党内法规，严格按制度和规定办事，是增强党的团结和统一、保持党的先进性和纯洁性的根本保证。

要抓好党章的学习和教育。现在，有的党员干部不认真学习党章，不清楚党员应履行哪些义务和享有哪些权利，不清楚党员干部应具备哪些条件，对民主集中制原则、对党的纪律缺乏应有的了解。这是一些地方风气不正，一些领导干部出问题、犯错误的重要原因。我们要教育党员自觉履行党章规定的八项义务，在生产、工作、学习和社会生活中起表率作用。要运用多种形式，结合典型案例，认真开展党规党纪教育，使党员干部增强纪律观念，自觉以党章和其他党内法规来规范自己、要求自己。

要大力发展党内民主，保障党员权利。要进一步解放思想，建立健全党内民主制度，切实保障党员的知情权、参与权、选择权和监督权。要及时受理党员的控告和申诉，严肃查处侵犯党员权利的行为，为受到诬告、陷害的同志澄清事实，主持公道。中央纪委正在修订《中国共产党党员权利保障条例（试行）》，要争取早日完成。要认真贯彻《中国共产党党内监督条例（试行）》，确保条例规定的十项监督制度得到落实。要完善巡视制度，积极推进派驻机构统一管理工作，对党员领导干部履行职责

的情况进行有效监督。

各级纪委要切实加强对党章和其他党内法规执行情况的检查，严格执行党的纪律，尤其是政治纪律。对违反党的基本理论、基本路线、基本纲领、基本经验和重大方针政策的，要进行批评教育，对不思悔改、影响恶劣的，要严肃处理。

二、加强监督检查，严肃党的纪律

邓小平同志强调："遵守纪律的最高标准，是真正维护和坚决执行党的政策，国家的政策。"各级纪委要按照党章的要求，加强对党的路线、方针、政策贯彻落实情况的监督检查，确保政令畅通。这里，我想强调两个问题。

一是要抓好中央宏观调控政策的落实。去年以来，中央针对经济运行中出现的一些突出矛盾和问题，及时、果断地采取了一系列宏观调控的政策措施，不久前还查处了江苏铁本公司的违法违规行为。各级领导干部一定要自觉增强全局观念和责任意识，按照中央的要求抓好落实，坚决维护中央宏观调控政策的统一性、权威性和有效性。要树立科学发展观和正确的政绩观，坚决不搞脱离实际、劳民伤财的"形象工程"、"政绩工程"，不搞低水平重复建设。

二是要下大力气解决损害群众利益的突出问题。坚决纠正征用土地、城镇拆迁、企业重组改制和破产中侵害群众利益以及拖欠和克扣农民工工资问题。同时，要标本兼治，纠建并举，采取有力措施，切实抓好治理教育乱收费、纠正医药购销和医疗服务中的不正之风、减轻农民负担等工作，切实维护人民群众的切身利益。今年，教育部、卫生部、农业部、交通部等部门结合实际，采取得力措施，坚决纠正损害群众利益的不正之风，取得了明显进展。但也要看到，损害群众利益的问题在一些地方时有发生，有的还相当严重。对此，我们务必高度重视，加强监督检查。对不听招呼、阳奉阴违、顶风违纪的，要坚决查处，用严格的纪律确保中央的各项政策措施得到贯彻落实。

新疆地处反分裂、反恐怖斗争的前沿。认真贯彻执行党的民族政策和宗教政策，切实维护新疆的社会政治稳定，是新疆各级党员干部必须遵守的重要政治纪律。自治区党委积极引导党员干部认识遵守政治纪律的极端重要性，把严肃政治纪律作为从严治党、从严治政的根本要求；自治区纪委把坚决反对民族分裂、维护祖国统一、加强民族团结，作为政治纪律的重要内容，加强监督检查。这些做法符合新疆工作的实际，应当很好地坚持下去。

三、坚持党委统一领导，抓好组织协调

各级党委要从提高党的执政能力、巩固党的执政地位的高度，认真落实党风廉政建设责任制，切实负起领导责任，把反腐倡廉工作抓紧抓好。要按照十六届三中全会的要求，建立健全与社会主义市场经济体制相适应的教育、制度、监督并重的惩治和预防腐败体系，推动党风廉政建设和反腐败斗争深入开展。

各级纪委要充分发挥组织协调作用，为党委总揽反腐倡廉工作当好参谋。要通盘谋划，针对反腐倡廉的全局性、倾向性问题，研究提出对策和建议。对工作中的重要问题和重要情况，要及时向党委请示汇报，取得党委的支持和指导。要协助党委落实党风廉政建设责任制，按照“谁主管、谁负责”的原则，切实抓好责任分解、责任考核、责任追究三个关键环节，对党风廉政建设方面的失职行为，要坚决依据有关规定追究责任。要协调各方，对需要多部门共同完成的工作，明确分工，强化责任，协调动作，搞好配合；对与部门业务紧密相关的工作，要充分发挥部门

的职能作用;要加强与各方面的联系与沟通,建立信息综合反馈机制,及时掌握工作进展情况,协调解决出现的矛盾和问题。

当前,腐败现象在一些领域依然呈现易发多发的态势,查办违纪违法案件仍是纪检监察机关一项十分重要的任务。各级纪委要在党委的领导下,切实抓好组织协调,努力提高办案效率和质量。纪委领导要亲自抓大案要案的协调,重要情况及时向党委主要领导请示汇报。在组织协调中,要依纪依法,严格按政策办事,认真听取有关部门的意见。对涉嫌犯罪、具备移送司法机关条件的案件,要及时移送。要坚持"惩前毖后、治病救人",发现干部有问题要早打招呼;对极少数腐败分子,必须坚决依纪依法查处,决不姑息。

四、全面履行纪检监察两项职能,充分发挥行政监察作用

随着社会主义市场经济的发展和依法治国方略的推进,各级党委、政府要高度重视行政监察工作,善于发挥行政监察的职能作用。

各级监察机关要贴紧政府中心工作,积极开展廉政监察、执法监察、效能监察,督促国家公务员自觉做到廉洁勤政、公平公正,为群众提供更好的服务。要围绕群众关心的热点问题开展行政监察工作。不久前查处了安徽阜阳劣质奶粉案件,对有关领导干部进行了严肃处理,群众反映是好的。目前一些地方还存在制售假酒、假药、劣质钢材等问题,严重威胁人民群众的生产生活安全,群众意见很大。要继续加强监督检查,对搞地方保护主义,纵容支持制假售假行为的,要严肃追究领导责任。

要把开展行政监察工作同创新体制机制结合起来,不断拓宽从源头上防治腐败的领域。要认真贯彻实施行政许可法,深

化行政审批制度改革，大力推进财政管理体制、投资体制和干部人事制度改革，严格执行建设工程招标投标、经营性土地使用权出让、产权交易和政府采购制度，推进政务公开、厂务公开和村务公开。最近，中央政治局召开会议，强调要进一步健全和完善村务公开和民主管理制度。我们要按照中央的要求，把这一关系农民切身利益的大事抓紧抓好。

各级纪检监察机关和广大干部要努力提高执纪能力，全面执行党章赋予的各项任务，做党的忠诚卫士。要认真学习和实践邓小平理论和“三个代表”重要思想，按照“为民、务实、清廉”的要求，大力弘扬求真务实精神，善于从政治的高度观察和处理问题，自觉服从大局，服务大局。要增强纪律观念和法制意识，加强对宪法和法律的学习，贯彻好《全面推进依法行政实施纲要》，提高依法执纪、依法办事和遵纪守法的自觉性。要提高综合协调能力，既抓紧解决重点问题，又兼顾经常性工作，搞好协作配合，善于调动各方面的积极性。要提高调查研究水平，深入实际，摸清情况，找准问题，探索规律，提高政策措施的针对性和有效性。纪律检查机关作为党的监督机关，更应自觉接受来自各方面的监督。

充分履行监督职责
深入开展巡视工作*

（2004 年 6 月 25 日）

一年多来，巡视工作的情况是好的。各巡视组对发现的苗头性问题，及时向有关领导干部打招呼，起到了防微杜渐的作用；对一些久拖未决的突出问题，督促有关单位予以解决；对违纪违法案件线索，及时移送有关部门查处；对受到错告、诬告的领导同志，澄清是非，支持他们放手工作。在开展巡视工作中，坚持正确的指导思想，通过加强监督，促进各方面工作的开展，维护改革发展稳定的大局；坚持党委的统一领导，充分发挥纪委和组织部门的职能作用，形成工作合力；坚持实事求是，深入实际，深入群众了解情况，善于发现和解决问题。巡视工作取得的成效，与各级党委、政府及有关部门的高度重视和支持分不开。各省区市党委、政府的主要领导同志都表示，要自觉接受监督；各地根据规定，落实编制，配备人员，抓紧巡视机构的组建，做了大量工作。这些都为巡视工作的开展创造了有利条件。

开展巡视工作，是为了加强对省部级、地厅级领导班子特别是主要领导干部的监督。通过巡视加强监督，对领导干部既是严格要求，又是关心爱护。巡视采取自上而下的方式，重点突出，针对性强，较好地改善了过去对中、高级干部监督薄弱的状况。搞好巡视工作，强化事前、事中监督，认真查找和解决党性

---

* 这是吴官正同志在全国巡视工作座谈会上的讲话。

党风党纪方面的问题，对于加强领导班子建设，促进领导干部廉洁从政，具有重要意义。我们要充分履行监督职责，努力取得巡视工作的新成效。

（一）全面履行职责，围绕巡视的主要任务开展工作。巡视组要按照党内监督条例的要求，对省部、地厅两级领导班子和领导干部五个方面的情况，开展监督检查。要认真了解党的路线方针政策的贯彻落实情况，在政治上是否同党中央保持高度一致，中央的政令是否畅通。要认真了解民主集中制的执行情况，党委内部的议事和决策机制是否健全，班子是否团结。要认真了解党风廉政建设责任制和廉政勤政情况，领导干部是否严格执行廉洁自律各项规定，特别是有无滥用权力为亲属谋私等问题。要认真了解选拔任用领导干部的情况，是否严格执行《党政领导干部选拔任用工作条例》，有没有违反规定、任人唯亲、买官卖官等问题。要认真了解维护改革发展稳定的情况，有无严重损害群众利益，违法乱纪、执法不公、徇私舞弊等突出问题。巡视组到一个地区或部门，不一定对所有的情况都能了如指掌，但对党政领导班子和主要领导干部的基本情况必须掌握。

（二）实事求是、客观公正地了解和反映情况。巡视组要了解地方或部门的好做法、好经验，但更主要的是发现问题，帮助被巡视的领导班子和领导干部查找不足，改进工作。如果巡视组到一个地方或部门巡视后，没发现什么问题，离开时间不长，那里的领导班子成员特别是主要领导干部就暴露出来大问题，这就说明我们的工作没做好，走了过场。因此，开展巡视工作，必须深入群众，深入实际，不能停留于听取一般的工作汇报。要到矛盾突出的地方了解情况，从重大事故、重要事件、群众反映强烈的人和事中发现案件线索，认真分析。领导干部特别是主要领导干部在第一线工作，难免得罪一些人，巡视组要明辨是非，主持公道。巡视方式和时间安排要服从质量要求，在对一个地方或部门的集中巡视结束后，必要时还可以返回，再次巡视，力争把有关问题弄清楚、搞透彻。

（三）认真处理和解决巡视中发现的问题。对巡视中发现的党政领导干部的重要问题和线索，要分门别类地转交纪委、组织等有关部门进行处理。对严重的腐败问题要坚决查处，毫不手软；对一般性的问题，要通过廉政谈话和诫勉谈话，促其改正；对不适合担任现职、需要调整和交流的领导干部，要向有关部门提出建议。中央纪委、中央组织部巡视组和省区市党委巡视组对重要情况、重要问题，要及时向中央和省委请示报告。被巡视的地区和部门，要根据巡视组提出的意见和建议，制定整改措施，健全规章制度，并将落实的情况报送中央或省委，同时向巡视组进行反馈。

（四）不断总结经验，推动巡视工作规范化。我们要解放思想，不断创新，不断探索。要认真总结好的做法和经验，建立和完善巡视组同有关部门的联系制度，实现巡视监督与信访监督的相互结合，巡视线索与案件查处的移送联系，巡视情况与干部考察的相互沟通，巡视成果与廉政档案的综合利用。要不断改进工作，完善有效监督，提高巡视工作的质量和水平。

巡视工作是一项政治性、政策性很强的工作，必须在党中央和省区市党委的领导下进行。中央纪委和中央组织部要切实加强对全国巡视工作的指导。各省区市党委要高度重视，精心部署，为巡视组全面履行职责提供有力保障。纪委和组织部门要认真履行组织协调职责，使巡视工作与检察、审计等其他监督工作相互协调，相互促进。

努力建设一支高素质的巡视队伍，是做好巡视工作的组织保障。要把党性强、廉洁公正、有经验、有能力的干部选调到巡视组，特别要选好巡视组组长和副组长。不能把巡视组作为安置性机构。要加强对巡视干部的培训，使他们尽快掌握巡视业务，适应新岗位的需要。要关心爱护巡视队伍，对他们必需的工作、生活条件给予充分保证。巡视组的同志要增强纪律观念，严格要求自己，以身作则，谦虚谨慎，自觉接受各方面包括被巡视地方和部门的监督。

建议领导同志公开作出廉政承诺*

（2004 年 6 月 25 日）

建议各省（区、市）纪委书记考虑，可否向你们的党委主要领导同志建议，公开向社会作出承诺：

1. 凡是向省（区、市）委常委跑官要官的，不但不给，而且要教育批评，并告诉组织部门，记录在案，今后对这样的同志要注意观察。

2. 凡是给领导干部送钱、有价证券、贵重物品的，一概拒收，拒绝不了的立即上交组织，记录在案，并请纪委或监察部门的同志找送钱送物的人，问他们为什么给领导送钱？为什么不给生活困难的人送？

3. 凡是打着领导亲属、身边工作人员名义办事，或利用领导影响谋利的，要一概拒绝，并严肃批评，同时告诉领导同志办公室。

4. 领导干部要带头遵纪守法，带头遵守各项规章制度，决不越权，更不滥用权力。

我们发现犯错误的领导干部，往往都与做不到这四条有关。你们那里也可结合实际，有针对性地搞几条，建议公开向社会作出承诺，这是对领导干部的关心和爱护。

在此我表示，一定严格遵守，请同志们支持监督。

---

* 这是吴官正同志在全国巡视工作座谈会上讲话的一部分。

严格执行党风廉政建设责任制 切实解决党风方面存在的突出问题*

（2004年7月27日）

我们党历来高度重视作风建设，把党风问题作为关系党和国家生死存亡的大事来抓。各级党委以邓小平理论和“三个代表”重要思想为指导，按照“为民、务实、清廉”的要求，把党的作风建设放在更加突出的位置，党风建设取得了新的进展。在改革开放和现代化建设的伟大实践中，各条战线都涌现出许许多多优秀党员干部。十六大以来，中央纪委、中央组织部派出巡视组对十几个省（区、市）和一些部门进行了巡视，发现了一大批一身正气、刚直不阿的领导干部。但必须清醒地看到，党风方面还存在着一些亟待解决的问题，风气不正的现象不同程度地存在，严重侵蚀党的肌体，损害党群干群关系。从群众举报、查办案件、巡视工作、干部考核以及审计等方面掌握的情况看，主要存在以下几个突出问题：

一是给领导干部送钱的歪风在一些地方还没有被制止住。我们一定要懂得，给领导干部送钱的人是有企图的，是黄鼠狼给鸡拜年，没安好心，他们看中的是你手中的权力，妄图利用你的权力捞取更大的好处。有的人利用婚丧嫁娶、生病住院、逢年过节等机会给领导干部送钱，而有的领导干部则乘机大肆收钱敛财。这看起来似乎是人情往来，实质上是违反规定收受礼金，甚至是受贿行为。很多领导干部都是从收钱开始，一步一步走上

---

* 这是吴官正同志在甘肃省党员干部座谈会上的讲话。

违法犯罪道路的。事实证明，哪个地方送钱成风，哪里就容易出大案子。送钱问题不解决，会毁掉一批干部。

二是跑官要官、卖官鬻爵的现象在个别地方仍然比较严重。跑官要官的根源是一些干部"官本位"意识严重，腐朽思想作怪；卖官鬻爵的实质是丧失党性，背弃原则，滥用人民赋予的权力。有的人到处拉关系、找靠山、跑官要官，甚至买官、造假骗官。事实表明，如果职位不是踏踏实实地干出来的，而是靠"跑"、"要"、"买"来的，不仅可耻，而且早晚会栽跟头。这些年，一些人买官卖官，受到严厉查处后，都后悔莫及。

三是一些领导干部的家属和身边工作人员打着领导的旗号、利用领导的职权和影响，谋取不正当利益，甚至巧取豪夺。还有一些人怀着不可告人的目的，千方百计投领导所好。而有的领导干部则是睁一只眼闭一只眼，默许甚至纵容、支持他们。人民群众对此非常痛恨。有个领导干部利用职权，纵容、支持儿子受贿、卖官收钱、侵吞巨额国有资产、徇私枉法，无恶不作。目前我们查处的领导干部中，很多都涉及这方面的问题，教训十分深刻。

四是有的领导干部生活腐化糜烂。这不仅葬送了自己，也严重败坏了党的形象。有的领导干部参与赌博，还有的到澳门等地赌博。他们哪来这么多钱？不是受贿来的，就是贪污挪用的公款。有的还因为赌博引发了恶性社会治安案件。最近，有个市发生了一起杀人案，一个干部欠下赌债，心生歹念，杀人谋财。还有的人把赌博当成变相行贿的手段，故意一次几千、上万元地输给领导干部，企图掩盖权钱交易、以权谋私的勾当。

五是一些领导干部违纪违法，超越职权，滥用权力，特别是滥用审批权、人事权、司法权。有的人到处插手，干预微观经济活动，尤其是在借贷资金、承揽工程、审批土地和办理证照、批文问题上，滥用权力，大肆捞钱。从揭发出来的一些案件看，很多权钱交易的腐败行为,都发生在领导干部直接插手微观经济活动的过程中。

解决当前党风廉政方面存在的突出问题,必须坚持党要管党、从严治党的方针,严格执行党风廉政建设责任制。这是深入开展党风廉政建设和反腐败斗争的重要制度保证。各级党委是抓党风廉政建设的责任主体,要总揽全局,切实担负起全面领导的责任。各级纪委要协助党委,认真履行组织协调职责,加强监督检查,保证反腐倡廉各项任务的落实。对如何贯彻落实党风廉政建设责任制,中央有专门的规定,胡锦涛等中央领导同志也多次提出过明确要求,我们要按照中央的总体部署,认真抓好落实。这里,我着重强调几点。

第一,领导干部要以身作则,管好自己,严格要求家属和身边工作人员。最近,一些省(区、市)党委结合实际,制定和重申了廉洁自律的相关规定,都很有针对性,有的还公开作出承诺。广大群众能够对照领导干部的承诺进行监督,发现他们有违诺行为,就会举报揭发。这对加强干部自我约束,发挥群众监督作用,预防和惩治违纪违法行为都有好处。我们要严格遵守不准收受礼金、有价证券的规定,对那些死皮赖脸送钱的人,一定要保持清醒头脑,坚决拒收。要公道正派用人,对跑官要官的,不但不给,而且要批评教育,并告诉组织部门记录在案,今后对这样的人要注意观察。要严格执行领导干部配偶、子女从业的有关规定,绝不允许他们打着自己的旗号、利用自己的职权和影响谋取私利,干违法乱纪的事。

第二,领导干部要管好下属,抓好分管部门的党风廉政工作。从实践看,只要领导班子的主要负责人严于律己,敢抓敢管,不怕鬼、不信邪,一个班子、一个单位乃至一个地区就不容易出问题。即使出了问题,也容易得到纠正。领导干部特别是主要领导干部,不仅自己要廉政勤政,还要带好班子。要按照"谁主管，谁负责”的原则，把反腐倡廉的任务分解到相关职能部门和每个领导干部，切实做到一级抓一级，逐级负责，层层落实。要坚决刹住乱收费乱罚款、吃拿卡要、欺压百姓等严重损害群众切身利益的歪风。领导干部对自己分管范围内发生的违纪违法案件，要发现一起查处一起，绝不护短，绝不姑息。当前，要重点查处利用审批权中饱私囊、利用人事权收受贿赂、利用司法权徇私枉法等案件，尤其对顶风作案的，要依纪依法从严惩处。当然，我们不搞惩办主义，只要主动向组织彻底交代问题，尽快上交非法所得，组织上就会依纪依法从宽处理。

第三，要严格责任考核，加强监督检查。现在，广大干部群众对领导干部作出承诺是满意的，但有的人也有疑虑，担心有的领导干部说一套、做一套，言行不一。我们当领导干部的，说话一定要算数，要负责任。同时，组织上要加强督促检查，发挥各种监督机制的作用。要推行领导干部述职述廉制度，省、市、县党委主要负责人每年要在全委会上报告本人及领导班子廉洁从政情况。党组织发现领导干部在工作作风、道德品质、廉政勤政等方面的苗头性问题，要及时进行诫勉谈话，防止小错酿成大错。要认真实行领导干部个人重大事项报告制度，及时掌握领导干部配偶、子女从业、出国等情况。要提高民主生活会质量，领导干部要对照廉洁自律规定认真检查，诚恳接受批评，敢于自我批评。巡视组一定要认真履行职责，通过明察暗访、个别谈话等多种方式，加强对贯彻落实党风廉政建设责任制情况的检查，尽可能把领导班子成员尤其是“一把手”的情况了解清楚。对那些口是心非、阳奉阴违的干部，要严肃批评教育，违纪违法的要坚决查处；对表里如一、遵纪守法的干部，要给予保护、支持和表扬。

第四，要严肃党纪，抓好责任追究。认真履行党风廉政建设职责，是各级党委的一项重大政治任务。不履行或不正确履行职责,就是失职行为,必须予以追究。这几年,中央对责任追究提出了一系列明确要求,前不久又制定了《党政领导干部辞职暂行规定》,我们都要严格执行。今年,党中央、国务院以及有关部门按照规定,严肃处理了一批负有失职失察责任的领导干部,群众反映很好。进一步抓好党风廉政建设,必须坚决反对"好人主义",抵制"说情风",加大责任追究力度,对不能按规定严格要求配偶、子女和身边工作人员的;对疏于管理监督,致使领导班子成员或者下属出现严重违纪违法行为,造成恶劣影响的;对不按制度办事,不能坚决抵制跑官要官,造成用人严重失察失误的;对领导不力甚至不抓不管,导致不正之风长期得不到治理、屡屡出现重大腐败问题的,要按照党的纪律处分条例追究责任,给予组织处理或者纪律处分,以严明的党纪保证和促进党的作风建设。

执政党的党风,关系党的形象,关系党和国家的生死存亡。风气问题不解决,腐败就制止不住,就会丧失民心。我们无数革命先烈用鲜血换来的江山,绝不能毁在腐败分子手里。各级领导干部一定要居安思危,增强忧患意识,深刻认识加强党的作风建设的极端重要性,以高度的政治责任感,严于律己,敢抓敢管,切实把我们的党风搞好。

加强行政监察　促进廉政勤政*

（2004 年 8 月 17 日）

党中央、国务院对行政监察工作十分重视。1993 年，中央纪委和监察部以及地方各级纪检、监察机关合署办公，实行一套工作机构、两个机关名称，履行党的纪律检查和政府行政监察两项职能的体制，目的是为了增强党政监督的整体效能，加强对党政机关及其工作人员的监督，进一步加大反腐败斗争力度。合署办公以来，各级纪检监察机关开展了卓有成效的工作，促进了廉政勤政建设。当前，社会主义市场经济体制逐步完善，依法治国进程明显加快，党风廉政建设和反腐败斗争不断深入，为纪检监察机关更好地履行两项职能提供了有利条件，也提出了新的更高的要求。我们必须充分认识加强行政监察工作、促进廉政勤政建设的极端重要性，进一步增强做好工作的责任感和紧迫感。

《行政监察法》规定了监察机关的基本职责，即保证政令畅通、维护行政纪律、促进廉政建设、改善行政管理、提高行政效能。我们要按照这五个方面的要求，积极开展廉政监察、执法监察和效能监察，更加扎实有效地推进行政监察工作。当前，要着重抓好以下几项工作：

一、加强监督检查，保证党中央、国务院重大决策和措施的

---

* 这是吴官正同志在福建省考察时的讲话要点，发表于 2004 年 8 月 20 日《中国纪检监察报》。

贯彻落实。这是各级纪检监察机关的重要职责。一段时间以来,有的地方和部门滥铺摊子、乱上项目,耗费了大量资源,有的还污染了环境;有的部门工作人员不认真履行监管职责,疏于职守,使危害人民群众生命安全的假冒伪劣食品、药品进入市场,造成严重后果。我们一定要增强政治责任感,着重抓好两个方面的工作:一是采取有力措施,保证中央宏观调控政策措施的落实。去年下半年以来,党中央、国务院采取了许多加强和改善宏观调控的政策措施,取得了明显成效。各级纪检监察机关要会同有关部门加强监督检查,严肃处理有令不行、有禁不止,弄虚作假、欺上瞒下的违纪违法问题,以保证中央各项措施落到实处。二是积极参加整顿和规范市场经济秩序工作。我们要以对人民群众高度负责的精神,支持和配合有关部门,集中开展食品安全专项整治和严厉打击非法采供血液、单采血浆的专项治理工作,惩处违法犯罪分子,重点查处因失职渎职造成严重后果的案件,把这些关系老百姓身体健康和生命安全的事情抓好。

二、坚持依法行政,切实解决损害群众利益的突出问题。中央对解决损害群众利益的问题高度重视,多次召开专门会议作出部署,明确了任务、目标和时限。今年以来,各级党委、政府认真贯彻中央精神,采取有效措施,使这方面的问题得到了一定程度的解决。解决损害群众利益的问题,关键在于依法行政,按政策办事。要继续严格执行土地管理、城市房屋拆迁方面的法律法规,绝不允许乱批滥占土地,违规违法强制拆迁。要认真落实中央的政策规定,坚决纠正企业重组改制和破产中侵害职工合法权益的问题,进一步解决拖欠和克扣农民工工资问题。要全面推行义务教育阶段"一费制"收费办法,加强对药品集中招标采购工作的管理和监督。严格规范税费征管,禁止违反规定向农民乱收费。对侵害群众利益的案件,要坚决查处;对连续发生严重损害群众利益引发恶性事件的地区和部门,不仅要依纪依法追究直接责任人的责任，而且要按照有关规定追究领导人员的责任。要注意解决纠风工作中的深层次问题，完善行政责任追究制度，建立健全解决损害群众切身利益问题的长效机制。

三、严肃党纪政纪，坚决查处违纪违法案件。查处违纪违法案件，是纪检监察机关的一项基本职责。当前，在一些地方和部门纪律松弛、违纪违法的问题比较突出，查办案件的任务仍然艰巨繁重。一是要继续保持查处违纪违法案件的强劲势头。重点查处领导干部滥用权力、谋取私利的问题，对利用审批权中饱私囊、利用人事权收受贿赂、利用司法权徇私枉法等案件，要发现一起，坚决查处一起。对顶风作案的，要依纪依法从严查处。同时，要本着惩前毖后、治病救人的方针，对主动、彻底交代问题的，要依纪依法从宽处理。二是加大对重特大责任事故的查处力度。各级纪检监察机关要继续参加安全生产专项检查活动，督促有关部门正确履行安全生产监管职责，有效防范重特大事故的发生；要认真参加事故调查处理工作，对因失职渎职、官僚主义，给国家和人民生命财产造成重大损失的人员，要严肃追究责任。

四、加强效能建设，促进勤政高效。当前，有的地方和部门对该向群众公开的事务不公开，搞暗箱操作，有的人甚至徇私舞弊，搞权钱交易；有的遇事推诿扯皮，效率低下；有的办事不公，吃拿卡要，刁难勒索，严重败坏党风政风，群众很不满意。解决这些问题，纪检监察机关负有重要责任。一是积极推行政务公开。全面推行市（地）级政务公开，规范和提高县级和乡镇政务公开。除涉及国家机密以外的事项，都要向社会公开，尤其是关系群众切身利益的事项更要公开。不仅政府机关要公开政务，学校、医院以及水、电、气、公交等公用事业单位，也要全面实行办事公开制度。要进一步提高政务公开水平，绝不能走过场、搞形式，绝不能避重就轻、糊弄群众。要建立健全社会听证制度、质询制度。出台涉及群众切身利益的重大政策和措施，要通过召开听证会、咨询会等方式，广泛听取意见。要规范公开程序，建立考评制度，加强监督检查，保证公开的真实性。二是大力开展效能监察。要围绕优化发展环境、重大公共投资项目和群众关心的热点问题，进一步加强效能监察，转变工作作风，规范行政行为，提高行政效能。要以公开促公正、以公开出效率，广泛推行“一站式”服务、“一条龙”审批等便民、利民措施，提高办事效率，为人民群众提供高效、便捷、优质的服务。三是认真处理行政投诉。群众对违法违规行政行为的投诉，是对我们工作的监督，也是对我们的信任和支持。对于群众投诉的问题，要深入调查，了解实情，切实解决；同时，要认真查找工作中的薄弱环节，建章立制，规范管理，改进工作。

五、深化体制机制制度改革，逐步铲除滋生腐败的土壤和条件。实践表明，反腐败斗争越深入，越涉及体制机制制度和管理等深层次问题。我们要按照中央的部署，继续推进行政审批制度、财政管理体制、投资体制和干部人事制度改革，不断拓宽从源头上防治腐败的领域。最近，国务院颁布实施了关于投资体制改革的决定，这对于规范政府投资行为，预防投资领域中的腐败现象具有重要意义。各级纪检监察机关要认真贯彻落实，积极配合有关部门做好工作，保证和促进这项改革的顺利进行。要严格执行建设工程招标投标、经营性土地使用权出让、产权交易、政府采购四项制度，坚持以市场为导向，减少行政干预，善于用法律和经济手段管理社会经济事务。必须严明纪律，对规避制度、违反制度、破坏制度的，要坚决制止，情节恶劣、造成不良后果的，要坚决查处。要与时俱进，改革创新，建立健全与社会主义市场经济体制相适应的教育、制度、监督并重的惩治和预防腐败体系，不断探索从源头上防治腐败的新思路、新举措，逐步铲除腐败现象滋生的土壤和条件，不断开创反腐倡廉工作的新局面。

坚持标本兼治、综合治理、惩防并举、注重预防的反腐倡廉方针*

（2004年9月28日）

党的十六届四中全会指出，各级党委要把加强党风廉政建设和反腐败斗争，作为提高党的执政能力、巩固党的执政地位的一项重大政治任务抓紧抓实，强调要坚持标本兼治、综合治理、惩防并举、注重预防的方针，抓紧建立健全教育、制度、监督并重的惩治和预防腐败体系。这是党中央在新的形势下对反腐倡廉工作作出的重大战略决策。我们要深刻理解，全面把握，把思想认识统一到中央精神上来。

标本兼治、综合治理、惩防并举、注重预防的方针，是反腐倡廉的战略性方针；教育、制度、监督并重的惩治和预防腐败体系，是关系反腐倡廉工作全局的系统工程。坚持反腐倡廉方针、构建惩治和预防腐败体系的提出，是我们党在长期执政、改革开放和发展社会主义市场经济条件下，对执政规律和反腐倡廉工作规律认识的深化。

首先，坚持方针、构建体系，体现了反腐倡廉工作继承和创新的统一。继承是创新的基础，创新是最好的继承。我们党反腐倡廉的指导方针，都是根据形势的发展不断充实完善的。20世纪90年代初，面对消极腐败现象发展蔓延的势头，党中央提出了加大反腐败工作力度、坚决惩治腐败的要求，把工作重点放在侧重遏制上。在经过多年治理并取得明显成效的基础上，十

---

* 这是吴官正同志在全国行政监察工作座谈会上讲话的一部分。

五大后提出要坚持标本兼治、综合治理的方针，逐步加大治本的力度。十六届三中全会提出，要建立健全与社会主义市场经济体制相适应的教育、制度、监督并重的惩治和预防腐败体系。十六届四中全会进一步提出了反腐倡廉战略性方针，并对抓紧构建惩治和预防腐败体系提出了明确要求。这是对我们党改革开放以来反腐倡廉实践经验的总结，体现了与时俱进的精神。

其次，坚持方针、构建体系，体现了反腐倡廉工作惩治和预防的统一。反对腐败必须从严。我们要坚决查办违纪违法案件，严厉惩处腐败分子，决不留情、决不手软。但从长远来看，反腐倡廉既要抓好惩治，更要注重预防。要多管齐下，通过深化改革、创新体制，规范权力运行，把反腐败寓于各项重要政策和措施之中，从源头上预防和解决腐败问题。坚持方针、构建体系的要求，体现了在坚决惩治腐败的同时，打主动仗，打进攻仗，进一步加大预防力度的精神。

再次，坚持方针、构建体系，体现了反腐倡廉工作长期性和阶段性的统一。现在，腐败现象在一些领域仍然易发多发，反腐倡廉的形势还比较严峻，解决这些问题还需要有个过程。面对艰巨繁重的任务，必须要有战略性考虑。同时，又必须根据不同时期、不同情况采取相应的阶段性对策，突出重点，对症下药，才能取得事半功倍的效果。坚持方针、构建体系，既适应了反腐倡廉工作的长期性特点，又为现阶段目标的实现提供了具体思路和办法。

坚持方针、构建体系，涉及反腐倡廉的方方面面，必须全党共同努力，总体考虑，整体推进，形成合力。去年以来，中央纪委监察部已经对构建体系工作作了部署，组织力量进行了一些研究，正在起草实施方案，成熟时将以中央的名义正式下发。各级党委、政府和纪检监察机关要按照坚持方针、构建体系的要求，结合实际，创造性地开展工作。

保障党员权利　发展党内民主*

（2004 年 10 月 25 日）

为深入贯彻十六大精神，促进党内民主建设，提高党的执政能力，党中央决定对《中国共产党党员权利保障条例（试行）》进行修订。修订后的《条例》贯彻了邓小平理论和"三个代表"重要思想，保留了维护党员权利方面行之有效的规定，吸收了近年来党内民主发展的新鲜经验，内容更加丰富完善，规定更加符合实际。《条例》的颁布实施是党内政治生活的一件大事。我们一定要按照党中央的要求，认真学习和深刻理解《条例》的主要内容和精神实质，保障党员权利正常行使和不受侵犯，增强党的生机活力。

一、《条例》的修订和实施是新形势下发展党内民主，维护党员权利的重大举措。我们党是用先进理论武装、按照民主集中制原则组织起来的马克思主义政党，一直高度重视维护党员民主权利，不断推进党内民主建设。毛泽东同志教导我们："扩大党内民主，应看作是巩固党和发展党的必要的步骤，是使党在伟大斗争中生动活跃，胜任愉快，生长新的力量，突破战争难关的一个重要的武器。"邓小平同志提出了"没有民主就没有社会主义，就没有社会主义现代化"的重要论断，强调要逐步实现党和国家政治生活的民主化。江泽民同志指出："发展党内民主，充

* 这是吴官正同志在学习贯彻《中国共产党党员权利保障条例》座谈会上的讲话。

分发挥广大党员和各级党组织的积极性、主动性、创造性，是党的事业兴旺发达的重要保证。”在80多年的奋斗历程中，我们党不断巩固和发展既有集中又有民主，既有纪律又有自由，既有统一意志又有个人心情舒畅、生动活泼的政治局面，为不断取得革命、建设和改革的胜利提供了重要保证。

发展党内民主，是政治体制改革和政治文明建设的重要内容。《条例》坚持“以保障党员民主权利为基础”发展党内民主的原则，对保障党员权利作出了更明确、更全面的规定，是党中央在新形势下进一步推进党内民主所采取的重大举措。《条例》丰富了党员享有的各项权利，完善了保障党员权利的具体措施，规定了各级党组织和党员领导干部在党员权利保障方面应尽的职责，必将进一步激发和保护广大党员参与党内事务的政治热情，健全党内生活，促进党内民主。

二、《条例》体现了解放思想、实事求是、与时俱进的精神，反映了当前保障党员权利工作的新情况、新要求。随着社会主义市场经济和民主政治的深入发展，广大党员的民主意识不断提高；同时，党的队伍状况发生重大变化，流动党员、新经济组织中党员大量出现，对更好地保障其行使权利提出了新的要求。《条例》在保留原试行条例有效做法的基础上，立足于新的实践，坚持解放思想、实事求是、与时俱进，增添了许多新的内容，为更好地保障党员权利提供了有力保证。比如，《条例》规定，“企业、农村和街道、社区等党的基层组织应注意维护流动党员的民主权利，保障其正常行使。”这既提出了注意维护流动党员权利的要求，也明确了有关党的基层组织在这方面担负的职责。《条例》还要求，“对于确有实际困难的党员，其所在基层党组织或者上级党组织可以给予适当帮助并鼓励党员之间开展互助”。这一规定既保证困难党员群体能够有效行使党员权利，又体现了党组织对党员的关怀，体现了党组织的温暖，有利于增强党组织的感召力、凝聚力，有利于激发党员的荣誉感、自豪感。

三、《条例》坚持和发展了党章关于党员权利的规定，使广大党员的权利更加明确、更加充实。我们党作为马克思主义政党，赋予了党员广泛的民主权利。从党的七大开始，党章对党员权利都作出了明确规定。党章规定的党员权利，是一名正式党员所拥有的政治权利，党的任何一级组织都无权剥夺党员的权利。党章对党员权利作出的规定，大致包括三个方面内容：一是参与党内日常活动的权利，比如参加会议、阅读党内文件、参加党的政策讨论、对党的工作提出建议和倡议等。二是对党组织和其他党员进行监督的权利，比如可以批评和揭发检举违纪违法事实、要求处分违纪违法党员、要求罢免或撤换不称职的干部等。三是维护自身政治权益的权利，比如行使表决权、选举权和被选举权等。这次《条例》的修改，使党员权利的规定更加具体，内容更加丰富，进一步表明了我们党维护党员权利的坚定决心。同时，《条例》完善了党员权利行使的程序，明确了正确行使权利的基本原则，使党员在严格履行义务的基础上正确行使权利，做到权利与义务的统一。

四、《条例》提出了一系列具体保障措施，为党员权利的实现提供了可靠保证。我们党不仅赋予党员广泛而充分的民主权利，而且不断创造条件保障党员民主权利的实现。修改后的《条例》将“保障措施”单列一章，规定了一系列保障党员权利实现的具体措施，使党员权利的行使做到制度化、规范化。比如，在保障党员更好地了解和参与党内事务方面，《条例》规定，党组织作出的决议、决定，要按照规定及时向党员通报；党组织作出重要决议、决定前，应当以适当方式在一定范围内征询党员意见。在保护揭发人、检举人权益方面，《条例》规定，党组织要建立健全保护揭发人、检举人权益的制度，对于署真实姓名的揭发人、检举人，党组织应当以适当方式告诉其处理结果等。这些规定和措施，切合实际，可操作性强，为党员权利的实现提供了可靠保证。

五、《条例》明确规定保障党员权利是各级党组织义不容辞的职责，强调党的纪律检查机关负有重要责任。发展党内民主，保障党员权利，是全党的共同责任，是各级党组织和每个领导干部应尽的义务。这是《条例》的一项基本要求。党的各级委员会要负责本级党组织的工作，保障党员权利就是其中一项重要内容；党的部门要结合自身职能和实际工作，抓好职责范围内的党员权利保障工作；各级领导干部要模范遵守和严格执行党员权利保障方面的规定，充分尊重和关心党员权利，重视处理和解决党员权利保障方面的实际问题。各级党组织和党员领导干部在保障党员权利方面失职、渎职的，必须按照规定追究有关责任者的责任。

十六大党章赋予党的纪律检查机关"保障党员权利"的重要职责。各级纪委要认真受理有关党员权利保障方面的检举、控告和申诉，及时解决他们提出的问题；要对党的领导干部和下级党组织履行党员权利保障职责的情况进行监督检查；要认真检查和处理侵犯党员权利方面的案件，严肃查处侵犯党员权利的行为。同时，各级纪委在履行纪律检查职责过程中要带头维护好党员权利，在对涉嫌违纪党员的检查和处理中，要严格遵守有关规定，依纪依法进行。

六、《条例》在保障党员权利方面发挥基础性作用，同时又与其他党内规定互相衔接，共同维护党员权利。《条例》对保障党员权利问题作了专门规定，在维护党员权利方面起着主导作用。但是，党员的权利非常广泛，涉及党内生活的方方面面，党内的其他法规对保障党员权利也作了许多规定，与《条例》相辅相成、互相促进，共同发挥着维护党员权利的作用。《中国共产党党内监督条例(试行)》将"保障党员权利情况"作为党内监督的七项重点内容之一，强调加强党内监督必须督促党的各级组织和领导干部维护好党员权利。《中国共产党纪律处分条例》对侵犯党员权利行为规定了具体的处分办法。另外，《中国共产党基层组织选举工作暂行条例》、《中国共产党纪律检查机关控告申诉工作条例》对党员的表决权、选举权、被选举权和控告申诉权等进行了明确规定。做好保障党员权利工作，除了要认真贯彻《条例》外，还必须全面执行其他党内法规制度，把保障党员权利落实到党的各项工作中去。

进一步推进领导干部经济责任审计工作*

（2004 年 11 月 26 日）

我认真看了您的讲话，很好。写了下面一些话，供参考。近年来，在各级党委、政府的统一领导下，审计机关与纪检、监察、组织、人事等部门密切配合，积极推进领导干部经济责任审计，做了大量工作，取得了明显成效，在加强对领导干部的管理和监督，促进廉政勤政等方面发挥了重要作用。这次会议总结交流经验，表彰先进单位，安排部署今后工作，是非常必要的，提出的意见措施是可行的，对于进一步推进经济责任审计工作将起到积极的作用。

开展领导干部经济责任审计工作，是实践“三个代表”重要思想的具体体现，是加强干部管理和监督的重要环节，是促进领导干部廉洁勤政、从源头上预防和治理腐败的重要举措。党的十六届四中全会从加强党的执政能力建设的高度，对建立健全领导干部经济责任审计制度提出了新的要求。

希望进一步把经济责任审计工作与促进领导干部廉洁自律结合起来。推行经济责任审计制度，要紧紧抓住领导干部这个重点，加强对领导干部行使权力的监督，通过对领导干部履行经济责任情况的审计，考察领导干部的遵纪守法意识和廉洁从政情况，纠偏补弊，扶正祛邪，促使领导干部提高自我约束能力和

---

* 这是吴官正同志致时任国家审计署审计长李金华同志的信。

依法行政能力。

希望进一步把经济责任审计工作与干部选拔任用结合起来。切实把审计监督手段运用到干部管理和监督领导，多方面、全方位地了解干部的德能勤绩，坚持用科学的发展观和正确的政绩观考核干部，为正确评价和使用干部提供重要依据，进一步完善选拔任用干部的科学机制。

希望进一步把经济责任审计与构建惩治和预防腐败体系结合起来。要按照贯彻反腐倡廉方针、构建惩治和预防腐败体系的要求，充分发挥经济责任审计的治本功能，注意从违纪违法行为中揭露深层次问题，查找制度上和管理上的漏洞，分析原因，健全制度，着眼防范，强化监督，更好地从机制上、源头上预防和治理腐败。

坚决维护和执行党的纪律*

（2004年12月21日）

这次，我们看了渣滓洞和红岩革命纪念馆，红岩英烈为了革命胜利，坚贞不屈，抛头颅、洒热血，使我们受到了震撼，净化了灵魂。无数革命先烈用鲜血换来的江山，决不能毁在腐败分子手中。我们一定要从巩固党的执政地位和落实科学发展观的战略高度，切实加强党风政风建设，坚决维护和执行党的纪律。

一、领导干部要增强纪律观念，防微杜渐，廉洁自律

严格遵守党的纪律是领导干部廉洁自律的一道重要防线。从近年来查处的案件看，纪律意识淡薄往往是一些人犯错误的重要原因。现在有的领导干部认为自己工作付出很多，拿点、占点是合理的“回报”，收点礼金、财物也不是大问题，结果逐步走上违法犯罪道路。

我们要认真学习和遵守领导干部廉洁自律的各项规定，增强纪律意识和法制观念。要按照中央的统一部署，认真开展以实践“三个代表”重要思想为主要内容的保持共产党员先进性教育活动，深入进行理想信念教育、权力观和政绩观教育，使广大党员干部切实做到为民、务实、清廉。要深刻剖析违纪案件，开

---

* 这是吴官正同志在重庆考察结束时的讲话。

展警示教育，增强抵御糖衣炮弹侵袭的能力。世界上没有无缘无故的爱。大量案例告诉我们，那些给你送钱的人并不是爱你，而是看中了你手中的权力，利用你捞取更大的好处，最终会把你拖下水，送到班房里去。我们的干部在8小时之外，要自尊、自爱、自省，不要放松对自己的要求，不要去不该去的地方，不要总是找不到人。要保持高度的警醒，常修为政之德、常思贪欲之害、常怀律己之心。当前，全党正在开展向牛玉儒同志学习活动，他勤政为民、廉洁奉公的先进事迹很感人。前不久，辽宁省委原书记郭峰同志在患病住院期间，明确提出不收慰问金、不收保健品等"六不"要求，得到干部群众的赞誉。在我们党内，像牛玉儒、郭峰这样的好同志有很多，各级党组织要大力宣传这样的好典型。

二、对党员干部要严格要求，严格管理

党章规定，对党员进行教育和管理是党组织的一项基本任务。这些年，各级党组织认真履行职责，总的情况是好的。从查办的案件看，一些领导干部违反党的纪律，主要是他们自身的原因，但也与有的党组织教育不得力、管理不严格有关。有些党员干部的违纪行为在事发前已有苗头。比如，有个省的地级干部，口碑很差，干部群众对他早有反映，但有关党组织不及时批评教育，甚至还提拔重用，最后他犯下严重错误。还有个县级干部，赌博成性，跟上级赌，跟下级赌，甚至到国(境)外赌，影响恶劣，而那里的党组织却视而不见，致使赌博之风在当地蔓延。总结这些教训，我们一定要坚持党要管党、从严治党的方针，认真履行职责，加强对党员干部的教育和管理。

各级党组织要认真执行党风廉政建设责任制，敢抓敢管，对党员干部在廉政勤政方面的苗头性问题，该提醒的要提醒，该制

止的要制止。当前,尤其要抓好以下几个问题:第一,不许违反规定收送"红包"。对违反规定的,按照组织程序一律先免职,再依据规定处理。第二,不许"跑官要官"。对"跑官要官"的,不能提拔重用,在重要岗位上的要予以调整,已得到提拔的要坚决撤下来。第三,不许放任、纵容配偶、子女和身边工作人员利用领导干部职权和职务影响经商办企业,谋取非法利益。违反规定的,要辞去现任职务或者由组织责令辞职,并按照规定给予纪律处分。第四,不许参与赌博。凡是参与赌博的,应予以免职,再依据规定处理;到国(境)外赌博的,要从严惩处。第五,不许借婚丧嫁娶之机收钱敛财,违反规定的要严肃查处。作出这些规定,是对领导干部的严格要求,也是关心爱护。各地区各部门要结合实际,什么问题突出就着力解决什么问题。比如,有的地方一些领导干部多占住房,必须认真纠正;有的地方赌博、收送"红包"等歪风还没有完全刹住,一定要采取措施加以解决。

三、要健全制度,形成靠制度管人的有效机制

这些年来,党风廉政法规制度建设取得了很大成绩,但也存在一些问题。一方面,我们有的制度还不完善。比如,建设工程招标投标、政府采购、土地出让以及干部人事等制度,还存在一些漏洞,使一些人以权谋私有了可乘之机。另一方面,有些制度落实不好,执行不得力。比如,对领导干部配偶、子女经商问题,中央早就作出了规定,一些地方和部门还结合实际,提出了明确要求。但是,仍有一些干部不认真执行这些规定,我行我素,通过打招呼、批条子等方式,给配偶、子女以及亲戚朋友要工程、要项目,谋取非法利益。

维护党的纪律,制度建设是根本。要深化改革,创新体制,深入推进干部人事制度、司法体制、行政审批制度以及财税金

融、投资体制改革。比如，在干部人事制度方面，如果领导干部长期在一个地方和部门工作，又不严格要求，就容易受到各种关系的影响，产生很多弊端。因此，要进一步加大干部轮岗、交流力度，完善干部任职回避制度；加强对干部选拔任用工作的监督，防止“考察失真”、“带病提拔”和“跑官要官”等问题的发生。我们还要进一步健全领导干部个人重大事项报告、述职述廉、民主评议、谈话诫勉和经济责任审计等制度。进一步健全和完善政务公开、厂务公开、村务公开等办事公开制度，形成用制度规范权力、靠制度管人管事的有效机制。中央将发布《建立健全教育、制度、监督并重的惩治和预防腐败体系实施纲要》，为更有效地预防腐败提供保障。

四、要加强监督、关口前移，做到防范在先

加强监督对维护党的纪律至关重要。中央对监督问题高度重视，采取了一系列措施，目的是使领导干部严格遵守党的纪律，不犯错误或少犯错误。但是，有的领导干部却不能正确对待监督，认为加强监督是跟他过不去，不愿意接受监督，甚至想方设法逃避监督。这些年，我们查处了一些领导干部，他们事后往往悔恨当初没能主动接受监督，错过了接受党组织教育、帮助和挽救的机会，教训是深刻的。当然，我们的监督机制还不够健全。在今年全国纪检监察机关查处的案件中，有些是窝案、串案。这说明，必须加大监督力度，建立健全及时发现问题和纠正错误的机制。

严是爱，纵是害。各级领导干部一定要严于律己，正确对待党组织和人民群众的监督。这些年，通过开展巡视工作，我们发现了一些领导干部存在的问题，有的及时进行反馈，打了招呼；对一些重要案件线索，也依纪依法进行了核实。同时也发现了

一批坚持原则、勤政廉政、开拓创新的好干部。巡视组还在协助党委抓党风廉政建设和落实责任制等方面做了大量工作。今后这项工作要进一步加强。我们要认真贯彻执行党内监督条例和党员权利保障条例，切实加强对各级领导干部特别是主要负责人的监督。对违纪的党员干部，有的可以根据犯错误的不同程度，按照有关规定，适当采取调离、免职、责令辞职等组织处理措施，防止他们犯更大的错误。这里我再次重申，各级纪委作为党内监督的专门机关，要在党委的领导下，自觉接受各级党组织和广大党员的监督，中央纪委包括我本人诚恳地接受全党和全国人民的监督。

五、要继续保持查办案件力度，维护纪律的严肃性

维护党的纪律，必须坚决制止违反纪律的行为，对严重违纪违法的腐败分子要严肃查处，绝不姑息。只有这样，才能体现纪律的严肃性，才能对广大党员干部尤其是有不廉洁行为的干部产生警示作用。要继续保持查办违纪案件力度，重点查办领导机关和领导干部中滥用权力、谋取非法利益的案件，严肃查办利用审批权、人事权、司法权违纪违法的案件。同时，要按照分级管辖的原则，注意查办发生在基层的以权谋私、与民争利的案件。今年乡（镇）纪委查办案件的数量占案件总数的三分之一左右，主要是农村一些基层干部侵占集体资产、挪用公款、挥霍浪费等问题。我们要继续加强对基层办案工作的指导，加大工作力度，维护人民群众的切身利益。

当前，加强和改进办案工作，要注意解决好两方面的问题。一是要认真履行职责，严格执纪。对违纪案件线索，该上报的要上报，该立案的要立案，该处理的要处理，决不能失之于宽、失之

于软。在办案中要实事求是，有多少就查多少，不下指标，不搞比例。二是要增强法制观念，坚持依纪依法办案，健全办案程序，严格案件审理，绝不允许违规使用办案措施和手段。各级纪检监察机关要按照一要坚决，二要慎重，务必搞准的要求，继续保持查办案件的良好势头。

认真学习贯彻江泽民反腐倡廉思想*

（2004 年 12 月 28 日）

从党的十三届四中全会到党的十六大的 13 年中，以江泽民同志为核心的党的第三代中央领导集体，高度重视改革开放和发展社会主义市场经济条件下的党风廉政建设和反腐败工作，提出了一系列新观点、新论断、新举措，初步探索出一条适合我国现阶段基本国情的有效开展反腐倡廉的路子。江泽民同志在不同场合特别是连续十次在中央纪委全体会议上发表重要讲话，全面总结了我们党改革开放以来特别是十三届四中全会以来反腐倡廉的基本经验，形成了江泽民反腐倡廉思想。这是对毛泽东、邓小平党风廉政建设思想的丰富和发展，是我们深入推进反腐倡廉工作的行动指南。

中央纪委监察部组织编写的《"三个代表"重要思想反腐倡廉理论学习纲要》，从反腐败是全党一项重大政治任务、反腐败要坚持正确的指导思想和基本原则、充分认识反腐败斗争的长期性和紧迫性等十个方面，系统阐述了江泽民反腐倡廉思想，是深入学习贯彻"三个代表"重要思想的辅助材料。我们要结合即将在全党开展的保持共产党员先进性教育活动，认真学习《纲要》，深刻领会江泽民反腐倡廉思想的科学内涵和本质要求，在

* 这是吴官正同志在《"三个代表"重要思想反腐倡廉理论学习纲要》学习座谈会上的讲话摘要。

武装头脑、指导实践和推动工作方面取得新的成效。下面，我就学习贯彻江泽民反腐倡廉思想，深入开展党风廉政建设和反腐败工作，讲几点意见。

一是要进一步认识反腐倡廉工作的重大意义，将这一关系党的执政地位的大事抓紧抓实。江泽民同志多次强调，党风廉政建设与反腐败斗争关系党和国家的生死存亡。不坚决惩治腐败，党同人民群众的血肉联系就会受到严重损害，党的执政地位就有丧失的危险，党就有可能走向自我毁灭。这些论述语重心长，十分深刻。在长期执政的条件下，在对外开放和发展社会主义市场经济的环境中，反腐倡廉工作只能抓紧抓好，不能丝毫放松。当前，要继续保持查办违纪违法案件的力度，依纪依法严厉惩处腐败分子。要重点查办领导机关和领导干部中滥用权力、谋取非法利益的案件，严肃查办利用审批权、人事权、司法权违纪违法的案件，注意查办发生在基层的以权谋私、与民争利的案件。同时，要加大纠风的力度，着力解决党风政风方面存在的突出问题。要继续坚决纠正党员干部中违反规定收送“红包”，跑官要官，纵容子女、配偶和身边工作人员利用自己的职权和职务影响谋取非法利益，利用婚丧嫁娶收钱敛财，以及赌博等问题；要继续坚决纠正征收征用土地、城镇住房拆迁、企业重组改制、企业违法排污和破产中损害群众利益，以及拖欠农民工工资等问题，继续推进纠风专项治理工作，维护好人民群众的切身利益。

二是要坚持反腐倡廉方针，抓紧构建惩治和预防腐败体系。党的十六届四中全会强调，坚持标本兼治、综合治理、惩防并举、注重预防的方针，抓紧建立健全与社会主义市场经济体制相适应的教育、制度、监督并重的惩治和预防腐败体系。这是党中央在新的形势下对反腐倡廉工作作出的重大战略决策。落实反腐倡廉方针，构建惩治和预防腐败体系，既要坚决惩治腐败，又要有效预防腐败，通过改革体制机制制度和营造良好的社会氛围，形成更加有效地惩治和预防腐败的态势，最大限度地减少腐败现象的发生，最大限度地爱护干部，使我们的干部少犯错误或者不犯错误。中央即将颁布《建立健全教育、制度、监督并重的惩治和预防腐败体系实施纲要》，为更加有效地预防腐败提供保障。我们要按照中央的要求，加强教育，完善制度，强化监督，深化改革，从源头上铲除滋生腐败的土壤和条件。

三是要正确认识反腐败形势，做好新形势下反腐倡廉舆论宣传工作。江泽民同志指出，如何正确看待反腐倡廉工作的形势，是一个很重要的政治问题。对这一论述，我们要认真领会，准确把握。我国的反腐倡廉工作是在错综复杂的背景下开展的。我们既要坚定不移地推进惩治和预防腐败的工作，又要扎扎实实地做好反腐倡廉舆论宣传工作，引导广大干部群众正确认识反腐败斗争的形势。要大力宣传我国建设、改革和发展的巨大成就，是同我们党坚强正确的领导、同广大党员干部的忘我奋斗、无私奉献分不开的；大力宣传我们党反对腐败的坚定决心、方针政策和取得的重大成果，说明我们党完全有能力克服腐败现象；大力宣传各条战线立党为公、执政为民的先进典型和模范人物，用事实说明我们党的干部队伍主流是好的，腐败分子只是极少数；等等。要加强对热点问题的引导，妥善回应社会各界和人民群众的关切；重视做好网上舆情疏导工作，及时解疑释惑，激浊扬清，同时要善于发现和吸收有价值的意见和建议，不断改进我们的工作。

四是要坚持与时俱进，不断推进反腐倡廉理论创新和实践创新。与时俱进是贯彻落实“三个代表”重要思想的关键，也是新形势下做好反腐倡廉工作的关键。要围绕加强党的执政能力建设这个主题，深入研究社会主义市场经济条件下反腐败斗争的特点和规律，使反腐倡廉工作思路和对策更具有预见性、科学性和针对性。要把党风廉政建设和反腐败斗争放到党和国家工作大局中去把握，使反腐倡廉工作与深化改革、加快发展有机结合，相互促进。要针对反腐倡廉工作中出现的新情况新问题，及时制定和完善法规制度、纪律规范和政策措施，更好地适应经济社会的发展。要加强调查研究，及时总结各地区各部门在实践中创造的好做法好经验。要注意借鉴古今中外的有益做法，特别要加强反腐败的国际交流与合作，为我们创造性地开展工作服务。

维护党的章程 遵守党的纪律 加强党风政风建设*

（2005 年 2 月 14 日）

党章是党的最高行为规范，明确规定了党员的八项权利和八项义务，规定了党的干部的六项基本条件。按照党章的基本要求，我们党制定了一系列具体规定。广大党员干部要维护党的章程，遵守党的纪律，认真解决党性党风党纪方面存在的突出问题，永葆共产党人的先进性、纯洁性。

一、坚持勤奋学习，坚定理想信念

邓小平同志曾经指出，要“教育全国人民做到有理想、有道德、有文化、有纪律。这四条里面，理想和纪律特别重要”。党章也明确规定，党的干部应当具备履行职责所需要的马克思主义理论水平，具有远大理想和坚定信念。崇高的理想信念，是共产党人安身立命之本，是保持党的先进性、纯洁性的精神动力。坚定理想信念，必须加强学习，把理想信念建立在马克思主义科学基础之上。当前，全党正在开展以实践“三个代表”重要思想为主要内容的保持共产党员先进性教育活动，全体党员都要积极投身这场教育活动，领导干部尤其要发挥表率作用。中央政治局常委会在研究开展先进性教育活动时，一致认为，领导干部带

---

* 这是吴官正同志在山西省考察结束时的讲话。

头，要从中央政治局常委做起。前不久，胡锦涛同志在新时期保持共产党员先进性专题报告会上作了重要讲话，他作为参加先进性教育活动的一员，谈了学习体会和认识，为我们作出了表率。各级党员干部一定要认真学习“三个代表”重要思想，学好党章，学好江泽民同志、胡锦涛同志的有关讲话，努力成为“三个代表”重要思想的坚定实践者。要树立和落实科学发展观和正确政绩观，按照客观规律办事，力戒形式主义、官僚主义。要坚持理论联系实际，认真解决思想、组织、作风以及工作方面存在的突出问题。

二、严肃政治纪律，坚定政治立场

政治纪律是党的最重要的纪律，在集中精力进行改革开放和社会主义现代化建设的过程中，我们一刻都不能放松政治这根弦。胡锦涛同志在中央纪委第五次全会上指出，“要加强对政治纪律执行情况的监督检查”。总的看，当前全党遵守政治纪律的情况是好的。但也要看到，政治纪律松弛的现象在有的党组织和少数党员干部中还不同程度地存在。各级党组织必须高度重视这个问题，结合本地区本部门党员干部思想实际和业务特点，加强对领导干部、党员业务骨干和要害部门工作人员遵守政治纪律的教育。要使广大党员充分认识到，人民代表大会制度、中国共产党领导的多党合作和政治协商制度、民族区域自治制度是符合我国国情的，是我国社会主义政治制度的特点和优势。我们在大是大非面前，一定要保持清醒头脑，不要太天真了。要坚持党的基本理论、基本路线、基本纲领、基本经验不动摇，在思想上政治上同党中央保持一致，自觉维护中央权威，保证中央政令畅通。要光明磊落，讲真话，办实事，言行一致，表里如一。要增强政治敏锐性和政治鉴别力，在复杂斗争和突发事件中站稳政治立场，经得起各种风浪的考验。要严肃处理违反政治纪律的行为，对重大敏感问题，既要旗帜鲜明、澄清是非，又要妥善处理，防止事态扩大，在什么范围内发生问题就在什么范围内解决，防止上交矛盾，防止人为炒作，防止授人以柄，切实维护改革发展稳定的大局。

三、正确行使人民赋予的权力，做到廉政勤政

这是党章对党的干部的基本要求。这些年来，党中央在这方面作出了一些具体规定，特别是去年以来，中央明确提出，各级领导干部决不允许收送现金、有价证券和支付凭证，决不允许放任纵容配偶、子女利用领导干部职权和职务影响谋取非法利益等。送钱的人是黄鼠狼给鸡拜年——没安好心。世界上没有无缘无故的爱，也没有无缘无故的恨。他看中的是你手中的权力，要与你手中的权力来做交换。他给你送一万，起码要赚个十万八万。对送钱的人大家要警惕起来。钱是需要的，但来路不正，放在家里怕偷，带在路上怕抢，存到银行又怕查。一天到晚，提心吊胆，这不是自己给自己找麻烦嘛！钱，生不带来，死不带去。我们共产党人，有权要用来为老百姓做贡献，不要用公家的权力为自己搞私事。要严格要求配偶、子女和身边工作人员，绝不能放纵、支持他们去敛财。当前，各地区各部门认真贯彻中央要求，采取有力措施，做了大量工作，取得一定进展，但这些问题还没有完全解决，个别地方还比较严重。有的领导干部我行我素，照样送钱收钱；有的通过打招呼、批条子等方式，给配偶、子女以及亲戚朋友要工程、要项目，低价套取土地等资源。各级领导干部要严格遵守不准收送礼金、有价证券、支付凭证的规定，不准利用婚丧嫁娶等事宜收钱敛财；同时，对家属和身边工作人员要严格要求，防止他们利用自己的职权谋取非法利益，发现苗

头，要及时制止，绝不袒护。据反映，有的地方一些领导干部违反规定从事营利性活动，接受干股分红或直接参股入伙，为不法业主开绿灯、提供保护，这是绝不允许的。对这个问题，中央早有明确规定，我们一定要严格执行。过去煤炭不赚钱，现在是很赚钱的，又好卖，价格高，利益大。可能会有些干部耐不住，利用职权从中谋利，这就会犯错误，希望提醒同志们一定要警惕。

四、贯彻民主集中制，坚持按党性原则办事

民主集中制是我们党的根本组织制度，是党内政治生活的基本原则。贯彻民主集中制，很重要的一个方面，就是要认真执行党的干部路线，选好人用好人。中央和中央组织部对用人上的问题非常重视，采取了一系列治理措施，去年国家统计局城调队在全国十个省（区、市）开展问卷调查，群众对这项工作很关注，总的反映是好的。我们要按照中央的要求，进一步严明党的组织纪律，对跑官要官的，要批评教育，不能提拔重用，在重要岗位上的要予以调整，已经提拔的要坚决撤下来。要认真落实干部人事制度改革措施，完善干部考核、考察的制度和办法，扩大干部工作中的民主，防止和纠正考察失真、“带病提拔”等问题。要进一步重视加强对县（市、区）党政“一把手”的考核、任用和监督。县委书记、县长犯错误影响很坏。有些县委书记、县长有这样那样的问题，形象不好，群众反映强烈，可先进行组织调整。我们要进一步加强巡视工作，各省（区、市）委巡视组的工作范围，要逐步延伸到县（市、区）一级，进一步加强对党政领导班子及其主要负责人的监督。

贯彻民主集中制，要从大局出发，善于团结同志，包括团结有不同意见的同志一道工作。我们从五湖四海走到一起，都是为了一个共同的目标，就是要坚持立党为公、执政为民，加快经

济发展、促进社会进步、改善人民生活。大家在一起共事，有不同意见和看法是正常的。不管是在职的干部，还是退下来的干部，都要坚持党性原则，与人为善，不要计较个人的恩恩怨怨。有什么意见当面提，提意见的同志要知无不言，言无不尽，听意见的同志要有则改之，无则加勉。在党内要提倡署实名举报，举报领导干部违纪行为，要实事求是、客观公正。中央纪委每年都收到大量的举报信，我们从中发现了一些重要案件线索，对有一般性错误的干部，及时打招呼；对受到诬告错告的干部，注意澄清是非，支持他们大胆工作。总之，我们要认真学习邓小平理论和“三个代表”重要思想，紧密团结在以胡锦涛同志为总书记的党中央周围，珍惜改革发展稳定的大好形势，切实维护党的团结与统一，把山西的各项工作做好。

五、坚持党的群众路线，维护人民群众切身利益

能否始终保持党同人民群众的血肉联系，是对党的执政能力和执政地位最根本的考验。我们要高度重视维护人民群众的切身利益，在经济社会发展中实现社会公平和正义，维护社会安定团结，努力构建社会主义和谐社会。要坚决纠正各种损害群众利益的突出问题。近年来，因企业排污引起的群众投诉、上访大量增加。因此，中央决定把治理企业违法排污问题作为维护群众利益的大事来抓，纳入今年反腐倡廉工作部署之中。要按照中央纪委第五次全会部署，采取有效措施，坚决纠正征收征用土地、城镇房屋拆迁、企业违法排污、企业重组改制和破产中损害群众利益，以及拖欠农民工工资等突出问题。同时要继续治理教育乱收费、纠正医药购销和医疗服务中的不正之风、减轻农民负担。基层站所和窗口单位要坚持以服务群众为重点，完善职业道德规范，坚决克服办事不公、作风粗暴、损害群众利益等

问题。要深入基层，深入群众，妥善协调各方面的利益关系，千方百计化解社会矛盾，解决群众反映的合法合理的问题。对群众生产生活面临的困难，特别是对下岗职工、农村贫困人口和城市贫困居民等困难群众遇到的实际问题，一定要带着深厚的感情去帮助解决，维护他们的切身利益，让他们感受到党和政府的温暖。

六、加强思想道德修养，保持良好的生活作风

端正党风政风，领导干部是关键。各级领导干部一定要按照“为民、务实、清廉”的要求，加强思想道德修养，坚决抵制各种不良社会风气，做发扬社会主义新风尚的模范。在这里，我想强调党员干部务必要坚决抵制赌博的歪风。我们党历来禁止党员干部参与赌博。早在 1939 年，陕甘宁边区政府就明确提出，要“发扬艰苦作风，厉行廉洁政治，肃清贪污腐化，铲除鸦片赌博”，1943 年又制定了政府人员公约，要求做到“不贪污、不受贿、不赌博、不腐化”。近年来，一些地方赌博之风开始盛行，少数党员干部也参与其中，甚至引发贪污、挪用公款和变相行贿受贿等问题，造成恶劣的社会影响。一些周边国家和地区为了吸引赌客，纷纷开设赌场，有的还在我国境内设立办事处，联络和组织国内人员赴国(境)外参赌，甚至为参赌人员在国内银行办理存款和兑现手续，赌客不用携带现金就可以往返豪赌。当前，各地区各部门正在按照中央的统一部署，开展打击赌博违法犯罪的专项行动，已经取得初步成效。一些党员干部因参加赌博受到严肃查处，周边国家的赌场也关了不少。但是，要看到这场斗争的艰巨性、复杂性和长期性，毫不松懈、毫不手软地抓下去。各级领导干部必须自觉抵制赌博等歪风，以良好的道德风尚和人格力量带动党风和社会风气的好转。各级领导干部要始终保持艰苦

奋斗的作风，不许用公款大吃大喝，挥霍浪费。要培养高尚的道德情操，不该去的地方不去，不该做的事情不做，自我约束，洁身自好，做一名合格的党员领导干部。

加大组织处理力度*

（2005 年 3 月 5 日）

希望切实加强对全国审理工作的指导，万望确保不要出现错案。可定可不定的，不要定，在处分时，可轻的不要重处，有的严肃批评教育或作组织处理，不一定都要给处分。要坚持惩前毖后、治病救人，与人为善，着重教育，改了就好。但对情节恶劣的，务必依纪依法严处。总之，要坚持从严治党，从严要求，从严管理。

---

* 这是吴官正同志关于案件审理工作的批示。

要重视廉政文化建设*

（2005年3月6日）

党风政风从来都是同社会风气联系在一起的。我国正处于体制转轨、结构调整和社会变革的历史过程中，法规制度还不太健全，社会风气对党风政风的影响不可低估。去年市场上三十几万一盒的月饼，买的是谁，送的是谁？几十万一桌的高档酒席，请的是谁，吃的是谁？有的地方还搞什么“美人宴”，这是胡来！对不良风气大家都很痛恨，但有些人一办事就想找关系，走后门，请客送礼。社会上负面的东西多了，就会影响党风政风，甚至诱发腐败。年初胡锦涛同志在中央纪委第五次全会上的讲话，明确提出要把廉政文化建设作为建设社会主义先进文化的重要内容。中央颁布的《建立健全惩治和预防腐败体系实施纲要》，也强调反腐倡廉教育要面向全社会，大力加强廉政文化建设。我们要在切实解决党风政风中突出问题的同时，结合各地的实际，不断探索加强廉政文化建设的途径和方法，让廉政文化进社区、进家庭、进学校、进企业、进农村，促进全社会形成以廉为荣、以贪为耻的价值观念和社会风尚。前年我国签署了《联合国反腐败公约》，这个公约规定要在大学和中小学开设廉洁教育课程，教育部很支持，目前正在一些地方进行试点。总之，要通过我们的努力，形成

---

* 这是吴官正同志在十届全国人大三次会议山东代表团全体会议上发言的一部分。

反腐倡廉教育的整体合力，为加强党风政风建设营造良好的社会环境。

严格执行廉洁自律五条规定*

（2005 年 3 月 7 日）

中央要求，在坚决惩治腐败的同时，要加大预防腐败的力度，通过采取必要的措施，使我们的干部不犯或少犯错误。针对当前实际，今年中央对领导干部廉洁自律规定了五条，我们要认真落实好。

第一，对领导干部违反规定收送现金、有价证券和支付凭证的，按照组织程序一律先免职，再按照有关规定处理。毛主席说过，世界上没有无缘无故的爱，也没有无缘无故的恨。那些给领导干部送钱的人是有企图的，他看中的是你手中的权力和影响，目的是利用你捞取更大的好处。有的人嘴上说得好听，但他给谁送了钱后都一一作了记录，事情一旦败露，为了解脱自己就全部交代出来。所以，送钱就是送毒品，就是要把你送进班房，并不是对你有什么感情。如果真讲感情，为什么不把钱送给那些生活困难的老百姓？去年以来，黑龙江省委对这个问题抓得是紧的。希望各级党组织加强对党员干部的教育，把这个问题解决好。

第二，对"跑官要官"的，要批评教育，不能提拔重用，在重要岗位上的要予以调整，已得到提拔的要坚决撤下来。吏治的问

---

* 这是吴官正同志在参加十届全国人大三次会议黑龙江代表团全体会议讨论时的讲话。

题非常重要。事实说明,如果职位不是踏踏实实地干出来的,而是靠“跑”、“要”、“买”来的,不仅可耻,而且早晚会栽跟头,付出沉重代价。这一点,同志们务必要引起重视。

第三,放任、纵容配偶、子女及其配偶和身边工作人员利用领导干部职权和职务影响经商办企业或从事中介活动谋取非法利益的,要辞去现任职务或者由组织责令辞职,并按照规定给予纪律处分。送钱的人,一般不直接送给领导干部,不少都是送给配偶、子女。一些领导干部受到查处,很多也都是他们的配偶、子女交代出来的。他们的子女平时养尊处优,吃不了苦,一抓起来就把他的爸爸妈妈如何受贿的都交代出来了。目前我们查处的领导干部中,很多同配偶、子女的严重问题有关,教训十分深刻,务必引以为戒。

第四,参加赌博的,应予以免职,再依据规定处理;到国(境)外赌博的,要从严惩处。去年我们国家的周边,开了一百多个赌场,去参赌的,有不少是党政干部。他们哪来这么多钱?不是受贿来的,就是贪污挪用的公款。还有的人把赌博当成变相行贿的手段,故意一次几千、上万元地输给领导干部,企图掩盖以权谋私、权钱交易的勾当。党员领导干部赌博,严重败坏党风和社会风气,有的还引发社会治安事件,影响极坏。对参与赌博的,务必从严处理。

第五,不得利用婚丧嫁娶等事宜收钱敛财,发现的要严肃查处。有的人利用婚丧嫁娶、逢年过节等机会给领导干部送钱,而有的领导干部则乘机大肆收钱敛财。这看起来似乎是人情往来,实质上是违反规定收受礼金,甚至是受贿行为。对这个问题一定要高度重视。

这五条,都与钱、与权有关。有的人想不开,总是想着法子捞钱。没有钱的日子确实很难过,但收了来路不正的钱也很难受。要那么多钱干什么?!给子女搞那么多钱干什么?!子女有本事,用不着你给他搞钱;子女没本事,你搞了钱是害了他。

对违反规定的,我们为什么要拿掉他的权,免掉他的职?有的人手里有权力,神气得很。人家送钱给他,就是看中他手中的权力。把他的权力拿掉了,看他还凭什么收钱,看还有谁把钱送给他?对违反五条规定的,就是要坚决进行组织处理,先把他的"帽子"拿掉。没有了"帽子",我看他干什么都不行。叫他去种地,他吃不了苦;叫他当工人,他不懂技术;叫他做生意,他没这个本事;叫他看仓库,他又觉得没有面子。同志们,一定要想清楚啊!

前些年,中央纪委制定了领导干部廉洁自律 88 个"不准"的规定。去年,中央纪委第三次全会把它概括和整合为"四大纪律八项要求",便于广大党员干部记忆和遵守。去年下半年以来,按照中央主要领导同志的要求,经过广泛的调研,中央纪委提出了刚才讲的五条规定,作为对领导干部廉洁自律的基本要求。

当然,要完全解决腐败问题也不容易。只要人有欲望,只要存在公共权力,就可能会产生腐败。我们知道小孩子出生的时候,旁边的人都在笑,他却在那里号啕大哭,把两只手攥得紧紧的,像是一只手要抓钱,一只手要抓权。但到了死的时候,又完全不一样了,给他送行的人都在哭,他的眼睛、嘴巴都闭得紧紧的,两只手却是散开的,好像在说,我走了,我什么也不要了。虽然人没有欲望是不可能的,但只要广大党员干部心地清净,自觉遵守各项规定,风气一定能够好起来,把腐败减少到最低程度,是完全可能的。

切实维护人民群众的环境权益*

（2005年4月26日）

近年来，随着我国经济的发展，环境问题日渐突出，企业违法排污导致严重危害群众生产生活的事件时有发生，威胁群众的生命安全，人民群众对环境保护的呼声和要求越来越强烈。我们一定要按照党中央、国务院的要求，采取有效措施，加强环境保护，切实维护人民群众利益。

一、认真开展环保专项整治行动，维护好人民群众的切身利益。要紧紧围绕加强和改善宏观调控，深入开展以“打击环境违法行为，保障群众健康”为主题的环保专项整治行动，严查企业违法排污行为，维护群众环境权益。在专项整治行动中，主要检查地方各级政府及有关部门执行环境保护法律法规，企业违法排污影响群众健康，重点流域和重点地区污染防治等情况；着重解决群众反映强烈的环境问题，尤其是城市噪音扰民和大气污染、农村饮水安全等群众不满意的问题。开展专项行动一定要与建立健全责任制和责任追究制度联系起来，督促各级政府和有关部门切实负起责任，坚决预防和治理企业违法排污行为。

二、严肃查处违纪违法案件，坚决惩治侵害群众切身利益的行为。要加大监督检查力度，严格执行各项环境保护管理制度，督促有关单位认真履行环境评价报批手续，加强对新建项目的环境管理。通过监督检查和受理群众举报等，扩大案源渠道，对

---

* 这是吴官正同志在国家环保总局调研时讲话的一部分。

发现的违反国家环保法律法规的案件线索，要及时组织力量进行查处。对滥用职权、疏于监管造成重大环境污染事故和生态破坏事件的，对包庇非法经营行为的，要发现一起，查处一起。对涉嫌犯罪的，要移送司法机关处理。同时，要加强对环保先进典型的宣传报道，总结、推广创建环保模范城市、各类生态示范区、绿色社区等活动中涌现出的好做法、好经验；加强对基本国情、基本国策和有关法律法规的宣传教育，在全社会进一步树立节约资源、保护环境的意识。

三、深化改革，建立健全维护人民群众环境权益的长效机制。坚持以改革为动力，不断推进体制机制制度创新，鼓励生态建设和环境保护，从根本上解决危害人民群众健康安全的环境问题。坚持统筹规划，加大投入，标本兼治，突出重点，有步骤地进行环境治理和建设。逐步建立健全国家监察、地方监管、单位负责的环境监管体制，加强和完善环境保护协调机制，建立法律、经济手段配合使用的利益导向机制。坚持依靠科技进步推进环境保护和治理，推进资源开发与节约，不断提高环境保护成效。认真开展执法监察和效能监察，严格执法，依法行政，保证国家有关环保法律法规和政策措施的贯彻落实。实行政务公开，只要不是保密的建设项目，就要将其基本情况、主要环境影响以及审批意见等向群众公开，对于重大项目和环境敏感项目，要通过听证会等形式充分听取各方面意见，接受社会监督。

认真解决食品药品领域中损害群众利益的问题 对制售假冒伪劣的要严惩不贷*

（2005 年 4 月 29 日）

“民以食为天”，“人命关天”。食品药品安全关系到广大人民群众身体健康和生命安全，关系到经济健康发展和社会稳定。当前食品药品安全存在一些不容忽视的问题。生产和销售假冒伪劣、有毒有害食品的违法犯罪活动，食品安全事故以及违法药品广告时有发生。前不久发生的“苏丹红”事件、劣质奶粉事件就是其中的典型。有的地方和部门搞保护主义，有法不依、执法不严、监管不力，助长了这些问题的发生，人民群众深受其害，反映十分强烈。食品药品安全问题，今年“两会”期间全国人大代表、政协委员十分关注，目前也是人民群众关注的社会热点问题之一。党和国家的重托，广大人民的期望，对食品药品安全工作提出了新的更高的要求。

我们党是全心全意为人民服务的执政党，我们的政府是人民的政府。我们党除了工人阶级和最广大人民群众的利益，没有自己的特殊利益。谁得罪了群众，谁就得罪了共产党，得罪了政府，我们就要坚决查处他。制售假冒伪劣食品药品本质上就是谋财害人，都是可恶缺德的人，群众非常痛恨，要让他们成为“过街老鼠，人人喊打”，绝不能手软。造成严重恶果的要依法严

---

* 这是吴官正同志在国家食品药品监督管理局调研时的讲话摘要。

惩,使他们身败名裂、倾家荡产、后悔莫及。我们学习贯彻“三个代表”重要思想,维护人民群众的根本利益,就要落实到实际行动中去,落实到做好食品药品安全工作中去,采取切实有力措施,严肃查处损害人民群众根本利益的行为,努力保障人民群众饮食用药安全。

一是继续开展食品药品安全专项整治工作,整顿和规范市场秩序。解决食品药品领域中损害群众利益的问题,今年务必要取得重大进展。要围绕食品药品的重点品种、重点环节、重点区域和重点对象,深入开展专项整治。坚决取缔无卫生许可证、无营业执照、无生产许可证的食品药品生产经营。严密监控中药材市场的经营活动和已取缔的非法药品集贸市场,积极开展药品广告专项整顿活动,整顿和规范药品、医疗器械市场秩序,确保人民群众用药安全。认真做好药品集中招标采购工作,切实纠正医药购销中收受回扣等不正之风。要把儿童和农村食品市场整治作为重中之重,切实维护未成年人、农民和低收入者的利益。

二是严肃查处违纪违法案件、坚决惩治损害群众利益的行为。当前,一些地方制售假冒伪劣食品药品问题严重,市场秩序混乱,侵害群众利益的行为时有发生。这里面既有追逐非法利益的原因,也有某些领导态度不坚决、执法力度不够的原因。要加强监督检查,发现问题及时报告、及时解决。严格执纪执法,加大对制售假冒伪劣食品药品经济处罚力度。去年以来,食品药品监督管理等部门严肃查处了安徽阜阳劣质奶粉事件、广州毒酒案、湖南等地黄花菜二氧化硫超标事件等重大食品安全事故,严厉惩处了制假售假的违法犯罪分子,效果很好。要严肃查处对人民群众危害严重的大案要案和恶性事故,严厉打击不法之徒,千方百计杜绝重大案件和恶性事故的发生,切实增强人民群众的安全感。对制售假冒伪劣食品药品的,有多少就要查多少;对涉嫌违法犯罪的,有多少就要抓多少。要注意揭露和查处大案要案和恶性事故背后隐藏的腐败问题,重点查处营私舞弊、索贿受贿、玩忽职守、失职渎职等行为,保证食品药品监督管理工作的顺利开展。

三是深化改革,创新制度,建立健全解决食品药品领域中损害群众利益问题的长效机制。解决食品药品领域中损害群众利益的突出问题,要注重治本。深入分析食品药品安全事故频发的深层次原因,加强和改进对食品药品安全的监管,探索建立健全食品药品安全的长效机制。改革食品药品行政审批制度,规范审批程序和审批行为,严防不合格食品药品进入生产和流通领域。创新监管方式,完善监管手段,推进农村药品质量监督网络和供应网络建设,确保农民群众用药安全、有效、经济、方便。建立健全食品药品安全信息评估体系和预警指标体系,对食品药品安全问题做到早发现、早预防、早整治、早解决,实现人们的健康愿望。

严肃查处金融领域的违纪违法案件*

（2005年5月17日）

总的看，当前我国金融形势是好的，金融系统的队伍建设和党风廉政建设取得了可喜的成绩。但是，我们要清醒地看到，金融领域也存在着不少问题和隐患，金融监管还有薄弱环节，违规违纪行为和金融犯罪活动时有发生。这几年发生的刘金宝等严重违纪违法案件，给国家造成了巨大的经济损失，影响非常恶劣。我们一定要按照党中央、国务院的要求，切实加强金融系统党风廉政建设，既要坚决查处已经发生的金融违纪违法案件，遏制腐败问题蔓延的势头，又要注重预防，建立防范金融领域腐败的长效机制，防止出现大的问题。

一、继续保持查办案件的工作力度，坚决遏制重大金融案件的发生

金融违纪违法案件是金融领域腐败现象的集中表现，危害大，影响也大。我们要保持查办案件的力度，发现一起，查处一起，决不姑息手软，有效遏制金融案件频发的势头。

要采取有力措施，严厉惩处金融违纪违法行为，形成强大的震慑力。依纪依法追究腐败分子的纪律和法律责任，按照有关

* 这是吴官正同志在金融系统加强党风廉政建设座谈会上的讲话。

规定限制和剥夺他们的从业资格和任职资格，增大腐败行为的成本和风险。采取收缴、退赔、没收、罚款等措施，加大经济处罚力度。对那些应当依法严惩的腐败分子，要让他们付出沉重的代价，在政治上身败名裂、经济上倾家荡产、心理上后悔莫及。要加大境外追逃追赃的力度。有些腐败分子为了逃避党纪国法的制裁，千方百计转移资产，潜逃境外，在国内外造成了不良影响。我们要继续配合司法机关，加大对外逃人员的缉捕力度和涉案资产的追缴力度，减少国家损失，表明我们党和政府反腐败的坚定决心。要提高突破案件的能力。金融案件专业性强，案情复杂，查办难度大。要研究探索金融领域违纪违法案件发生的规律、原因和特点，总结出一套查办金融案件的办法，拿出一些管用的手段，既要尽快把问题彻底查清，又要力争挽回经济损失，取得好的社会、政治和经济效果。要适应现代科技迅速发展的趋势，增加办案的科技含量，善于运用科技手段为办案服务，提高办案人员的能力和水平。

要坚持依纪依法办案，把这个要求贯穿于立案、调查、审理、处分、执行等各个环节。正确把握政策和策略，讲究方式方法，在整个办案过程中都要注意稳妥谨慎，综合考虑办案的效果。在对人的处理上，要把运用纪律措施和组织措施结合起来，该严则严，该宽则宽，宽严相济。金融案件十分敏感，社会上比较关注。查处金融违纪违法案件，既要严惩腐败分子，又要维护金融的安全，为改革发展稳定的大局服务。

二、认真落实《实施纲要》，加快建立防范金融领域腐败的长效机制

结合金融系统实际，认真贯彻《建立健全教育、制度、监督并重的惩治和预防腐败体系实施纲要》，是当前要抓的一项重要工

作。要紧密结合正在全党开展的保持共产党员先进性教育活动，进一步深化教育内容，探索教育形式，提高教育的针对性和有效性。必须适应金融改革发展的新形势和新任务，把惩治和防范腐败寓于各项重要改革措施之中，坚持用改革的办法解决导致腐败现象发生的深层次问题。要着力在完善监管制度和健全内控机制上下功夫，既要完善已有的规章制度，又要根据发展变化的新情况，建立健全新的规章制度。规章制度一旦建立，就要坚决执行，不能打折扣，不能搞变通，不管谁违反了都要受到严肃追究。对一些成熟的、经过实践检验的规章制度，要通过一定程序上升为法律法规，努力形成科学完善的制度体系。要依靠制度来加强管理，不断提高管理的水平和能力，努力减少金融领域腐败滋生蔓延的土壤和条件，建立健全有效防范腐败的长效机制。

要加强对金融系统高管人员尤其是领导班子和主要负责人的监督，防止权力失控、决策失误和行为失范。加强对领导干部权力运行的监督和制约，特别要加强对贷款审批、干部人事、财务管理等关键环节和重点部位的监督。要把事前监督、事中监督、事后监督结合起来，把经常性监督与专项监督结合起来，把内部制约与外部监督结合起来。要充分发挥纪检、监察、监事、稽核、风险管理等监督主体的职能，加强协调配合，形成整体合力。

三、切实加强领导，确保金融系统党风廉政建设和反腐败工作各项任务落到实处

金融机构各级党委要切实担负起反腐倡廉的政治责任。要从讲政治的高度，始终把党风廉政建设和反腐败工作作为关系全局的大事来抓，摆上重要议事日程。坚持“两手抓，两手都要

硬”的方针，一手抓金融业务的发展，一手抓反腐倡廉工作，使之相互支持和促进。

要坚持反腐败领导体制和工作机制，进一步加强对党风廉政建设和反腐败工作的领导，发挥党委总揽全局、协调各方的作用，认真抓好党风廉政建设责任制的落实。党委主要负责同志要对反腐倡廉工作负总责，管住班子，带好队伍。各级领导干部要坚持从我做起，既要做遵纪守法、廉洁奉公的表率，又要切实抓好职责范围内的党风廉政建设和反腐败工作，重要事项和重大问题要亲自抓在手上，认真落实。在防范经营风险的同时，重视防范道德风险，完善征信体系建设，筑牢思想道德和党纪国法两道防线。

金融机构各级党委要加强领导，重视和支持纪检监察工作。深入研究在金融体制改革中如何加强党风廉政建设和反腐败工作问题，进一步明确金融企业纪检监察部门的机构设置、人员配备、工作原则和工作方法。国有金融企业实行股份制改造后，纪检监察工作只能加强，不能削弱。基层金融机构是金融业务的主要发生地，相当多的金融违纪违法案件都发生在基层，要注意充实和加强基层金融机构的纪检监察力量。

以改革统揽预防腐败工作*

（2005 年 5 月 24 日）

党的十一届三中全会以来，我们坚持以经济建设为中心，经济体制改革逐步深入，国民经济快速发展，反腐倡廉不断向纵深推进。十四大确立了建立社会主义市场经济体制的改革目标，由于新旧体制转换过程中存在空隙和漏洞，加上制度和管理跟不上，消极腐败现象在一些地方呈现滋生蔓延的势头。党中央审时度势，作出了加大反腐败斗争力度的重大决策，确立了反腐败三项工作格局，侧重遏制，严厉打击，取得了明显成效。在这期间，江泽民同志多次发表重要讲话，系统阐述了反腐倡廉的指导思想、基本原则、奋斗目标、工作格局、领导体制和工作机制等一系列重大问题，所形成的江泽民反腐倡廉思想，是“三个代表”重要思想的有机组成部分。2002 年 1 月，他强调，随着社会主义市场经济体制初步建立，反腐倡廉“要从标本兼治、更多地注重治标转向标本兼治、以治本为主的工作思路上来”，要求加强教育，发展民主，健全法制，强化监督，创新体制，从源头上预防和解决腐败问题。党的十六大以后，反腐倡廉工作在继承中发展。胡锦涛同志在十六届四中全会上提出，反腐倡廉要坚持标本兼治、综合治理、惩防并举、注重预防的方针，抓紧建立健全与社会主义市场经济体制相适应的教育、制度、监督并重的惩治和预防腐败体系，把预防腐败摆到更加重要的位置。

---

* 这是吴官正同志在广东省考察结束时的讲话。

当前，我国还处于体制转轨、结构调整和社会变革的历史时期，违纪违法现象在一些领域仍然易发多发。2004 年，各级纪检监察机关立案 16.7 万多件，给予党纪政纪处分 17.1 万多人。其中，经济类案件占相当大的比例。其他还有违反政治纪律和组织人事纪律、失职等案件。这些案件的发生，原因是多方面的，但与改革不到位、体制不完善、制度不健全有很大关系。我们必须坚持社会主义市场经济改革方向，把反腐倡廉寓于改革和体制创新之中，在重点领域和关键环节取得新的突破，形成有效防范腐败的机制。

一、更大程度地发挥市场配置资源的基础性作用，逐步减少滋生腐败的土壤。近年来，有些领导干部滥用行政权力干预微观经济活动，不仅诱发腐败，也影响当地的经济发展。有个县违规审批矿山开采权，导致官商勾结、私挖滥采，甚至引发了严重的社会问题。去年，该县全部收回违规审批的采矿权，进行公开拍卖，所得收入是该县前一年地方财政收入的 12 倍，与此相关的腐败现象明显减少。这说明，发展社会主义市场经济要解决的体制机制问题，有些方面也是预防腐败要解决的深层次问题。

要逐步完善社会主义市场经济体制，在加强和改善宏观调控的同时，充分发挥市场配置资源的基础性作用。改革和完善决策机制，提高决策透明度，防止因滥用权力滋生腐败。认真贯彻行政许可法，继续削减不必要的行政审批项目，规范审批行为，减少审批环节，凡是能够通过市场机制解决的，就尽量用市场机制的办法解决。深化投资体制改革，加强对政府投资项目的监督。要进一步完善建设工程招投标、经营性土地使用权出让、产权交易和政府采购等制度，健全相关要素市场。广东从 1997 年开始改革行政审批制度，共削减了 1800 多项，使审批项目减少了 60％。广州、深圳发展有形建筑市场、土地交易市场、产权交易市场，利用市场手段配置资源，使这些领域的腐败案件大为减少。

二、规范和维护市场秩序，为经济社会发展创造良好的环境。市场秩序不规范，不仅影响国民经济健康发展，还容易诱发官商勾结、权钱交易等腐败问题。前几年潮阳、普宁发生特大骗税案，有 1000 多家企业骗取出口退税，一些领导干部参与其中，谋取非法利益。你们配合中央专案组严肃查处了这个案件，使这些地方的经济秩序和党风政风有了明显好转。要督促有关部门加强对市场活动的监督和管理，严厉打击商业欺诈、走私贩私、偷税骗税等违法行为。规范行业组织和中介机构，解决虚假评估等问题。推动社会信用体系建设，加强信用监督。最高人民检察院与建设部、交通部等部委联合开展行贿犯罪档案查询试点工作，限制或取消“黑名单”上的建筑商承揽工程的资格，在信用监督方面进行了有益的探索。要从人民群众关心的问题入手，抓好保证食品药品安全、打击制售假冒伪劣产品等专项整治工作，坚决查处环境违法案件，规范城镇房屋拆迁行为，加强对拆迁补偿资金的监管，切实维护人民群众的利益。凡是肆意侵害群众切身利益的，都是缺德可恶的人，务必依纪依法严肃查处。

三、健全与社会主义市场经济发展相适应的从政准则，规范领导干部的行为。从这些年查处的案件看，一些领导干部利用职权从事营利性活动的问题比较突出。有的纵容配偶子女经商谋取非法利益，有的在企业入干股分红，还有的搞“期权”，在职时利用职权为某些企业谋取不正当利益，离职后再到那里高薪任职。去年查处的一些腐败分子，都有利用职权为配偶、子女要工程、要项目的问题，不仅严重违反了党的纪律，也破坏了公开、平等、竞争的市场经济原则。

我们要适应社会主义市场经济的发展，严格执行和逐步完善党政干部从政道德准则，关口前移，防范在先。这些年，中央先后制定了领导干部廉洁从政若干规定，后来概括为“四大纪律八项要求”，去年中央又提出了领导干部“五个不准”的规定。中央和国家机关各部门结合业务特点，也分别对本系统的领导干部及其配偶子女个人经商办企业活动制定了具体规定。例如，司法部门的领导干部配偶子女不准在其所辖地区开办律师事务所；公安部门的不准从事歌厅、舞厅、夜总会等经营性活动；国土资源管理部门的不准从事房地产开发、土地开发等交易活动，都具有很强的针对性。这些规定，既是对领导干部的严格要求，也是关心爱护，一定要严格执行。同时，还要针对党风政风方面出现的新情况新问题，完善从政准则，规范领导干部的行为。

四、加强行政效能建设，提供高效便捷优质的服务。发展社会主义市场经济，要求我们必须转变观念和作风，树立公共服务意识，切实为市场、为企业提供高效、便捷、优质的服务。当前，有的机关和部门服务意识不强，办事效率不高，甚至推诿扯皮、吃拿卡要。这不仅损害了党和政府的形象，也破坏了经济社会发展环境。要针对这些问题，开展效能建设，促进勤政高效。推行电子政务，采用“一站式”服务等方式，不断提高行政管理和公共服务的水平。要进一步推进政务公开，建立健全社会公示、社会听证、信息披露等制度，增强工作的透明度。这些工作做好了，有利于提高行政效率，也有利于群众监督，促进廉政建设。

五、健全和完善相关制度，加强国有企业党风建设和反腐倡廉工作。国有企业是国民经济的支柱，促进国有资产保值增值是国有企业反腐倡廉的重要目标。从近年来查处的案件看，有些国有企业领导人员失职渎职、贪污受贿、挪用公款，尤其是少数领导人员借企业重组改制、产权变更之机，侵吞国有资产。有的同资产评估机构和不法商人相勾结，压价出售国有资产；有的暗箱操作，自卖自买，低价收购国有产权。有个电厂的管理人员，采取信息不公开等方式，勾结资产评估机构，将价值 1.2 亿元的盈利企业，以 1500 万元低估贱卖。该案件的有关人员已受到严肃处理。国有企业产权转让要严格执行国家法律和政策，按规定进入市场，防止国有资产流失。要完善以职工代表大会制度为基本形式的企业民主管理制度，大力推行厂务公开。

六、依纪依法查办案件，加强反腐败国际合作。要坚持从严治党，继续保持遏制腐败的强劲势头，对滥用权力、谋取非法利益的严重违纪违法案件，务必依纪依法严肃查处，绝不手软。加大对违纪违法分子的经济处罚和赃款赃物的追缴力度，把经济损失降低到最小程度。要坚持惩前毖后、治病救人的原则，正确把握政策，该严则严，该宽则宽，宽严相济，既严厉打击腐败分子，又立足于教育和挽救干部。我们开展巡视工作，加强对领导干部特别是主要负责人的监督，目的也是使领导干部少犯错误或不犯错误。要注意发挥查办案件在治本方面的作用，帮助发案地区和部门总结教训，促进预防腐败机制的建立和完善。

在经济全球化和加入 WTO 的背景下，我国对外交往增多，联系渠道更加畅通。近年来，通过开展反腐败国际合作，我们成功地将一些外逃的重大案犯缉拿归案，并追回了部分赃款。在这方面，你们做了大量的工作。我们要进一步加强与其他国家和国际组织协作配合，建立健全执法合作、司法协助、人员遣返、涉案资金返还等方面的国际合作机制。我国已于 2003 年签署了《联合国反腐败公约》。目前，按照中央的要求，中央纪委牵头，正在组织有关部门就公约涉及的一系列重大问题进行论证。为加大追逃力度，中央反腐败协调小组成立了一个联络办公室，由一位中央纪委常委、监察部副部长任办公室主任，公安部和有关部门参加，开展缉捕境外经济犯罪逃犯的工作。我们要立足社会主义制度和基本国情，注意借鉴国外在市场经济条件下预防腐败的有益做法。

全面履行党章赋予的职责和任务*

（2005 年 6 月 20 日）

在党中央、国务院坚强有力的领导下，各地区各部门围绕加强党的执政能力建设、全面落实科学发展观和构建社会主义和谐社会的要求，认真贯彻落实中央关于反腐倡廉工作部署，严肃党的纪律，加大防治腐败力度，各项工作稳步推进。总的看，党风廉政建设和反腐败工作形势是好的。各级纪检监察机关要进一步加强领导，以求真务实的精神狠抓落实，把各项任务完成好。下面，就纪委全面履行党章赋予的职责和任务，谈几点看法，与大家共同研讨。

一、全面履行党章赋予的职责和任务，保证党的政治纲领和政治目标的实现，是纪检机关的重大使命

全面履行党章赋予的职责和任务，维护和执行党的纪律，是我们党对纪检机关的一贯要求。一大通过的党的纲领规定，党员要“保守秘密”。二大、三大、四大通过的党章，都专门设立了“纪律”一章。1927 年，党的五大选举产生了中央监察委员会，随后修订的《中国共产党第三次修正章程决案》规定，成立监察

---

* 这是吴官正同志在“党的执政能力建设和纪检监察工作专题研讨班”开班式上的专题报告。

委员会的目的是为了“巩固党的一致及权威”。1945 年，党的七大通过的党章专门设立了“党的监察机关”一章，明确规定其任务与职权是“决定或取消对党员的处分，受理党员的控诉”。按照党章要求，加强党的纪律建设，有力地保证了党在民主革命时期的政治纲领和政治路线的胜利实现。执政后，我们党的地位和任务发生了根本变化。1956 年 9 月，党的八大通过的党章在七大党章的基础上，增加了一项任务，即“经常检查和处理党员违反党的章程、党的纪律、共产主义道德和国家法律、法令的案件”。十一届三中全会以后，党中央针对新的历史时期党的建设出现的新情况、新问题，指出“执政党的党风问题是有关党的生死存亡的问题”，必须加强党风党纪建设。1982 年 9 月，十二大通过的党章确立了纪委的双重领导体制，明确规定了三项主要任务和三项经常性工作，即“维护党的章程和其他重要的规章制度，协助党的委员会整顿党风，检查党的路线、方针、政策和决议的执行情况”；“经常对党员进行遵守纪律的教育，作出关于维护党纪的决定；检查和处理党的组织和党员违反党章党纪和国家法律法令的比较重要或复杂的案件，决定或取消对这些案件中的党员的处分；受理党员的控告和申诉”。十六大通过的党章在重申纪委三项主要任务和三项经常性工作的基础上，增加了协助党委“组织协调反腐败工作”的重要职责，补充了“对党员领导干部行使权力进行监督”、“保障党员的权利”两项工作。可见，在革命、建设和改革的不同历史时期，根据党的建设新的实践经验，党章赋予纪检机关的职能不断完善，任务不断丰富，责任不断加重。

党的三代中央领导集体历来强调纪检机关要全面履行党章赋予的职责和任务。早在 50 年代，毛泽东同志指出，中央委员会之所以认为有必要“按照党章成立中央监察委员会”，就是为了“加强党的纪律，加强对各种违法乱纪现象的斗争”，特别是防止“严重危害党的利益的事件重复发生”。改革开放初期，邓小平同志指出，各级纪委的任务“不只是处理案件，更重要的是维护党规党法，切实把我们的党风搞好”。1996 年 1 月，江泽民同志在中央纪委第六次全会上指出，各级纪检监察机关要“进一步履行好党和人民赋予的神圣职责。中纪委首先要把省部级以上领导干部中发生的问题解决好；各省、自治区、直辖市和中央部委纪检监察机关要重点把地（市、州）厅（局）级领导干部中发生的问题解决好”。党的三代领导人都要求纪检机关全面履行党章赋予的职责和任务，就是为了维护党的纪律，加强党内监督，保证党在不同历史时期的政治纲领和政治目标的实现。

以胡锦涛同志为总书记的党中央高度重视党的纪律检查工作。党的十六大召开不久，胡锦涛同志就在中央纪委第二次全会上的重要讲话中明确指出：“党的纪律检查机关的根本职责，是保证党的政治纲领和政治目标的实现。各级纪委要从整体上把握党章赋予的各项职责和任务。一方面，要通过维护党章和其他党内法规，检查党的路线方针政策和决议的执行情况，维护党的团结统一，保证党的政治路线的贯彻执行。另一方面，又要通过协助党的委员会加强党风建设和组织协调反腐败工作，纯洁党的组织和队伍，保证党的队伍坚强有力。”这段重要论述，对十六大党章赋予纪委的职责和任务作了高度概括，充分体现了从严治党的方针和与时俱进的精神，对于推进新世纪新阶段党的纪检工作，提高党的执政能力，具有重要的指导意义。

这些年来，各级纪委在党委的领导下，按照党章赋予的职责和任务，在维护党章和其他党内法规、维护党的团结统一、保证党的队伍坚强有力等方面，发挥了重要作用，积累了宝贵经验。同时，我们也要看到，一些地方、部门和单位的纪检机关在履行党章赋予的职能上还存在着不够全面、不够落实的问题，认识上需要进一步深化，工作上也有一些亟待研究和解决的问题，必须引起足够的重视。

每一个共产党员都要学习党章，党的纪检干部更要学好党章。十六大党章涵盖了党的思想、组织、作风、制度等各方面建设的重要原则和基本要求，是新时期党的建设的纲领。这部党章的条文部分共 11 章 53 条，分别对党员的义务和权利、党的组织制度、党的各级组织、党的干部、党的纪律等作出了规定。其中，第七章和第八章是专门讲党的纪律和党的纪律检查机关的。这是纪委全面履行职能的根本依据，我们一定要认真研读。胡锦涛同志提出的“两个方面”，是从“三项主要任务”和“五项经常性工作”中概括出来的，有助于我们从整体上去理解和把握。这两个方面相辅相成，都很重要，我们要全面加以落实。

二、坚持惩防并举，注重预防，努力使党员干部少犯或不犯错误

党的十六届四中全会强调，要坚持标本兼治、综合治理、惩防并举、注重预防的方针，抓紧建立健全与社会主义市场经济体制相适应的教育、制度、监督并重的惩治和预防腐败体系。为此，党中央颁布了《实施纲要》。这是当前和今后一个时期深入开展党风廉政建设和反腐败工作的指导性文件。纪委协助党委落实《实施纲要》的过程，就是全面履行党章赋予的职责和任务的过程。落实《实施纲要》的目的，就是为了有效预防党内各种不良作风和腐败现象的发生，使党员干部特别是领导干部自觉遵守党的纪律，做到少犯错误或不犯错误。

江泽民同志十分重视反腐倡廉工作，对预防腐败问题作过一系列精辟论述。是否可以概括为以下几个方面，请同志们研究。

——坚决反对和防止腐败，是全党一项重大的政治任务。

他指出，对极少数腐败分子必须严厉惩处。对绝大多数党员和干部主要立足于教育，着眼于防范。这如同一个人为了保持健康，必须加强锻炼，预防病菌侵入肌体一样。预防工作做好了，就可以不得病或减少疾病。

——反腐倡廉，既要治标，更要治本。他指出，惩治腐败，要作为一个系统工程来抓，标本兼治，综合治理，持之以恒。标本兼治关键是治本。要从标本兼治、更多地注重治标转向标本兼治、以治本为主的工作思路上来，从源头上预防和解决腐败问题。

——从思想上筑牢反腐倡廉、拒腐防变的堤防。他指出，在长期执政的条件下，在对外开放和发展社会主义市场经济的环境中，党必须十分注重防范各种腐朽思想的侵蚀。对领导干部来说，最根本的就是要牢固树立马克思主义的世界观、人生观、价值观，牢固树立正确的权力观、地位观、利益观，经得起权力、地位、金钱、美色的考验。发现干部有了缺点、毛病，要及时指出，把问题消除在萌芽状态。

——依靠发展民主、健全法制来预防和治理腐败现象。他指出，要加强社会主义民主政治建设和法制建设，使人民群众在民主选举、民主决策、民主管理、民主监督中发挥更加积极的作用；及时发现、研究带有倾向性的问题，进一步完善党员领导干部在社会主义市场经济条件下廉洁从政的行为规范；加强反腐败方面的立法，保证法律法规的贯彻执行。反腐倡廉工作要逐步实现制度化、法制化。

——加强对领导干部特别是主要领导干部的监督，保证权力依法正确行使。他指出，对领导干部的管理，要从事后查处为主转向事前监督为主，将监督的关口前移。各级领导干部特别是主要领导干部，必须带头执行民主集中制，自觉接受上级组织、班子成员和人民群众的监督。要把党内监督、法律监督和群众监督结合起来，并发挥舆论监督的作用。

——通过体制创新逐步铲除腐败现象产生的土壤和条件。他指出，要着重抓住那些容易产生腐败现象的环节来推进体制创新工作，特别要搞好人事、财政、分配等方面的制度改革。改革也要实事求是，一切措施都要根据实际情况来决定，最终以社会效果来检验。

——将预防腐败现象寓于各项重要政策和措施之中。他指出，要坚持服从和服务于经济建设这个中心，把反腐倡廉同改革开放和经济建设重大措施的实施紧密结合起来。制定经济、社会、文化发展的政策，出台重大的改革措施，都要对是否有利于反腐倡廉进行论证，做到存利去弊，完善决策，未雨绸缪，预防在先。

——坚持和完善反腐败领导体制和工作机制，促进反腐倡廉各项工作的协调发展。他指出，要坚持和完善党委统一领导、党政齐抓共管、纪委组织协调、部门各负其责、依靠群众支持和参与的反腐败领导体制和工作机制。认真落实党风廉政建设责任制，努力形成各部门一起动手，各领域协调行动，各种手段配合运用，全方位、多方面从源头上预防和治理腐败现象的局面。

江泽民同志关于注重预防腐败的重要论述，体现了社会主义市场经济条件下反腐倡廉的特点和规律，是对毛泽东反腐败思想和邓小平反腐败理论的丰富发展，是“三个代表”重要思想的组成部分。纪检机关在开展保持共产党员先进性教育活动中，要把学习江泽民反腐倡廉理论特别是注重预防腐败的思想作为重要内容，并结合实际认真贯彻落实。

十六大以后，胡锦涛同志先后三次在中央纪委全会上发表重要讲话。他指出，坚决惩治腐败是我们党执政能力的重要体现，有效预防腐败更是我们党执政能力的重要标志。进一步加大预防腐败的工作力度，必须继续在加强教育上下功夫，使领导干部自觉拒腐防变，带头廉洁自律；继续在完善制度上下功夫，推进反腐倡廉工作的制度化、法制化，发挥法规制度的规范和保障作用；继续在强化监督上下功夫，保证把人民赋予的权力用来为人民谋利益。以改革统揽预防腐败的各项工作，通过深化改革、创新体制，从源头上预防和解决腐败问题，建成完善的惩治和预防腐败体系。他强调，预防和惩治是反腐倡廉工作相辅相成、相互促进的两个方面。有效预防本身就要求实行严肃惩治，而实行严肃惩治本身又有利于有效预防。胡锦涛同志的重要论述体现了"三个代表"重要思想，体现了落实科学发展观、加强党的执政能力建设、构建社会主义和谐社会的时代要求，是对反腐倡廉理论与实践的继承、发展和深化。

重温江泽民同志的重要论述，学习胡锦涛同志的重要讲话，有助于我们加深对中央在新形势下强调"惩防并举、注重预防"的理解。坚持惩防并举、注重预防，是我们党在改革开放和发展社会主义市场经济条件下，对反腐倡廉规律认识的深化，对党员干部成长规律认识的深化，对党的纪律检查工作规律认识的深化。

从改革发展和反腐败的角度看。当前，我国正处于改革发展的关键时期。改革是经济社会发展的根本动力，也是预防腐败的重要途径。上个世纪 90 年代初，针对体制转换过程中消极腐败现象滋生蔓延的态势，党中央作出加大反腐败斗争力度的重大决策，确立了三项工作格局，侧重遏制，严厉打击，取得了明显成效。社会主义市场经济体制初步建立，依法治国基本方略贯彻实施，为深化改革、加大预防腐败力度提供了更有利的条件。我们要从维护党和国家工作大局、提高党的执政能力的政治高度，坚持以经济建设为中心，在坚决惩治腐败的同时，加大预防腐败的力度，以改革统揽预防腐败的各项工作，使提出的要求和措施符合实际，切实可行。同时，要加强对政治纪律执行情况的监督检查，保证党中央各项重大改革发展的措施落到实处，不断减少滋生腐败的土壤和条件。

从党员干部成长的角度看。一名干部特别是领导干部的成长很不容易，既离不开自身的思想修养和实践磨炼，也离不开组织的严格要求和关心爱护。领导干部在改革开放中面临各种诱惑和考验，如果头脑不清醒，立场不坚定，很容易犯错误。党组织发现错误苗头，就要及时打招呼。这是对干部的关心和爱护，也是对党的事业负责。许多案例都说明，领导干部犯错误有一个逐步演变的过程。预防在先，关口前移，可以使我们的干部少犯错误。对犯错误的干部，要坚持惩前毖后、治病救人，对人的处理要慎重。有些同志过去一贯表现好，但后来对自己要求不严犯了错误，党组织也是惋惜和痛心的。这些同志认识到自己的错误，愿意痛改前非，应给予改正错误的机会，改了就好。党的事业是一项伟大的事业，总是团结的人愈多，愈有利于事业的兴旺发达。

从纪检工作的角度看。纪检机关是党内监督的专门机关。对绝大多数党员干部，主要是立足于教育，着眼于防范。据统计，每年被开除党籍和移送司法机关的有几千人，占党员总数的万分之一左右。腐败分子是极少数，但影响很坏，要发现一个查处一个，绝不姑息，绝不手软。在我们党内，绝大多数党员干部是好的。惩处极少数腐败分子，也是为了教育大多数。所以，纪检机关一定要正确处理惩处和预防的关系，既要坚决查处严重违纪违法案件，维护党的纪律的严肃性，又要着眼于预防各种不良作风和腐败现象的发生，保持党的组织的纯洁性。提高了这个本领，有利于全面履行党章赋予的职责和任务，更好地发挥纪委的职能作用。

三、加强监督检查，严明党的纪律，保证党的路线方针政策和决议的贯彻执行

十六大以来，党中央、国务院在经济、政治、文化和党的建设

方面，作出了一系列事关全局的重大决策和部署。纪律是执行党的路线方针政策的保证。各级纪委一定要在党委的领导下，严格执行和维护党的纪律，履行好监督检查职责，保证中央政令畅通。

围绕落实科学发展观和构建社会主义和谐社会加强监督检查。坚持以人为本，树立和落实科学发展观，促进经济社会全面协调可持续发展，保障全体社会成员共享改革发展成果，与纪检监察机关的工作密切相关。近年来，各级纪检监察机关把解决损害群众利益的突出问题作为重点，加大了监督检查力度。特别是会同有关部门对土地征用、城镇房屋拆迁、企业重组改制中损害群众利益，以及拖欠农民工工资进行专项治理，查处了一批违纪违规案件。目前，全国征用农民集体所有土地拖欠的补偿费、拖欠农民工工资、拖欠下岗职工生活费和安置费等问题，得到妥善处理。城镇房屋拆迁规模得到有效控制，拆迁补偿和安置不落实的问题基本解决。这些工作，对促进人民群众安居乐业、维护社会稳定，起到了很好的作用。要继续落实中央纪委第五次全会和国务院第三次廉政工作会议部署的各项工作，尤其要会同有关部门解决制售假冒伪劣食品药品、企业违法排污和上学看病等方面群众反映的突出问题。要督促各级领导干部牢固树立正确的政绩观，不搞脱离实际、劳民伤财的“形象工程”、“政绩工程”，不搞低水平重复建设。要针对经济社会发展中遇到的困难和问题，把监督检查同优化经济发展环境紧密结合，维护中央宏观调控政策的统一性、权威性和有效性。现在，全国大多数农村家庭有人进城务工，总数超过 1.2 亿人。他们为城市建设和发展作出了很大贡献，要通过加强对中央有关政策措施落实情况的监督检查，维护他们的合法权益。要深入矛盾和问题较多的地方调查研究，尽可能及时合理地解决群众反映的问题，维护公平正义，促进党群干群以及社会各方面关系的和谐。

围绕落实改革的重大举措加强监督检查。我国改革已经进入攻坚阶段。要按照中央的要求，加大改革力度，力争在一些重点领域和关键环节取得新的突破。各地区各部门深入推进干部人事制度、司法体制、行政审批制度、财政管理体制、投资体制改革。一些地方和部门建立健全有形建筑、土地交易、产权交易等要素市场，发挥市场配置资源的基础性作用；试行限制或取消“黑名单”上建筑商承揽工程资格的制度，加快社会诚信体系建设等，效果是好的。改革越深入，纪检监察机关越要发挥组织协调作用，越要加强监督检查。我们要结合贯彻落实《实施纲要》，督促有关部门抓好职责范围内的改革，建立健全有利于从源头上预防腐败的体制机制。要用发展的眼光看待和分析问题，妥善协调各种利益关系，充分调动一切积极因素。注意把改革中出现的失误与严重违纪违法区分开来，既要查处严重妨碍和破坏改革的行为，又要支持广大党员干部大胆创新，为改革创造良好的环境。

围绕解决党风方面的突出问题加强监督检查。搞好党风是预防腐败的有效措施。党风正，党的路线方针政策就能顺利贯彻落实。去年下半年以来，我们明确提出要重点解决领导干部收钱送钱、“跑官要官”、纵容支持配偶子女非法谋利、利用婚丧嫁娶等事宜收钱敛财、参加赌博等突出问题，已经取得一定成效。比如，由于狠刹赌博之风，周边国家的一些赌场已经关闭或停业，但也要防止反弹。党风方面的问题，往往与党员干部的思想道德、价值观念和社会风气等多方面因素有关。我们要加强对党员干部的理想信念和权力观教育，提高拒腐防变和抵御风险的能力；大力推进廉政文化建设，营造崇尚廉洁、扶正祛邪的社会风尚。要落实党风廉政建设责任制。那些措施不力甚至不抓不管，导致严重不正之风长期得不到治理的地区和单位，党委有责任，纪委也有责任。我们一定要按照党章的规定，协助党委搞好党风。纪委的案件检查室除了办案外，还要积极履行教育、监督等职责，协助抓好联系地区和部门的党风建设。

四、认真做好党章规定的五项经常性工作

（一）对党员进行遵守纪律的教育，作出关于维护党纪的决定。党的纪律是维护党的团结统一的重要保证。在遵守党的纪律方面，绝大多数党员是好的。但是，也有一些党员干部纪律观念淡薄，甚至违法乱纪。各级纪委要认真履行职责，加强对党员干部遵守"四大纪律、八项要求"的教育。要加强政治纪律教育，保持全党在指导思想、路线方针政策和重大原则问题上高度一致，坚决维护以胡锦涛同志为总书记的党中央的权威。要加强组织纪律教育，坚持民主集中制，防止在重大决策、重要干部任免、重大项目安排和大额度资金使用上个人或少数人说了算。要加强经济工作纪律教育，防止领导干部滥用职权干预微观经济活动，谋取不正当利益。要加强群众工作纪律教育，坚决反对形式主义和官僚主义。凡是涉及群众切身利益的事情，能公开的都要公开，听取群众的意见，接受群众的监督。同时，要加强党内法规制度建设，及时制定、调整和充实反腐倡廉的党内法规，更好地用制度约束党员干部的从政行为。

（二）对党员领导干部行使权力进行监督。权力失去监督，就很容易导致腐败。从我们查处的案件看，一些腐败分子的腐化堕落，主要是他们思想蜕化变质，但也有一个需要加强有效监督的问题。要认真贯彻执行党内监督条例，实行自上而下的监督与自下而上以及同级领导班子内部监督相结合。要通过建立和完善巡视制度，加强对党政领导班子及其成员的监督；通过对派驻纪检机构实行统一管理，加强对驻在部门领导班子及其成员的监督。要加强对执行民主集中制情况的监督检查，完善民

主生活会制度，发挥领导班子内部相互监督的作用，健全纪委负责人同下级党政主要负责人谈话制度。各级领导干部要增强公仆意识，正确对待监督，自觉接受监督，切实做到权为民所用，情为民所系，利为民所谋。

（三）检查和处理党的组织和党员违反党的章程和其他党内法规的比较重要或复杂的案件，决定或取消对这些案件中的党员的处分。严肃查办违纪案件，是党章赋予各级纪检机关的重要职能，也是抓好党风建设的重要手段。各级纪委查办案件一定要实事求是，不下指标，有多少就查多少，绝不能凑数。查清了问题是成绩，没有问题澄清了事实也是成绩。近年来，各地办案数量有的年份上升，有的年份下降，这是正常的。随着社会主义市场经济体制的完善，随着惩治和预防腐败措施的加强，腐败案件应该会逐步减少的。要认真贯彻执行《关于纪检监察机关严格依纪依法办案的意见》。使用组织审查措施，总的原则，一是要用，二是慎用。对确需使用的，必须按规定从严报批，出了问题要严格追究责任。对违犯党纪的党员，要按照错误性质和情节轻重，区别对待。对严重违犯党的纪律甚至触犯国家法律、人民群众痛恨的，必须依纪依法严肃处理。对犯一般错误的党员，能够教育挽救的要尽量教育挽救。近年来，各地对一些群众反映强烈但一时难以完全查清的问题，采取免职、调离等措施进行组织处理，效果是好的。我们要加强与有关部门的沟通，建立健全组织处理的工作机制，多采取一些组织处理措施。

（四）受理党员的控告和申诉。从党的七大开始，党章就明确规定党的监察机关要受理党员的控告和申诉。十二大以后的党章，都把它作为纪委的一项经常性工作。这些年来，这方面的工作得到了加强和改进。对违犯纪律的党组织和党员进行检举、控告，是党章赋予党员的一项重要权利。我们要做好信访举报工作，既要注意从中发现案件线索，又要鉴别分析，防止诬告、错告。提倡实名举报,对打击报复举报人的,要严肃查处。各级纪委要认真受理有关侵犯党员权利的检举和控告,及时解决他们提出的问题;要畅通渠道,使基层党组织和基层党员的意见、建议能够及时地反映到上级党组织。党员对于处分处理不服的,有权向党组织提出申诉。我们要实事求是,依纪依法办理申诉案件和申诉信件,切实保障被处分党员的权利。对那些处理正确、维持原处分决定不变的,要耐心宣讲法规政策,做好解释说服工作;对变更和撤销原处分决定的,积极协调有关部门,稳妥地做好善后处理工作;对无理纠缠的,要加强教育,严肃批评。

(五)保障党员的权利。十六大党章把"保障党员权利"作为纪委一项经常性工作,是发展党内民主的重要措施。我们一定要充分认识做好这项工作的重大意义。党章对党员权利的规定,主要包括三个方面内容:一是参与党内日常活动的权利,如参加党的会议、阅读党内文件、参加党的政策问题的讨论、对党的工作提出建议和倡议等。二是对党组织和其他党员进行监督的权利,可以批评和揭发检举违纪违法事实、要求处分违纪违法党员、要求罢免或撤换不称职的干部等。三是维护自身政治权益,如行使表决权、选举权和被选举权等。去年,中央颁布了经过修订的《中国共产党党员权利保障条例》,进一步完善了这些权利的保障措施。各级纪委要贯彻执行好这个条例,对党的领导干部和下级党组织履行党员权利保障职责的情况进行监督检查,认真检查和处理侵犯党员权利的案件,维护和保障党章赋予党员的权利。

扁鹊三兄弟故事的启示*

（2005年8月5日）

我看到有位同志在《中国纪检监察报》上发表的文章，引述了《鹖冠子》一书中的故事：魏文王问名医扁鹊，你们家兄弟三人，到底哪一位医术最好呢？扁鹊回答，大哥最好，二哥次之，我最差。文王再问，那为什么你最出名呢？扁鹊说，我大哥治病，是治病于未发之前。一般人不知道他事先能铲除病因，所以他的名气无法传出去。我二哥治病，是治病于初起之时。一般人以为他只能治轻微的小病，所以他的名气只传于乡里。而我治病，是在病情严重之时，所以大家认为我的医术高明。这个故事说明扁鹊很谦虚，讲的是实话，也启发我们理解"良医治未病"的道理。反腐倡廉工作一定要加大预防力度，像扁鹊的大哥那样，治病于未发之前。发现同志有问题，要像扁鹊的二哥那样，治病于初起之时，与人为善，早打招呼，改了就好。对腐败分子，要像扁鹊那样，动手术，下猛药，务必严肃查处，坚决清除出党员队伍。要加强对干部的权力观教育，警惕权、钱、色的交易。要以改革的精神，加强体制机制制度创新，已定的制度，务必严格执行。要加强从决策到执行等各个环节的监督，保证人民赋予的权力用来为人民谋利益。要发扬党内民主，保障党员正确行使民主权利，逐步推行党务公开。制定规章制度要注意切实可行。有些同志出于好心，为反腐倡廉想了许多办法，有的可行，有的

---

* 这是吴官正同志在纪检监察干部培训班上讲话的一部分。

未必可行。比如登记包二奶、婚外情,傻子才会填这样的表。又比如对廉政账户议论颇多,不违反规定收钱不是更好吗?再比如将干部的父母、岳父母的生日登记在册,由专人负责,强制干部休假为父母过生日尽孝,这种做法不妥当。这类例子还有一些,我就不再列举了。制定规章制度要深入调查研究,重大问题要提请党委决定,因为党委是管全局的,站得高看得远。制定规章制度要把握适度。我们自己都难以做到的,不要作为纪律去要求别人。否则难以落实,还会给党组织添麻烦。比如,领导干部要严格要求家属和身边人员,不得纵容、包庇、支持他们利用其影响谋取私利,这是应该做到的。但如果要求领导干部管好亲属和身边人员,说说可以,作为纪律执行就很难做到。要认真贯彻执行党内监督条例和纪律处分条例,切实加强和改进巡视工作,省(区、市)派出巡视组的工作范围要逐步延伸到县(区、市、旗)一级,加强对县级领导班子特别是主要负责人的监督。全国有 2800 多个县(区、市、旗),贯彻中央精神,抓好基层党风建设,纠正不正之风,都离不开这一级组织。如果县委书记、县长出问题,影响很坏。省(区、市)委和组织部门重视配备德才兼备、形象好的人当这一级党政"一把手",非常重要,我非常赞成。

加强对反腐倡廉前瞻性、系统性、战略性问题的研究*

（2005年12月26日）

中央纪委盖办公楼，我建议搞个“徽”，画两把剑，一个盾，意思是扶正祛邪，惩恶扬善，也就是惩防并举，注重预防。你们到过佛教寺庙没有？四大金刚手上拿的就是风调雨顺。风调雨顺既是人民的良好愿望，也是党中央的希望；既是对自然界讲的，也是对人类社会讲的。风调雨顺就要发展，不发展就不能风调雨顺。弥勒佛两边有副对联：“大肚能容容天下难容之事，笑口常开笑天下可笑之人。”我们国家这么大，一是要讲团结，二是要有肚量。我们在一起共事都要注意团结，团结很重要。肚量要大，除了搞腐败、搞违法乱纪的事，我们都要能容得下。弥勒佛后面是韦陀，上面写着“扶正祛邪”。韦陀就是纪委书记、公安厅长。韦陀的眼睛盯着释迦牟尼，起保卫的作用。我们纪委希望风调雨顺，要讲团结，要扶正祛邪。扶正祛邪是为了人民的团结，为了国家的发展。对违法乱纪的要坚决查处，触犯法律的还要移交司法机关。纪委要保卫我们党不受攻击，要保卫人民不受欺诈。你们注意了没有，如来佛还有两个弟子，一个记忆好，一个文字能力强。如来佛去世以后，记忆好的把他的话讲出来，文字能力强的把他的话整理成文字。这些年在夏赞忠、吴玉良同志领导下，你们做了许多创造性的工作，很多我不知道，你们

---

* 这是吴官正同志在中央纪委研究室全体干部会议上的讲话要点。

是无名英雄。新的一年里,研究室要做的事情很多。

第一,要加强前瞻性、系统性和战略性问题研究,把“标本兼治、综合治理、惩防并举、注重预防”的方针落实好。纪委工作既要注重惩处,又要注重预防。当然,惩处本身也是预防。我们要预防腐败,使干部不犯错误或少犯错误。既要坚决纠正不正之风,又要注意研究解决苗头性、倾向性问题,防止成风。抓教育、制度、监督,都要体现预防;加强前瞻性,关键也是预防。否则,对腐败现象就会查不胜查,对歪风纠不胜纠。

第二,要研究怎样对党员干部有效地进行教育。最近,你们报来的材料很好,里面有一个重要观点:廉政状况与国家政体没有必然联系。一些外国人攻击我们不搞三权分立,是制度性的腐败,这是别有用心的。有的地区也没有实行三权分立,但是它在透明国际的清廉指数却在亚洲排前面。可见,腐败问题与政体没有必然关系。要多找点这方面的材料,写点东西。把道理向广大党员干部讲清楚,还是要靠教育。

第三,要加强制度建设,拓展反腐败领域。我们过去多年反腐败主要在政治领域开展,主要针对的是党员领导干部。在这个领域,就是让领导干部树立正确的权力观。任何一个国家、任何一个朝代,有权的人无论是做好事还是做坏事,都要通过权力。我们的权力是人民给予的,一定要做到“为民、务实、清廉”。在经济领域,所有的活动都是围绕着利益进行的,因此,在这个领域搞好反腐倡廉,就是要树立正确的利益观。我国实行改革开放,从计划经济转变到市场经济,整个社会有了很大的发展,但也出现了一些问题,人们的思想活跃起来。没有正确的利益观,就会搞商业贿赂,就会有医院收红包、学校乱收费,就会有人制造假冒伪劣产品。落实正确的利益观,包括两个方面:一个是要尊重市场规则,大量的是治理不正当的商业行为;另一个是惩处商业贿赂。权力观也是这样,有的要靠廉洁自律,有的要靠查处。文化领域,就是要树立正确的道德观。要遵纪守法、公平正义、诚信友爱、勤政清廉。人有了这样的道德观,就不会做坏事。

制定制度要行得通、做得到*

（2005 年 12 月 31 日）

在工作中要坚持实事求是，对问题要辩证地分析。如果我们的规定和要求不实事求是，在实际工作中就很难执行下去。过去我们要求，领导干部要管好亲属和身边工作人员，现在改成要严格要求家属和身边工作人员，这比较实事求是。从严治党不是规定得越严越好，也不是处分得越重越好。从严治党，就是对干部要严格管理，制定科学的规定加以制约。在社会主义市场经济条件下，我们制定的规定首先自己要能做到。比如，起草制止公款旅游的文件，有些部门提出了一些意见。我要求全部采纳，为什么呢？因为人家的意见是有道理的。人都是有欲望的。比如，同志们你们不想被提拔啊？想提拔没有错呀！想一下是可以的，但不能太计较。要努力工作，一切听从组织上的安排。同志们都想吃得好一点、穿得好一点，女同志都希望穿得漂亮一点，这有什么奇怪的呢！哪个人不希望有个好房子住，面积大一点？房子很小，父母跟你住在一起，让他们住床底下，那才叫艰苦奋斗？不是的。因此，分析和研究问题一定要实事求是，制定规定特别要慎重，要科学合理，切合实际。不要太严也不要太松，太严执行不了，太松又没有意义。有了规定，就要严格执行。但也不要完全拿一个模子去套，国家太大了，各地发展也很

---

* 这是吴官正同志到中央纪委监察部机关西院检查指导工作时讲话的一部分。

不平衡,情况千差万别,要把握好政策,区别对待。明年我们要加强对新情况、新问题的研究,提高工作的前瞻性、预见性。有些问题要事先采取措施,不要等事发后再去追究。

进一步改进和规范党内审查措施*

（2006 年 1 月 6 日）

对使用党内审查措施问题中央已经发了文件，作出了明确规定。一是要完善查办案件协调机制。县（市）以上（含县市）党委要健全反腐败协调小组，组织部门主要负责同志应为反腐败协调小组成员。中央已经决定，中央政治局委员、书记处书记、中组部长贺国强同志担任中央反腐败指导小组副组长。二是要从严使用党内审查措施。该措施仅适用于与查办重要或复杂案件有关的涉嫌严重违纪的党员，不是查办案件的必经程序。文件对该措施的使用条件、权限和审批程序、期限等都作出了明确规定。文件还明确规定，在使用该措施期间，要认真遵守严禁逼供信、严禁侮辱人格等办案纪律，严防安全事故发生，认真受理被审查人员提出的申诉等，切实保障被审查人员的合法权利。三是要对该措施使用的全过程实行监督，加强对办案人员、陪护人员的教育、管理和监督。

中央文件规定十分具体、明确，纪检监察机关务必严格执行。要加强对使用党内审查措施的管理和监督，特别要坚决杜绝办案中的违纪违法问题和坚决防止自杀、自残、逃跑等意外事故发生。纪检监察机关主要领导要对本机关使用党内审查措施情况负总责。要切实加强对这个文件执行情况的督促

---

* 这是吴官正同志在中央纪委第六次全体会议结束时讲话的一部分。

检查，定期了解贯彻落实情况，保证中央的规定不折不扣得到执行。

对领导干部亲属应一视同仁，不得特殊*

（2006 年 1 月 24 日）

刚才，我得知一亲戚太不像话，很是气愤。万望同志们坚持原则，对任何人，包括我的父亲、亲戚、家乡人等，都不得照顾，如有人违纪，坚决执行纪律；如有人犯法，坚决依法惩处。

我坚决支持同志们大胆治理，大胆工作，对领导干部及其亲属应一视同仁，不得特殊，不要迁就，不应照顾，否则难正党风，败坏民风。

有的人狗仗人势，如不严加管教，乡无宁日。

希望同志们刚正不阿，对事不对人，该怎么办就怎么办，不要有顾虑。

此信可口头传达到有关领导，还可以抄一份贴在镇党委，请坚决执行。

春节好！

---

* 这是吴官正同志致时任江西省余干县委书记陈智祥、县长陈建辉及乌泥镇党委书记张伯涛的信。

要注意改进文风*

（2006 年 2 月 2 日）

上午在杨柳青博物馆看了刘青山、张子善案件的陈列展后，我写了几个字："靡不有初，鲜克有终。"这句话出自《诗经·大雅》，字不多，但很精辟。刘青山、张子善从小参加革命，出生入死，曾经是很好的干部，但后来走上了犯罪的道路。很多犯错误的干部，一开始都不错，但没有做到善始善终。

讲话要短，该讲的讲，不该讲的不要讲。不一定都在大标题下罗列小标题。春节期间我读了几本书，感到文章的好坏不在长短。许多名著都是由好的短篇组成的，如司马迁的《史记》、司马光的《资治通鉴》，里面许多文章都是很短、很有条理的。毛主席的文章大多不长，"老三篇"都很短，写得多好啊！我离开武汉时，讲了两分钟；离开江西时，讲了约 700 字。有权有势的时候，别人也会为你的讲话鼓掌，有真心的，也有不真心的。有些话他们听了，表面上吹捧一番，实际上是讥讽。一定要头脑清醒。

现在文牍主义确实比较严重。开会许多发言都是套话多，还有些是空话、大话、假话，真正有用的话不多。过去人们经常讲"开口三七开，闭口紧跟走"，成了套路。现在不少讲话一般都要讲意义、讲经验、讲指导思想，这都是"秀才"们编的，抄来抄去。其实，领导同志应该主要讲观点，讲要求，讲怎么干。因特

---

* 这是根据吴官正同志考察天津市期间与随行工作人员的谈话整理而成。

网上有些话就非常精彩，一针见血、入木三分。为什么能写得这么好？主要是有真情实感。真心话往往有力量，容易被人记住。我理解，《三国演义》主要讲“忠”，《水浒传》主要讲“义”，《红楼梦》主要讲“情”，《西游记》主要讲“诚”。这恐怕是四大名著比较核心的思想内容，也是其能够广为流传、久看不厌的一个重要因素吧。

我们的党风、文风还要进一步端正。“左”的东西要克服，株连不能搞。连自己都做不到的，就不能要求人家去做。现在的问题是我们有些制度和规定不切实际。比如，要求领导干部管好亲属是很难做到的，硬要这样规定就是搞株连，就是讲大话，因为有些亲属的事他根本管不了，讲严格要求家属是可以做到的。去年我们搞了五条，规定领导干部不得违反规定收钱送钱，跑官要官，包庇、纵容和支持配偶、子女和身边工作人员利用职权谋取不正当利益，利用婚丧嫁娶等事宜收钱敛财，参加赌博等。这些规定干部能做到，也好操作。制定规定自己一定要做得到，自己做不到的就不要搞。

希望你们写东西要尽量少讲或不讲套话、大话、空话，实话、管用的话尽量多说一些。

我们讲话写文章，一是要实事求是；二是要少说套话、空话、大话，尽量写一点为老百姓说的话；三是决不要讲假话。

纪律检查工作也要与时俱进*

（2006 年 2 月 4 日）

要注意学习世界各国的长处。我们这个民族历史悠久灿烂，同时，人们思想上的包袱也重，容易“往后看”。要向世界上一切先进的东西学习，多“往前看”。要实事求是，要有海纳百川的勇气和胸怀。

要加强国际交流，多研究世界发展趋势。中国没有经历发达的资本主义阶段，人们思想上还有不少封建的东西。比如搞“株连”，有个地方曾规定，配偶、子女收人家的钱，视同领导干部本人收钱，这怎么行？国家要开放，政党要开放，我们反腐败也要开放，要扩大国际交流与合作。

历史发展是有规律的，事物发展也是有规律的，是发展变化的。世界上没有一成不变的东西。不知你们看过没有，《共产党宣言》1848 年出版后，多次再版。每次再版，马克思、恩格斯都要写篇序言，共写过七篇。主要是根据情况的变化对《宣言》中的一些地方加以说明、订正或补充，强调宣言基本原理的运用要结合实际情况，随时随地都要以当时历史条件为转移，这就是与时俱进。

不要以为一味地严刑峻法，多杀人就可以治得了腐败。武则天重用酷吏，鼓励告密；朱元璋杀了许多贪官污吏，甚至剥皮

---

* 这是根据吴官正同志考察天津市期间与随行工作人员的谈话整理而成。

实草，还搞东厂、西厂，但最终效果都不好。

我们搞纪律检查工作，一是要实事求是。既要严惩贪官，又不要冤枉好人；既要严肃查处违纪党员，又要尽量教育挽救干部。坚持从严治党，并不是制度规定得越严越好，处理人越重越好。二是要讲究科学。比如，过去我们总是讲严肃查处违纪违法案件。现在把违纪和违法分开，我们是管纪律的，只能讲严肃查处违纪案件，触犯刑律的要及时移送司法机关。这样就比较科学。我们提出标本兼治、综合治理、惩防并举、注重预防的反腐倡廉方针，是符合我国的实际情况，也是符合反腐败自身规律的。三是要更加开放。要借鉴外国的经验，吸收人类社会创造的一切文明成果，反腐败同样要注意借鉴国际上的有益做法。

总之，我们做工作要有战略眼光，有开阔眼界，着眼长远，从长计议。一要考虑社会发展趋势，二要考虑同国际接轨，三要考虑对历史负责。

既要坚决纠正损害群众利益的不正之风　又要重视研究解决苗头性、倾向性问题　防止蔓延成风*

（2006 年 2 月 4 日）

检查实践党的全心全意为人民服务的宗旨、维护群众利益的情况，是各级纪律检查机关的重要职责。我们既要坚决惩治腐败，又要有效预防腐败，既要坚决纠正不正之风，又要重视解决苗头性、倾向性问题。改进干部作风、维护群众利益，是我们党历来十分重视的问题。十五届六中全会强调，要按照"八个坚持、八个反对"的要求，着力解决党风方面的突出问题，进一步密切党同人民群众的血肉联系。应该说，经过多年的努力，我们在这方面已经取得一些成效，有些地区、有些领域的成效还比较明显。

但是，也应当看到，由于我国正处于体制深刻转换、结构深刻调整和社会深刻变革的历史过程中，涉及各方面利益的调整，往往一些老的矛盾和问题还没有得到根本解决，一些新的矛盾和问题又出现了。有些矛盾和问题要通过进一步改革和发展来解决；有些矛盾和问题是由不正之风和腐败现象引发的，要靠加强党风廉政建设、改进干部作风来解决。我们要继续下大力气解决损害群众利益的突出问题，以实实在在的工作成效取信于民。

---

* 这是吴官正同志在天津市考察结束时的讲话摘要。

一、想问题作决策都要立足于实现、维护和发展好最广大人民的根本利益

民生是执政之要。我们党的最大政治优势是密切联系群众，党执政后的最大危险是脱离群众。国外一些长期执政的大党、老党之所以丢掉政权，从根本上讲，就是忽视甚至背离了人民群众的利益，失去了人民群众的支持。我们党之所以能够取得政权，不断巩固执政地位，就是因为我们党始终代表了最广大人民的根本利益，并把它作为制定政策、开展工作的出发点和落脚点，广大人民群众从革命、建设和改革中得到了实实在在的利益。当前，各地搞建设、谋发展的积极性都很高，这就更需要我们既要重视群众长远和整体的利益，又要切实维护群众当前和具体的利益。要全面落实科学发展观，把执政为民的要求体现到每一项政策措施中，把以人为本的理念落实到每一项具体工作上。要正确处理改革发展稳定的关系，把改革的力度、发展的速度和社会可承受的程度统一起来。制定政策、出台措施，要考虑人民群众的承受能力，兼顾社会各阶层、各方面群众的利益，让发展的成果惠及全体人民，维护社会公平和正义，决不能因决策不当而造成社会矛盾，影响和谐社会建设。

二、教育广大党员干部自觉做到为民、务实、清廉

要运用好先进性教育活动中创造的好做法好经验，加强对党员干部特别是领导干部的群众观和权力观教育。使广大党员干部认识到，心里没有群众就是忘本，不关心群众疾苦就是失职，侵害群众利益就是背叛。要把改进干部作风体现到为群众

办实事上，着力解决群众最关心、最直接、最现实的利益问题，同时注意从实际出发，量力而行，把实事办好，把好事办成。工作不要拖拉，办事不要推诿，矛盾不要积累。党员干部要切实增强责任意识、服务意识和效率意识，敢抓敢管，慎终如始，认真做好职责范围内的事情。对群众提出的正当要求，有条件的要认真予以解决；一时难以解决的，也要耐心细致地进行解释和教育，并创造条件积极解决，努力理顺情绪、化解矛盾。

广大基层干部直接与人民群众打交道，他们作风的好坏，关系党和政府的形象，关系党的路线方针政策的落实。我们要十分重视基层工作，关心爱护基层干部，体谅他们的难处，支持他们的工作。同时也要严格要求，促使他们不断改进工作作风。我看过一个材料，反映一些地方少数基层干部铺张浪费、吃拿卡要、侵占公物、贪污挪用公款等问题还比较严重，群众的信访举报仍呈上升趋势。比如，南方有个村的村干部，花集体的 4 万多元钱跑到省城的高级宾馆开村"两委"扩大会。这些问题要引起我们的重视。从到中央纪委上访的情况和各地查处的有关案件看，一些基层干部不严格依法办事、依政策办事，也是造成损害群众利益问题发生的重要原因。要帮助基层的同志增强法制意识和政策观念，促使他们善于运用政策、法律、经济、行政等手段和说服教育、示范引导、协商调解等方法，及时把矛盾解决在基层，最大限度地减少问题的发生。与群众利益密切相关的行业和领域，要增强为社会、为群众服务的意识，提高从业人员自我教育、自我管理、自我约束的自觉性，建立健全行业自律机制，防止和纠正损害群众利益的不正之风。

三、积极依靠人民群众的支持和参与

人民群众对损害自身利益的问题，感受最真切，最有发言权。要充分发挥广大人民群众和社会力量在端正干部作风、纠正不正之风方面的积极作用。这些年来，城乡基层自治组织和社团、行业组织、社会中介组织等，在协调利益、化解矛盾、反映诉求、服务群众方面，发挥了重要作用，也使公民有序的政治参与有了更多实现的渠道。要继续扩大基层民主，进一步深化政务、厂务、村务公开，逐步推进党务公开，切实保障广大党员和群众的知情权、参与权、监督权。认真落实信访条例，积极运用领导下访、网上举报等方法，拓宽群众信访渠道。建立健全社会评价体系，深入推进和规范群众评议政风行风活动。充分听取方方面面的意见，发挥新闻舆论弘扬正气、鞭挞腐恶的积极作用。

四、健全和完善维护群众利益的制度体系

深化改革、创新制度，是从源头上解决损害群众利益问题的根本途径。一些损害群众利益的不正之风之所以屡禁不止，甚至纠而复生，既有教育不扎实、监督不得力的原因，也同制度不健全、改革不到位有很大关系。各地区各部门要按照中央的要求，不断推进政府决策机制、行政审批制度、行政执法责任制等各项改革和制度建设。要善于结合实际，选准改革的突破口，创新各项具体制度。比如，对教育乱收费问题，既要坚决治理，也要注意通过改革收费办法、完善教育投入保障机制来解决；对医药费用虚高问题，既要认真纠正不正当交易行为，坚决查处商业贿赂案件，也要注意通过深化医疗服务体制改革来解决。

解决损害群众利益的突出问题，涉及面广、工作难度大。各级党委、政府要按照中央的要求，高度重视，加强领导，把这项工作列入重要议事日程，注意分析研究情况，协调解决重大问题，对群众反映强烈的突出问题要进行专项整治。有关部门和行业要各司其职，坚持“谁主管、谁负责”和“管行业必须管行风”的原

则，把纠正不正之风与业务工作结合起来，切实抓紧抓好。纪检监察机关要加强监督检查，严格执行纪律。对损害群众利益的突出问题要严肃查处，特别要注意查处可能隐藏在重大事故和群体性事件背后的腐败问题。

务必坚持依纪依法办案*

（2006 年 2 月 15 日）

查办案件是一项政治性、政策性很强的工作，既要讲是非，又要讲利害，使我们所办案件经得起历史检验。一个案件处理的最终效果如何，首先要看有没有严格按照纪律和法律规定办事，是不是取得了良好的法纪效果；要看人民群众的反映，是不是取得了良好的社会效果；要看对党和政府形象的影响，是不是取得了良好的政治效果。要做到这三个效果的统一，不是一件容易的事。我们必须不断提高政治水平和业务能力，运用好政策和策略。要综合考虑调查对象所犯错误性质、危害后果、认错态度等不同情况，本着惩前毖后、治病救人的精神，该严则严，该宽则宽，宽严相济。对严重违反党纪，甚至触犯法律的，必须依纪依法严肃处理；对犯一般错误的党员，能教育挽救的尽量教育挽救，根据党纪处分条例，可重可轻、态度好的，一般可以从轻处理。要加大对赃款赃物的追缴力度，尽量挽回和减少经济损失。要善于运用纪律处分和组织处理两种方式，有的干部确有问题、群众意见很大，但一时难以查清事实，可以建议党委或组织部门进行组织处理，比如停职、免职以及责令辞职、改任非领导职务等。

---

* 这是吴官正同志在中央纪委监察部机关办案工作座谈会上讲话的一部分。

对我的亲属都不得照顾*

（2006 年 2 月 22 日）

余干在省委、省政府和市委、市政府的领导下，同志们依靠全县人民，做了大量卓有成效的工作，听说各方面都取得了很大成绩，我十分高兴。

我信任支持同志们，但决不干预你们的工作。我听说有些事牵涉到我的一些亲戚或远房亲戚，又不得不关注。记得这几年我曾先后给你们写过三封信。一次是听说我的一个亲戚的儿子跟人打架；第二次是听说我的一个亲戚要在黄金埠电厂建设中搞一些土方工程；第三次就是前不久乌泥发生的事。我听了这些事后，都十分震惊、气愤。可否把我写的这三封信找出来，让乌泥镇和乌泥村的干部认真读一读、议一议、想一想，是否有道理？通过这几封信，至少可以看出这么几点：

一、我是认真的。我处在党和国家领导人的位置，考虑的只能是党、国家和人民的利益，决不容忍我的亲属违法乱纪。不管什么人，违纪就要严格执行纪律；违法就要坚决依法惩处，决不能姑息。

二、对亲属要严加管教，不要照顾，不能迁就，这是一个坚持公正、正义、刚直的领导干部应有的素质。对余干特别是乌泥的干部群众，要加强教育，遵纪守法，勤劳致富、守法致富；发展要靠自己，不能“等、靠、要”；要与周边的村和睦相处，共同发展。

---

* 这是吴官正同志致江西省余干县委书记陈建辉的信。

三、相信同志们一定会大胆治理，坚持原则，刚正不阿。

四、这对亲属也是爱护。国法是无情的。如果有人不悬崖勒马，必将碰得头破血流，发展下去，会出现想象不到的可悲后果。

五、当干部的都得想一想，手背手心都是肉。要严格要求自己，严格要求家属，不要关亲顾友，更不能支持、纵容、包庇他们利用自己的影响谋取私利、无理取闹、不受管教，甚至恶语强要、欺诈行凶等。

我想今后不再写这类信了，我的请求和原则，都在这几封信里。相信同志们一定会按照这些精神去做，麻烦了。

要从源头上防治腐败*

（2006年2月22日）

江泽民同志在党的十六大报告中明确指出，要“加强教育，发展民主，健全法制，强化监督，创新体制，把反腐败寓于各项重要政策措施之中，从源头上预防和解决腐败问题”。党的十六大以来，以胡锦涛同志为总书记的党中央，坚持以邓小平理论和“三个代表”重要思想为指导，积极探索新形势下反腐败斗争的特点和规律，提出坚持标本兼治、综合治理、惩防并举、注重预防的方针，建立健全与社会主义市场经济体制相适应的惩治和预防腐败体系。2005年1月，中共中央颁布了《建立健全教育、制度、监督并重的惩治和预防腐败体系实施纲要》，明确了建立健全惩治和预防腐败体系的指导思想、主要目标、工作任务和基本要求。近几年来，胡锦涛同志在中央纪委全会上的每次重要讲话，都强调了从源头上防治腐败的问题。特别是今年1月在中央纪委第六次全会上的重要讲话中，胡锦涛同志明确提出要通过学习贯彻党章，进一步加大防治腐败的力度。强调既要坚决惩治腐败，又要有效预防腐败；既要坚决纠正不正之风，又要重视解决苗头性、倾向性问题。讲话通篇贯穿了从源头上防治腐败的思想，是指导党的建设特别是反腐倡廉工作的纲领性文件。

从源头上防治腐败的工作，涉及政治、经济、文化和社会等

---

* 这是吴官正同志向民主党派通报反腐倡廉工作情况讲稿的一部分，发表于2006年第6期《求是》杂志。

各个方面，是一个互相渗透、互相作用的复杂的系统工程。我们要突出重点，统筹兼顾，整体推进。要在保持查办案件强劲势头的同时，进一步加大预防腐败的力度，努力拓展从源头上防治腐败的领域。在政治领域，按照为民、务实、清廉的要求，树立正确的权力观，强化对权力运行的制约和监督，建立健全防止权力滥用的有效机制；在经济领域，按照透明、公平、诚信的要求，树立正确的利益观，更大程度地发挥市场在资源配置中的基础性作用，建立健全防治商业贿赂等违法犯罪行为的有效机制；在社会文化领域，按照正义、责任、自律的要求，树立正确的道德观，大力加强廉政文化建设，弘扬以廉为荣、以贪为耻的良好风尚，建立健全有利于人民群众积极支持和参与反腐倡廉的有效机制。

坚持反腐倡廉方针，建立健全惩治和预防腐败体系，进一步加大从源头上防治腐败的力度，反映了我们党对反腐倡廉规律认识的不断深化，具有鲜明的时代特征，也是反腐倡廉工作向纵深发展的必然要求。

从经济社会发展的大背景看。我国经济已保持二十多年快速增长，2005 年人均 GDP 达到 1700 美元，正由人均国内生产总值 1000 美元向 3000 美元过渡，工业化、城镇化、市场化、信息化、国际化和经济结构调整加速，是发展机遇期，也是矛盾凸显期。随着我国经济成分、组织形式、就业方式和分配方式的多样化，社会利益关系日趋多样化，发展不平衡问题日益突出。人们思想观念活跃，追求和实现利益的意识增强，但是拜金主义、享乐主义和极端个人主义等腐朽思想也有所滋长。加上法律和制度建设滞后，一些行政行为、市场行为和企业行为短期内难以得到有效规范，各种社会问题就容易大量出现。当前腐败现象在一些领域易发多发，就同这个大背景密切相关。解决这些问题，必须深化经济、政治、文化和社会等各方面的改革，着力推进体制、机制和制度创新，进行综合治理，逐步铲除滋生腐败的土壤和条件。同时,经过二十多年的改革开放,我国综合国力大幅度提高,经济体制改革取得重大进展,政治文明建设、精神文明建设成效显著,反腐倡廉工作也积累了一些经验。从总体上讲,当前加大预防腐败的工作力度,条件已经基本具备,时机也比较成熟。

从反腐倡廉工作的发展趋势看。改革开放二十多年来,惩治腐败这一手我们从来没有放松过,对腐败分子从来没有手软过。实事求是地讲,在惩治腐败方面没有哪个国家比我们更坚决的了。同时,反腐倡廉的实践反复证明,如果我们只注重惩治而忽视预防,腐败现象就会查不胜查。这些年,我们在坚决遏制腐败蔓延势头的同时,不断加大从源头上治理腐败的力度,取得了明显的成效。比如,前些年一些领导干部利用制度上的漏洞和手中的权力,通过批地谋取私利,随着土地管理制度的改革和完善以及相应市场的建立,这种现象在逐步减少。再如,随着行政审批制度改革的深入,许多行政审批项目被取消或调整,通过行政审批谋取私利的腐败现象也在逐步减少。几年前,我国东南沿海一些市场经济发育较早的地区,开始积极探索建立惩治和预防腐败体系,把工作重心向源头治理转移,取得了好的效果。实践是不断发展的,我国的反腐倡廉工作,大体经历了从十五大以前的标本兼治、侧重遏制,到十五大以后的标本兼治、综合治理、逐步加大治本力度,再到十六大以来的标本兼治、综合治理、惩防并举、注重预防这样三个阶段。这也说明,进一步加大防治腐败的力度,是我国反腐倡廉工作不断深入发展的必然趋势。

从国际反腐败的基本经验看。注重预防,是目前国际上应对腐败的普遍做法。一些国际组织提出要构建国家廉政体系的反腐败战略,其核心就是改革、注重预防和整体推进。考察世界许多国家特别是西方主要发达国家,反腐败大多也着眼于预防。

北欧一些国家腐败发案率比较低，很重要的原因，就是这些国家在发展市场经济的过程中，注重对权力的制约和监督，注重对公职人员和国民的廉洁教育，逐步建立了一套预防腐败的制度。《联合国反腐败公约》把预防腐败作为基本宗旨，反映了国际社会在反腐败问题上的共识。公约特别强调不同的腐败现象往往是相互联系的，反腐败必须着眼于系统性和整体性，指出要在有效打击腐败的基础上切实做好预防腐败的工作，在发挥专门机关作用的同时动员社会力量广泛参与。因此，进一步加大从源头上防治腐败的力度，也是对国际反腐败经验的吸收和借鉴。

中国自古就讲“万事防为先”、“防患于未然”、“防微杜渐”等道理。古人说，“良医者，常治无病之病，故无病；圣人者，常治无患之患，故无患”。《鹖冠子》中扁鹊兄弟的故事，就说明了“良医治未病”的道理。我们深入推进反腐倡廉工作，也要加大预防力度，像扁鹊的大哥那样，治病于未发之前。发现一些同志有苗头性问题，要像扁鹊的二哥那样，治病于初起之时，与人为善，早打招呼，改了就好。对腐败分子，要像扁鹊那样，动手术，下猛药，严肃查处，坚决清除出党员干部队伍。

深入贯彻落实科学发展观
加强党风廉政建设*

（2006年3月6日）

科学发展观是推进我国社会主义经济建设、政治建设、文化建设、社会建设全面发展的指导方针。贯彻落实科学发展观，要坚持以经济建设为中心，聚精会神搞建设，一心一意谋发展；要按照“五个统筹”的要求，促进经济社会全面、协调、可持续发展，推动社会全面进步；要以人为本，维护社会公平和正义，让发展的成果惠及全体人民。党风廉政建设要适应科学发展观的要求，从思想上、作风上、纪律上为落实科学发展观提供有力保证。

一是要推动中央关于科学发展的决策和部署落到实处。近年来，中央为树立和落实科学发展观出台的一系列重大政策，落实情况总的是好的。温家宝总理在政府工作报告中指出，在经济社会生活中，有些行业投资增长过快，投资结构不合理，产能过剩的问题日趋突出。我们要按照中央的要求，进一步增强贯彻落实科学发展观的自觉性和坚定性，努力把科学发展观的要求体现在经济社会发展的具体措施和工作中。各级纪律检查机关要认真履行党章赋予的职责，按照胡锦涛同志年初提出的要求，加强对贯彻落实科学发展观情况的监督检查。既要支持和保护广大党员干部谋划发展、勇于探索的积极性，为发展营造良

---

* 这是吴官正同志在十届全国人大四次会议山东代表团全体会议上的发言。

好的环境；又要严明纪律，配合有关部门坚决纠正形式主义、官僚主义和弄虚作假等行为，为促进经济社会又快又好发展提供保障。

二是要切实解决损害群众利益的突出问题。坚持以人为本，必须把人民群众的利益放在第一位，从解决人民群众最关心、最直接、最现实的利益问题入手，千方百计为群众排忧解难，坚决纠正损害群众利益的不正之风。但正如温家宝总理在报告中所指出的，涉及群众切身利益的不少问题还没有得到很好解决。看病难、看病贵和上学难、上学贵等问题突出，群众反映比较强烈；在土地征收征用、房屋拆迁、库区移民、企业改制、环境污染等方面还存在一些损害群众利益的问题。中央对这些问题非常重视，多次强调，要把解决损害群众利益的突出问题作为党风廉政建设的一项十分重要的工作。我们要按照中央的要求，坚持标本兼治、纠建并举，既要坚决纠正损害群众利益的不正之风，又要注意解决苗头性、倾向性问题，防止蔓延成风。要在以往工作的基础上，深入开展纠风专项治理工作，切实纠正和解决存在的问题，注重建立长效机制。同时要加强对安全生产的监督检查，及时查处失职渎职和腐败问题，维护群众的生命财产安全。要适应建设社会主义新农村的需要，进一步加强农村基层党风廉政建设，巩固农村税费改革成果，防止农民负担反弹，以实实在在的成效取信于民。

三是要大力弘扬厉行节约、艰苦奋斗的优良传统和作风。温家宝总理在政府工作报告中提出，要抓好资源节约工作，加快建设环境友好型社会。这是贯彻落实科学发展观的重要部署，我们要认真落实。要切实改变一些地方生产经营粗放、浪费资源和污染环境的现象，大力发展循环经济，推进节能节水节地节材，加强资源综合利用，加大对环境和自然资源的保护力度。要认真执行中央有关厉行节约、反对铺张浪费的规定，强化勤俭节约的意识，坚决纠正讲排场、比阔气、奢侈挥霍等不良风气，推动全社会形成勤俭光荣、浪费可耻的良好风尚。

四是要加大从源头上防治腐败的工作力度。注重从源头上防治腐败，是贯彻落实科学发展观的客观要求。我们要正确判断反腐败形势，加强对反腐败重大理论和实践问题的战略性、前瞻性、系统性研究，采取更加有效的对策和措施，深入推进党风廉政建设和反腐败工作。要坚持标本兼治、综合治理、惩防并举、注重预防的方针，抓紧落实惩治和预防腐败体系实施纲要具体意见和2007年年底前工作要点。要在坚决查办案件、严厉惩治腐败的同时，进一步加大预防腐败力度，努力拓展从源头上防治腐败的领域。

把树立社会主义荣辱观作为党风廉政教育的重要内容*

（2006 年 3 月 21 日）

今年“两会”期间，胡锦涛同志发表了关于“八荣八耻”的重要讲话，全面阐述了树立社会主义荣辱观的具体要求，在代表和委员中引起强烈反响，受到各方面的广泛关注。讲话既是对中华民族传统美德的提炼和升华，又具有鲜明的时代感和针对性，对坚持什么、反对什么，倡导什么、抵制什么，都讲得非常清楚。讲话概括精辟，内涵深刻，对深入推进党风廉政建设意义重大。

领导干部要在树立社会主义荣辱观方面当模范、做表率。列宁曾经说过：“政治上有教养的人是不会贪污受贿的”。荣辱观是世界观、人生观、价值观的反映，也是权力观、政绩观的基础。如果一个领导干部树立了社会主义荣辱观，就决不会去做滥用权力、谋取私利的事情。那些受到查处的腐败分子，往往都是寡廉鲜耻的人。要加强道德修养，模范地遵守社会公德、职业道德和家庭美德，自觉抵制各种腐朽落后思想文化的侵蚀，做一个心地清净、品行端正的人。我们的权力是人民赋予的，只能用来为人民服务。要慎用权力，用好权力，做到廉政勤政，以群众是否满意、高兴、拥护作为衡量政绩的重要标准。要把树立社会主义荣辱观作为党风廉政教育的重要内容，加强廉政文化建设，

---

* 这是吴官正同志在听取吉林省委省政府工作汇报时讲话的一部分。

弘扬真善美、鞭挞假恶丑，进一步推动党风政风和社会风气的好转。

要把加强教育与严肃执纪结合起来。严格执行“四大纪律八项要求”和领导干部廉洁从政各项规定，开展经常性的监督检查，运用组织处理和纪律处分，继续严肃查处领导干部违反规定收钱送钱、跑官要官、纵容配偶子女和身边工作人员谋取非法利益、利用婚丧嫁娶等事宜收钱敛财，以及参加赌博等党风方面存在的问题。要保持惩治腐败的强劲势头，继续重点查办发生在领导机关和领导干部中滥用权力、谋取非法利益、失职渎职等案件，同时严肃查办侵害群众利益的案件。不管涉及什么人，只要是违反党的纪律，就坚决查处；对腐败分子，发现一个查处一个，决不姑息。

注意防治用人上的不正之风*

（2006 年 4 月 11 日）

干部队伍团结向上、清正廉洁，是党的事业兴旺发达的表现，也是社会和谐稳定的重要基础。我们干部队伍的主流是好的。我国改革开放以来取得的巨大成就，是各级干部带领广大人民群众艰苦奋斗、开拓进取、扎实工作的结果。这些年，中央大力推进干部人事制度改革，出台了《干部选拔任用工作条例》等一系列法规制度，中央组织部采取许多得力措施，在加强干部教育培训、选拔任用和管理监督工作等方面，取得了新的成效。但是，用人上的不正之风仍然程度不同地存在。有的人为了达到个人目的，千方百计找门子、拉关系，请客送礼，甚至行贿受贿。如何用人，是一个重要的政治导向。对用人上存在的不正之风，干部群众反映比较强烈，务必高度重视。

今年下半年到明年上半年，地方各级党委要集中换届。中央非常重视这项工作，中央纪委、中央组织部专门发了通知，提出明确要求。要教育我们的干部讲政治、顾大局，正确对待进退留转，严格遵守组织人事纪律，自觉服从组织安排。要采取有效措施，坚决防治选人用人上的不正之风。对跑官要官的，不仅不能提拔重用，还要严肃批评并记录在案；对买官卖官的，发现一起查处一起，决不手软；对选举中搞非组织活动的，必须严肃

---

* 这是吴官正同志在听取湖南省委省政府工作汇报时讲话的一部分。

处理。

要加强对干部的教育和管理。用人上的不正之风，很重要的一个原因，就是一些地方和单位民主集中制贯彻得不够好。要教育领导干部特别是主要领导干部从党和人民的根本利益出发，坚持任人唯贤、德才兼备，发扬民主作风，搞五湖四海，公道正派用人，严格按条件和程序选拔任用干部。要把组织任命、群众公认、注重实绩、平等竞争有机结合起来，落实好党员和群众的知情权、参与权、选择权和监督权。加大干部交流力度是加强干部管理的一项有效措施。领导干部长期在一个地方或部门担任重要职务，容易产生各种弊端，对开展工作不利，对干部成长也不利。要继续加大领导干部交流的力度，尤其是加大对重点部门、关键岗位领导干部的交流。要注意运用组织措施，发现重要岗位的干部尤其是主要领导干部有问题，要及时进行调整，再按规定调查处理。

要加强对干部的监督。2003年年底，中央颁布了《党内监督条例》。按照中央的要求，中央纪委和中央组织部围绕条例规定的10项监督制度，制定了述职述廉、诫勉谈话和函询等具体办法，还有一些规定正在研究起草，我们要认真落实这些制度。比如，党员领导干部要定期在规定范围述职述廉，接受民主评议或民主测评。如果发现干部在政治思想、履行职责、工作作风、道德品质、廉政勤政等方面有苗头性问题，要及时进行诫勉谈话，防止小错酿成大错。要进一步健全制约监督机制，深入推进巡视工作，加强对派驻纪检监察机构的统一管理，着重加强对领导班子特别是主要负责人的监督。

扎实推进商业贿赂专项治理工作*

（2006 年 4 月 29 日）

开展治理商业贿赂专项工作，是党中央、国务院作出的重大决策，关系改革发展稳定的大局。商业贿赂破坏市场秩序和交易规则，侵害群众利益，诱发腐败行为和经济犯罪，毒化社会风气，损害我国的国际形象，已经成为影响经济生活和社会发展的突出问题。各地区各部门要讲政治、讲大局，充分认识商业贿赂的危害性和专项治理的重要性，以更坚决的态度、更有力的措施，扎实有效地开展工作。

第一，既要整体推进，又要突出重点，务求取得明显成效。商业贿赂在一些领域和行业比较严重。各地区各部门要按照中央的部署和要求，切实做好不正当交易行为自查自纠、严肃查处商业贿赂案件和建立健全长效机制三项主要工作，形成整体推进的态势。这项工作涉及面广，要注意突出重点，抓主要矛盾。当前，要着重解决公益性强、与人民群众切身利益密切相关、严重破坏市场秩序的问题，重点治理工程建设、土地出让、产权交易、医药购销、政府采购，以及资源开发和经销领域的商业贿赂。比如，一些医疗机构的工作人员和医务人员在药品、医用设备采购和临床诊疗活动中，收受财物和开单提成，这是造成看病贵的重要原因，群众反映强烈。对这样一些问题，必须坚决治理，取

---

* 这是吴官正同志在全国治理商业贿赂领导小组负责人会议上的讲话。

得让群众看得见的实效。经济发展较快的地区，特别是商业活动发达的大中城市地位重要，在治理商业贿赂专项工作中要走在前列。各地区各部门要结合实际，确定重点问题、重点环节和重点人员，找准切入点，着力搞好专项治理工作。

第二，既要严厉惩治，又要注重预防，建立健全长效机制。要集中力量查处一批商业贿赂案件，尤其要注重查处国家公务员利用职权参与或干预企业事业单位经营、谋取非法利益、索贿受贿的行为。许多案件说明，一些不法经营者与国家机关工作人员内外勾结，行贿受贿，危害极大，影响极坏。国家食品药品监督管理局的几个司、处级干部，为了获取非法利益，滥用药品注册审批权，违反程序审批新药，给人民群众的生命健康造成严重威胁，对这样丧尽天良的腐败分子，必须严惩不贷。治理商业贿赂涉及不少深层次问题，要按照构建惩治和预防腐败体系的要求，坚持教育、制度、监督并重，从源头上采取措施和办法。要以树立社会主义荣辱观为重点加强教育，加快社会诚信体系建设，引导各类市场行为主体依法经营、诚实守信，打造健康的商业文化。要深化改革，创新体制，完善规范市场竞争行为和惩治商业贿赂违法犯罪的法律规定。要强化监管，切实加强对生产经营、采购销售、财务管理等重点环节的管理和监督。企业事业单位要建立和完善从业人员的自律机制。我们必须树立长期作战的思想，在集中治理的基础上，坚持不懈地抓下去，逐步从根本上解决这个问题。

第三，既要坚决治理商业贿赂，又要注意维护大局，促进经济社会又好又快发展。专项治理工作政策性强，难度大。要围绕经济建设这个中心，从国家的整体利益出发，在坚决遏制商业贿赂的同时，又要保持正常的生产经营，促进经济发展，维护社会稳定，推进改革和对外开放。要严格依法治理、依法办案，这是搞好这项工作的根本要求，也是取得实效的关键。要注意掌握政策，坚持宽严相济，该严则严，该宽则宽，发现什么问题就解决什么问题，既不能走过场，又不能搞运动。要严格区分正常的商业活动与不正当交易行为的界限，严格区分违纪违规与违法犯罪的界限，综合运用经济、法律和行政等多种手段，区别不同情况，实事求是地作出处理。

第四，既要立足我国国情，又要拓宽视野，借鉴国外有益经验。近年来，一些地区和部门从实际出发，在治理商业贿赂方面采取了不少措施，比如，有的地方和部门利用信息网络技术构建实时监控系统，效果是好的。要加强调查研究，进一步认识商业贿赂滋生蔓延的成因、特点和规律，注意运用我国在解决这个问题上的有利条件，发挥政治和制度上的优势，积极探索有中国特色的治理商业贿赂的路子。还要看到，商业贿赂是一个世界性的问题。西方一些发达国家市场经济搞得早，在这方面有一套比较成熟的制度和经验。比如，北欧有些国家重视社会诚信体系建设，通过信息联网，将公民的诚信表现记录在案。美国注重运用法律对商业贿赂进行制裁，还制定了《海外腐败行为法案》，专门禁止美国跨国公司向外国公职或商务人员行贿。《联合国反腐败公约》对禁止商业贿赂也有规定。我们要开阔胸襟，拓宽思路，加强国际交流与合作，借鉴国外的有益经验和做法。

以良好的作风推进社会主义新农村建设*

（2006 年 5 月 16 日）

这些年来，农业部领导班子认真贯彻落实党中央、国务院关于解决好农业、农村、农民问题的重大决策和部署，在促进粮食增产、农业增效、农民增收、为农民办实事等方面，成效显著。希望同志们再接再厉，不断取得新的成绩。

一、要以良好的作风推进社会主义新农村建设。党中央、国务院高度重视解决“三农”问题，近年来连续制定了三个中央一号文件，按照统筹城乡发展的要求，采取了一系列支农惠农的重大政策。党的十六届五中全会从社会主义现代化建设的全局出发，明确提出要继续把解决“三农”问题作为全党工作的重中之重，实行工业反哺农业、城市支持农村和“多予少取放活”的方针，推进社会主义新农村建设。这是惠及亿万农民的战略部署，是贯彻落实科学发展观、全面建设小康社会的重要举措，也是我国现代化建设中的重大历史任务。中央强调，推进新农村建设，要注重实效，不搞形式主义；要量力而行，不盲目攀比；要民主商议，不强迫命令；要突出特色，不强求一律；要引导扶持，不包办代替。对这些要求，我们一定要认真领会，坚决落实。既要支持和保护广大基层干部因地制宜建设新农村的积极性，又要防止脱离实际、做表面文章。要严肃查处农田水利、社会事业基础设

---

* 这是吴官正同志在农业部考察时的讲话。

施等项目建设中的违规违纪问题，对侵吞国家资金和农民血汗钱的人，务必绳之以法。要运用好以实践“三个代表”重要思想为主要内容的保持共产党员先进性教育活动的成果，以好的作风推进新农村建设，把好事办好、实事办实，让农民群众得到实实在在的利益。

二、要切实解决损害农民群众利益的突出问题。农业系统的服务对象是广大农民群众，特别是农业系统的一些基层单位，直接与他们打交道。农民群众是我们的衣食父母，要带着深厚的感情，真心实意地为他们办实事、做好事、解难事。多年来，农业部门在减轻农民负担方面做了大量卓有成效的工作，发挥了牵头单位的作用，农民负担大幅度下降，去年全国没有发生涉农负担恶性案件，但反弹的压力仍然存在。这项工作任何时候都不能放松。要巩固农村税费改革成果，切实纠正有的地方乱收费、乱罚款和乱摊派行为，防止农民负担反弹。农业生产资料关系农业生产和农民生计，要切实加强对农资市场的监管，严厉打击制售假冒伪劣产品坑农、害农的行为。进一步规范村级财务管理，坚决制止挪用、克扣政策性补贴资金等违纪违法行为。积极配合有关部门推进村务公开和解决征收征用土地中侵害农民利益、拖欠农民工工资等问题。高度重视信访工作，了解群众诉求，及时解决群众反映的合理合法的问题。同时，要重视对农民的教育，引导他们顾全大局。要注重建立健全维护群众利益的长效机制。要按照中央的要求，切实加强农村基层党风廉政建设。目前，中央纪委正在研究制定指导性意见，请同志们多提建议。

三、要深化行政审批制度改革，推进制度创新。用改革的精神加强制度建设，是有效防治腐败的根本途径。这几年，按照党中央、国务院的统一部署，中央国家机关加大行政审批制度改革力度，到去年为止，国务院有关部门和各地取消、调整的审批项目都在一半以上，审批事项过多的状况明显改变，通过行政审批谋取私利的腐败现象逐步减少。你们重视改革和制度建设，特别是分 3 批取消和调整了 27 项行政审批项目，在中央国家机关率先建立行政审批综合办公大厅，实现行政许可事项“一个窗口对外”，体现了公开、公平、公正的原则，既方便群众办事，又有利于监督。这些年，中央加大对农业的投入，农业部门掌握的项目建设资金，要管好用好。对腐败分子，务必依纪依法严厉惩处。要深化改革，创新体制，建立和完善行政许可监督管理机制，加强对行政审批权和行政执法权的监督。建立健全重大项目监管、工程建设招投标等制度，防止利用项目审批权谋取私利。凡涉及农民群众切身利益的重大事项，应当公开的都要公开。制定制度要科学，执行制度要严格，努力形成用制度管权、靠制度管人、按制度办事的机制。

充分发挥舆论监督在党风廉政建设中的重要作用*

（2006年5月29日）

要坚持正确的反腐倡廉舆论导向。以正面宣传为主，大力宣传党领导人民所取得的巨大成就，用事实向广大群众说明，我们党是一个立党为公、执政为民、全心全意为人民谋利益的好党，我们的党员干部绝大多数是好的。要积极宣传中央关于反腐倡廉的重大决策和部署，引导广大干部群众正确认识反腐倡廉形势，客观地看待成绩和问题，坚定反腐倡廉的信心。要加强对热点问题的引导，配合有关部门释疑解惑，妥善回应社会各界和人民群众的关切。去年，有关部门做过问卷调查，人们对腐败现象"亲身经历"的占12.8%；"从报刊、互联网等媒体上看到"的达60.8%。这说明舆论宣传影响巨大。

要发挥新闻舆论在党风廉政教育中的积极作用。中央电视台在国内最具权威性、收视率最高，覆盖面广、影响力大，对开展党风廉政教育至关重要。要坚持马克思主义在意识形态领域的指导地位，按照"八个坚持、八个反对"和树立社会主义荣辱观的要求，加强对党员干部廉洁从政教育。要面向全党全社会开展廉政文化建设，努力营造崇廉尚洁的社会氛围。

要进一步加强和改进舆论监督。你们的"焦点访谈"等栏目，既注意揭露问题，又注意报道党和政府如何改进工作，效果

---

* 这是吴官正同志在中央电视台考察时讲话的一部分。

是好的。要按照中央的要求，积极开展舆论监督，扶正祛邪，惩恶扬善。坚持体现党的主张与反映人民心声的一致性，着眼于更好地解决矛盾和问题，促进社会和谐稳定。要实事求是，客观公正，使报道经得起实践、群众和历史的检验。新闻工作者是教育人的，要自觉遵守法律法规和职业道德。相信中央电视台的同志们一定能严格要求，在全国新闻界发挥表率作用。

努力提高巡视工作的质量和水平*

(2006 年 5 月 31 日)

切实提高巡视工作的质量、充分发挥监督作用,是做好巡视工作的根本要求。要抓住关键环节,扎实工作。

一是了解掌握的情况要准确真实。既要注意发现地方和部门存在的问题,帮助被巡视的领导班子和领导干部查找不足、改进工作,又要了解他们的好做法、好经验,发现为民、务实、清廉的好干部。要为受到错告、诬告的干部主持公道,澄清是非。对了解掌握的重要情况和问题,要认真分析,把握实质,为中央和省(区、市)党委提供客观真实的情况。

二是要充分运用巡视工作的成果。对巡视中发现的重要问题和线索,要及时转交纪委、组织等有关部门进行处理。对腐败问题要坚决查处,决不手软;对不适合担任现职、需要调整和交流的领导干部,要及时提出组织处理的意见和建议;对苗头性、倾向性问题,要早打招呼、早提醒。对体制机制制度方面的问题和薄弱环节,要通过深化改革、创新制度来解决。要加强监督检查,通过回访、函询等方式,督促被巡视地区和部门认真制定和落实整改措施。要将巡视中了解掌握的有关情况进行分类建档。

三是要不断提高巡视工作的制度化、规范化水平。要增强

---

* 这是吴官正同志在全国省(区、市)巡视工作座谈会上讲话的一部分。

主动性和创造性，深入开展调查研究，认真研究新情况、解决新问题，及时总结好做法、好经验，对带有普遍性和规律性的内容要加以概括和提炼，上升为政策和制度。重要制度的制定，一定要向党委汇报，由党委决定。

进一步加强反腐败国际合作*

（2006年6月12日）

当今世界是一个开放的世界。经济建设要对外开放，反腐败也不能关起门来搞。腐败作为全人类需要共同解决的问题，离不开国际合作。随着经济全球化趋势的深入发展，人员、资金、信息在国际范围内频繁流动，腐败问题日益呈现跨国性的特点。据世界银行初步统计，全世界每年约有2万亿美元涉及腐败的资金在跨国流动，相当于全球33万亿美元生产总值的6%。国际上的一些有识之士认为，腐败从来不是哪一个国家的独特现象，没有任何国家或社会可以宣称自己是纯粹的净土。有些在我国投资的跨国公司，也存在向我国有的单位和人员行贿的问题。国内一些腐败分子为了逃避惩罚，携巨款逃亡国（境）外，企图利用某些国家作为躲避法律惩罚的避风港，影响很坏。随着“走出去”战略的实施，我国对外投资规模不断扩大，加强对境外中资机构及其外派人员监管的问题日益突出，很多情况下还要与东道国相关机构进行合作。加强反腐败国际合作，已成为世界各国的共同选择，也是我国进一步加强反腐败能力建设的客观需要。

这些年，我们在加强国际合作方面已经取得了一些进展。比如，我国参加《亚太地区反腐败行动计划》，作为东道国主持召

---

* 这是吴官正同志在实施《联合国反腐败公约》第二阶段工作会议上的讲话。

开了亚太地区反腐败会议。我国与美国建立的执法合作联合联络小组已经把反腐败执法合作纳入其中，定期举行会晤。最高人民检察院参与发起旨在促进《联合国反腐败公约》实施和国际合作的国际反贪局联合会。监察部与联合国开发计划署合作完成了“中国廉政建设”项目研究。中国成功遣返和引渡了一些腐败犯罪嫌疑人，追回部分流失的资产。中国监察学会、清华大学与透明国际等非政府组织建立了联系，等等。但是，反腐败国际合作是一个新的领域，我们的经验还不多，工作水平有待提高。《联合国反腐败公约》反映了国际社会在反腐败问题上形成的共识，为反腐败国际合作提供了国际法依据。我们要以落实公约为契机，把反腐败国际合作的工作做得更好。

一、坚持反腐败国际合作的基本原则

2004年11月，胡锦涛同志在亚太经合组织领导人非正式会议期间强调：“我欢迎亚太经合组织开展反腐败合作。希望各成员本着平等互利、尊重差异、注重实效的原则，在能力建设、将腐败分子绳之以法、追缴和返还腐败资产等方面取得实质性合作成果。”这是我国当前和今后一个时期开展反腐败国际合作的基本原则。我们要深刻理解，注意从四个方面具体把握。一是尊重主权，平等互利。坚持在互相尊重主权的前提下，各国独立自主地决定反腐败的体制机制制度以及具体的策略和措施，在此基础上平等地开展互利互惠的合作。二是尊重差异，共享成果。承认并尊重各国的不同国情尤其是政治制度、法律框架等差别以及反腐败工作的特殊性。相互交流、借鉴各自在反腐败中积累的有效经验和做法，分享反腐败的成果。三是循序渐进，注重实效。处理好合作的现实需要与实际可能的关系，注重合作的实际效果。在合作的领域、内容和方式上，突出重点，稳步推进，不断深化。四是积极主动，以我为主。要将我们关切的问题或建议，主动向有关国家提出，主动进行磋商，维护国家利益，解决涉外问题。

由于反腐败国际合作涉及国内多个部门，领域也十分广泛，各部门还要注意把握好这样几个问题：一是坚持党对我国反腐败国际合作的领导。凡是涉及反腐败工作大局的重大问题和重要事项，要及时请示中央。中央纪委要加强对反腐败国际合作的总体规划和组织协调。二是坚持从我国对外工作全局出发，统筹考虑反腐败国际合作。反腐败领域的国际合作是我国外事工作和外交工作的重要内容。要主动将反腐败国际合作纳入我国外事、外交工作的总体部署之中，精心安排，认真落实。三是坚持从实际需要出发。要根据反腐败需要，确定一个时期、一个阶段反腐败国际合作的目标和重点，不断拓宽合作领域、深化合作内容、更新合作方式。

二、注意把握反腐败国际合作的重点内容和对象

今年1月召开的中央纪委第六次全会明确提出："认真做好履行《联合国反腐败公约》的相关工作，加强反腐败国际合作，建立健全执法合作、司法协助、人员遣返、涉案资产返还等方面的工作机制。"这是当前和今后一个时期我国反腐败国际合作的重点内容。同时，还要充分重视反腐败对外宣传、人员培训、情报交换和技术交流等工作。

在合作对象方面，要做好以下四个方面的工作。一是政府间的合作。政府间交流和合作是我国开展反腐败国际合作的重点。要深化政府间双边合作，参与并推动区域性的多边合作，在联合国框架下开展全球性反腐败国际合作，加强涉外腐败案件

查办中的执法合作和司法协助。二是与国际公共组织的合作。一些有重要影响的国际公共组织，如经济合作与发展组织、世界银行、联合国开发计划署、亚洲开发银行等，都希望就反腐败问题与我国建立合作关系。我们要本着积极慎重的原则，侧重在反腐败能力建设、经验交流、人员培训、资金技术援助等方面开展合作。要借助国际公共组织的平台，宣传介绍我国反腐败的成果。同时，要收集国际反腐败最新信息，把握国际反腐败动向。最近，有个国际组织的专家讲，中国政府在反腐败方面做了许多工作，但宣传不够。他建议我们应该在反腐败方面着力加强国际宣传。三是与非政府组织的合作。非政府组织是推动国际事务发展的一支重要力量。要继续按照积极参与、相互理解、扩大交流、分享经验的要求，做好与非政府组织的交流和合作。四是与跨国公司的合作。跨国公司在推动经济全球化、世界一体化方面扮演着越来越重要的角色，目前全球贸易的1/3来自跨国公司内部贸易，跨国公司体系生产产品总值占世界GDP的1/4。我们要维护公平竞争的国际投资和贸易体系，减少和遏制商业贿赂，需要与跨国公司建立必要的合作关系，并加强对在我国投资的跨国公司行为的监管。今后，我们要在推动跨国公司建立健全内部监督机制、遏制商业贿赂等方面，与他们开展必要的合作。

三、重点抓好反腐败国际合作的法律和制度建设

本着循序渐进、协调配套的思路，努力将我国的对外承诺转化为国内的法律制度。这次会议部署的20项具体工作，涉及我国反腐败以及其他领域的体制制度调整以及立法工作，难度较大。有些工作，时机条件比较成熟，就可以搞得快一点；有些工

作，还需要创造条件，形成共识，积极开展。当前，要重点抓好这样几项工作。一是设立预防腐败的专门机关。中央已经同意设立国家预防腐败局，要抓紧筹备工作。二是健全反腐败国际合作的法律基础。截至2006年2月底，我国已经与50个国家签订了81项司法协助条约、引渡条约和被判刑人移管条约。但除西班牙以外，我们与欧美几个主要国家都没有双边引渡条约。要积极与欧美国家开展司法协助和引渡条约的谈判、签署工作，堵住腐败分子携款外逃的后路。在涉案财产的返还问题上，可以逐步积累个案经验，考虑与相关国家签署分享协议。三是抓紧完善我国的相关法律制度。我国法律制度与公约的规定还有不一致的地方，要修改完善。这次会议就这些工作进行了部署，各部门要抓紧落实。四是建立健全反腐败国际合作的国内协调机制。我国反腐败国际合作涉及的部门比较多、领域比较广泛，需要建立健全部门之间的协调机制，形成合力，增强效果。目前，外交部、监察部、最高人民检察院、公安部、司法部等，根据各自的职责，已经在开展反腐败国际合作方面做了许多工作。今后，各有关部门要按照分工，进一步做好各自业务范围内的反腐败国际合作工作。五是进一步探索反腐败国际合作的有效途径和方法。要坚持与时俱进，开拓创新，将实践中形成的有效做法和好的经验逐渐制度化。要积极参加将要召开的《联合国反腐败公约》缔约国大会，主动将我们的关切和要求体现在有关国际规则之中。

四、切实提高我国防治腐败的能力和水平

一些西方发达国家由于市场经济搞得比较早，已经建立起以预防为基础的防治腐败体制，强调要采取双管齐下的方法，同时治理公共部门和私营部门的腐败；在注重提高整个社会的廉

洁意识和道德水平的基础上，制定公职人员从政道德法，防止出现利益冲突，等等。一些国际组织还提出要构建国家廉政体系，通过深化改革、整合各方面力量、加大预防和惩治力度，使腐败成为“低回报”的高危行为。我们要通过反腐败国际合作，吸收和借鉴各国反腐败的经验和教训，坚定不移地走中国特色政治发展道路，坚持标本兼治、综合治理、惩防并举、注重预防的方针，抓紧建立健全教育、制度、监督并重的惩治和预防腐败体系，不断增强预见性、科学性和有效性，进一步推动我国反腐败向纵深发展。

切实抓好国有企业党风建设和反腐倡廉工作*

（2006 年 7 月 7 日）

改革开放特别是党的十六大以来，国有企业坚决贯彻党中央、国务院的重大决策和部署，深化改革、转换机制、调整结构、强化管理，活力和竞争力显著增强。2005 年，全国国有企业实现销售收入 14.2 万亿元，实现利润 9682.8 亿元。国有企业改革发展成绩显著，党风建设和反腐倡廉工作也取得了可喜成效。但是，也要清醒地看到，当前国有企业在发展过程中也遇到一些困难和矛盾，有的国有企业还存在一些比较突出的问题。

一是滥发钱物、奢侈浪费现象比较严重。有的企业违规发放各种补贴。据国资委调查，有 4 家中央企业违规发放住房补贴，人均发放 77.8 万元，其中企业领导人员领取住房补贴均在 100 万元以上，补贴面积最高达 310 平方米，这太不像话了！有的企业领导人员挥霍公款、铺张浪费。如某市一企业副董事长在不到 3 年的任职时间内，以职务消费名义“白条”报销 80 余万元。有个亏损企业竟把变卖机器设备准备给职工发工资的钱用于吃喝玩乐。

二是在重组改制和关闭破产中侵害职工合法权益。一些企业改制方案和职工安置方案不经职代会审议，有的安置补偿费

* 这是吴官正同志在青岛市召开的部分大型企业负责人座谈会上的讲话。

标准太低，或者拖欠安置费，甚至根本不兑现经济补偿和有关社会保险费用，引发职工集体上访。据某省总工会调查，该省改制企业中有32%的职工没有及时领到经济补偿金，还有的不落实医疗、养老保险等，引发职工多次到省政府上访。又比如，有个矿山企业在关闭破产中少数领导人员搞暗箱操作，他们和股东人均获得20万元的“回报”，而1000多名职工生计无着，70%的职工不得不外出谋生。

三是违纪违法案件时有发生。主要表现形式为：有的领导人员或其亲属经营企业同类业务谋取私利，有的利用职权为亲属承揽工程等提供便利；有的领导人员截留、转移企业资金，私设“小金库”，贪污、挪用国有资产；有的违反决策程序，乱投资、乱担保，造成巨额资产损失。个别企业领导人员和关键岗位工作人员，在企业重组改制、产权交易、资本运营过程中，不进场，不竞价，低估贱卖，自卖自买，甚至利用不法手段虚构虚增成本和债务，侵吞国有资产；有的与金融机构、中介机构、政府机关工作人员相互勾结获取非法利益。有的企业商业贿赂问题严重。比如，在某铁合金厂商业贿赂窝案中，部分厂领导及供销部负责人等6名干部收受业务单位人员贿赂200多万元。有个大型煤炭集团，在不到三年半的时间里就发生商业贿赂案件31起，涉案31人。

四是内部监督制约机制不健全，经营管理也存在一些问题。一些国有企业财务管理不规范，内控机制和风险防范机制不完善，违规从事股票、委托理财、期货等高风险业务。如去年发生的“中航油”事件，造成了巨大经济损失，国内外影响也很不好。一些企业经济效益下滑，生产经营成本增长过快，有的甚至亏损严重。此外，重大安全生产事故也时有发生。这些问题必须引起高度重视，采取有效措施加以解决。

加强国有企业党风建设和反腐倡廉工作，是全面落实科学发展观、构建社会主义和谐社会、建立健全惩治和预防腐败体系的迫切需要，对于促进企业突出问题的解决和国有资产保值增值，维护企业和谐稳定，都具有十分重要的作用。当前，要做好以下几项工作。

一要坚持廉洁从业。中央纪委对国有企业领导人员廉洁从业问题非常重视，2004 年会同有关部门制定的《国有企业领导人员廉洁从业若干规定（试行）》，提出了比较全面的行为规范。这既是对国有企业领导人员的严格要求，也是关心爱护，一定要认真执行这个规定。总体上看，绝大多数企业领导人员是好的，但也有人犯了错误，非常可惜。在这个问题上，千万要时刻警醒，严于律己，洁身自好。对公务用车、通讯、业务招待等职务消费，要通过完善制度进行规范。我们积累起一点家底不容易，务必管好、用好。建设节约型社会是我们的共同责任，国有企业更要注意节约能源、资源，特别是不能乱占耕地，征用土地要严格执行有关规定，并依法给予农民合理补偿。要坚决反对讲排场、比阔气、挥霍浪费等不良风气。企业的风气坏了，影响企业的发展，腐蚀我们的干部，危害很大，同志们一定要重视这个问题。要认真落实党风廉政建设责任制，敢抓敢管，带好队伍。企业用干部一定要坚持德才兼备的原则。从我们查处的案件看，有一部分领导干部在提拔前就有劣迹。在这方面一定要把好关，防止“带病提拔”。国有企业领导人员对配偶、子女也要从严要求。廉洁从业情况要与经营业绩一起考核、一起奖惩。要加强反腐倡廉教育，推进企业廉洁文化建设，营造依法经营、廉洁从业、诚实守信、勤勉敬业的良好氛围。要按照中央的要求，认真纠正生产经营活动中的不正当交易行为，自觉抵制商业贿赂。企业把自己的问题解决好了，就会有利于促进良好社会风气和经济秩序的形成，也有利于企业自身的发展。

二要切实维护职工群众合法权益。国有企业有近 4000 万职工,他们为企业改革发展作出了重大贡献。我们要坚持以人为本,怀着深厚的感情,保障好他们的切身利益,注意发挥他们的民主管理、民主监督作用。职工与企业签订工资福利、保险、劳动安全卫生等事项的集体合同草案,要提交职代会讨论通过;企业业务招待费使用、领导人员廉洁自律和集体合同履行等情况要向职代会报告;企业研究决定改制以及经营方面的重大问题、制定重要的规章制度时,应通过职代会等形式广泛听取职工意见。这些既是坚持和完善职工代表大会制度、促进企业民主管理的具体措施,也是落实党的全心全意依靠工人阶级方针、密切党与职工群众关系的有效途径。厂务公开还要不断深化,重点公开涉及企业改革发展的重大决策、特别是重组改制和关闭破产中的重大事项,以及与职工群众切身利益相关的事项,保障职工群众的知情权、参与权和监督权。要关心职工群众的生产生活,高度重视安全生产工作。要善待农民工,保证他们的工资能够按时足额发放。对职工群众反映的实际问题,有条件的一定要抓紧解决,一时条件不具备的也要认真做好解释工作。

三要加强查办案件工作。坚决查处国有企业发生的违纪违法案件,特别是阻碍企业科学发展、利用改制之机侵吞国有资产、商业贿赂和以权谋私侵害职工合法权益的案件。对失职渎职造成重大经济损失的,滥发钱物、奢侈浪费造成严重后果的,必须严肃处理。对重大安全生产事故,不仅要追究直接责任,而且要追究领导责任,并严肃查处事故背后的腐败问题。要严格依纪依法办案,正确运用政策和策略,既要把问题查清楚,又要维护企业稳定,力争挽回经济损失。现在企业改革发展的任务很重,涉及方方面面的利益调整,会出现很多矛盾和问题。企业领导人员特别是主要负责人肩上的责任和压力很大,工作很辛苦,还容易得罪人。我们既要认真查处违纪违法案件,又要实事求是、主持公道,大力支持和鼓励企业领导人员严格管理、敢于负责，大胆探索、不断创新。

四要完善制度，强化内部监督。要把构建惩治和预防腐败体系与建立现代企业制度结合起来，把制度建设贯穿于企业生产经营的全过程，加大从源头上防治腐败的力度。要建立健全企业内部监督制约机制，凡是涉及企业生产经营的重大决策、重大项目安排、重要人事任免、大额度资金运作等事项，必须集体研究决定，不能个人独断专行。完善经营管理风险防范制度，控制风险，避免经营失误造成损失。以防止国有资产流失为重点，强化对产权交易、资本运营、财务管理、营销采购、工程项目等企业经营管理关键环节的监督。深入开展效能监察，促进企业优化管理，堵塞漏洞，提高效益。国有企业党组织要充分发挥政治核心作用，保证监督党和国家的方针、政策在本企业的贯彻执行；参与重大问题决策，促进企业民主决策、科学决策。认真执行述职述廉、个人重大事项报告等党内监督制度。

更好地发挥行政监察职能作用*

（2006 年 7 月 8 日）

自 1993 年纪检监察机关实行合署办公以来，各级党委、政府认真贯彻中央的决策和部署，进一步加强了对纪检监察工作的领导。各级纪检监察机关在加强纪律检查工作的同时，注意发挥行政监察职能作用，党政监督的整体合力得到增强，工作取得了明显成效。在新的历史形势下，要更好地发挥行政监察职能作用。

一、加强监督检查，保证政令畅通

我们党是执政党，党的路线方针政策要通过政府施政来实现。纪检监察机关的一项重要职责，就是要围绕贯彻落实科学发展观，加强对中央重大决策和工作部署执行情况的监督检查，坚决维护中央权威，做到令行禁止。

加强对宏观调控措施落实情况的监督检查。党中央、国务院为保证经济平稳较快发展，作出了加强宏观调控的决策和部署，采取了一系列措施。各级纪检监察机关要积极开展执法监察，重点督促有关部门严格项目审批管理，坚决纠正盲目投资、重复建设、违法批地占地等违反宏观调控政策的行为，配合有关部门做好稳定房价工作。对一些地方和部门有令不行、有禁不

---

* 这是吴官正同志在全国监察厅（局）长会议上的讲话。

止,搞"上有政策、下有对策"的,要严肃追究有关人员的责任,决不姑息迁就。

加强对依法行政情况的监督检查。当前要重点开展对《公务员法》、《行政许可法》等规范政府行为的法律法规执行情况的监督检查,督促政府机关及其公务员严格依照法定权限和程序行使权力、履行职责,促进政府更好地运用法律、经济和政策手段管理经济和社会事务,防止不当行政、违法行政。要认真落实《全面推进依法行政实施纲要》及其《实施意见》,扎实有效地做好国务院确定由监察机关牵头和参与的工作。

加强对廉政建设和反腐败工作情况的监督检查。督促政府部门认真贯彻标本兼治、综合治理,惩防并举、注重预防的方针,加快推进惩治和预防腐败体系建设,紧密结合政府工作实际,切实抓好各项任务的落实。加强对党风廉政建设责任制执行情况的监督检查,督促政府部门把落实责任制同业务工作有机结合,使反腐倡廉同改革发展稳定的各项工作相互协调、相互促进。当前,要重点抓好治理商业贿赂专项工作,组织协调各有关部门和单位坚决纠正不正当交易行为,依法查处一批重要的商业贿赂案件,建立健全防治商业贿赂的长效机制。

二、推进政风建设,维护群众利益

按照"为民、务实、清廉"的要求,切实加强政风建设,努力解决损害群众利益的突出问题,促进社会和谐稳定。

要督促政府机关及其工作人员坚持执政为民。最近,中央纪委监察部制定下发了《关于认真解决当前人民群众反映的几个突出问题的意见》,要认真抓好落实。继续纠正土地征用、房屋拆迁、企业重组改制和破产中损害群众利益,以及拖欠农民工工资等问题,着力解决群众在上学、看病、食品药品安全、生态环境和安全生产等方面反映强烈的突出问题。严厉打击制售假冒伪劣农资，截留、侵占、贪污支农资金等坑农、害农的行为，确保中央支农惠农政策落到实处。要倾听群众呼声，关注社会动态，注意研究苗头性、倾向性问题，努力把问题解决在萌芽状态。深入开展民主评议政风行风活动，完善群众对政风行风建设的监督机制。既要坚决纠风，又要有效防风。

要督促政府机关及其工作人员求真务实。坚决反对好大喜功、急功近利，搞劳民伤财的"形象工程"、"政绩工程"。坚决反对形式主义、官僚主义和弄虚作假的行为。要在支持和保护广大基层干部建设社会主义新农村的同时，防止脱离实际、做表面文章。要督促各地区各部门牢记"两个务必"，发扬艰苦奋斗精神，增强勤俭节约意识，切实纠正讲排场、比阔气、铺张浪费等不良风气，反对超标准盖办公大楼、搞高档装修，竞相办节、办论坛。要建设节约型政府。

要督促政府机关及其工作人员清正廉洁。严格执行"四大纪律八项要求"和领导干部廉洁从政各项规定，继续重点纠正领导干部中违反规定收送现金、有价证券和支付凭证，参加赌博等五个方面的问题。认真整治基层干部中存在的执法不公、作风粗暴、吃拿卡要、刁难群众和乱收费乱罚款等问题。严肃查办违纪违法案件，重点查处利用人事权、行政审批权、行政执法权谋取非法利益的案件，查办金融信贷、工程承包、土地管理、矿产开发和物资采购等领域的案件。坚决查处重大安全事故背后的腐败问题。对发生在群众身边、影响恶劣的案件要抓住不放，一查到底。

三、促进管理创新，提高行政效能

政府机关工作人员，不仅要廉洁，还要讲效率。纪检监察机关要深入到行政管理的各个部位和环节，围绕优化发展环境、改善行政管理、提高工作效率，加强效能监察，推动政府效能建设。

不断促进政府管理创新。推动政府管理体制、运行机制和管理方式创新，转变政府职能，增强政府执行力，使政府机关运转更加规范协调，工作更加便捷高效，办事更加公正透明。建立健全服务承诺制、限时办结制、效能告诫制等工作制度，增强管理的规范性和有效性。重视信息技术在政府管理中的运用，加强电子政务建设，充分发挥行政服务中心的作用。积极探索和推行运用网络技术对施政行为实行全程监控的做法。扩大行政投诉网络，健全行政效能投诉受理机制。

积极推行行政问责制。督促政府部门按照精简、统一、效能的原则和决策、执行、监督相协调的要求，明确职能分工和岗位职责，使权力同责任挂钩。对不履行或不正确履行法定职责，贻误工作、影响效率，给政府机关造成不良影响和严重后果的，必须实施问责，进行责任追究。对关系人民群众生命财产安全和利益的重大责任事故的有关责任人，必须依纪依法严肃处理。按照科学发展观的要求，建立政府绩效评估体系，完善公务员考核机制。

深入推进政务公开。督促各地区各部门认真贯彻中办、国办《关于进一步推行政务公开的意见》。行政活动和公共服务事项，能公开的都要公开，使政务公开成为政府施政的一项基本制度。关系人民群众切身利益的决策，都要进行公开听证，向社会公示，广泛征求群众意见。面向人民群众的行政执法，要公开进行，便于群众监督。要进一步规范县、市(地)级政务公开，建立健全政务公开内容、形式、程序等方面的制度规定和配套措施。省(部)级行政机关要加大政务公开的力度，加强对本地区、本系统政务公开工作的规划和指导。学校、医院以及供水、供电、供气、公交等公用事业单位要继续大力推行办事公开制度。

四、深化制度建设，加大预防力度

推进反腐倡廉工作，既要保持惩治腐败的强劲势头，又要加大预防腐败的力度。要以改革统揽预防腐败的各项工作，不断推进制度创新，逐步从源头上铲除滋生腐败的土壤和条件。

预防腐败，是一项涉及全局的重要工作，需要各个方面协同配合，形成合力。政府部门在预防腐败工作中处于重要位置。从案件查处情况看，许多腐败问题发生在政府管理活动中，与行政权力的滥用密切相关。不少预防腐败的工作，特别是改革和制度建设，要由政府部门来实施。纪检监察机关要加强组织协调，充分发挥业务主管部门的职能作用，共同抓好工作落实。

要深入推进行政审批制度改革，继续削减审批项目，加强对审批权的规范和监督。干部人事、司法体制和工作机制，投资、金融、财政、税收、国有企业监管体制等方面的改革，也都要继续深化。已经出台的制度和规定，要严格执行，不能搞变通、打折扣。《招标投标法》2000 年已开始施行，但在工程建设领域，规避招标、虚假招标的问题还比较严重，领导干部违规违法干预的情况时有发生。要加强监督检查，加大执法力度，使法律制度得到严格执行，充分发挥其规范和制约的作用。

改革和制度建设要统筹兼顾、整体推进。在政治领域，要深化行政管理体制改革，加强对权力行使的监督制约。在经济领域，要更大程度地发挥市场配置资源的基础性作用，完善市场体系，规范市场秩序。在文化领域，要营造崇尚廉洁、反对腐败的社会氛围，以树立社会主义荣辱观为重点，加强对政府机关公务员的教育，使他们筑牢思想道德防线，自觉做到勤政为民、廉洁从政。在社会领域，要深化教育、医疗、安全生产管理等与人民群众生产、生活密切相关的体制改革。各项改革和制度建设的措施要注意相互衔接和配套。

五、抓好自身建设，提高工作水平

这些年来，在各级党委、政府的领导和支持下，各级纪检监察机关全面履行职能，广大纪检监察干部勤奋扎实工作，总的情况是好的。但也要清醒地看到，我们在队伍建设和工作方面还存在一些问题，必须进一步加强自身建设。

要对干部进行严格教育和管理。切实加强思想作风建设，使广大纪检监察干部牢固树立马克思主义的世界观、人生观、价值观，增强政治责任感和历史使命感，讲政治、讲大局，知荣辱、明是非。巩固和扩大保持共产党员先进性教育活动的成果，深入开展“做党的忠诚卫士、当群众的贴心人”主题实践活动。加强机关内部管理，严明工作纪律特别是办案纪律，对一些干部身上存在的不良作风和习气要及时纠正，防止一些小毛病演变为大错误；对不适宜在纪检监察机关工作的人员，要坚决调离；对违纪违法的，要依纪依法严肃处理。

要不断提高履行职责的能力和水平。认真学习掌握党和国家的方针政策，并在实际工作中坚决贯彻执行，确保纪检监察工作始终保持正确的方向。各级纪检监察干部都要树立全面履行两项职能、充分发挥两个优势的意识，进一步增强党政监督的整体效能。要加强对新情况、新问题的研究，增强工作的针对性、前瞻性和有效性。善于学习钻研同纪检监察工作有关的业务知识，提高组织协调、监督检查的本领，增强突破重大复杂案件的能力。加强理论研究，拓宽工作视野，注意研究和借鉴国外在防治腐败方面的有益做法。

要自觉接受党和人民的监督。及时向党委、政府请示和汇报纪检监察工作。完善纪检监察机关的内部监督机制，上级机关不仅要严格监督下级机关，也要认真接受下级机关的监督。这方面，中央纪委监察部机关要起表率作用。充分发挥特邀监察员对我们履行职责进行监督的作用。拓宽监督渠道，自觉接受广大群众、民主党派和新闻舆论的监督，努力改进工作和作风。

高度重视防止“带病提拔”问题*

（2006年7月8日）

对防止干部“带病提拔”问题，党中央和锦涛同志高度重视，中央组织部也非常重视，前不久中央纪委专门发了文。今明两年地方党委集中换届，纪委的一项重要任务是协助组织部门在换届中防止干部“带病提拔”。2003年至2005年，全国每年受处分的县委书记、县长中有一部分是“带病提拔”的。十六大以来，中央纪委监察部查处的省（部）级干部中，也有“带病提拔”的。这说明，有的省（区、市）纪委对这些干部提拔前的廉政情况没有掌握，或者有反映但没有认真核查。如果干部“带病提拔”的问题基本解决了，腐败案件的发生就可以减少很多。加强巡视工作，及时发现问题和线索；通过查办案件，深挖腐败分子，都可以在一定程度上防止干部“带病提拔”。希望同志们把这个问题作为惩治和预防腐败的重要工作，认真抓好。

查办案件不能下指标，但一个地区这么大，一个案子都没有，恐怕也不可能吧，该查的不查不行。查办案件要讲究政策，我们绝大多数干部是好的，该保护的还要保护。发现干部有毛病，要同本人打招呼，有的问题要进行核查。

---

* 这是吴官正同志在全国监察厅（局）长会议上讲话的一部分。

加大干部交流力度 选好配强纪委书记*

（2006 年 8 月 2 日）

感谢同志们对纪检监察工作的支持和帮助。

对换届时的省（区、市）纪委书记人选，恳请继续支持帮助选拔廉洁正派，认真负责，形象好，在常委中能往前排列的同志担任；考虑一些省（市）的实际情况和本人的条件，希望适当加大交流力度。以上建议，盼酌。

---

* 这是吴官正同志致时任中共中央政治局委员、中央书记处书记、中央组织部部长贺国强，时任中央组织部常务副部长赵洪祝等的信。

拓宽从源头上防治腐败工作领域*

（2006 年 8 月 3 日）

胡锦涛同志在庆祝中国共产党成立 85 周年暨总结保持共产党员先进性教育活动大会上的重要讲话，是新形势下全面推进党的建设新的伟大工程的纲领性文献，对深入开展党风廉政建设和反腐败斗争具有重要指导意义。

一、坚持不懈地开展反腐倡廉工作

我们要深刻认识反腐倡廉工作的长期性、复杂性、艰巨性，把反腐倡廉工作作为加强党的先进性建设的重大战略任务，持之以恒地抓紧抓好，一刻都不能放松。党的建设包括反腐倡廉工作，不重视不行，不抓紧不行，不下大气力抓也不行，否则就会影响党的先进性的充分发挥。

改革开放以来，深刻变化的国际国内环境给党员队伍和党的自身建设带来了很大影响，使保持和发展党的先进性面临许多新情况新考验。江泽民同志 2001 年就指出："抓住作风建设，就抓住了新形势下全面推进党的建设的一个十分重要的环节，抓住了提高党的领导水平和执政水平、提高拒腐防变和抵御风险能力的一个十分重要的切入点。"我们党的作风状况总的是好

---

* 这是吴官正同志在纪检监察干部培训班上的讲话摘要，发表于 2006 年第 18 期《求是》杂志。

的，但是仍然存在一些比较严重的问题。比如，有的党员干部思想意识不好，说假话，沽名钓誉；有的搞形式主义，急功近利，甚至弄虚作假；有的与民争利，利用职权谋取非法利益；有的本位主义严重，对中央的决策搞"上有政策、下有对策"；有的贪图享受，讲排场、比阔气，挥霍公款、奢侈浪费；有的沉湎于灯红酒绿，生活糜烂；有的收送钱财，甚至买官卖官。这些不仅败坏党风，也毁掉一批干部。如果听任不良作风侵蚀党的肌体，就会严重损害党群干群关系，丧失党的先进性。我们必须高度重视，采取有力措施加以解决。

查办案件是党章赋予纪检机关的重要职责，任何时候都要抓得很紧。当前，从总体上讲，违纪违法案件有所下降，但在一些地方和部门仍然呈现多发态势。一是极少数高级干部的违纪违法案件影响很坏。二是市（地）级和县（处）级领导干部违纪违法案件中涉及党政主要领导干部的案件比例较高。三是有的地方和部门大案时有发生，有的涉案人员多达几十人。四是有些基层党员干部违纪违法问题比较严重，群众反映强烈。我们要继续保持查办案件的高压态势，依纪依法严肃查办领导干部滥用权力、谋取私利、贪污贿赂、腐化堕落、失职渎职等方面的案件，重点查处利用人事权、司法权、行政审批权、行政执法权谋取非法利益的案件，查处工程建设、土地出让、产权交易、医药购销、政府采购、资源开发和经销等重点领域的商业贿赂案件。要深挖腐败分子，震慑腐败分子，让他们政治上身败名裂，经济上倾家荡产，思想上后悔莫及。

我们党历来坚持党要管党、从严治党。实践证明，中国共产党是一个好党，社会主义制度是一个好制度。同时也要看到，我国正处于体制深刻转换、结构深刻调整和社会深刻变革的历史时期，要把反腐倡廉工作贯穿于改革开放和现代化建设的全过程，通过改革和发展逐步铲除腐败现象滋生蔓延的土壤和条件。

二、拓宽从源头上防治腐败工作领域

反腐倡廉工作要树立和落实科学发展观，适应中国特色社会主义事业总体布局的要求，把反腐倡廉工作融入政治、经济、文化、社会建设之中，坚持标本兼治、综合治理、惩防并举、注重预防的方针，建立健全教育、制度、监督并重的惩治和预防腐败体系，努力形成有效防治腐败的新机制，促进社会主义经济建设、政治建设、文化建设、社会建设全面发展。

（一）在政治领域防治腐败，必须抓住正确行使权力这个关键

发展社会主义民主政治，建设社会主义政治文明，必须坚持党的领导、人民当家作主和依法治国的有机统一，必须坚持科学执政、民主执政、依法执政和廉洁施政，必须加强对权力运行的制约和监督。

加强对权力运行的制约和监督，是有效预防腐败的关键。要注意抓好以下几方面的工作：一是要建立健全决策权、执行权、监督权既相互制约又相互协调的权力结构，把对权力的科学配置与对领导干部的有效监督结合起来。二是要严格组织人事纪律。现在，有的地方干部"带病提拔"和跑官要官、买官卖官的问题时有发生。今明两年，地方各级党委集中分批换届，中央对这项工作高度重视，各级纪检机关一定要认真负责，协助组织部门把好关。要重视对拟提名、提拔的省、市、县后备干部的信访及有关问题的反映，对他们的考察不仅要了解政治立场、工作表现和廉洁情况，还要注意思想道德和生活作风方面的情况。三是要关口前移，加强事前监督和事中监督。几年来，我们建立和完善巡视制度，加强了对省、市、县领导班子特别是主要领导干

部的监督。要认真总结经验，不断改进工作。

党内民主是党的生命。这些年来，各地完善全委会投票表决制度，实行重大决策征求意见制度，逐步推进党务公开，效果是好的。要坚持和完善民主集中制，以保障党员民主权利为基础，以完善党的代表大会制度和党的委员会制度为重点，从改革体制机制入手，建立健全充分反映党员和党组织意愿的党内民主制度，保障党员充分行使知情权、参与权、选择权、监督权。要把发展党内民主与维护党的集中统一起来，保证全党高度一致。

严明政治纪律是开展反腐倡廉工作的重要保证。政治纪律加强了，有利于中央政令的畅通，有利于防止不正之风和腐败现象的发生。要按照中央要求，加强对科学发展观贯彻落实情况的监督检查，促进中央重大决策部署落到实处；加强对地方党委换届工作的监督检查，防止选人用人上的不正之风；加强对公务员法执行情况的监督检查，促进公务员工资制度改革顺利进行。

（二）在经济领域防治腐败，必须抓住建立健全正确利益导向机制这个核心

坚持以经济建设为中心，不断解放和发展社会生产力，是解决我国社会一切矛盾和问题的根本途径。社会主义市场经济体制的逐步完善，为防治腐败创造了有利条件。我们要坚持用发展的思路和改革的办法，建立健全正确的利益导向机制，逐步减少违纪违法案件的发生。

要发挥市场在资源配置中的基础性作用。一些地方从规范市场秩序入手，发展有形建筑市场、土地交易市场、产权交易市场，在防治腐败方面发挥了积极作用。但也要看到，目前在工程建设领域，规避招标、虚假招标等问题还比较严重，领导干部违规违法干预的情况时有发生，必须采取有力措施解决这些问题。要继续推进行政审批制度、财税体制、投资体制和金融体制改革，进一步完善工程建设项目招标投标等制度，建立健全监管机制，逐步减少权力“寻租”的机会。

要完善领导干部廉洁从政行为规范，防止利益冲突。上个世纪90年代以来，中央和国家机关有关部门制定限制领导干部配偶子女从业范围等具体规定，对促进领导干部廉洁自律起到了积极作用。要针对少数领导干部“官商勾结”、“投资入股”、“期权化”和生活作风腐化等问题，不断完善和落实相关规定。

要认真做好治理商业贿赂专项工作。按照中央的部署，坚决纠正不正当交易行为，着力查处商业贿赂案件，积极探索防治商业贿赂的长效机制。一些国际反腐败组织认为，预防腐败应从限制受贿方拓展到限制行贿方，从规范权力运行拓展到规范商业行为，从规范公营部门行为拓展到规范私营部门行为，这是有一定道理的。我国一些地方和部门注意强化行业管理和行业自律，加快社会信用体系建设；建立信用情况记录在案的制度，限制或取消违规商户的市场准入资格；金融机构和公安机关加大对洗钱行为的打击力度。这些做法都是符合市场规则、有助于防治腐败的有益探索。

（三）在文化领域防治腐败，必须抓住加强思想道德教育这个基础

建设社会主义先进文化，必须坚持马克思主义在意识形态领域的指导地位，坚持依法治国和以德治国相结合，加强社会主义思想道德建设，树立和实践社会主义荣辱观。反腐败是严肃的政治斗争，也是文化和道德观念的较量。要牢牢把握先进文化的前进方向，大力推进廉政文化建设，筑牢拒腐防变的思想道德防线。

要加强党员干部廉政教育。通过正面宣传、典型示范和警示教育，引导广大党员干部认真学习贯彻党章，坚持立党为公、执政为民，按照"两个务必"和"八个坚持、八个反对"的要求，严格执行廉洁从政各项规定，自觉抵制拜金主义、享乐主义、极端个人主义等消极腐朽思想文化的侵蚀。要树立正确的权力观，做到权为民所用、情为民所系、利为民所谋，自觉接受党组织和人民群众的监督；树立正确的利益观，坚持党和人民的利益高于一切，切实体现全心全意为人民服务的根本宗旨；树立正确的道德观，模范遵守社会公德、职业道德、家庭美德；树立正确的群众观，进一步密切党同人民群众的血肉联系，做到为民、务实、清廉。

要加强面向全体公民的廉洁教育。有些国家腐败发案率较低，一个重要原因就是他们重视全民廉洁教育，社会文明程度较高。《联合国反腐败公约》提出，成功的反腐败策略不仅包括执行和查处，还应包括预防和社区教育。要组织协调有关部门，推动廉洁教育进校园，在大中小学开设廉洁教育课程；推动廉洁教育进企业，引导商务人员遵规守法、诚信经营；推动廉洁教育进社区、进农村、进家庭，营造以廉为荣、以贪为耻的社会氛围。

要努力改进教育的方式方法。教育的重要功能就是净化人的灵魂。要认真总结各地创造的新鲜经验，积极探索改革开放条件下反腐倡廉教育的特点和规律，努力贴近干部群众的思想和工作实际，做到入情入理、入耳入脑。要坚持正确的舆论导向，把正面宣传为主和积极开展舆论监督结合起来，加强网上宣传队伍建设。

（四）在社会领域防治腐败，必须抓住充分依靠人民群众这个根本

人民是创造历史的根本动力。我们党始终把最广大人民的根本利益作为全部工作的出发点和落脚点。随着改革发展进入关键时期，我国社会存在的一些人民内部矛盾出现多发多样的

状况。我们要坚持把群众关心的热点难点问题作为工作重点，更加注重维护人民群众的根本利益，更加注重依靠人民群众的支持和参与，切实维护公平和正义，促进社会主义和谐社会建设。

要坚决反对和纠正各种损害群众利益的不正之风。坚持从实际出发，什么问题突出就先解决什么问题。今年6月份，中央纪委监察部召开会议，要求在继续狠抓中央部署的纠风任务的同时，着重解决坑农害农等损害农民群众利益的问题，解决药品制售中危害人民群众生命安全的问题，解决安全生产中危害人民群众生命财产安全的问题。我们要以深厚的感情抓好工作落实，严肃查处发生在群众身边、影响恶劣的案件，特别是查处重大安全事故背后的腐败问题。要把苗头性、倾向性问题解决在萌芽状态。同时，要继续深化教育体制、医疗体制等改革，让人民群众共享改革发展成果。

要拓宽群众参与党风廉政建设的渠道。坚持推行政务公开、厂务公开、村务公开，大力发展基层民主。认真倾听群众呼声，重视专家学者的意见和建议，发挥社团、行业组织和中介机构在协调利益、反映诉求、化解矛盾等方面的作用。加强信访举报受理工作，重视检举线索，依法保护举报人。要加强基层党风廉政建设。建设社会主义新农村，是惠及亿万农民的重大部署。既要支持和保护广大基层干部建设新农村的积极性，又要防止脱离实际、做表面文章。

从源头上预防和治理腐败涉及政治、经济、文化、社会各个领域。我们要认识到，权力是关键，利益是核心，道德是基础，群众是根本。围绕党的先进性建设开展反腐倡廉工作，既要把握四个领域防治腐败的重点，又要妥善处理相互之间的关系，统筹兼顾，整体推进。

三、加强反腐倡廉法规制度建设

要长期保持和不断发展党的先进性，必须通过完善制度和机制，使党的先进性要素充分发挥作用，激励广大党员自觉遵守党章和党规党纪，自觉实践党的先进性基本要求。加强制度建设是保持党的先进性、从源头上防治腐败的重要途径。改革开放以来特别是党的十六大以来，我们坚持把制度建设贯穿于反腐倡廉工作的各个环节，相继制定修订了党内监督条例、党员权利保障条例等一批法规制度，发挥了重要作用。要继续以改革的精神加强制度建设，形成用制度规范从政行为、按制度办事、靠制度管人的有效机制，促进领导干部廉洁从政。

（一）严格执行制度

目前，我国反腐倡廉法规制度并不少，党风廉政建设和反腐败工作初步实现了有法可依。但是，徒法不足以自行。现在，一些地方和部门管理不严、执行不力，有的甚至人为地破坏制度，导致一些法规制度落实不到位，没有发挥出应有的效力。我们既要重视制定制度，更要严格执行制度，在抓落实上下功夫。

要增强党员干部的制度意识。加强法规制度的宣传教育，使广大党员干部了解制度，营造执行制度的良好氛围。领导干部一定要带头遵守制度，自觉用制度约束自己的言行，同时要敢抓敢管，切实抓好分管部门和单位的制度落实。

要加强法规制度执行情况的监督检查。建立健全督办机制，及时汇总执行中存在的突出问题，责成有关部门认真研究解决。有条件的地方可以建立以信息网络技术为载体的实时监控系统，发挥现代科技在落实制度中的作用。

要坚持制度面前人人平等。不管是谁违反制度，都应予以追究。对有令不行、有禁不止、不严格执行制度甚至破坏制度的，要依纪依法进行处理，切实维护制度的严肃性和权威性。

（二）不断完善制度

制度建设是动态的、开放的、发展的。如果制度存在缺陷不及时修补，就可能为破坏制度的人提供机会。要在实践中及时总结经验，不断完善制度，切实提高制度建设的质量和水平。

要重视制度的修订。随着实践的发展，现有制度该完善的要完善，该废止的要废止。要逐步建立法规制度实施情况的评估机制，查找问题和不足，有针对性地做好修订工作。

要注重制度的系统配套。既要注意单项制度的制定修订，又要注意与其他制度协调配合；既要充实完善惩戒性、约束性规定，又要建立健全激励性、保障性规定；既要重视实体性制度建设，又要重视程序性制度建设，发挥整体效能。要注意制定实施细则，将一些原则性要求转化为可操作的具体规定。

要努力使党内制度与国家法律相衔接。党内制度建设要体现依法治国的基本方略，同国家法律法规相协调。要适时将经过实践检验、适应形势发展的党内制度转化为国家法律法规，增强约束力和强制力。

（三）注重创新制度

要从实际出发，坚持解放思想，改革创新，实现制度建设的与时俱进。

制度创新要与完善社会主义市场经济体制相适应。既要与市场经济的发展进程相适应，同改革开放和经济建设重大措施的实施紧密结合起来，防止急于求成或者过于滞后；又要与市场经济的运行规则相适应，把反腐倡廉的要求寓于各项政策和措施之中，使制定的制度有利于促进改革开放和经济发展。

制度创新要科学有效、行得通、做得到。制度是管人的，人都有可能犯错误。我们制定制度，就是要针对那些不遵守甚至破坏制度的人。博弈论中有个“囚徒两难”的故事：两个人犯了罪，如果都不交代，将因证据不足而无罪释放；如果一个交代，另一个不交代，交代的判半年，不交代的判三年；如果两个人都交代，各判一年。这样两个罪犯就会盘算，假如都不招，可以无罪释放，但不能保证对方不招；假如对方先招，我就会重判，不如争取主动、坦白交代。所以，制度设计要考虑各种情况，努力做到使执行制度的人不吃亏，使不执行制度的人受惩罚。要深入研究人们心理活动的特点和规律，注意吸收社会科学和自然科学的新成果，使制度设计更加科学、管用。

制度创新要充分发扬民主。一些关系群众切身利益的重要措施和规章的制定，要采取多种方式广泛征求群众意见，以科学的态度做好调研论证工作。要把一些比较成熟的做法转化为对全局工作有指导作用的制度。有些制度应在一定范围试点，然后再逐步推开。

制度创新要注意借鉴国外经验。反腐败是世界各国面临的共同课题，离不开国际交流与合作。我们要立足国情，拓宽视野，吸收借鉴国外反腐败制度建设的有益做法。当前，尤其要做好我国法律法规与《联合国反腐败公约》的衔接工作，对一些法律法规进行修改和完善。同时，也要加强对外宣传，增进国际社会对我国反腐倡廉法规制度建设的了解。

纪检监察机关要会同有关部门制定制度建设规划，抓好任务分解和督促检查。重大问题要及时请示汇报，涉及全局性的重要制度一定要提请党委和政府审议决定。

对官商勾结问题要严加治理*

（2006年8月22日）

再讲三个问题：

1. 在学习《江泽民文选》时，一定要坚持理论联系实际，努力做好维护党的纪律和反腐倡廉工作。要深入调查研究，对出现的新情况、新问题、新花样，绝不允许捂着，绝不允许视而不见、视而不纠、视而不查。要魔高一尺，道高一丈。有问题要有针对性地采取对策，认真进行治理，包括依纪依法严肃查处、建立健全制度、堵塞漏洞、改进监督、加强预防措施等，提高我们拒腐防变和抵御风险的能力。

2. 当前，在有的地方官商勾结很严重，要严加治理。有的企业尤其是有的民营企业主，利用行贿，拉拢腐蚀干部。一手设法获取贷款（包括银行贷款、财政资金贷款、企业贷款等），一手千方百计拿到有丰厚利润的优质项目。这些人挥金如土、挥霍无度。可悲的是，一些并不高明的民营企业主，办事却能畅通无阻，每每得手，发人深省。根子是，有的党员干部，没有严格依纪依法办事，搞以权谋私，令人寝食不安。

3. 少数领导干部的家属和身边工作人员，利用领导的职务和影响，呼风唤雨，翻云覆雨，谋取非法利益和不正当利益，甚至无恶不作，给国家带来重大损失，给党造成极坏影响，实在令人

---

* 这是吴官正同志在“学习《江泽民文选》，推进反腐倡廉工作座谈会”上讲话的一部分。

担忧、吃惊。对这样的腐败分子务必坚决查处，使他们政治上身败名裂，经济上倾家荡产，思想上后悔莫及，否则我们愧对党和人民赋予的权力！

切实加强农村基层党风廉政建设*

（2006 年 10 月 14 日）

加强农村基层党风廉政建设是党的建设和政权建设的基础性工作，也是促进农村安定和谐的有效途径。目前，全国农村有乡镇党委、村党组织 68 万多个，约占全国基层党组织总数的 19.7%；农村党员 3029 万名，约占全国党员总数的 43%；农村基层干部 680 多万名，他们直接联系着广大农民群众。长期以来，广大农村基层党员干部辛勤工作在改革发展稳定的第一线，承担着艰巨繁重的任务，为农村各项事业的发展作出了重要贡献。特别是通过在农村党员中开展"三个代表"重要思想学习教育活动、保持共产党员先进性教育活动，农村基层党组织建设得到加强，党员素质得到提高。农村基层党员干部队伍的主流是好的，党和人民是信赖的。但也要看到，当前有些地方损害农民群众利益的不正之风还比较严重，一些农村基层干部法制观念淡薄、作风粗暴、办事不公、吃拿卡要、以权谋私等问题还比较突出，加强农村基层党风廉政建设十分重要和紧迫。

一、要紧紧围绕社会主义新农村建设这个重大历史任务来进行

这几年，党中央坚持把解决好"三农"问题作为全党工作的

---

* 这是吴官正同志在农村基层党风廉政建设工作座谈会上的讲话。

重中之重，作出了“两个趋向”的重要论断，制定了“多予、少取、放活”和工业反哺农业、城市支持农村的重要方针，提出了建设社会主义新农村的重大历史任务，实施了一系列支农惠农政策，农业和农村经济发展呈现良好势头。最近，又加大农村综合改革力度，对乡镇机构、农村义务教育和县乡财政管理体制三项改革做出具体部署，这是建设社会主义新农村的重要任务和有力保障。我们要按照中央的要求，切实加强农村基层党风廉政建设，进一步密切党群干群关系。要以良好的作风推进社会主义新农村建设，既要保护广大农村基层干部干事创业的积极性，又要坚决反对形式主义，防止搞脱离实际、劳民伤财的“形象工程”，防止盲目攀比、强迫命令等问题的发生。要严明纪律，加强监督检查，促进农村综合改革顺利进行，保证中央关于“三农”工作的方针政策落到实处，使农民群众真正得到实惠。

二、要把维护农民群众利益作为工作重点

深入推进农村基层党风廉政建设，要继续从农民群众最关心、最直接、最现实的问题入手，着力抓好维护群众利益的工作。要切实解决损害农民利益的突出问题。加大对农村教育乱收费、医药购销和医疗服务中不正之风的专项治理力度，坚决纠正农村土地承包和土地征收征用中损害农民利益的问题，严厉打击制售伪劣农资和哄抬农资价格等坑农害农行为，坚决纠正一些地方挪用、截留支农惠农专项资金的问题，继续做好减轻农民负担工作。要坚决查处违纪违法案件。这些年，少数农村基层党员干部违纪甚至违法的问题仍然比较突出，有些案件性质恶劣，影响很坏，我们务必高度重视，按照《意见》的要求，突出重点，进一步加大查处力度。要切实改进基层干部作风。高度重视信访工作，认真落实领导机关和领导干部接待和联系

群众制度。着力解决极少数农村基层干部不严格按法律和政策办事、工作方法简单粗暴等问题，切实维护农民群众的合法权益。对形象不好、群众反映强烈的干部，要及时采取组织处理措施。

三、建立与社会主义新农村建设相适应的农村基层党风廉政建设长效机制

农村基层党风廉政建设是一项艰巨而长期的任务，要常抓不懈，坚持教育、制度、监督并重，努力建立健全长效机制。一是要认真学习和实践邓小平理论和“三个代表”重要思想并按照“八荣八耻”的要求，切实抓好党风廉政教育。运用保持共产党员先进性教育活动中创造的好做法好经验，引导广大农村基层党员干部发扬党的优良传统和作风，自觉用《意见》提出的“六要六不要”规范自己的行为，做到办事要公、作风要实、用人要当、为政要廉，进一步树立为民、务实、清廉的形象；要加强农村廉政文化建设，营造文明乡风。二是要以规范基层权力运行为重点，切实抓好制度建设。建立健全农村基层财务制度，制定和完善农村集体资产监管办法，加强对农村集体资金、资产和资源的管理，有条件的地方，要在尊重农民意愿的基础上，推行村级会计委托代理服务制度；要深入推进农村基层民主政治建设，认真落实并不断完善农村民主选举、民主决策、民主管理、民主监督等各项制度。三是要全面推进乡镇政务公开、村务公开和党务公开，切实强化监督。凡是涉及农民群众切身利益的政策和事项，都要按照规定进行公开，坚决防止和纠正不公开、假公开、不及时公开等问题，切实保障农民群众的知情权、参与权、管理权和监督权。

四、不断创新农村基层党风廉政建设的方式方法

改革开放的深入和社会主义市场经济的发展，对加强农村基层党风廉政建设提出了新的更高要求。这些年，农村基层组织和广大基层干部大胆探索，勇于创新，创造了许多行之有效的好做法好经验。《意见》对此进行了总结和概括，如建立和完善农村基层干部任期经济责任审计制度，逐步扩大基层党组织领导班子成员直接选举的范围，推行村干部勤廉双述和民主评议制度，引入社会中介机构为村级财务管理服务，等等。我们一定要结合实际，抓好落实。同时要进一步解放思想，不断研究新情况，解决新问题。比如，农村税费改革以后，如何更好地为农民群众服务，就成为需要在实践中积极探索的重要课题。农村基层各种利益关系和矛盾比较复杂，对群众提出的各种诉求，既要真心实意地听取，依照法律和政策及时处理，又要耐心细致地做好宣传教育工作，引导他们以理性合法的形式表达要求和解决问题。要注重调查研究，及时总结和推广基层创造的好做法好经验，推动农村基层党风廉政建设不断取得新成效。

五、加强对农村基层党风廉政建设的领导

加强农村基层党风廉政建设，县委是关键，乡镇是基础。各级党委、政府要切实负起全面领导的责任，把农村基层党风廉政建设工作摆上重要议事日程，纳入社会主义新农村建设的整体规划。县（市）党委要全面了解和掌握本地区农村基层党风廉政建设的情况，抓住突出问题和薄弱环节，研究提出具体措施，加强工作指导。乡镇党委要发挥承上启下作用，抓好自身和村级

组织的党风廉政建设，确保工作落实。各有关部门要按照“谁主管、谁负责”的原则，结合自身业务特点，充分发挥职能优势。县（市）纪检监察机关要把农村基层党风廉政建设作为主要工作任务，定期分析形势、研究问题，加大组织协调和监督检查力度，更好地推动工作的深入。省（区、市）、市（地）纪检监察机关要定期检查指导。

丧事决不能大操大办*

（2006 年 12 月 10 日）

刚得悉父亲大人逝世，十分悲痛。他是一个出身贫苦的普通农民，年已九十有六高龄，走完了平凡而有意义的一生。

万望你们及父亲的其他亲人们务必坚决做到：丧事一切从简，决不能大操大办，决不要收受任何人的钱财，决不可劳烦当地政府。相信父老乡亲、同志友人会理解支持。

近年，父亲年老体衰，他本人、亲人和医务人员尽了最大的努力，省市县镇有关领导也十分关心。在此，对各位领导、亲朋、同志表示深深的谢意！

现电汇壹万元人民币，请收。如有困难，望给我的秘书打电话，他们会转告我。

请以我、锦裳率全家给老人敬献一花圈，以表示我们的深切哀悼！

父亲大人千古！

---

* 这是吴官正同志致弟弟及叔叔等家属的信。

忠厚谦让，不做亏心事*

（2006 年 12 月 13 日）

父亲已入土为安，他同母亲相伴，与埋葬在周围的亡人相邻相处。如有人提什么“建议”或出什么馊主意，务必保持清醒头脑，永远不可损坏或扰动他们的邻居。也永远不要建什么亭子，也不要在坟墓间修一条通向父母墓地的路。

我昨晚打了七个电话，使我感到十分困惑和悲哀，只好写信，请您按我的要求做好工作，相信您会想通并支持我。

我们家族有今天，是父母忠厚、善良、让人和大家努力的结果，要十分珍惜。我是高处不胜寒，想到的总是党的工作、人民的愿望和刚正公平，想到人言可畏，想到永远不做亏心事。

我们特别是我尤其要谨慎，对自己、对亲属都应严格要求，勤勤恳恳工作，老老实实做人。如果在这信的第一段内容中列的三条，有任何一条做不到，影响会极坏，后果会十分严重，到时候会后悔莫及！

在任何时候，首先要想到别人的感受，要尊重同事、亲友和陌生人，夹着尾巴做人，好自为之，这是一个领导干部应该做到的。要记住，一个家族，如某一件事处理不好，兴难衰易，很容易会走向反面。

我不想写下去了，关于涉及父母的事，我是长子，应尊重我。我在位时你们不能做，我退下来你们不能做，即使我死后，你们

---

* 这是吴官正同志给弟弟的信。

也不能做:要求人家迁坟、盖亭、修路或搞什么花样。

历史和现实告诉我们,忠厚好,谦让好,吃亏好,这对后代好！我希望您是会想事,会是瞻前顾后的明白人,也希望您会理解我的苦心。

大力加强纪检监察队伍建设*

（2007 年 1 月 7 日）

党的十六大以来，以胡锦涛同志为总书记的党中央坚持以邓小平理论和“三个代表”重要思想为指导，提出坚持标本兼治、综合治理、惩防并举、注重预防的反腐倡廉方针，抓紧建立健全教育、制度、监督并重的惩治和预防腐败体系，作出了一系列重大决策和部署。各级党委、政府认真贯彻中央精神，纪检监察机关忠实履行职责，党风廉政建设和反腐败工作取得新进展、新成效，为促进改革发展稳定作出了贡献。今天受到表彰的先进集体和先进个人，就是全国纪检监察系统的优秀代表，是 30 多万纪检监察干部的光荣和骄傲。他们不仅做出了优异的工作成绩，而且创造了宝贵的精神财富。我们要认真学习他们坚持原则、秉公执纪、艰苦奋斗、乐于奉献、改革创新、奋发有为的优秀品格和崇高精神，广泛宣传他们的先进事迹，激励广大纪检监察干部创造性地开展工作，在新的征程上建功立业。

当前，我国已进入改革发展的关键时期。全面落实科学发展观、构建社会主义和谐社会，对党风廉政建设和反腐败工作提出了新的更高要求。我们要以这次表彰活动为契机，认真落实中央关于反腐倡廉工作的决策和部署，按照“八个坚持、八个反对”和为民、务实、清廉的要求，努力建设一流队伍、创造一流业绩、树立一流形象，推动党风廉政建设和反腐败工作不断向前

* 这是吴官正同志在全国纪检监察系统表彰大会上的讲话。

发展。

第一，要政治坚定，忠实履行纪检监察职责。纪检监察机关担负着维护党的纪律、实行党内监督、确保政令畅通等重要职责，工作的政治性、政策性很强，必须立场坚定，对党忠诚，同党中央保持高度一致。广大纪检监察干部要进一步增强政治意识，加强党性锻炼，把“做党的忠诚卫士”的要求落实和体现到本职工作中去。要围绕中央的重大决策和部署，加强对遵守和执行政治纪律情况的监督检查，为党的路线方针政策的贯彻落实提供纪律保证。要坚决同各种腐败现象作斗争，严惩腐败分子，切实维护党的先进性和纯洁性，维护改革发展稳定的大局。要适应中国特色社会主义事业总体布局的要求，更加自觉地把反腐倡廉工作融入经济建设、政治建设、文化建设、社会建设和党的建设之中，努力拓展从源头上防治腐败的工作领域。

第二，要牢记宗旨，切实维护人民群众的根本利益。党风廉政建设的核心是密切党同人民群众的血肉联系。纪检监察机关和纪检监察干部要怀着对人民群众的深厚感情，按照中央的要求，继续把解决损害群众利益的突出问题作为一项重点工作，认真解决教育、医疗、食品安全、环境保护、安全生产等方面群众反映强烈的问题，不断提高人民群众的满意度。要重视基层党风廉政建设，坚决防止和纠正极少数基层干部作风粗暴、办事不公、吃拿卡要、以权谋私等问题。要拓宽党风廉政建设的参与渠道，积极推进政务公开、厂务公开、村务公开和党务公开，加强和改进信访工作，认真听取人民群众的意见和建议，使我们的工作更加符合人民的利益和愿望，当好群众的贴心人。

第三，要勤奋学习，努力提高执行党纪政纪的本领。这几年，广大纪检监察干部努力学习政治、经济、法律等方面知识，各级纪检监察机关注意改善人员结构，注重在岗教育培训，队伍素质和工作水平有了新的提高。随着形势的发展和反腐倡廉工作日益深入，我们的视野还需要不断拓宽，知识还需要不断更新，能力还需要不断提高，必须增强学习的紧迫感，励志精进，奋发向上。要带头学习江泽民反腐倡廉理论，学习胡锦涛同志关于反腐倡廉的一系列重要论述，用马克思主义中国化的最新成果武装头脑。要学习纪检监察业务知识，注意借鉴国际反腐败的有益经验，进一步把握纪检监察工作特点和规律，提高从源头上预防和治理腐败的能力。要学习法律、经济、金融、科技和社会管理等方面的知识，努力改善知识结构，增强专业素养，提高处理疑难案件和复杂问题的能力。纪检监察机关要按照建设学习型机关的要求，把干部学习摆到十分重要的位置，加大教育培训力度，注重在实际工作和艰苦环境中培养锻炼，不断提高干部队伍素质。

第四，要严守纪律，带头弘扬党的优良传统和作风。纪检监察干部处在反腐败斗争的第一线，面临着腐蚀与反腐蚀的严峻考验，必须严于律己、以身作则。如果放松要求，就容易在权力、金钱、美色的考验面前打败仗。要自觉增强拒腐防变意识，做到立党为公、一身正气。要讲党性、讲原则，扶正祛邪、扬善惩恶，坚持党纪面前人人平等，切实维护公平与正义。要严格遵守党的纪律和国家法律法规，遵守廉洁自律各项规定，自觉接受党和人民群众的监督。要求真务实，艰苦奋斗，谦虚谨慎，大力弘扬党的优良传统和作风，当实践社会主义荣辱观的模范。纪检监察机关要健全内部管理制度，建立严格的制约和监督机制，加大干部交流力度，加强思想作风建设，努力建设一支政治坚强、公正清廉、纪律严明、业务精通、作风优良的干部队伍，进一步树立可亲、可信、可敬的形象。

纪检监察主要领导要把握好几个关键问题*

（2007 年 1 月 10 日）

在中央纪委第七次全会上，胡锦涛同志发表了重要讲话，深刻阐述了加强领导干部作风建设的极端重要性和紧迫性，强调要在领导干部中大力倡导八个方面的良好风气，全面加强新形势下的领导干部作风建设。讲话明确提出了今年反腐倡廉工作的重点任务，要求继续加强各级纪律检查机关领导班子和干部队伍建设。我们要认真学习，深入领会，坚决贯彻。

第一，要正确认识反腐倡廉形势，进一步增强政治责任感。

党风廉政建设和反腐败斗争关系党的生死存亡。党的十六大以来，党中央坚持以邓小平理论和“三个代表”重要思想为指导，全面贯彻落实科学发展观，对反腐倡廉工作实施了坚强有力的领导。十六届三中、四中、五中、六中全会都提出了明确要求。中央政治局和政治局常委会每年都要专门研究反腐倡廉工作。胡锦涛同志连续五次在中央纪委全会上发表重要讲话，中央领导同志多次听取中央纪委汇报，作出重要指示。国务院每年召开廉政工作会议，温家宝同志和其他国务院领导都亲自出席，对政府系统的反腐倡廉工作进行部署。经过全党全社会的共同努力，反腐倡廉工作取得新进展、新成效。人民群众的满意度和认可度提高，国际社会也给予积极评价。

---

* 这是吴官正同志在新任纪检监察领导干部座谈会上的讲话摘要。

同时，也要清醒地认识党风廉政建设和反腐败斗争的长期性、复杂性和艰巨性。当前，我国处于经济体制深刻变革、社会结构深刻变动、利益格局深刻调整、思想观念深刻变化的历史时期，腐败现象和不正之风滋生的土壤在短时间内不可能彻底消除，腐败现象在一些地方和部门仍然比较严重，尤其是反腐败面临着许多新情况、新问题，一些领导干部搞官商勾结、权钱交易、权色交易，手段更加迂回隐蔽，案情更加错综复杂。教育、医疗、食品安全、环境保护、安全生产等方面还存在一些人民群众反映强烈的问题。在领导干部作风方面有的问题仍很突出。所有这些，严重损害党群干群关系，破坏社会和谐稳定，影响党的执政成效。我们要增强忧患意识和政治责任感，采取得力措施，尽职尽责地做好工作，为党分忧，为民解难。

第二，要全面履行党章赋予的职责，为党的政治纲领和政治目标的实现提供保证。

党章是我们立党、治党、管党的总章程，也是党的纪律检查工作的根本依据。十六大通过的党章规定了各级纪委的三项主要任务：维护党的章程和其他党内法规，检查党的路线方针政策和决议的执行情况，协助党的委员会加强党风建设和组织协调反腐败。还规定了五项经常性工作：对党员进行纪律教育，对领导干部进行监督，检查和处理违纪案件，受理党员控告申诉，保障党员权利。这三项主要任务和五项经常性工作相互联系、密不可分，构成了纪律检查机关的基本职责。

落实党章规定的各项任务要注意把握三点：一是要着眼大局考虑问题。纪律检查工作是全党工作的一个组成部分，必须服从和服务于党和国家工作大局。作决策办事情，都要有利于巩固党的执政地位，有利于促进改革发展稳定，有利于维护人民群众的根本利益。二是要严格执行和维护党的纪律。这是贯穿三项主要任务和五项经常性工作的一条主线。要督促党的各级组织和广大党员干部切实遵守党章和党内法规，严格执行党的政治纪律、组织纪律、经济工作纪律和群众工作纪律，坚决反对有令不行、有禁不止，维护党的团结和统一。要积极推进党内民主，严肃查处侵犯党员权利的行为，切实保障党员权利。三是要认真做好协助党委加强党风建设和组织协调反腐败工作。要坚持在党委领导下开展工作，重大事项要向党委请示报告。要充分发挥组织协调作用，为党委统一领导反腐倡廉工作当好参谋助手。既要坚决惩治腐败，又要有效预防腐败；既要切实纠正不正之风，又要重视解决苗头性、倾向性问题；既要充分履行自身职责，又要发挥好其他部门作用，努力形成反腐倡廉的整体合力，提高防治腐败的整体水平。

行政监察紧贴政府中心工作，对保证党的方针政策和国家法律法规的贯彻执行、加强政风建设等具有重要作用。行政监察任务繁重。要积极开展廉政监察、执法监察、效能监察等项工作，保证政令畅通，促进中央关于宏观调控各项措施的落实，督促公务人员廉洁勤政、公平公正，为人民群众提供高效、便捷、优质的服务。行政监察要在政府的领导下开展工作，重要情况要向政府请示汇报。

第三，要坚持方针、构建体系，拓展从源头上防治腐败工作领域。

改革开放以来，我们党努力探索有效开展反腐倡廉工作的路子。上个世纪90年代初，党中央作出加大反腐败斗争力度、坚决遏制腐败现象的重大决策。十五大以后，我们党坚持标本兼治、综合治理，逐步加大治本力度。十六大以来，党中央明确提出要坚持标本兼治、综合治理、惩防并举、注重预防的反腐倡廉方针，抓紧建立健全与社会主义市场经济体制相适应的惩治和预防腐败体系，并制定颁发了《实施纲要》。这是党中央在新形势下对反腐倡廉工作作出的战略决策，反映了我们党对执政规律和反腐倡廉工作规律认识的深化。标本兼治、综合治理，就是既要着力治标，深挖严查腐败分子，又要多管齐下，综合运用教育、制度、监督、改革和惩处等多种手段防治腐败；惩防并举、注重预防，就是要坚持惩治和预防两手抓、两手都要硬，在坚决惩治腐败的同时，进一步加大预防力度，使我们的干部不犯或少犯错误。

十六届六中全会提出要拓展从源头上防治腐败的工作领域。胡锦涛同志最近几次重要讲话，对这个问题提出了明确要求。我们要深刻领会，认真落实。拓展从源头上防治腐败工作领域，是反腐倡廉工作适应中国特色社会主义事业总体布局的客观需要，是对坚持反腐倡廉方针要求的进一步深化。要把反腐倡廉工作融入经济建设、政治建设、文化建设、社会建设和党的建设之中，健全防治腐败的体制机制。必须抓住正确行使权力这个关键，加强对权力运行的制约和监督，重点解决权力滥用的问题。必须注意建立健全正确的利益导向，充分发挥市场在配置资源中的基础性作用，坚决防止权钱交易，认真治理商业贿赂。必须加强思想道德教育这个基础，注重党章和法纪教育，推进廉政文化建设，树立和实践社会主义荣辱观，积极倡导以廉为荣、以贪为耻的社会风尚。必须坚持以人为本的原则，密切党同人民群众的联系，认真解决损害群众利益的突出问题，努力形成群众支持和参与反腐倡廉的有效机制。

第四，要高度重视办案工作，严格依纪依法查办案件。

查办案件是纪检监察机关的一项基本职责。从总体上讲，当前违纪案件总量有所下降，但腐败现象在一些地方和部门仍然呈多发态势，尤其是中高级领导干部违纪问题影响极坏，一些重要部门和县市"一把手"违纪的问题仍然需要高度重视。这两年，各地按照中央的要求，采取有力措施，取得了一定成效，县委书记、县长出问题同比下降17.6%，但问题仍然比较突出。一些地方"带病提拔"的现象也比较严重。查办案件工作任何时候都不能放松，要继续保持惩治腐败的力度，严肃追究、严厉惩处违反党纪国法的腐败分子。

办案工作既要坚决，又要慎重，务必搞准。要严格依纪依法办案，使所办案件经得起历史检验。一是要慎用、用好党内审查措施。中央对这个问题已经作出明确规定，要认真贯彻执行。该措施仅适用于与查办重要或复杂案件有关的涉嫌严重违纪的党员，不是查办案件的必经程序。要严格执行关于党内审查措施的使用条件、审批权限、使用期限等规定。不能搞逼供、诱供，侮辱人格，坚决防止发生被审查人员自杀、自残、逃跑等事故，切实保障被审查人员的合法权利。要对党内审查措施使用的全过程实行监督，加强对办案人员、陪护人员的教育、管理和监督。二是要重视审理工作。党员干部受处分的，事实材料一定要同本人见面，本人要签字。不同意的，要认真听其解释，讲得有道理的，应予采纳。处理人，要坚持宽严相济，根据规定该从严的要从严，能从宽的要从宽。三是要坚持党委领导。查办案件工作政治性、政策性很强，一定要依靠党委领导。纪委要发挥好组织协调作用，与司法、审计等部门搞好配合，形成合力。涉嫌犯罪、具备移送司法机关条件的案件，要及时移送，有的可提前请检察机关介入。

查办案件不能下指标、定比例，有多少就查多少。案件数量有的年份上升，有的年份下降，这是正常的。但要防止有案不查、瞒案不报等问题。公开报道要慎重，必须坚持实事求是，注意社会效果。

第五，要抓好班子，带好队伍。

胡锦涛同志对纪检监察干部队伍多次给予充分肯定，并提出严格要求和殷切期望。党中央对纪委书记、纪检组长的配备非常重视。同志们任务艰巨，责任重大，使命光荣。希望大家严格要求，敢抓敢管。一是要抓好队伍建设。纪检监察队伍整体上是好的，但也有极个别干部违纪违法，损害了队伍形象。要严把进人关，完善干部考核评价和选拔任用机制，重视干部交流。建立健全各项管理制度，规范工作程序和业务流程。加强纪律约束，对不适合在纪检监察机关工作的，要坚决调离；违纪违法的，要严肃查处。对干部要在政治上爱护、工作上支持、生活上关心。二是要自觉接受监督。纪委实行的是委员会制，重大问题必须集体讨论决定。要带头发扬民主作风，严格执行民主集中制的各项规定，自觉接受班子的监督，同时要接受广大党员、人民群众和社会各界的监督，不断改进工作和作风。三是要加强学习。要认真学习邓小平理论和“三个代表”重要思想，尤其要带头学习江泽民反腐倡廉思想，学习胡锦涛同志关于反腐倡廉的一系列重要论述，坚持用马克思主义中国化的最新成果武装头脑，注重改造主观世界，自觉加强党性锻炼。要本着缺什么、补什么的原则，抓紧学习纪检监察业务和其他相关知识，更好地熟悉情况、履行职责。

请同志们支持、监督*

（2007 年 1 月 10 日）

还有几句话，请同志们予以支持、监督。

1. 我的任何亲属和身边工作人员，如有事找有关领导，要求关心照顾，望坚决拒绝，并说：“吴官正有交待，我不能为你办事，否则他会使我难看，请你理解支持，不要难为我。”

2. 希望各级领导、各单位的同志，如遇到打着某领导的旗号，或自称领导亲属、身边工作人员，无论是真是假，对他们要求关心照顾，甚至为其谋取不正当利益的，要坚决拒绝，并进行批评教育，决不要帮倒忙，否则影响自己的形象，败坏风气。

3. 各地方、各单位的同志都不得到北京请中央纪委、监察部的干部、职工吃饭，如有人背着我们请吃送礼，我们的干部会受到批评和怀疑，也会给好心的人或居心不良的人带来不必要的麻烦。如中央纪委、监察部的干部要求有关单位的领导给自己办私事，请向中央纪委报告并婉拒。如这些同志确有困难，事情也符合原则，我们会通过组织找你们。

4. 中央纪委、监察部的领导和干部到地方去工作，决不能超标准接待，要按规定交费。当然在工作上要积极支持配合。

---

* 这是吴官正同志在新任纪检监察领导干部座谈会上讲话的一部分。

继续深挖腐败分子*

（2007 年 1 月 24 日）

去年是委部机关查办案件较多的一年。多年来没有发现和查处省级干部违纪案件的几个省（市），通过深挖细查，也取得了重要进展。案件检查室的同志们做了大量卓有成效的工作，取得了显著成绩。要进一步提高办案工作的质量和水平。

一、要继续深挖腐败分子。当前，一些领域的腐败现象仍然比较严重。从这几年查办的案件看，极少数人搞官商勾结、权钱交易、权色交易，影响十分恶劣。腐败分子作案手段更加迂回隐蔽，案情更加错综复杂。有的领导干部利用职权和影响，在征地拆迁、国有企业重组改制、产权交易、资本运营和项目审批过程中，与不法商人相互勾结，谋取巨额非法利益。有的不法商人低价向领导干部卖房子，或采取借用、不过户的方式，向领导干部及其亲属提供住房、小汽车等。有的领导干部以委托理财的名义获取非法利益。有的千方百计向境外转移资产，给调查取证、追缴赃款造成很大困难。对查办大案要案，中央态度是坚决的，措施是有力的，不管是谁，不论其职务多高，隐藏得多深，只要搞腐败，就要一查到底，决不让他们逃脱党纪国法的惩处。

要继续保持查办案件的强劲势头，在深挖腐败分子上下工夫。同志们在这方面做了许多工作，还要继续努力。一是要加

* 这是吴官正同志在中央纪委监察部机关查办案件工作座谈会上的讲话。

强对案件线索的管理。注意通过查办案件、信访举报、开展巡视等多种途径发现案件线索。加强综合分析，认真进行排查，线索比较具体的，经过批准，要及时初核；对符合立案条件的，要依照程序立案检查；失实的，要澄清是非，注意保护党员干部干事业的积极性。二是要按照中央纪委第七次全会的要求，对重点案件抓住不放，力争较快掌握证据、取得突破。去年治理商业贿赂取得较好效果，今年要继续深入，务求取得新成效。三是要搞好组织协调，发挥司法机关、行政执法机关在办案中的职能作用。注意把办案与信访、巡视、审理和案件管理等工作衔接好。在抓好自办案件的同时，要加强对所联系地区和部门办案工作的指导。要加强反腐败国际合作，建立健全防范腐败分子外逃、境外缉捕、涉案资产返还等工作机制。

二、要严格依纪依法查办案件。查办案件，既要坚决，又要慎重，务必搞准，要办成铁案，经得起历史检验。

一是要慎用、用好党内审查措施。对该措施的使用，中央作出了明确规定，执行情况总的是好的。去年，全国使用党内审查措施同比下降了许多，各级纪检监察机关严格依纪依法办案的意识进一步增强。我们委部机关办案审查的对象多是高级干部，政治影响、社会影响大，对审查措施一定要慎用，但必须用的还是要用，而且一定要用好。你们既注意深挖，又注意政策，讲政治、讲大局，严格使用审查措施，许多问题处理得很好。这根弦时刻要绷紧，确保不出任何问题。今后要继续注意保障被审查人员的合法权利，注意他们的身体、饮食和安全，严禁搞逼供、诱供、侮辱人格。只要不涉及案情，必要时可允许与家人通电话。

二是要重视和加强案件审理工作。处分党员干部，事实材料一定要同本人见面，本人要签字，不同意的，要认真听其解释，有道理的，应予采纳。只要证据确凿，即便当事人拒不承认，该认定的还是要认定，依纪严肃处理。对人的处理要慎重，按照党纪国法，宽严相济，该严则严，能宽则宽。

三是要注意做好案件移送工作。涉嫌犯罪、具备移送司法机关条件的案件，要及时移送，有的可提前请检察机关介入。案件报道一定要实事求是，注意社会效果。对社会关注的案件要及时报道，以正视听。

三、发挥查办案件在预防腐败方面的作用。惩治和预防腐败是反腐倡廉工作的两个重要方面，要坚持两手抓，两手都要硬。案件检查室要在重点查办案件的同时，做好预防工作。同志们在这方面下了很大工夫，要结合实际，继续努力探索。

要全面履行职责，多关注所联系地区和部门落实科学发展观、促进和谐社会建设等方面的情况，加强监督检查，坚决纠正违背中央要求的行为。认真贯彻胡锦涛同志的重要讲话精神，大力倡导八个方面良好风气，加强对领导干部作风建设的监督检查，促进领导干部作风进一步转变。要注意通过参加所联系单位民主生活会、同党委（党组）交换意见等多种渠道，了解党风廉政建设和领导干部廉洁自律情况。对干部的选拔任用，要协助组织部门把好关，做好经常性的监督检查工作，防止"带病提拔"、"带病上岗"。

要发挥查办案件的治本功能。案件检查室熟悉案情和发案原因，要配合有关部门，选择典型案例，开展警示教育；加强案件剖析工作，帮助发案地区和部门总结教训，建章立制，堵塞漏洞；对制度执行不力、管理不严的，要督促整改。要善于从案件中发现党风方面的苗头性、倾向性问题，提出有效防治的对策和建议。积极配合委部机关综合部门开展领导干部廉洁自律、纠风、巡视、源头治理等工作。

四、要加强办案队伍建设。我们这支队伍是好的。许多同志长期在外办案，克服各种困难，非常辛苦。有的经常加班加点，放弃节假日休息；有的带病坚持工作；有的家属孩子生病，也没法照顾。你们是党的好干部，是无名英雄。当然，这些年也有极个别人出了事，影响很坏，我们要高度重视。对办案人员，发现有犯错误的苗头，要及时提醒、纠正；对不适合从事办案工作的，要坚决调离；违纪违法的，要严肃查处。我们纪检监察机关，肩负执行纪律的职责，岗位特殊，责任重大。对办案人员包括抽调、借调人员，强调严格要求、严格管理、严格监督，是对同志们的关心和爱护。我们要努力学习，加强党性锻炼，严于律己，自觉遵守办案纪律和保密纪律，不断提高政治素质、业务素质和执纪能力。到地方办案要尊重地方同志，谦虚谨慎，不接受超标准接待，自觉接受监督。

要继承和发扬优良传统*

（2007 年 3 月 12 日）

江西的历史曾经有过辉煌，江西的现在也很灿烂，江西的未来会更加美好。坚持社会主义核心价值体系，一个很重要的方面就是要弘扬以爱国主义为核心的民族精神。而弘扬民族精神，关键是要继承和发扬优良传统。对江西而言：

一要坚持改革。王安石是宋代著名的改革家，面对国家的积贫积弱，他两度为相，大力推行改革。他写了不少名诗，如“不畏浮云遮望眼，自缘身在最高层”，意思是，看问题一定要站得高，不要目光短浅，要着眼全局，谋划长远；再如“千门万户曈曈日，总把新桃换旧符”，体现了他的改革思想和精神，当时改革的阻力很大，也很艰难。江西这些年能取得这样的好成绩，就是因为坚持改革开放，为发展不断提供动力。就像朱熹写的“问渠那得清如许，为有源头活水来”。我们党在指导思想上坚持与时俱进，用发展着的马克思主义指导实践，所以我们的事业充满生机和活力。

二要廉洁从政。江西出过许多廉官。昆剧《十五贯》，反映的就是况钟为民、清廉的事迹，他是江西靖安人，在苏州为官，至今人民还怀念他。还有陶侃，是东晋著名的政治家、军事家。他在浔阳当主管渔业生产的小吏时，有一次带一罐糟鱼孝敬母亲，他母亲问，这是怎么来的？听陶侃讲后，她说，你拿回去，否则我

---

* 这是吴官正同志在看望江西全国人大代表时的讲话。

会为你担忧，睡不着觉。还有一次，陶侃带同事路过家里，时值冰雪积日，无以待客，他母亲割发买米做饭招待，看见客人的马饿了，她就用自己床上铺的稻草喂马。陶侃的同事很感动，说你有这样伟大的母亲，你会成为大有作为的人。陶母“封坛退鱼”、“截发延宾”的清廉美名流传至今。欧阳修、曾巩、王安石等对自己要求也很严格。我们共产党人更应严格要求，努力做到“为民、务实、清廉”。包拯和欧阳修先后任开封知府，包拯任职时间不长，他主张严厉惩处；欧阳修上任后，对政策作了些调整，用我们现在的话说，是注意惩防并举、综合治理，保持了开封的社会稳定，减少了案件的发生。我们现在开展反腐败斗争，要在坚决惩处腐败的同时，进一步加大有效预防腐败的力度。

三要有浩然正气。前些年开展“三讲”教育，其中有一条就是讲正气。讲到这一条，大家都不会忘记文天祥，他的《正气歌》和“人生自古谁无死，留取丹心照汗青”的名句，至今为人们传诵。江西有很多有骨气的人，如“不为五斗米折腰”的陶渊明，还有江万里，都昌人，做过宋朝宰相，南宋灭亡之时，举家投塘，誓死不降。革命烈士方志敏说，我能舍弃一切，但不能舍弃党、舍弃阶级、舍弃人民。他牺牲时年仅36岁。我们应牢记江泽民同志关于“讲正气是中华民族也是我们党的一个优良传统”，“我们党的宗旨是全心全意为人民服务，这就是全党同志首先是各级领导干部必须树立和发扬的最大正气”的教导，要树正气，正党风。

四要有真才实学。我们不比别人聪明，但也决不比别人笨。江西自古人才辈出，不仅出政治家、军事家、文学家、历史学家、诗人，还出科学家、画家、书法家。宋代有“四洪”，洪皓和他的三个儿子洪适、洪遵、洪迈，都做过大官，也很有学问。洪迈写的《容斋随笔》，非常有名，堪称为《资治通鉴》的补充，也是毛主席随身携带、经常参阅的书。“唐宋八大家”，江西有三家：欧阳修、曾巩、王安石。波阳人姜夔、吉水人杨万里的诗词都很有名气，还有著名的《平园续稿》的作者周必大，是吉安人。临川人汤显祖，他的“临川四梦”在中国戏剧史上具有很高地位，被称为“东方的莎士比亚”。大科学家有宋应星，奉新人，他写的《天工开物》，是中国古代的科学巨著；黄家驷，玉山人，是大医学家；吴有训，高安人，是著名物理学家，发现了吴有训—康普顿效应；袁隆平，德安人，是“杂交水稻之父”，为解决中国吃饭问题做出重大贡献。大画家有八大山人、傅抱石，书法家有黄庭坚、舒同等。现代出了一大批革命家、军事家。还有景德镇的陶瓷，享誉中外，其中有许多出类拔萃的人才。因此，我们应当有自信心，我们没有任何理由骄傲自满，也没有任何理由妄自菲薄。当然，要加强学习，谦虚谨慎。宋代晏氏父子，晏殊、晏几道，都是大词人。传说有一次晏殊写了“无可奈何花落去”，下句怎么也想不出来，有位江苏名人补了一句“似曾相识燕归来”，成为千古名句。王安石的名句“春风又绿江南岸，明月何时照我还”，其中这个“绿”字，改了十几遍才写出来。明朝的解缙，是吉安人，他写的“墙上芦苇，头重脚轻根底浅；山间竹笋，嘴尖皮厚腹中空”，是讽刺那些“随风倒”的“墙头草”和耍嘴皮、厚脸皮、无才学的人的。毛主席曾引用来教育全党同志，要坚定理想信念，站稳政治立场，刻苦学习，艰苦奋斗，扎扎实实做好工作。

一个人要做到虚怀若谷、能容人容物不容易，有时人家的好话也不一定都能听得进。曾巩是王安石的老乡，也是他考进士时的主考人，曾巩看到王安石的文章写得很好，但很尖刻。王安石上门求教，曾巩什么也不想说，只送了他一句话：能容于物，物能容矣。但王安石没有听进去。他刚愎自用，树敌过多。最后王安石死在南京的半山堂，死前还讲，我现在才明白恩师对我的教导。江西有座庙里的和尚有的很有学识，但比较清高，“有心访僧来莲社，无意送客过虎溪”。历史是一面镜子，我们有时也得照一照，做人做事，既要有自信心，又要谦虚谨慎，要向周总理学习，活到老，学到老，改造到老。

江西山好水好人更好。江西的山水养人，是成就人的地方。古往今来无论是当官的、革命的、干实业的，还是“游山玩水”的，许多“进口老表”都在江西成就了一番事业。狄仁杰在彭泽当过县令，刚正不阿，断案出名；海瑞当过兴国县令，为官清廉，重视办学。白居易被贬为江州司马，写了脍炙人口的《琵琶行》。阎伯屿任洪州都督，修葺滕王阁，请唐初“四杰”中的王勃留下千古名篇《滕王阁序》。毛泽东、朱德、刘少奇、周恩来、邓小平都曾在江西干革命，打天下，星星之火，可以燎原；陈毅在赣南坚持三年游击战争，艰苦卓绝，写下梅岭三章。李白、辛弃疾、苏东坡等都在江西写下许多名篇。比如，李白的“飞流直下三千尺，疑是银河落九天”；辛弃疾的“青山遮不住，毕竟东流去”；苏东坡的“不识庐山真面目，只缘身在此山中”，都是千古绝唱。连宋江也是被发配江州，因在浔阳楼上题反诗，逼上梁山，当了头头。现在的中国佛教协会会长一诚法师，也是个人才，很有功德。他就曾经在永修的云居寺和靖安的宝丰寺当过住持。我们党内有个规矩，干部要交流。我看，这对一个地方的发展，对干部本人都有好处。相信大家一定会一如既往地支持省委、省政府的工作，在建柱和新雄同志的带领下，“今年花胜去年红”，江西的未来一定会更加繁华似锦。

加强领导干部作风建设*

（2007年4月4日）

重视作风建设是我们党的一个显著特点。党从成立以来，就这个问题发了110多个文件，改革开放以来，先后就有六次中央全会对党的作风建设作出部署。江泽民同志曾经强调，要认真解决思想作风、学风、工作作风、领导作风和干部生活作风等方面存在的突出问题，明确要求全党同志做到“八个坚持、八个反对”。今年初胡锦涛同志的重要讲话，深刻阐述了在新形势下加强领导干部作风建设的极端重要性和紧迫性，明确提出全面加强领导干部作风建设的要求。我们要认真学习领会，坚决贯彻落实。

一、要进一步提高领导干部改进作风的自觉性

当前，我国正处在经济社会发展的关键阶段。贯彻落实科学发展观、加强党的执政能力建设和先进性建设、做好新形势下的反腐倡廉工作，任务艰巨而繁重，要求各级领导干部必须始终保持振奋的精神和良好的作风。这一段时间，各地区各部门按照中央的要求，结合实际，就加强领导干部作风建设问题，进行了研究部署，进展情况是好的。前不久，中央纪委、中央组织部发了通知，要求县以上党和国家领导机关增开一次以领导干部

* 这是吴官正同志在河北省考察时的讲话。

作风建设为主题的专题民主生活会。各级领导干部要联系思想和工作实际，以实事求是的态度对照检查，认真查摆作风建设和廉洁从政方面存在的突出问题，切实加以整改。作风建设是我们党一项长期任务，要持之以恒，常抓不懈。要促进领导干部进一步加强党性修养，坚定理想信念和政治立场；增强宗旨意识，密切联系群众和服务群众；树立正确的权力观，坚持勤政高效和廉洁从政；提高精神境界，保持良好的操守和品行。在加强对党员干部教育的同时，要积极推进廉政文化建设。总之，要弘扬新风正气，抵制歪风邪气，促进领导干部努力做到为民、务实、清廉。

二、要认真解决领导干部作风方面存在的突出问题

各级党组织要按照中央的要求，不仅要监督领导干部的工作表现，也要监督领导干部的作风状况。要着重抓好以下几个方面。

一是要加强对党的路线方针政策和决议执行情况的监督检查，自觉维护大局，确保政令畅通。维护大局、服从大局，是基本的政治纪律，也是良好作风的具体体现。维护大局，最重要的就是要坚决贯彻执行党的路线方针政策和中央的重大决策部署，做到令行禁止。各级纪检监察机关要加强监督检查，对有令不行、有禁不止、各行其是的，对搞形式主义、形象工程、政绩工程的，要坚决纠正；对造成严重影响的，要严格执行纪律。一个领导班子状况的好坏，对一个地方和部门的改革发展稳定大局至关重要。各级党委要坚持民主集中制原则，讲党性，讲大局，讲团结，发扬民主，集思广益，自觉接受监督，促进党内和谐。

二是要加强对群众反映强烈的突出问题的监督检查，切实关注民生，维护群众利益。关注民生、改善民生是我们党坚持全心全意为人民服务宗旨的要求。要继续把纠正损害群众利益的不正之风作为一项重点工作，认真解决当前群众反映强烈的食品药品安全、生产安全和坑农害农等突出问题，严肃查办在教育、医疗、土地、环境等方面严重侵害群众利益的案件。对那些群众反映强烈而又长期得不到解决的突出问题，要注意背后可能存在的腐败现象。这两年，我们加强了对食品药品领域的监督，发现药品生产、流通秩序比较混乱与主管部门一些领导干部利用审批权收受贿赂有关。去年，查处了国家食品药品监督管理局的几个司、处长。通过深挖细查，又发现原局长郑筱萸在药品监管和党风廉政建设方面严重失职渎职、袒护纵容亲属及身边工作人员谋取非法利益等问题，受贿几百万元。最近郑筱萸已经被开除党籍、开除公职，移送司法机关严肃处理。谁得罪人民群众，我们就得罪他。各级领导干部要心系群众，服务人民，深入基层、深入群众，察民情、听民意，多办为民、利民、安民、富民的实事。随着经济的发展，各方面的条件都有很大改善，我们更要牢记“两个务必”，注意防止贪图享乐、奢侈浪费现象，严格执行中央关于规范公务接待、控制党政机关修建楼堂馆所等规定，切实降低行政成本。

三是要加强对领导干部廉洁从政规定落实情况的监督检查，坚持秉公用权，做到清正廉洁。明代山东曲阜人郭允礼，在河北无极县任知县时，题书了一则著名的“居官座右铭”，用我们现在的话讲，就是当干部的为政要廉，办事要公。封建时代的个别官员尚能如此，我们党是坚持立党为公、执政为民的执政党，作为共产党人更应该严格要求，克己奉公、廉洁自律。前些年，各地区各部门按照中央要求，采取得力措施，抓了领导干部收钱送钱、跑官要官、参与赌博等党风政风方面的五个突出问题，效果是好的,要继续抓下去。随着形势的发展,又出现了一些新情况新问题。比如,有的领导干部利用职权和职务影响,在商品房买卖置换中以明显低于市场价格购置或以劣换优谋取不正当利益;有的以借为名占用他人住房、汽车,以赌博或变相赌博等形式收钱敛财;有的借委托他人投资证券或其他委托理财的名义谋取不正当利益;还有的以各种方式为配偶、子女和其他亲友谋取不正当利益,等等。对这些问题,中央纪委已经作出部署,要坚决清理纠正,有的还要视情节作出组织处理或给予纪律处分,涉嫌犯罪的要及时移送司法机关依法处理。

四是要加强对领导干部生活作风的监督检查,提高精神境界,保持高尚情操。领导干部要讲操守,重品行,注重培养健康的生活情趣,保持高尚的精神追求。领导干部的生活作风不是小事,必须严格要求。从我们查处的案件看,犯错误的领导干部,不少都与生活作风问题有关。

三、要建立健全科学有效的长效机制

依靠制度加强作风建设,是我们党的一条重要经验。一些领导干部作风方面之所以存在这样那样的问题,主要是他们自身的原因,但也与一些制度不健全、不完善有关。

中央纪委正在进行调查研究,制定加强领导干部作风建设的意见。各地区各部门要抓紧制订规划,搞好组织领导,采取有效措施,推动领导干部作风建设取得新成效。要认真落实党风廉政建设责任制,明确责任,做到谁主管谁负责,把工作要求落到实处。同时,要着力建立健全有利于促进领导干部作风建设的制度。比如,要坚持和完善学习教育制度,促进领导干部勤奋好学、学以致用;坚持和完善民主集中制,严格按照领导班子议事和决策机制办事;坚持和完善领导班子和领导干部综合考核评价制度，把干部作风情况作为衡量干部德才素质的重要方面，发挥考核评价的导向和监督作用；落实和完善领导干部联系群众的制度，坚持领导机关干部到基层特别是贫困地区锻炼和帮助工作的制度，坚持群众接待日制度，领导干部要亲自处理来信来访，进一步密切干群关系。

四、要切实加大预防腐败工作力度

良好的风气能够营造扶正祛邪的浓厚氛围，能够产生扬善抑恶的重要作用，不好的作风往往是走向消极腐败的助推因素。加强领导干部作风建设，坚持防微杜渐、警钟长鸣，是有效预防腐败的重要途径。

战国时的名医扁鹊，是河北任丘人，《鹖冠子》一书中记载了他三兄弟为人治病的故事，特别讲到"良医治未病"的道理，很深刻，对我们很有启发。反腐倡廉工作一定要在坚决惩治腐败的同时，重视预防，注重关口前移，使我们的干部少犯或不犯错误。要积极探索有效预防腐败的办法，进一步加大预防腐败力度。要坚定不移地落实标本兼治、综合治理、惩防并举、注重预防的方针，抓紧健全惩治和预防腐败体系，拓展从源头上防治腐败的工作领域，把反腐倡廉工作融入经济建设、政治建设、文化建设、社会建设和党的建设之中，整体推进教育、制度、监督、改革和惩处等各项工作，形成有效防治腐败的体制机制。要以改革创新的精神加强制度建设，规范公共权力运行，继续推进干部人事制度、行政审批制度、财政管理体制等改革，深化政务公开、厂务公开、村务公开，积极推进党务公开。要进一步健全对权力运行的制约和监督机制，加强对领导班子特别是主要领导干部的监督，加强对人财物管理和使用的监督，加强对重点环节和关键部位的监督。要完善派驻机构的统一管理，加强和改进巡视工作，省一级的巡视工作要继续向县一级延伸。为了进一步做好预防腐败工作，正在酝酿组建国家预防腐败局。

开展中央国家机关巡视试点工作*

（2007 年 4 月 23 日）

1. 要研究中央国家机关巡视试点问题，先选一个点，搞几条，内部掌握，由巡视办组织，报何勇等领导定。

2. 要请树贤、万祥同志抓紧筹建预防腐败局，先搞几个人筹备起来。

3. 请向赞忠同志报告，要法规室就加大组织处理力度，开展调研，这可能是今后一项重要的工作。

4. 惩处这一手任何时候都不可放松，纪检监察室配合十七大和明年人大、政府、政协换届，抓紧对一些同志进行侧面了解或初核，或由巡视组出面了解，有的卡住不让提拔，有的不让继续提名，有的问题严重，要认真核查。没什么问题的即时排除，支持干事业的干部。

5. 现在是纠风、加强党风建设的好时机，要借十七大的东风，着力推进这方面的工作。

6. 监察部对有关部门的审批制度改革，望继续抓紧。金融领域的问题仍要特别关注。

---

* 这是吴官正同志致中央纪委副书记干以胜的信。

注重对反腐倡廉重大问题的研究*

（2007 年 6 月 11 日）

扎实有效地开展反腐倡廉工作，必须坚持以邓小平理论和“三个代表”重要思想为指导，深入贯彻落实科学发展观，坚持解放思想、实事求是、与时俱进，大力弘扬求真务实精神，认真研究新情况，解决新问题，增强工作的主动性、前瞻性和有效性，努力把问题解决在萌芽状态。

反腐倡廉工作深入推进的过程，就是一个不断研究新情况、解决新问题的过程。上世纪 90 年代，在社会主义市场经济体制的初步建立过程中，体制转换加快，党中央提出了加大反腐败工作力度、坚决遏制腐败的要求，确立了反腐败三项工作格局，推动反腐败工作从标本兼治、更多地注重治标转向标本兼治、综合治理，逐步加大治本力度。进入新世纪新阶段，在完善社会主义市场经济体制的过程中，我国经济体制深刻变革，社会结构深刻变动，利益格局深刻调整，思想观念深刻变化。党中央提出要坚持标本兼治、综合治理、惩防并举、注重预防的方针，建立健全与社会主义市场经济体制相适应的教育、制度、监督并重的惩治和预防腐败体系，拓展从源头上防治腐败的工作领域。强调必须进一步抓好领导干部教育、监督和廉洁自律，进一步抓好大案要案查处，进一步抓好纠正损害群众利益不正之风的工作，进一步抓好反腐倡廉工作体制机制创新。各地区各部门按照中央要

---

* 这是吴官正同志在陕西省考察时讲话的一部分。

求，结合实际，认真贯彻落实，有些方面取得了比较明显的成效。但一些诱发腐败的深层次问题尚未得到根本解决，反腐倡廉的形势依然严峻，任务还很艰巨。比如，在推进工业化、城镇化进程中，如何做到既坚决纠正损害群众利益的不正之风，又能采取更有效的措施，防止问题的发生。在推进市场化的进程中，如何及时制定既体现党的优良传统和作风，又适应市场经济发展的领导干部廉洁从政行为准则和道德规范；如何更有效地防止领导干部违规干预微观经济活动，搞官商勾结、权钱交易，建立健全防治商业贿赂的长效机制。随着国际化进程的加快，如何进一步加强反腐败国际交流与合作，防止腐败分子外逃，做好人员遣返、涉案资产返还等工作。又比如，在科学技术日新月异和信息化程度不断提高的情况下，如何充分运用现代科技手段提高有效防治腐败能力，等等。总之，我们要认真贯彻中央关于反腐倡廉的一系列重大决策和部署，研究新情况，解决新问题，总结新经验，创造性地开展工作，努力使反腐倡廉工作思路和工作方式更好地适应形势和任务的要求。

研究新情况、解决新问题，要讲科学，求实效。要注重调查研究，掌握第一手情况，集思广益，科学决策。注重对典型案例的剖析，查找产生原因，提出对策措施，完善相关制度。注重对反腐倡廉重大问题的研究，不断深化对工作特点和规律的认识，尤其要着力研究关口前移，进一步加大预防腐败力度的问题。当前，如何有效防止腐败，我们的办法还不够多，措施还不够得力。希望同志们在坚决惩治腐败的同时，在加大治本力度、注重预防方面，多想办法，有针对性地采取措施。

坚决落实八项纪律要求 严格禁止利用职务上的便利谋取不正当利益*

（2007年6月11日）

近年来，通过查办案件、信访和媒体等了解到，一些领导干部在利用职权和职务影响谋取不正当利益方面，出现了一些新情况、新问题，手段不断翻新，形式变化多样，更具有隐蔽性、复杂性。中央纪委第七次全会要求切实解决，并作了部署。最高人民法院、最高人民检察院对谋取非法利益的行为如何适用法律进行了调查研究，中央反腐败协调小组进行了讨论。在这个基础上，中央纪委制定了《关于严格禁止利用职务上的便利谋取不正当利益的若干规定》，提出并重申八项纪律要求，专门发了通知。6月8日，中央纪委召开会议，对贯彻落实《规定》进行了部署。这个《规定》，对党员干部特别是领导干部既是严格要求，也是关心爱护，目的是使我们的干部不犯或少犯这方面的错误。我们务必高度重视，严肃对待，千万不要在这个问题上栽跟头。

《规定》对如何认定和处理一些领导干部利用各种手段谋取不正当利益的行为，作出了明确规定。一些领导干部利用职务上的便利为请托人谋取利益，为自己和特定关系人谋利敛财。为规避纪律和法律，有的不是直接收钱收物，而是通过市场交易、委托理财等形式谋取不正当利益；有的以合作开办公司和其

---

* 这是吴官正同志在陕西省考察时讲话的一部分。

他合作投资的名义，没有实际出资和参与管理经营而获取利益，甚至收受干股；有的要求或接受请托人以给自己的近亲属、情妇等特定关系人安排工作为名，使这些人不实际工作却获取利益；有的不自己收受财物，而是授意请托人给特定关系人；有的为请托人谋取利益，不是马上收受财物，而是约定并在离职后收受，等等。根据《规定》，这些行为都是违纪的，必须严格禁止。如有违反，要依照纪律处分条例进行处理。

党员干部尤其是领导干部要认真学习、严格遵守《规定》。中央纪委的通知要求，在《规定》发布后 30 天内，主动说清问题的，可考虑从宽处理，党员干部要自觉对照检查，认真自查自纠。对拒不纠正或《规定》发布后仍然违反的，发现一起，查处一起。

古人说，贪如火，不遏则燎原；贪如水，不遏则滔天。最近，郑筱萸一审被判处死刑，教训深刻，要举一反三，引以为戒。领导干部要努力做到为民、务实、清廉，树立正确的权力观、利益观，正确看待和行使人民赋予的权力，正确处理个人利益与党和国家利益、人民利益的关系，决不能以权谋私。不仅要严格要求自己，还要严格要求配偶、子女和身边工作人员，更不能包庇、纵容他们利用自己的职务和影响谋取不正当利益和非法利益。

各级党组织要认真落实《规定》，切实加强对党员干部的教育、管理和监督。各级纪委要把握政策，严格执纪，协助党委抓好《规定》的贯彻落实。对违反《规定》的，要依照纪律严肃查处，涉嫌犯罪的，要移送司法机关处理。

认真抓好机关节约工作*

（2007年7月4日）

希望同志们认真抓好机关的节约工作，降低运行成本。

机关的办公条件已不错了，原则上不要到宾馆去起草文件；必须开的片会，也应严格控制人数和天数；所有印刷品，都应印双面；废纸等废物要注意回收；夏天空调温度，冬天供暖温度，要严格按国务院规定执行；加强办公用品的管理，防止大手大脚等等。

烦请你们集思广益，抓好这项工作，这本身就反映了一个机关的风气。

在确保机关正常、必要的开支外，还有哪些工作需要改进的？我想你们是有办法的。

谢谢，辛苦了！

---

* 这是吴官正同志致中央纪委办公厅主任刘卒、机关事务管理局局长赵惠令的信。

大力发扬艰苦奋斗的作风*

（2007 年 7 月 10 日）

我们要按中央的要求，带头艰苦奋斗，注意节约。办公条件已有很大改善，万望原则上不要到宾馆住着写材料、搞治理及专项工作，如不注意，这方面的开支很大，而且会带坏队伍。

案件室办案要注意节省一切不必要的开支，不要以为我们怎么做都没有关系，事实并非如此，虽然不违纪也不违法，但办案也得注意节省，希望抓紧自查自纠。财政部保证办案费用，我们更要自觉，更要带头，希望管理局加强管理，希望分管领导严格要求。

---

* 这是吴官正同志致中央书记处书记、中央纪委副书记何勇及其他中央纪委驻会领导的信。

积极探索中国特色反腐倡廉的路子*

（2007 年 7 月 16 日）

我们党一直在积极探索中国特色反腐倡廉的路子。2002年，中央纪委向党的十六大报告指出：经过全党全社会的共同努力，我们党初步探索出一条适合我国现阶段基本国情的有效开展反腐倡廉的路子。十六大以来，在党中央的领导下，党风廉政建设和反腐败斗争在实践中探索，在继承中发展。

一是坚持和完善反腐倡廉方针。上世纪 90 年代，新旧体制转换加快，我们党确立反腐败三项工作格局，推动反腐败从侧重遏制转到标本兼治、综合治理、逐步加大治本力度的轨道。进入新世纪新阶段，工业化、城镇化、市场化、国际化步伐加快，我们党审时度势，确立了标本兼治、综合治理、惩防并举、注重预防的方针。坚持这个方针，就是要做到治标与治本、惩治与预防两手抓、两手都要硬，在坚决惩治腐败的同时，更加注重从源头上预防和解决腐败问题。

二是建立健全惩治和预防腐败体系。教育不扎实、制度不完善、监督不得力，是腐败现象滋生蔓延的重要原因。为了整体推进反腐倡廉工作，十六届三中全会提出要“建立健全与社会主义市场经济体制相适应的教育、制度、监督并重的惩治和预防腐

---

* 这是吴官正同志在省部级领导干部纪检监察专题研讨班上讲话的一部分。

败体系”。2005年1月，中央颁布了《建立健全教育、制度、监督并重的惩治和预防腐败体系实施纲要》。构建体系，就是要通过加强教育、完善制度、强化监督，建立拒腐防变教育长效机制、反腐倡廉制度体系、权力运行监控机制。

三是拓展从源头上防治腐败工作领域。党的十六届六中全会提出了建设社会主义和谐社会的任务，中国特色社会主义事业的总体布局发展为经济建设、政治建设、文化建设、社会建设四位一体。适应总体布局的变化，拓展反腐倡廉领域，要抓住防止谋取非法利益这个重点，着力建立防治商业贿赂长效机制；抓住正确行使权力这个关键，建立健全有效监督权力运行的体制机制；抓住思想道德教育这个基础，加强面向全党全社会的廉政文化建设；抓住维护群众利益这个根本，防止和纠正损害群众利益的不正之风，不断把反腐倡廉融入经济建设、政治建设、文化建设、社会建设和党的建设之中。

坚持方针、构建体系、拓展领域，构成了新时期反腐倡廉工作的总体思路。我们要十分珍惜这些来之不易的成果，继续深化对中国特色反腐倡廉路子的探索和认识。

加强党风建设和反腐倡廉工作促进企业改革和发展*

（2007年9月6日）

这些年，国有企业坚持以邓小平理论和"三个代表"重要思想为指导，深入贯彻落实科学发展观，不断深化改革，加快结构调整，推动技术进步，改善企业管理，国有经济控制力、影响力和带动力明显增强。同时，坚持标本兼治、综合治理、惩防并举、注重预防的方针，积极构建惩治和预防腐败体系，注重改革和制度建设，党风建设和反腐倡廉工作取得新的进展。但在改革发展中也存在一些问题和矛盾，有的还比较突出。我们要认真学习贯彻胡锦涛同志在中央党校的重要讲话精神，继续开拓创新，扎实工作，促进国有企业又好又快发展。

一、要坚持廉洁从业，正确行使权力

国有企业领导人员责任大、任务重，既担负着经济责任，也承担着政治责任和社会责任。大多数同志要求自己是严格的，在廉洁自律方面做得是好的。国有企业改革发展取得的巨大成就，与大家带领广大职工开拓进取、改革创新、艰苦努力、精心经营是分不开的。

但也要看到存在的问题。个别国有企业领导人员滥用职权，谋取私利，甚至搞权钱交易、权色交易，手段迂回隐蔽，花样

* 这是吴官正同志在安徽省考察国有企业时的讲话提纲。

不断翻新。有的利用职权为配偶、子女、情妇、亲属等特定关系人谋取不正当利益和非法利益；有的挪用公款炒股、赌博，甚至贪污；有的通过成立私营企业搞同业经营或关联交易，化公为私；有的金融机构负责人利用职务便利违规贷款，造成重大经济损失，等等。对这些侵吞国有资产，损害出资人利益和企业利益的问题，务必高度重视。

2004 年，中央纪委会同有关部门印发了《国有企业领导人员廉洁从业若干规定（试行）》，提出了五个方面的行为规范，并要求将廉洁从业情况作为企业领导人员考察、考核、任免的重要内容和依据，要继续抓好落实。今年 5 月，中央纪委印发了《关于严格禁止利用职务上的便利谋取不正当利益的若干规定》，对党员领导干部提出并重申了纪律要求。前不久，最高人民法院、最高人民检察院又发布了《关于办理受贿刑事案件适用法律若干问题的意见》。这是针对当前查办违纪违法案件，包括一些国有企业的案件中发现的新情况、新问题制定的，要认真贯彻，严格执行。对违反规定的，发现一起，坚决查处一起，涉嫌犯罪的，要移送司法机关依法处理。同志们要坚持用法纪约束自己，规范自己的行为，自觉接受监督，慎用手中权力，决不能以权谋私。要严格要求配偶、子女，决不能包庇、纵容他们利用自己的职权和职务的影响谋取不正当利益和非法利益。同时，切实抓好党风廉政建设责任制的落实，敢抓敢管，带好队伍。有关部门要加快现代企业制度建设，建立和完善经营业绩考核、薪酬管理等激励和约束机制，探索股权激励等办法，规范工资、津贴补贴和职务消费行为，促进国有企业领导人员廉洁从业。

二、要防范国有资产流失，维护职工合法权益

这些年，为规范国有企业改制和产权转让工作，有关部门研

究制定了一系列政策，采取了许多有力措施。由于改制涉及利益关系调整，企业情况又各不相同，出现了一些问题，个别人借改制之机侵吞国有资产的问题在一些地方还比较严重。有的内外勾结、虚假评估、虚报瞒报、低价折股，侵吞国有资产；有的违反产权交易规定，不公开、不透明、不进场、不竞价，暗箱操作，甚至压价转让；有的擅自把国有企业优良资产和优质经营资源转移到关联企业，等等。还有的违反有关政策和规定，损害职工合法权益。这些问题，务必认真解决好。

要坚定不移地坚持改革方向，依法依规、积极稳妥地推进国有企业改制工作。严格执行民主集中制，坚持重大问题企业领导班子集体讨论决定。清产核资、财务审计、资产评估、债务处理、产权交易等，一定要做到依法合规。发挥职工群众在民主管理、民主监督、民主决策中的作用，切实维护他们的合法权益。加强对改制关键环节的监督检查，促进改制工作健康、有序进行。

三、要继续推进治理商业贿赂专项工作，务求取得新的成效

去年以来，国有企业按照中央关于开展治理商业贿赂专项工作的决策和部署，认真开展自查自纠，严肃查处了一批案件，逐步建立健全规章制度，专项治理工作取得阶段性成效。

商业贿赂成因复杂，涉及面广，专项治理任务仍然艰巨。从查处的企业商业贿赂案件看，商业贿赂主要发生在工程建设、产权交易、物资采购等领域。另外，随着经济发展和国际商业活动竞争加剧，国(境)外公司在华行贿问题突出，也有个别中方人员不顾国际影响索贿受贿。我国在境外的中资机构，有的也存在商业贿赂行为。这不仅损害企业的形象，也损害我们国家的

形象。

要认真落实中央纪委第七次全会和国务院第五次廉政工作会议精神，切实抓好商业贿赂专项治理。深化自查自纠工作，认真搞好检查评估，对经营活动中违反商业道德和市场规则的不正当交易行为，要认真整改，坚决纠正。强化行业自律，加强和改进内部管理，进一步完善各项制度，推进企业诚信建设，培育健康的企业文化，建立健全防治商业贿赂的长效机制。

查办案件是治理商业贿赂的关键环节，也是纪检监察机关的一项重要职责。要保持查办案件工作力度，继续突破一批性质恶劣、情节严重的案件。对侵害国有资产权益和损害职工利益的腐败分子，要坚决查处，决不姑息。既要认真查处受贿行为，又要加大对行贿行为的惩治力度。国有企业对下属单位要加强管理，发现违纪行为要严肃查处。当前，企业改革发展任务很重，国有企业领导人员也会得罪一些人。纪检监察机关要坚持原则，支持和鼓励他们依法经营，严格管理，大胆探索，不断创新。

四、要加强制度建设，强化制约监督

加强制度建设是建立现代企业制度的内在要求，也是有效防治腐败的根本途径。要把制度建设贯穿于企业生产经营管理的全过程，加强对权力运行的制约和监督，从源头上减少消极腐败现象的滋生。

要建立健全制约监督机制。通过不断完善公司法人治理结构，努力形成权力机构、决策机构、监督机构和经营管理者之间各负其责、协调运转、有效制衡的机制。坚持和完善企业生产经营重大决策、重大项目安排、重要人事任免、大额度资金运作等事项集体研究决定的制度，进一步完善厂务公开制度，防止个人独断专行。建立健全经营管理风险防范机制，有效控制风险，避免经营失误造成损失。深入开展效能监察，强化过程监督，促进企业优化管理，堵塞漏洞，提高效益。进一步加强国有企业党的建设，充分发挥党组织的政治核心作用。

要积极探索有效监督的方式方法。一些关系国家安全和国民经济命脉的重要行业和关键领域，基本是采取国有独资和控股的形式，如何进一步加强制约监督，是一个重要课题。国务院国资委在 19 户中央企业推行了董事会试点工作，完善公司治理结构，规范权力运作。一些地方和企业也进行了有益探索。我国国有企业类别多，情况不同，要从实际出发，积极探索符合我国国情、与现代企业制度相适应的监督模式。

要加强和改进国有企业巡视工作。对国有企业开展巡视是加强国有企业反腐倡廉工作的一项重大举措，目的是及时发现问题，早打招呼早提醒，使企业领导人员不犯或少犯错误，同时支持企业开拓创新、搞好工作，不干预企业正常的生产经营管理活动。

五、要抓好科学发展观的贯彻落实，促进国有企业又好又快发展

深入贯彻落实科学发展观，是企业提高核心竞争能力，持续快速健康发展的需要。总的看，这几年国有企业优化发展战略，转变发展模式，增强创新能力，强化企业管理，提高发展质量，落实科学发展观是好的。但也存在一些问题，有的重外延扩张、轻内涵发展，搞低水平重复建设；有的不重视节约能源资源，生产经营管理粗放，不计消耗搞发展；有的不顾环境保护，忽视社会责任，投资一些不符合国家产业政策的项目；有的搞形式主义，办事讲排场、摆阔气，庆典活动多，铺张浪费严重，等等。对这些

行为，务必坚决防止和纠正。

深入贯彻落实科学发展观，要切实抓好节能减排工作。这两年，国有企业认真贯彻中央节能减排的政策措施，有的已开始取得积极进展。但形势依然严峻，任务相当艰巨。国有企业要把这项工作当作一项重要任务，发挥带头作用，切实抓紧抓好。要按照中央的要求，严格遵守节能和环保法律法规及标准，明确目标责任，完善管理措施，推进技术创新，积极采用先进工艺和装备，把节能减排工作落到实处。各级纪检监察机关要认真履行职责，严明纪律，会同有关部门加强对重点地区和行业节能减排工作的监督检查，加大查办违反国家能源管理和环境保护法律法规案件的力度。

国有企业纪检监察工作是反腐倡廉建设的重要组成部分。企业党组织要加强领导，支持纪检监察机构全面履行职责，积极推进惩治和预防腐败体系建设。企业纪检监察机构要坚持与时俱进，创造性地开展工作，更好地为企业改革发展稳定服务。要加强队伍建设，纪检监察干部要深入调查研究，了解新情况，解决新问题，加强学习，严格自律，自觉接受企业党组织和广大职工群众的监督。

着力抓好反腐倡廉的几项工作*

（2007 年 9 月 6 日）

借这个机会，我再讲几点意见。

一是要继续高度重视党风廉政建设。要按照中央的要求，结合安徽的实际，坚持标本兼治、综合治理、惩防并举、注重预防的方针，推进惩治和预防腐败体系建设，在坚决惩治腐败的同时，进一步加大治本力度，加大预防力度，加大制度建设力度，通过坚持不懈的努力，把腐败现象降到最低程度。要加强对党员干部的理想信念教育、权力观教育和党纪国法教育，筑牢拒腐防变的思想道德防线。以改革创新的精神加强制度建设，既要重视制定和完善制度，又要严格执行制度。加强对权力运行的制约和监督，加强对领导班子和领导干部特别是主要领导干部的监督，促使他们正确行使权力。继续保持查办案件工作力度，坚持惩前毖后、治病救人，对犯错误的同志，能挽救的要尽量挽救，改了就好；该惩处的要坚决惩处，不能手软。

二是要继续抓好领导干部廉洁自律工作。前几年安徽有几个省级干部出了问题，我们都要引以为戒。中央纪委《关于严格禁止利用职务上的便利谋取不正当利益的若干规定》和最高人民法院、最高人民检察院《关于办理受贿刑事案件适用法律若干问题的意见》，对党员干部特别是领导干部既是严格要求，也是关心爱护，目的是使我们的干部不犯或少犯这方面的错误。大

---

* 这是吴官正同志在听取安徽省委省政府汇报时讲话的一部分。

家要高度重视,严肃对待。希望大家严格要求自己,严格要求配偶、子女和身边工作人员,希望安徽省纪委在省委领导下认真抓好落实。

三是要继续加强和改善巡视工作。建立和完善巡视制度,是加强党内监督、加强和改进党的建设的一项重大举措。这几年通过巡视,发现了一批清正廉洁的好干部,也发现了一些领导干部中存在的问题和违纪违法案件线索。对市(地)的巡视要逐步延伸到县一级,加强对县级领导班子特别是党政主要领导的监督。要充分发挥纪检监察派驻机构的作用,在省委领导下,整合纪检组的力量,逐步开展对省直部门的巡视。安徽省国有企业比较多,要逐步开展对大型国有企业的巡视。发现苗头性、倾向性问题,要早打招呼早提醒,防止小错酿成大错。

四是要坚决防止干部"带病提拔",加大组织处理力度。去年受处分的县(处)级以上干部中,属于"带病提拔"的不少。明年地方人大、政府和政协将集中换届,要高度重视和防止"带病提拔"和"带病上岗"的问题,纪律检查机关要协助组织部门把好关。

要加大组织处理力度。有的干部确有问题,但一时难以查清的,可采取停职、调离、引咎辞职、责令辞职、免职等组织措施予以处理。对严重违纪违法的,必须坚决查处。这既是为了严肃党纪国法,也是对干部的教育和挽救。

党的十七大将要召开,希望同志们认真学习贯彻十七大精神,结合实际,创造性地开展工作,把各项工作做得更好。

责任编辑:张振明　张怀海
封面设计:马仕睿
责任校对:吴海平

图书在版编目(CIP)数据

正道直行——党风廉政建设的实践与思考/吴官正
-北京:人民出版社,2008.12
ISBN 978-7-01-007547-1

Ⅰ.正…　Ⅱ.吴…　Ⅲ.中国共产党-廉政建设-研究
Ⅳ.D262.6

中国版本图书馆CIP数据核字(2008)第189443号

正道直行
ZHENGDAO ZHIXING
——党风廉政建设的实践与思考

吴官正

人民出版社 出版发行
(100706　北京朝阳门内大街166号)

北京外文印刷厂印刷　新华书店经销

2008年12月第1版　2008年12月北京第3次印刷
开本:710毫米×1000毫米 1/16　印张:32.25
字数:380千字　印数:085,001-145,000册

ISBN 978-7-01-007547-1　定价:50.00元

邮购地址 100706　北京朝阳门内大街166号
人民东方图书销售中心　电话 (010)65250042　65289539